최신판

ALL·IN·ONE
사회조사분석사 2급

1차 필기 **+2차** 실기

김대환 저

박영사

단순 암기식 학습? NO!

이해와 활용이 아닌 암기식으로만 자격증을 취득한다면, 오히려 학습시간이 길어지고 자격증을 취득한 이후 남아 있는 지식이 없습니다. 심지어 데이터를 분석하지 못하는 경우도 발생합니다. 자격증 취득을 위해 암기도 필요하지만 기본 원리를 쉽게 이해하고 데이터를 분석할 수 있는 실전지식을 익히는 것이 중요합니다.

수험생들이 자격증을 취득하기 위해 필기, 실기(데이터 분석), 문제풀이 강의를 수강하고, 자격증과 별도로 관련 수업을 수강하면서 엄청난 비용과 시간을 투자하는 것을 안타깝게 여기며, 모든 것을 올인원(ALL IN ONE) 교재 한 권으로 공부할 수 있도록 내용을 구성하였습니다.

이해와 효율성을 극대화한 교재와 함께 네이버 카페에서 제공하는 100% 무료 강의와 학습자료(실기 데이터 분석 및 데이터 제공)를 활용하여 합격의 기쁨을 누리시길 바랍니다.

저자 김대환

김대환 교수는 2008년에 University of California, Davis에서 경제학 박사 학위를 취득하였다. 이후 보험연구원의 고령화 연구실 실장을 거쳐 2013년부터 동아대학교에서 경제통계학, 계량경제학 등을 강의하고 있다. 경제주체의 행태를 실증분석하는 논문을 매년 국내외 학회지에 꾸준히 게재 중이다. OECD 보험 및 사적연금위원회의 정부대표단이었으며 현재도 다양한 정부기관의 자문교수 및 학회의 이사로 활동 중이다.

1 사회조사분석사란?

다양한 사회 정보의 ❶ 수집, ❷ 분석, ❸ 활용을 담당하는 새로운 직종으로 기업, 정당, 지방자치단체, 중앙정부 등 각종 단체의 시장조사 및 여론조사 등에 대한 ❶ 계획을 수립하고, ❷ 조사를 수행하며, ❸ 결과를 분석, 보고서를 작성하는 전문가이다.

2 전망

각종 연구소, 연구기관, 국회, 정당, 통계청, 행정부, 지방자치단체, 용역회사, 기업체, 사회단체 등의 조사업무를 담당한 부서 특히, 향후 지방자치단체에서의 수요가 클 것으로 전망된다.

3 소양

- 기본적으로 사회조사방법론은 물론이고 자료 분석을 위한 통계지식, 통계분석을 위한 통계패키지프로그램 이용법 등을 알아야 한다.
- 사회조사의 많은 부분이 기업과 소비자를 중심으로 발생하기 때문에 마케팅관리론이나 소비자행동론, 기획론 등의 주변 관련 분야도 부가적으로 알아야 한다.
- 사회조사분석사는 보다 정밀한 조사업무를 수행하기 위해 관련 분야를 보다 폭넓게 경험하는 것이 중요하다.

PREFACE
| 사회조사분석사 시험

1 시행처

한국산업인력공단
(www.q-net.or.kr)

* 최종 시험 정보는 반드시 한국산업인력공단 사이트를 참고하시기 바랍니다.

2 시험정보

구분	필기	실기
시험 과목	① 조사방법과 설계(30문제) ② 조사관리와 자료처리(30문제) ③ 통계분석과 활용(40문제)	사회조사실무 (서술형, 설문작성, 통계분석)
검정 방법	객관식 4지 택일형 100문제 (150분)	복합형 • 작업형 약 2시간(40점) • 필답형 2시간(60점)
합격 기준	100점 만점, 과목당 40점 이상 전과목 평균 60점 이상	100점 만점, 60점 이상

STRUCTURES
| 교재의 특징

올인원(ALL IN ONE)
사회조사분석사(2급)

암기와 비용 최소화 DOWN ↓	이해와 효율성 극대화 UP ↑

네이버 카페 교재 인증 시 혜택

✓ 필기 · 실기 대비 100% 무료 강의 제공
✓ 실기 대비 데이터 분석과 데이터 무료 제공
✓ 입실 5분 전 핵심이론(요약집) 무료 제공
✓ CBT 모의고사 무료 제공

자력(自力), 합격의 힘!

3단계 학습 TIP

STEP1 필기 완전정복	STEP2 실기(필답형) 완전정복	STEP3 실기(작업형) 완전정복

❶ <u>STEP1 필기</u>
핵심이론은 시험에 출제되는 빈도에 따라 ★, ★★, ★★★로 표시하였습니다. 출제 빈도가 낮은 영역은 배경
지식으로 가볍게 학습하고, 출제 빈도가 높은 영역은 집중해서 학습해보세요. 핵심문제 역시 다년간 출제된
데이터를 분석하여 뽑아낸 것으로 반드시 숙지하세요.

❷ <u>STEP2 실기(필답형)</u>
스스로 필답형 문항을 작성해보고, 연계된 이론 페이지를 통해 답을 확인해보세요. 필기와 실기(필답형)를
한번에 학습하여 능률을 올릴 수 있습니다.

❸ <u>STEP3 실기(작업형)</u>
사회조사분석사 2급은 실제 데이터를 분석하는 능력을 평가합니다. 네이버 카페에서 교재 인증 후, 관련
데이터를 다운로드 받고 100% 무료 특강을 보며 학습해보세요.

STRUCTURES
| 교재의 특징

필기 완전 정복

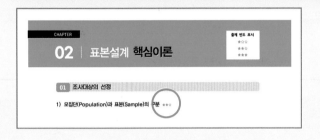

❶ 출제 빈도 표시
시험데이터 분석을 통해 도출된 출제 빈도를 표시하여, 체계적으로 학습 계획을 짤 수 있도록 구성하였습니다.

❷ POWER 용어 · 정리 · 팁
필수 용어와 핵심이론, 학습 팁을 따로 정리하여 효율적인 학습을 돕습니다.

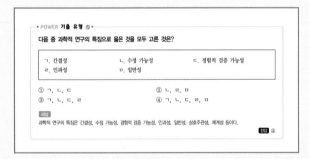

❸ POWER 기출 유형
이론과 연계된 기출 유형 문항을 수록하여, 필기 학습의 응용을 돕습니다.

❹ 필답 연계 표시
필답문제와 연계된 이론에 빈출 문항을 표시하여 필기와 실기(필답유형)을 한 번에 학습할 수 있도록 구성하였습니다.

❺ 핵심문제
다년간의 출제 문항 분석으로 출제될 가능성이 높은 문항만 수록, 필기 학습 마무리를 돕습니다.
• 최신: 최근 2년 이내 출제 문항
• 빈출: 3개년 이상 출제 문항

필답형·작업형 완전 정복

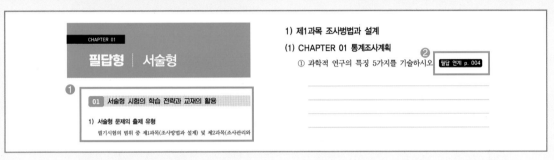

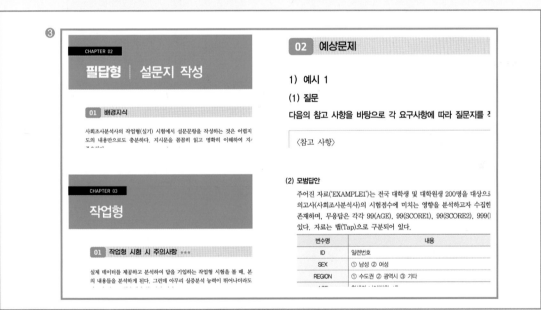

❶ 필답형·작업형 시험 학습 전략 및 교재 활용방법을 모두 수록하였습니다.

❷ 연계이론 표시로 필답형(서술형) 학습을 능률적으로 할 수 있습니다.

❸ 필답형(설문지 작성)과 작업형의 예상문제와 모범답안을 풍부하게 수록하였습니다.

CONTENTS
| 차례

02 2차 실기 완전정복(기초학습 + 실전예제)

PART 04	필답형 · 작업형

책속	부록

★ PLUS 제공자료 ★

• 100% 무료 강의
• CBT 모의고사
• 입실 5분 전 핵심이론(PDF)

※ 자력 카페(cafe.naver.com/jaryeok2)에서 도서 구매 인증 시 이용하실 수 있습니다.

STUDY PLANNER
| 학습 계획

1주 학습 플랜

		학습내용	학습일	완료
DAY 1	조사방법과 설계	CHAPTER 01 통계조사계획	/	☐
		CHAPTER 02 표본설계		
		CHAPTER 03 실험설계		
DAY 2	조사방법과 설계	CHAPTER 04 설문설계	/	☐
		CHAPTER 05 정성조사(FGI 및 심층인터뷰)		
	조사관리와 자료처리	CHAPTER 01 자료수집방법		
DAY 3	조사관리와 자료처리	CHAPTER 02 실사관리	/	☐
		CHAPTER 03 변수		
		CHAPTER 04 측정의 타당성과 신뢰도		
		CHAPTER 05 자료처리		

		학습내용	학습일	완료
DAY 4	통계분석과 활용	CHAPTER 01 기초통계량	/	☐
		CHAPTER 02 확률분포		
		CHAPTER 03 통계적 추정과 가설검정		
DAY 5	통계분석과 활용	CHAPTER 04 기초분석(분산분석, 교차분석, 상관분석)	/	☐
		CHAPTER 05 회귀분석		
DAY 6	필답형·작업형	CHAPTER 01 필답형 ㅣ 서술형	/	☐
		CHAPTER 02 필답형 ㅣ 설문지 작성		
DAY 7	필답형·작업형	CHAPTER 03 작업형	/	☐

STUDY PLANNER
| 학습 계획

		학습내용	학습일	완료
WEEK 1 조사방법과 설계	DAY 1	CHAPTER 01 통계조사계획	/	☐
	DAY 2	CHAPTER 02 표본설계	/	☐
	DAY 3	CHAPTER 03 실험설계	/	☐
	DAY 4	CHAPTER 04 설문설계	/	☐
	DAY 5	CHAPTER 05 정성조사(FGI 및 심층인터뷰)	/	☐
	DAY 6	핵심문제 풀이	/	☐
	DAY 7	CBT 모의고사	/	☐
WEEK 2 조사관리와 자료처리	DAY 8	CHAPTER 01 자료수집방법	/	☐
	DAY 9	CHAPTER 02 실사관리	/	☐
	DAY 10	CHAPTER 03 변수	/	☐
	DAY 11	CHAPTER 04 측정의 타당성과 신뢰도	/	☐
	DAY 12	CHAPTER 05 자료처리	/	☐
	DAY 13	핵심문제 풀이	/	☐
	DAY 14	CBT 모의고사	/	☐

		학습내용	학습일	완료
WEEK 3 통계분석과 활용	DAY 15	CHAPTER 01 기초통계량	/	☐
	DAY 16	CHAPTER 02 확률분포	/	☐
	DAY 17	CHAPTER 03 통계적 추정과 가설검정	/	☐
	DAY 18	CHAPTER 04 기초분석(분산분석, 교차분석, 상관분석)	/	☐
	DAY 19	CHAPTER 05 회귀분석	/	☐
	DAY 20	핵심문제 풀이	/	☐
	DAY 21	CBT 모의고사	/	☐
WEEK 4 필답형 · 작업형	DAY 22	CHAPTER 01 필답형 ┃ 서술형	/	☐
	DAY 23	CHAPTER 02 필답형 ┃ 설문지 작성	/	☐
	DAY 24	CHAPTER 03 작업형	/	☐
	DAY 25	약점 보완 학습	/	☐
	DAY 26	오답 분석	/	☐
	DAY 27	최종 정리 및 핵심 개념 정리	/	☐
	DAY 28	실전 연습(전체 모의고사)	/	☐

빈출 키워드 ★★★

올인원 사회조사분석사 2급

1차 필기 완전정복
핵심이론 + 핵심문제

PART 01

제1과목 조사방법과 설계

01 | 통계조사계획 핵심이론

01 과학적 연구의 특징과 논리체계

1) 과학적 연구의 이해

(1) 과학적 연구의 의의

① 사회과학은 사회를 연구하는 과학이다.
② 관습이나 직관이 아닌 과학적 조사가 요구된다.
③ 경험적, 실증적, 객관적으로 연구해야 한다.
④ 사건이나 상황을 기술, 설명, 예측하기 위해 수행된다.

(2) 과학적 연구의 특징 ★★★ 필답 연계 p. 337

Q. 과학적 연구의 특징 5가지를 기술하시오.

① 논리적이어야 한다.
② 객관적이어야 한다.
③ 체계적이어야 한다.
④ 연구결과는 일반화할 수 있어야 한다.
⑤ 경험적으로 입증이 가능해야 한다. 즉, 자료(데이터)를 통해 증명될 수 있어야 한다.
⑥ 수정(변화) 가능해야 한다. 기존의 연구결과는 언제든지 비판되고 수정될 수 있다. 즉, 절대적으로 옳은 연구결과는 존재하지 않는다.
⑦ 효율(간결성)적이어야 한다. 즉, 최소한의 정보로 최대한의 설명력을 확보하는 것이 바람직하다.
⑧ 인과성을 증명해야 한다. 그 사회현상(결과)이 발생한 원인을 밝혀내는 것이 사회조사분석의 궁극적 목표이며, 인과관계 규명으로 사건이나 상황의 예측이 가능하다.
⑨ 재생 가능해야 한다. 연구과정이 명확히 규명되었을 때 이와 동일한 방법을 활용해 연구하면 동일한 결과가 도출되어야 한다.
⑩ 상호주관적(간주관성)이어야 한다. 연구자의 주관적인 동기가 다르더라도 과학적인 연구과정이 동일하다면 동일한 결과가 도출되어야 한다.

재생가능성 vs. 상호주관성

상호주관적이란 연구자의 주관적인 동기가 다르더라도 과학적인 연구과정이 동일하다면 동일한 결과를 얻어야 함을 의미한다. 상호주관성은 재생가능성과 구분되어야 하는데, 다음의 예를 통해 차이를 명확히 이해할 수 있다.

• **재생가능성**: 대통령의 지지율을 조사했더니 60%였다고 하자. 다시 조사해도 동일한 방법을 활용하면 대통령의 지지율은 60%로 산출될 것이며, 재생가능성은 객관성의 개념만 개입된다.
• **상호주관성**: 대통령의 지지율에 대해 여당은 60%라고 주장하고, 야당은 30%라고 주장한다(주관성). 만약, 여당과 야당이 동일한 방법으로 조사했다면 둘 다 같은 지지율이 산출될 것이다(객관성).

• POWER 기출 유형 ✓ •

다음 중 과학적 연구의 특징으로 옳은 것을 모두 고른 것은?

ㄱ. 간결성	ㄴ. 수정 가능성	ㄷ. 경험적 검증 가능성
ㄹ. 인과성	ㅁ. 일반성	

① ㄱ, ㄴ, ㄷ   ② ㄴ, ㄹ, ㅁ
③ ㄱ, ㄴ, ㄷ, ㄹ   ④ ㄱ, ㄴ, ㄷ, ㄹ, ㅁ

해설
과학적 연구의 특징은 간결성, 수정 가능성, 경험적 검증 가능성, 인과성, 일반성, 상호주관성, 체계성 등이다.

정답 ④

---

2) 비과학적 연구의 특징 ★☆☆

① 권위에 의존한 연구로 사회적 지위가 높은 사람이나 전문가의 의견을 비판적 사고 없이 받아들인다(권위편향효과).
② 본인의 직관(주관성)에 의해 지식을 형성한다.
③ 전통에 의존한 연구로 관습이나 선례에 기반하여 판단한다.
④ 미신(신비)에 의존한 연구로 초자연적인 존재나 신에 대한 믿음으로 지식을 형성한다.
⑤ 과학적 연구는 객관적이기 때문에 결정론적(deterministic)이라면, 비과학적 연구는 주관적이므로 비결정론적이다.

3) 과학적 연구의 분석단위와 오류 ★★★

(1) 분석단위의 의미

① 분석단위는 분석 대상을 의미한다.
② 자료 수집 시 표본의 크기를 결정하는 기준이 된다.

③ 분석단위는 모든 것(개인, 기관, 도시, 국가, 제도, 구조물)이 될 수 있다.

▌분석단위의 예

연구내용	분석단위	표본 수
남성과 여성 근로자를 500명씩 조사한 결과 남성의 임금이 30% 더 높았다.	개인	1,000명
광역시에는 대학병원이 평균 2개가 있다.	도시	6개(광역시 수)

(2) 분석단위와 관련된 오류 필답 연계 p. 337

Q. 분석단위와 관련된 오류 2가지에 대해 설명하시오.

① 개인주의적 오류

　㉠ 분석단위로 개인(작은 것)을 연구하여 집단(큰 것)을 설명할 때 발생하는 오류다.

　㉡ 개인에 대한 자료를 이용해 연구한 결과를 집단에 적용해 결론을 내리거나 주장할 때 발생하는 오류다.

> **POWER 용어**
>
> 개인주의적 오류
> 골목에서 담배 피우는 고등학생(개인)을 보고, 요즘 고등학생들(집단)은 불량하다고 주장하는 것이다.

② 생태학적 오류 필답 연계 p. 338

Q1. 생태학적 오류의 개념을 설명하고 예시를 적으시오.

Q2. 지역 A 주민들이 지역 B 주민들에 비해 사회경제적 지위가 높은데, 지역 B보다 지역 A에서 대통령에 대한 지지율이 높았다. 이에 사회경제적 지위가 높은 사람일수록 대통령에 대한 지지율이 높다고 결론 내릴 때 이와 같은 추론에 어떤 문제점이 있는지 설명하시오.

　㉠ 분석단위로 집단(생태, 큰 것)을 연구하여 개인(작은 것)을 설명할 때 발생하는 오류다.

　㉡ 집단에 대한 자료를 이용해 연구한 결과를 개인에 적용해 결론을 내리거나 주장할 때 발생하는 오류다.

> **POWER 용어**
>
> 생태학적 오류
> A 고등학교보다 B 고등학교의 흡연율이 높다고 하여, 지나가는 B 고등학생(개인)을 흡연자라고 생각하는 것이다.

• POWER 기출 유형 ✓ •

개인적 분석단위에서 이루어진 조사결과를 집단적 수준의 분석단위로 해석할 때 나타날 수 있는 오류는 무엇인가?

① 생태학적 오류　　　　　　　　　② 분석오류
③ 집단주의적 오류　　　　　　　　④ 개인주의적 오류

해설
개인(작은 것)을 연구하여 집단(큰 것)을 설명할 때 발생하는 오류는 개인주의적 오류다.

정답 ④

4) 과학적 연구의 논리체계 ★★★ 필답 연계 p. 338

Q. 사회과학적 연구의 논리적 방법(귀납적 방법 및 연역적 방법)을 설명하시오.

(1) 귀납법(소 → 대)

① 개별적 사실에서 일반적 원리를 끌어내는 방법이다.
② 경험과 관찰을 통해 유형을 발견하고 잠정적으로 결론을 내리는 추론 방법이다.
③ 귀납법에서는 선 조사 후 이론화의 과정을 거치게 된다.
④ 인과의 오류를 범할 수 있다.

> **POWER 용어**
>
> **인과의 오류**
>
> 까마귀 날자 배 떨어진다는 말이 있다. 까마귀가 날아갈 때 배가 떨어지는 현상을 여러 번 관찰했다고 하더라도, 까마귀 때문에 배가 떨어진다고 결론을 내릴 수 없다. 즉, 개별적 사실에서 일반적 원리를 끌어내는 과정에서 인과의 오류가 빈번히 발생한다.

▌귀납법의 예

단계	예 1	예 2
경험	소크라테스는 죽었다.	동해 바닷물은 짜다.
관찰 및 규칙성	다른 사람들도 죽었다.	서해와 남해 바닷물도 짜다.
이론	그러므로 사람은 죽는다.	그러므로 바닷물은 짜다.

(2) 연역법(대 → 소)

① 일반적 원리에서 논리적인 방법으로 필연적인 결론(개별적 사실)을 유도해 내는 방식이다.
② 연역법에서는 선 이론 후 조사의 방법을 거치게 되는데, 연구자가 이론적 가설(가정, 전제)에서 출발하여 경험적 자료를 수집·검증하여 이론적으로 기대되는 관계를 추론한다.
③ 연역법에서는 구성의 오류를 범할 수 있다.

▌연역법의 예

단계	예 1	예 2
이론	모든 사람은 죽는다.	모든 물고기는 물에 산다.
관찰 및 조작화	소크라테스는 사람이다.	상어는 물고기다.
경험적 검증	그러므로 소크라테스는 죽는다.	그러므로 상어는 물에 산다.

귀납법과 연역법을 구분하는 암기법

귀납법은 개별→이론(일반), 연역법은 이론(일반)→개별로 암기하면 관련 시험문제는 대부분 풀 수 있다. 귀납법은 ㄱ으로 시작되고 개별 역시 ㄱ으로 시작되며, 연역법은 ㅇ으로 시작되고 이론(일반) 역시 ㅇ으로 시작된다는 것을 기억하자. 참고로, 연역법과 귀납법은 상호보완적으로 사용된다.

• POWER 기출 유형 ◉ •

소득수준과 출산력의 관계를 알아볼 때, 모든 조사대상자의 소득수준과 출산자녀 수 간의 관계를 살펴본 후 개별사례를 바탕으로 어떤 일반적 유형을 찾아내는 방법은 무엇인가?

① 연역적 방법   ② 귀납적 방법

③ 참여관찰법   ④ 질문지법

해설

개별사례에서 일반적 유형을 찾는, 즉 '소→대'의 절차를 밟는 귀납법이다.

정답 ②

02   과학적 조사의 유형

1) 조사목적에 따른 유형 ★★★ 필답 연계 p. 338

Q. 탐색적 조사, 기술적 조사, 설명적 조사에 대해 설명하시오.

(1) 탐색적 조사(연구)

① 연구하고자 하는 주제가 새로운 것이어서 사전정보가 별로 없을 때 예비조사의 개념으로 실시하는 것이다.

② 기존의 문헌(연구)을 조사하거나, 해당 분야 전문가에게 비표준화된 질문을 통해 조언을 듣거나, 유사 사례 등을 조사하는 것이다.

POWER 용어

탐색적 조사

적군을 잘 모르는 상황에서 본격적인 전쟁을 치르기 전에 높은 곳에 올라 적군의 동태나 지형을 탐색하거나, 아니면 정찰병을 보내 조사하는 행동이라고 생각하면 이해가 쉽다.

(2) 기술적 조사(연구)

① 사회현상이나 특징들을 정확하게 살펴보기 위해 실시한다.

② 해당 수치들 자체가 의미가 있는 것이지 왜 해당 수치가 알기 위한 것이 아니다.

③ 표준화된 설문지를 활용해 자료를 수집하고 기술적 통계(빈도, 평균, 상관관계 등)를 산출하는 것이 기술적 조사의 대표적인 방법이다.

(3) 설명적 조사(연구)

① 어떤 사회현상(변수)의 인과관계를 밝히기 위한 가장 고차원의 조사방법이다.

② 밝혀낸 인과관계를 활용해 결과를 예측하는 데 활용한다. 예를 들어, 통계분석을 통해 이자율이 오르면 사람들이 저축을 더 한다는 인과관계를 밝히면, 향후 이자율이 변화 시 사람들이 어떻게 행동할지 예측할 수 있다.

POWER 정리

기술적 조사 vs. 설명적 조사

'어떤 사회현상에 대한 매우 상세하고 정확한 그림을 제공하는 것'은 얼핏 설명적 조사에 해당되는 것처럼 느껴지지만 인과관계를 밝히는 것보다 수준이 낮은 기술적 조사에 해당된다. 반대로 '사회현상을 매우 자세히 관찰하여 왜 그러한 현상이 나타나는지 원인을 밝혀내는 것'은 탐색적 조사나 기술적 조사처럼 느껴지지만 인과관계를 밝히는 것이기 때문에 설명적 조사에 해당된다.

∥ 탐색적 조사, 기술적 조사, 설명적 조사의 구분

탐색적 조사	기술적 조사	설명적 조사
예비(탐색) 조사의 개념	있는 그대로를 기술	인과관계를 설명

• **POWER 기출 유형** ✅ •

다음 중 과학적 조사에 대한 설명과 가장 거리가 먼 것은?

① 가설은 설명적 연구에 있어서 필수적이다.

② 기존에 정보가 별로 없는 주제에 대해서는 탐색적 조사를 활용한다.

③ 탐색적 연구의 결과로 명확한 결론을 내리는 것이 일반적이다.

④ 연구집단에 대한 정확한 정보가 필요할 때는 기술적 연구가 주로 활용된다.

[해설]

탐색적 조사(연구)는 새로운 연구주제에 대한 예비조사의 성격이므로 결론을 도출하지 못한다.

[정답] ③

2) 시간 차원에 따른 유형 ★★★

(1) 횡단면 조사(Cross-sectional Study)

① 특정 시점(한 시점)에 조사하는 방법이다(예) 통계청의 인구센서스 조사).

② 횡단면 조사는 앞서 학습한 기술적 조사에 해당된다.

③ 예를 들어, 2025년 대학생 1,000명을 뽑아 키와 몸무게를 측정 또는 설문하는 방식이다.

▌횡단면 자료의 형태: 2025년 대학생 키와 몸무게

ID	X(키)	Y(몸무게)
1	164	60
2	180	75
3	154	45
…	…	…
1,000	175	73

(2) 종단적 조사(Longitudinal Study) 필답 연계 p. 339

Q. 추세연구, 패널연구, 코호트연구에 대해 기술하시오.

> **POWER 정리**
>
> 횡단면 조사와 종단적 조사의 구분
> 횡단면 조사는 분석대상을 특정(하나의) 시점에서 조사한 것이라면, 종단적 조사는 시간의 흐름에 따라(시간의 간격을 두고)
> 여러 번 조사하는 것이다.

① 시계열 조사/추세조사/경향연구(Trend Study)

ⓐ 종단적 연구 중 가장 간단한 방식으로 다른 시기별로 조사가 이루어진다(월별 교통사고 추이, 주가 추이, 연도별 기온 추이 등).

ⓑ 동일한 대상을 조사할 필요는 없다.

ⓒ 예를 들어, 2000년에 20세 남자 중 1,000명을 표본으로 뽑아 키와 몸무게를 측정한다. 2001년에 다시 20세 남자 중 1,000명을 표본으로 뽑아 키와 몸무게를 측정하고 2025년까지 매년 반복해 한 국인의 신체가 어떻게 변해왔는지 추이를 살펴볼 수 있다.

▌시계열자료의 형태 : 2000~2025년 20세 남자의 신체 변화 추이

Year	X(키)	Y(몸무게)
2000	167	60
2001	168	62
2002	170	68
…	…	…
2025	173	73

② 패널조사(Panel Study) **필답 연계 p. 339**

Q. 패널조사의 장단점을 2가지씩 서술하시오.

㉠ 패널조사는 횡단면 조사와 시계열조사를 결합한 형태이면서 동일한 대상을 반복하여 조사하는 것이다.

㉡ 예를 들어, 2019년부터 14세 남학생 1,000명의 표본을 대상으로 키와 몸무게를 조사하고, 이후 매년 동일한 남학생을 대상으로 키와 몸무게를 측정하는 방식이다. 이러한 방식으로 남자 중학생들이 코로나(COVID-19)로 인해 외부활동이 감소해 몸무게가 얼마나 증가했는지 인과관계를 더 명확히 밝혀낼 수 있다.

▌패널자료의 형태: COVID-19 이전과 이후 중학생의 신체 변화

ID	Year(연도)	X(키)	Y(몸무게)
1	2019	164	58
2	2019	175	68
…	…	…	…
1,000	2019	170	62
1	2024	165	62
2	2024	175	73
…	…	…	…
1,000	2024	172	64
1	2025	165	64
2	2026	175	77
…	…	…	…
1,000	2025	172	66

㉢ 동일한 사람을 반복적으로 조사하기 때문에 인과관계를 규명(예 정책의 효과를 파악)하기에 가장 적합하다.

㉣ 주기적인 설문조사 과정에서 특정 시기의 중요한 사건을 반영한 설문문항을 활용할 수 있다는 것도 장점이다(예 작년 한 해 코로나 때문에 수입이 감소하였습니까?).

㉤ 동일한 대상을 장기간 조사하기 때문에 연락처가 있고 관계가 구축되어 있으므로 필요시 조사대상자에게 연락하여 추가적인 자료를 얻기가 쉽다는 장점도 있다.

㉥ 패널조사는 동일한 대상을 주기적으로 추적·조사하는 것이기 때문에 고비용이다.

㉦ 조사 도중에 조사대상이 사망하거나 다른 이유로 조사 집단에서 탈락하는 등의 문제로 표본의 대표성에 문제가 발생할 수 있다.

㉧ 반복적인 조사과정에서 성숙효과와 시험효과가 나타날 수 있다.

㉨ 패널조사는 동일한 대상을 추적·조사하는 방법이기 때문에 최초에 조사대상을 잘못 구성하면 중도에 조사대상을 수정하기 어렵다는 단점도 있다.

③ 동년배 조사/코호트 조사/동류집단 조사(Cohort Study) 필답 연계 p. 339

    Q. 패널연구와 코호트연구의 공통점과 차이점을 기술하시오.

    ㉠ 동시대에 태어나 문화와 사고를 공유하는 집단을 코호트 집단 또는 동년배라고 하는데, 이들을 시간이 지남에 따라 조사하는 방법이다.

    ㉡ 패널조사와 달리 조사 대상이 매번 동일할 필요는 없으나, 반복되는 조사에서 같은 사람이 참여하게 될 수도 있다.

    ㉢ 예를 들어, 1차 베이비부머는 1955~1963년생(700만 명)을 의미하는데, 2015년에 베이비부머 중 무작위로 1,000명을 표본으로 추출해 삶의 만족도를 조사했다고 하자. 2020년에 다시 베이비부머들 중 무작위로 1,000명을 표본으로 뽑아 삶의 만족도를 조사하고, 2025년, 2030년에 동일한 방법으로 삶의 만족도를 조사하는 방식이다.

    ㉣ 패널조사처럼 동일한 사람을 대상으로 조사할 필요가 없기 때문에 패널조사보다는 저비용이다.

    ㉤ 코호트 조사도 시간의 흐름에 따라 조사하기 때문에 인과관계를 규명할 수는 있지만 조사 대상이 동일한 사람이 아니기 때문에 패널조사만큼 인과관계를 명확히 밝히기는 어렵다.

> **POWER 정리**
>
> 패널조사 vs. 코호트 조사
> 연구를 해본 경험이 없는 수험생은 위 두 가지를 구분하기 쉽지 않을 수 있다. 가장 극명한 차이는 동일한 대상을 조사하는지 여부다. 패널조사는 다른 시기에 동일한 대상을 조사하지만, 코호트 조사는 조사 때마다 대상이 달라진다(일부는 동일할 수 있다).

• POWER 기출 유형 ✓ •

다음에 해당하는 연구 형태는?

> 특수목적 고등학교에 입학한 학생들을 대상으로 2012년에서 2017년까지의 자존감 변화를 연구하기 위해 전집으로부터 매년 다른 표본을 추출하였다.

① 동류집단 연구(cohort study)
② 패널 연구(panel study)
③ 횡단적 연구(cross sectional study)
④ 경향성 연구(trend study)

해설
특수목적 고등학교에 입학한 학생들은 문화와 사고를 공유하는 코호트 집단이며, 2012년부터 2017년까지 조사한 것이기 때문에 종단면이며, 매년 다른 표본을 추출하였기 때문에 동류집단(코호트) 연구에 대한 예시다. 만약 매년 동일한 표본을 추출하였다면 패널 연구가 정답이 된다.

정답 ①

3) 자료의 성격에 따른 유형 ★★☆ 필답 연계 p. 339

Q. 양적연구와 질적연구의 장단점 2가지씩 기술하시오. → 서로의 장점이 상대의 단점이 된다.

(1) 양적연구(Quantitative Research)

① 변수의 관계를 통계적으로 밝히는 실증주의 연구다.
② 통계분석이기 때문에 변수 간의 관계 검증, 이론 검증 등에 유용하게 활용될 수 있다.
③ 주로 설문조사를 통해 대규모 표본을 만들어 분석한다.
④ 대규모 자료를 객관적(통계적)으로 연구하기 때문에 결과의 일반화에 유리하다.
⑤ 자료를 수집하고 분석하는 단계가 명확히 구분된다.
⑥ 질적연구에 비해 적은 시간이 소요된다.
⑦ 주로 선(先)이론, 후(後)조사의 절차를 밟기 때문에 연역적 논리체계를 따른다.

(2) 질적연구(Qualitative Research)

① 어떤 현상에 대해 깊이 이해하고 주관적 · 해석적 의미를 찾고자 하는 연구다.
② 주관적 · 해석적 연구가 수행되므로 연구자의 전문성이 매우 중요하다.
③ 주로 관찰조사나 심층면접 등을 통해 조사가 이루어진다(조사자의 깊은 관여).
④ 연구절차가 유연하다.
⑤ 사회현상에 대해 폭넓고 다양한 정보(예 기대하지 못한 정보)를 얻을 수 있다.
⑥ 주로 소표본을 분석(예 관찰, 면접 등)한다.
⑦ 자료가 없어도 연구 가능하다.
⑧ 자료를 수집하고 분석하는 단계가 명확히 구분되지 않을 수 있다.
⑨ 비통계적으로 연구하기 때문에 주관성이 개입된다.
⑩ 소표본을 주관적(예 편견의 개입)으로 연구하기 때문에 결과의 일반화가 어렵다.
⑪ 양적연구에 비해 많은 시간이 소요된다.
⑫ 주로 선(先)조사, 후(後)이론의 절차를 밟기 때문에 귀납적 논리체계를 따른다.

구분	양적연구	질적연구
내용	변수의 관계를 통계적으로 분석	사회현상을 주관적으로 분석
특징	• 표준화된 설문조사 후 통계분석 • 객관적(가치중립적, 편견 배제) • 대규모(많은 자료) 분석에 활용 • 인과관계 규명에 적합 • 결과의 일반화 가능 • 분석 시간 적게 소요 • 연역적 논리체계	• 비통계적 관찰, 비구조적 면접 • 주관적(편견 개입 가능) • 소규모 분석에 사용 • 결과의 일반화가 어려움 • 자료(데이터)가 없을 때 적용 가능 • 분석 시간 많이 소요 • 귀납적 논리체계

POWER 정리

양적연구와 질적연구 간 우월성

자칫, 양적연구가 우월하다고 생각하게 된다. 하지만 양적연구와 질적연구 간 어떤 것이 우월하다고 단정할 수 없으며, 연구주제 및 연구대상 등에 따라 적합한 연구방법을 선택해야 한다.

다음 중 질적연구에 관한 설명으로 가장 거리가 먼 것은?

① 조사자와 조사대상자의 주관적인 인지나 해석 등을 모두 정당한 자료로 간주한다.
② 조사결과를 폭넓은 상황에 일반화하기에 유리하다.
③ 연구절차가 양적조사에 비해 유연하고 직관적이다.
④ 일반적으로 상호작용의 과정에 보다 많은 관심을 둔다.

해설

질적연구는 주관적 편견이 개입될 수 있고, 주로 소규모를 대상으로 연구하기 때문에 일반화가 어렵다.

정답 ②

---

03 과학적 연구의 절차와 가설

1) 과학적 연구의 절차 ★★☆

▌과학적 조사의 절차

> 문제 제기 → 조사설계 → 자료수집 → 자료분석 → 결과 해석 → 보고서 작성

① **문제 제기(연구문제 인지):** 전체적인 과학적 조사의 방향을 설정하기 위한 단계로 문헌조사, 전문가 의견조사, 사례연구 등을 통해 변수들 사이의 관계를 나타내는 가설(hypothesis)의 설정이 이루어진다.
② **조사설계:** 조사 전체에 대한 청사진을 그리는 단계이다.
③ **자료수집:** 연구 목적에 부합하는 자료를 수집한다.
④ **자료분석:** 수집된 자료를 분석한다.
⑤ **결과 해석:** 분석결과를 해석한다.
⑥ **보고서 작성:** 마지막으로 보고서를 작성한다.

2) 가설의 개념과 특징 ★★★ 필답 연계 p. 340

Q. 좋은 가설의 조건을 4가지 기술하시오.

① 가설은 일반적으로 두 변수(실명변수와 종속변수) 간의 관계를 설명하는 잠정적 응답이다.
② 가설은 경험적·이론적으로 검증될 수 있어야 한다.
③ 가설은 계량적인 형태이거나 계량화(통계적 분석)할 수 있어야 한다.
④ 가설이 부인되었다고 하더라도 반대의 가설이 검증된 것은 아니다.
⑤ 가설은 간단명료해야 하며 논리적으로 간결해야 한다.

⑥ 가설은 가치중립적(객관적)이어야 한다.
⑦ 가설은 동일 분야의 다른 가설과 연관성이 있어야 한다.

POWER 용어

가설(hypothesis)

두 개 이상의 변수 간의 관계(주로 인과관계)를 검증 가능한 형태로 서술한 문장으로 연구주제에 대해 연구자가 내린 잠정적 결론으로 이해할 수 있다. 그러므로 가설은 명확해야 하고, 계량화되어 과학적 조사를 통해 검증될 수 있어야 한다. 하지만 가정된 가설이 부인되었다고 반대되는 가설이 검증되었다고 단정할 수는 없다.

•POWER 기출 유형 ⊘•

다음 중 과학적 조사의 절차로 가장 적합한 것은?

A. 문제의 제기	B. 조사설계
C. 자료의 수집	D. 보고서 작성
E. 자료분석, 해석 및 이용	

① A→B→C→E→D
② A→C→B→E→D
③ C→B→A→E→D
④ C→A→B→E→D

해설

거의 매년 출제되는 문제로, 순서를 반대로 생각해보면 쉽다. 즉, 마지막으로 보고서를 작성하고(D), 보고서를 작성하기 위해서는 자료를 분석하고 해석하는 단계(E)가 필요하며, 자료를 분석하기 위해서는 자료의 수집(C)이 필요하다.

정답 ①

01

실증주의에 관한 설명으로 틀린 것은?

① 관찰결과의 일반화 가능성을 강조한다.
② 과학과 비과학을 철저히 구분하려 한다.
③ 인간 행위를 예측할 수 있는 확률적 법칙을 강조한다.
④ 인간 행위의 사회적 의미를 행위자의 입장에서 이해하려 한다.

해설

실증주의는 양적연구의 특성이다. 인간 행위의 사회적 의미를 행위자적 입장에서 이해하려는 시도는 주관적·해석적 성격을 지닌 질적연구의 특징이다.

정답 ④

02 최신

기술조사에 적합한 조사 주제를 모두 고른 것은?

> ㉠ 신문의 구독률 조사
> ㉡ 신문 구독자의 연령대 조사
> ㉢ 신문 구독률과 구독자의 소득이나 직업 사이의 관련성 조사

① ㉠, ㉡
② ㉡, ㉢
③ ㉠, ㉢
④ ㉠, ㉡, ㉢

해설

기술적 조사는 말 그대로 사회현상이나 특징들을 정확하게 살펴보기 위해 실시하는 것으로 자료를 수집하고 기술적 통계(빈도, 평균, 상관관계 등)를 산출하는 방법이다. 예시 모두 기술적 조사에 해당된다. 참고로 ㉢의 관련성 조사(상관관계)는 설명적 조사(인과관계 규명)가 아님에 주의해야 한다.

정답 ④

03

가급적 적은 수의 변수로 더욱 많은 현상을 설명하고자 하는 것은?

① 간결성의 원칙(Principle of Parsimony)
② 관료제의 원칙(Iron law of Bureaucracy)
③ 배제성의 원칙(Principle of Exclusiveness)
④ 포괄성의 원칙(Principle of Exhaustiveness)

해설

과학적 조사의 특징으로 최소한의 정보로 최대한의 설명력을 확보해야 하는 효율(간결)성에 해당되는 내용이다.

정답 ①

04

패널조사에 관한 설명으로 틀린 것은?

① 종단적 조사의 성격을 지닌다.
② 반복적인 조사 과정에서 성숙효과, 시험효과가 나타날 수 있다.
③ 패널 운영 시 자연 탈락한 패널구성원은 조사 결과에 크게 영향을 미치지 않는다.
④ 특정 조사대상자들을 선정해 놓고 반복적으로 실시하는 조사방식을 의미한다.

해설

패널조사는 동일한 대상을 여러 시점별로 반복하여 조사하는 방법으로 조사 도중에 조사대상자가 탈락하면 표본의 대표성에 문제가 발생할 수 있다(패널조사의 대표적인 단점).

정답 ③

05

특정한 시기에 태어났거나 동일 시점에 특정 사건을 경험한 사람들을 대상으로 이들이 시간이 지남에 따라 어떻게 변화하는지를 조사하는 방법은?

① 사례조사
② 패널조사
③ 코호트조사
④ 전문가의견조사

해설

특정한 시기에 태어났거나 동일 시점에 특정 사건을 경험한 사람들을 코호트라고 하며, 이들을 시간이 지남에 따라 조사하는 방법을 코호트조사라고 한다. 참고로, 패널조사는 동일한 대상을 반복적으로 조사하지만, 코호트조사는 조사 대상이 동일하지 않다.

정답 ③

06

연구가설의 기능과 거리가 가장 먼 것은?

① 경험적 검증의 절차를 시사해 준다.
② 현상들의 잠재적 의미를 찾아내고 현상에 질서를 부여할 수 있다.
③ 문제해결에 필요한 관찰 및 실험의 적정성을 판단하게 한다.
④ 다양한 연구문제를 동시에 해결하기 위해 많은 종류의 변수들을 채택하게 되므로, 복잡한 변수들의 관계를 표시한다.

해설

가설은 설명변수와 종속변수 간의 관계를 설명하는 잠정적 응답으로 명료해야 하며 논리적으로도 간결해야 한다. 즉, 가설은 많은 종류의 변수들을 채택하지도 않고, 복잡한 변수들의 관계를 표시하지도 않는다.

정답 ④

07

다음 중 가설로 적합하지 않은 것은?

① 부모 간의 불화가 소년범죄를 유발한다.
② 기업 경영은 근본적으로 인간이 결정한다.
③ 지연(地緣) 때문에 행정의 발전이 저해된다.
④ 도시 거주자들이 농어촌에 거주하는 사람들보다 더 야당 성향을 띤다.

해설

가설은 종속변수와 독립변수 간 (인과)관계에 대한 설명인데, ②은 주관적 주장이다.

정답 ②

08

의약분업을 하게 되면 국민들이 약의 오·남용을 줄일 수 있기 때문에 국가적으로 의료비의 지출이 줄게 된다. 이 사실을 기초로 의약분업을 실시하게 되면 환자들은 적은 비용으로 치료를 받을 수 있게 된다고 주장한다면 그 주장은?

① 올바른 주장이다.
② 환원주의 오류(Reductionism Fallacy)를 범할 가능성이 있다.
③ 생태학적 오류(Ecological Fallacy)를 범할 가능성이 있다.
④ 개인주의적 오류(Individualistic Fallacy)를 범할 가능성이 있다.

해설

큰 단위(집단=국가)를 통해 얻은 결과를 작은 단위(개별 환자)에 적용할 때 발생하는 오류를 생태학적 오류라고 한다.

정답 ③

09 빈출

분석단위의 혼란에서 오는 오류 중 개인의 특성에 관한 자료로부터 집단의 특성을 도출할 경우 발생하기 쉬운 오류는?

① 생태학적 오류　　　② 비표본 오차

③ 개인주의적 오류　　④ 체계적 오류

[해설]

작은 것(개인)을 대상으로 연구한 결과를 큰 것(집단)에 적용할 때 발생하는 오류를 개인주의적 오류라고 한다.

[정답] ③

10

양적-질적연구방법의 비교에서 질적연구방법에 대한 설명으로 맞는 것을 모두 고른 것은?

> ㄱ. 심층규명(Probing)을 한다.
> ㄴ. 연구자의 주관성을 활용한다.
> ㄷ. 연구도구로 연구자의 자질이 중요하다.
> ㄹ. 선(先)이론, 후(後)조사의 방법을 활용한다.

① ㄴ, ㄹ　　　　　　　② ㄱ, ㄴ, ㄷ

③ ㄱ, ㄷ, ㄹ　　　　　④ ㄱ, ㄴ, ㄷ, ㄹ

[해설]

질적연구는 관찰조사나 심층면접을 통해 주관적·해석적인 결과를 도출하므로 연구자의 전문성(자질)이 중요하다. 또한 선(先)조사, 후(後)이론의 귀납적 논리체계를 따른다.

[정답] ②

11

과학적 연구조사를 목적에 따라 탐색조사, 기술조사, 인과조사로 분류할 때 기술조사에 해당하는 것은?

① 종단조사　　　　　② 문헌조사

③ 사례조사　　　　　④ 전문가의견조사

[해설]

탐색적 조사는 관련 정보가 별로 없을 때 예비조사의 개념으로 문헌조사, 사례조사, 전문가의견조사 등이 포함된다. 기술조사에는 횡단조사 및 종단조사가 사용되는데, 종단조사는 인과조사 (설명적 조사)에도 사용된다.

[정답] ①

12 빈출

특정 시점에 다른 특성을 지닌 집단들 사이의 차이를 측정하는 조사 방법은?

① 코호트(Cohort) 조사

② 패널(Panel) 조사

③ 서베이(Survey) 조사

④ 추세(Trend) 조사

[해설]

코호트, 패널, 추세 조사는 특정 시점이 아닌 여러 시점에 조사하는 종단적 조사(longitudinal study) 방법들이다.

[정답] ③

13 빈출

다음은 과학적 방법의 특징 중 무엇에 관한 설명인가?

> 대통령 후보 지지율에 대한 여론조사를 여당과 야당이 동시에 실시하였다. 서로 다른 동기에 의해서 조사를 하였지만, 양쪽의 조사설계와 자료수집 과정이 객관적이라면 서로 독립적으로 조사했더라도 양쪽 당의 조사 결과는 동일해야 한다.

① 검증가능성　　　　② 상호주관성

③ 재생가능성　　　　④ 논리적 일관성

[해설]

서로 자신들의 당의 지지율이 높을 것이라는 다른 동기를 가지고 조사를 했더라도 조사설계가 동일하다면 조사결과도 동일해야 한다는 '상호주관성'에 대한 예시다.

[정답] ②

14

과학적 연구의 특징에 해당하지 않는 것은?

① 과학적 연구는 논리적(Logical)이다.
② 과학적 연구는 직관적(Intuitive)이다.
③ 과학적 연구는 결정론적(Deterministic)이다.
④ 과학적 연구는 일반화(Generalization)를 목적으로 한다.

해설

객관적인 추론에 기반하지 않고 직관에 의해 지식을 형성하는 것은 비과학적 연구의 특징에 해당된다.

정답 ②

15

일반적인 연구수행 절차로 가장 적절한 것은?

① 문제설정 → 문헌고찰 → 가설설정 → 연구설계 → 자료수집 → 분석 및 논의
② 문제설정 → 가설설정 → 문헌고찰 → 연구설계 → 자료수집 → 분석 및 논의
③ 문제설정 → 문헌고찰 → 자료수집 → 가설설정 → 연구설계 → 분석 및 논의
④ 문제설정 → 가설설정 → 자료수집 → 문헌고찰 → 연구설계 → 분석 및 논의

해설

일반적으로 연구를 수행할 때 문제를 설정하고, 탐색적 조사 차원에서 문헌을 고찰한다. 이후 가설을 설정하고, 그 가설을 검증하기 위한 연구를 설계한다. 마지막으로 자료를 수집하고 분석한다.

정답 ①

16

다음 중 분석 단위가 나머지 셋과 다른 하나는?

① 가구소득 조사
② 대학생의 연령 조사
③ 가구당 자동차 보유현황 조사
④ 전국 슈퍼마켓당 종업원 수 조사

해설

분석단위는 분석 대상을 의미하는 것으로 ②의 분석단위는 개인이다. 반면, ①(가구), ③(가구), ④(슈퍼마켓)의 분석단위는 집단이다.

정답 ②

17

다음 중 탐색조사(exploratory research)의 연구목적을 반영하고 있는 것으로만 짝지어진 것은?

> A. 보다 정교한 문제와 기회의 파악
> B. 광고비지출에 따른 매출액의 변화 파악
> C. 연구주제와 관련된 변수에 대한 통찰력 제고
> D. 특정 시점에서 집단 간 차이의 조사

① A, C   ② B, C
③ B, D   ④ C, D

해설

탐색적 조사는 연구주제가 새로운 것이어서 관련 정보가 별로 없을 때 예비조사의 개념으로 실시하는 것으로 A와 C가 해당된다. 광고비지출에 대한 매출액의 변화를 파악하는 것은 인과관계를 파악하는 것으로 설명적 조사에 해당된다. 특정 시점에서 집단 간 차이를 조사하는 것은 기술적 조사에 해당된다.

정답 ①

18

귀납법과 연역법에 관한 설명으로 옳은 것은?

① 귀납법과 연역법은 상호보완적으로 사용될 수 없다.
② 귀납법은 현실의 경험세계에서 출발하고 연역법은 가설이나 명제의 세계에서 출발한다.
③ 연역법은 일정한 가설을 설정하기 이전에 필요한 자료를 수집하고 여기서 가설을 구성하는 방법이다.
④ 연역법은 이론을 형성하기 위한 방법이며 귀납법은 일정한 가설을 먼저 설정한 후 이에 필요한 자료를 구하는 방법이다.

[해설]
귀납법이 개별 경험과 관찰을 통해 유형을 발견하고 잠정적으로 결론을 내리는 추론 방법이라면, 연역법은 이론적 가설에서 출발해 경험적 자료를 수집·검증하여 이론적으로 기대되는 관계를 추론하는 방식이다.

[정답] ②

19 빈출

과학적 조사(scientific research)의 특성에 대한 설명으로 가장 거리가 먼 것은 무엇인가?

① 과학적 조사는 경험적으로 검증 가능해야 한다.
② 과학적 조사를 통해 얻어진 지식은 바뀌지 않는다.
③ 조사방법과 과정이 같으면 같은 결론을 얻을 수 있어야 한다.
④ 과학적 조사는 최소한의 변수를 이용하여 최대한의 설명을 하려고 한다.

[해설]
과학적 조사는 수정 가능해야 한다. 즉, 절대적으로 옳거나 불변하는 연구결과는 존재하지 않으므로 언제든지 비판되고 수정될 수 있다.

[정답] ②

20

질적연구에 관한 옳은 설명을 모두 고른 것은?

> ㄱ. 자료수집 단계와 자료분석 단계가 명확히 구별되어 있다.
> ㄴ. 사회현상에 대해 폭넓고 다양한 정보를 얻어낸다.
> ㄷ. 표준화(구조화) 면접, 비참여관찰이 많이 활용된다.
> ㄹ. 조사자가 조사과정에 깊숙이 관여한다.

① ㄱ, ㄴ　　　　　② ㄱ, ㄷ
③ ㄴ, ㄷ　　　　　④ ㄴ, ㄹ

[해설]
자료수집 단계와 자료분석 단계가 명확히 구별되고, 표준화(구조화) 면접(자료수집 단계의 대인면접법)을 통해 연구하는 것은 양적연구의 특징이다.

[정답] ④

02 | 표본설계 핵심이론

01 조사대상의 선정

1) 모집단(Population)과 표본(Sample)의 구분 ★★☆

(1) 모집단과 전수조사

① 모집단은 연구하고자 하는 대상의 집단 전체를 의미하는 것으로 모든 요소의 총체다. 예를 들어, 20세 남성이 여성보다 키가 크다는 연구가설을 세웠을 때, 모집단은 모든 20세 남성과 여성이다.

② 모집단은 연구하고자 하는 이론상의 전체 집단이다.

③ 그러므로 전수조사(모집단 조사)는 실행이 쉽지 않다.

④ 조사가 가능하더라도 고비용(금전적 · 시간적 비용)이다.

⑤ 전수조사는 분석방법에 문제가 없을 경우, 결과가 표본(샘플)조사에 비해 정확하다.

⑥ 표본추출을 하지 않기 때문에 표본오차는 없지만, 비표본오차가 크다(표본오차와 비표본오차는 아래 설명을 참고).

⑦ 모집단의 특성을 나타내는 수치(모평균, 모분산 등)를 모수라고 한다.

▌ 모집단과 표본에 관한 용어들

구분	모집단	표본
정의	연구 대상 전체	모집단의 일부로 실제 분석 대상
특성	모수(모집단 관련 수치들)의 예 • 모평균: μ • 모분산: σ^2 • 모표준편차: σ	통계량(표본 관련 수치들)의 예 • 표본평균: $\overline{X}$ • 표본분산: S^2 • 표본표준편차: S
크기	N(모집단의 크기)	n(표본의 크기)

(2) 표본과 표본조사 필답 연계 p. 340

Q. 표본조사의 개념을 설명하고, 전수조사와 비교해 표본조사의 장점을 기술하시오.

① 모집단의 일부를 의미한다. 예를 들어, 20세 남성이 여성보다 키가 크다는 연구가설을 세웠을 때, 표본조사는 20세 남성과 여성을 각각 500명씩 무작위로 추출하여 총 1,000명(표본)을 조사하는 방식이다.

② 전수조사에 비해 실행 가능성이 매우 높고, 저비용이다.

③ 전체를 조사하지는 않기 때문에 결과가 전수조사에 비해 정확하지 않다.

④ 모집단을 대표하는 표본을 활용해 적절한 방법론으로 분석할 경우, 결과의 일반화가 가능하다.

⑤ 분석 대상의 수는 적은 대신, 더 많은 종류의 정보를 수집할 수 있다.

⑥ 모집단을 대표하는 표본을 표집하지 못하면 표본오차가 발생하고, 연구결과가 왜곡될 수 있다.

⑦ 모집단보다 적은 수를 조사하기 때문에 비표본오차는 더 작다.

⑧ 표본의 특성을 나타내는 수치들(표본평균, 표본분산 등)을 통계량이라고 한다.

POWER 정리

표본의 대표성

연구를 통해 궁극적으로 밝혀내야 할 대상은 모집단인데, 현실적으로 모집단을 연구하는 것은 쉽지 않다. 그래서 모집단으로부터 표본을 추출하고, 표본을 분석하여 모집단에 대한 추론을 하게 된다. 그러므로 표본의 가장 중요한 조건 중 하나가 '대표성'이다. 아무리 분석을 잘하더라도 표본의 대표성이 낮다면 결과를 일반화하지 못하기 때문이다.

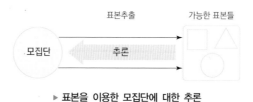

▶ 표본을 이용한 모집단에 대한 추론

┃ 표본조사의 장단점

장점	단점
• 전수조사가 불가능할 때도 가능하다. • 비용(금전적 · 시간적)이 절약된다. • 비표본추출오차가 감소한다. • 결과를 일반화할 수 있다. • 전수조사에 비해 더 많은 정보를 분석할 수 있다.	• 전수조사에 비해 연구결과가 정확하지 않을 가능성이 높다. • 표본은 모집단이 아니기 때문에 반드시 표본추출오차가 발생한다. • 표본의 대표성이 결여될 경우, 결과의 일반화가 어렵다. • 적합한 표본을 추출하기 위해 상당한 전문지식이 요구된다.

•POWER **기출 유형** ✅ •

모든 요소의 총체로서 조사자가 표본을 통해 발견한 사실을 토대로 하여 일반화하고자 하는 궁극적인 대상을 지칭하는 것은?

① 표본추출단위

② 표본추출분포

③ 표본추출 프레임

④ 모집단

해설

모든 요소의 총체로서 연구(일반화)하고자 하는 궁극적인 대상은 모집단이다.

정답 ④

2) 표본추출의 주요 개념 ★★★

(1) 표본추출 절차

① 모집단의 확정 → ② 표본프레임의 결정 → ③ 표본추출방법의 결정 → ④ 표본크기의 결정 → ⑤ 표본추출의 실행

(2) 표집틀(표본프레임) 필답 연계 p. 340

Q. 표본틀의 개념에 대해 설명하고, 표본틀 오차가 발생하는 상황을 설명하시오.

① 표집틀(Sampling Frame)은 표본이 추출될 수 있는 전체 모집단의 목록을 의미한다. 예를 들어, 20세 남성이 여성보다 키가 크다는 연구가설을 세웠을 때 표집틀은 국내 20세 남녀(모집단)의 목록이 된다.

② 모집단과 표집틀이 일치하는 것이 이상적이다.

③ 부적절한 표집틀을 사용하게 되면 대표성이 훼손된다.

④ 모집단과 표집틀이 일치하지 않아 발생하는 문제를 표집틀 오차라고 한다(아래 세 가지 경우를 반드시 이해해야 한다).

▌ 표집틀(표본프레임) 오차

구분	오차	예
모집단 > 표집틀	일부가 표본으로 추출될 기회가 상실	A 보험사가 고객을 대상으로 만족도를 실시하는데, 최근 1년 동안 가입한 고객 명단으로부터 표본을 추출할 때 이전에 가입한 고객은 표본추출과정에서 제외된다.
모집단 < 표집틀	모집단에 없는 표본이 추출	A 보험사가 고객을 대상으로 만족도를 실시하는데, 보험협회로부터 고객(모든 보험사의 고객) 리스트를 받아서 실시한다면 A 보험회사가 아닌 다른 보험사 고객도 표본에 포함되는 문제가 발생한다.
모집단과 표집틀이 일부만 겹칠 경우	위의 두 가지 문제 모두가 발생한다.	

(3) 구성요소(표본추출요소)와 표집단위(표본추출단위)

① 구성요소는 정보(자료) 수집 및 분석의 기본이 되는 최소 단위를 의미한다.

② 표집단위는 표본추출의 각 단계에서 표본으로 선정되는 표집대상 또는 요소의 집합이다.

③ 구성요소 및 표집단위는 사람(개인), 가구, 지역, 사건, 개념 등 어느 것도 될 수 있다.

④ 구성요소 및 표집단위는 같을 수도, 다를 수도 있다.

> **POWER 정리**
>
> 표집틀, 구성요소, 표집단위
> 대학교의 성비를 알아보기 위해 국내 모든 300개 대학의 명부에서 50개 대학을 무작위 추출한 뒤 각 대학의 학생 성비를 조사했다. 이때 300개 대학의 명부가 표집틀이 되며, 표집단위는 대학, 구성요소는 개인이 된다.

(4) 분석단위와 관찰단위

① 분석단위는 분석 대상을 의미한다.
② 관찰단위는 조사 대상을 의미한다.
③ 분석단위는 사람(개인), 가구, 지역, 사건, 개념 등 어느 것도 될 수 있다.
④ 분석단위와 관찰단위는 같을 수도, 다를 수도 있다.

POWER 정리

분석단위와 관찰단위

가구소득별 해외여행 지출액을 연구할 때 가구(분석단위)를 분석하게 된다. 하지만, 가구의 해외여행 지출액을 파악하기 위해서는 가구주나 가구원과 같은 개인(관찰단위)을 조사해야 한다. 참고로, 요소(정보를 수집하는 최소 단위) 역시 개인이 된다.

---

(5) 표집률(Sampling Ratio)

① 모집단 중 몇 %가 표집(추출)되었는가에 대한 정보를 제공한다.
② 예를 들어, 모집단 1,000개 중 표본을 100개 추출했다면 표집률은 10%가 된다.

$$표집률 = \frac{표본의 \ 크기}{모집단의 \ 크기} = \frac{n}{N} = \frac{100}{1,000} = 0.1 \, (=10\%)$$

(6) 표집간격(Sampling Interval)

① 모집단에서 표본을 추출할 때 요소 간의 간격을 의미한다.
② 예를 들어, 특정 지역의 투표자가 200만 명(모집단)이고 표본이 5,000명이면 표본추출 간격은 400이 된다.

$$표본추출 \ 간격 = \frac{모집단의 \ 크기}{표본의 \ 크기} = \frac{N}{n} = \frac{2,000,000}{5,000} = 400$$

(7) 표본 크기 `필답 연계 p. 340`

Q. 표본의 크기를 결정하는 요인 4가지를 기술하시오.

① 모집단의 동질성이 높으면 표본의 크기는 작아진다. 예를 들어, 모집단이 남성만으로 구성되어 있을 때보다 남성과 여성이 모두 포함될 경우, 필요한 표본은 더 커진다.
② 독립변수의 카테고리가 세분화될수록 표본이 크기는 커진다. 예를 들어, 혼인상태를 미혼과 기혼으로만 구분해 분석할 때보다 미혼, 사별, 이혼, 별거, 배우자 동거 등으로 세분할 때 더 많은 표본이 요구된다.
③ 분석하고자 하는 변수가 많아질수록 표본 수가 커진다.
④ 표본오차를 줄이기 위해서는 표본 수가 많아야 한다. 즉, 표본 수가 증가하면 표본의 대표성이 증가해 표본오차가 감소하는 반면 비표본오차는 증가한다.

⑤ 비확률표본추출방법의 경우에는 표본의 크기와 표본오차는 무관하다(표본오차, 비표본오차, 비확률표
본추출오차 등은 아래를 참고).
⑥ 허용오차(오차한계)를 줄이기 위해 더 많은 표본이 필요하다(제3과목의 CHAPTER 03에서 학습).

● POWER 기출 유형 ✅ ●

다음 중 분석단위와 연구내용이 잘못 짝지어진 것은?

① 개인−전체 농부 중에서 32%가 여성임에도 불구하고 여성은 전통적으로 농부라기보다 농부의 아내
로 인식되었다.
② 개인−1970년부터 지금까지 고용주가 게재한 구인광고의 내용과 강조점이 어떻게 변화하였는지 파
악하였다.
③ 도시−인구가 10만 명 이상인 도시 중 89%는 적어도 종합병원이 2개 이상 있었다.
④ 도시−흑인이 많은 도시에서 범죄율이 높은 것으로 나타났다.

해설
②에서 분석단위는 고용주(개인)가 아닌 광고다.

정답 ②

---

02 표본오차와 비표본오차 ★★★

1) 표본오차(표본추출오차, 표집오차)

① 모수와 통계량의 차이로 통계량들이 모수 주위에 분산되어 있는 정도를 말한다.
② 표본은 모집단이 아니므로 통계량은 모수와 절대 같아질 수 없으며, 표본오차는 표본추출과정에서 반
드시 발생한다.
③ 표본이 커질수록 표본은 모집단과 유사해지기 때문에 통계량이 모수와 유사해진다(표본오차 감소).
④ 표본의 대표성이 확대될수록 표본오차는 감소하며, 전수조사(모집단 조사)는 표본오차가 제거된다.
⑤ 표본의 분산이 작을수록 표본오차도 작아진다.
⑥ 이질적인 모집단보다 동질적인 모집단일수록 표본오차가 감소한다.

표본오차

"대한민국 20대 남성의 평균 키는 170cm다."라는 가설을 검정한다고 하자. 이때 모집단은 대한민국 20대 모든 남성이다. 가설을 가장 정확히 검증하는 방법은 모든 20대 남성의 키를 측정하는 것이지만, 비용이 너무 클 뿐만 아니라 모든 20대의 키를 측정하는 것은 불가능에 가깝다. 그러므로 20대 남성 중 1,000명(표본)을 추출하여 그들의 키를 측정하는 방법으로 가설을 검증할 수 있다.

만약 표본 1,000명의 키를 측정한 결과 평균이 173cm라고 하자. 모집단(대한민국 20대 남성)의 평균 키는 알 수 없지만 실제 값이 170cm라고 가정하자. 표본오차는 모수와 통계량 간 차이를 의미하므로 3cm가 된다. 표본은 모집단이 아니기 때문에 통계량이 모수와 정확히 일치하지 않으므로 표집오차는 반드시 발생한다. 표본의 크기를 증가시키면 표본이 점차 모집단과 유사해지기 때문에 표본오차가 감소하지만 비용도 늘어난다.

2) 비표본오차(비표본추출오차) [필답 연계 p. 341]

Q. 표본오차와 비표본오차가 무엇인지 설명하고, 비표본오차가 발생하는 원인을 2가지 기술하시오.

① 비표본오차는 표본을 조사하는 과정(측정과정)에서 발생하는 오차다.

② 표본오차처럼 완벽하게 제거할 수 없지만, 노력(예 설문문항 개선, 조사원의 훈련, 조사원의 충원 등)을 통해 충분히 감소시킬 수는 있다.

③ 표본의 크기가 클수록 커진다.

④ 비표본오차가 발생하는 이유는 다음과 같이 다양하다.

    ㉠ 자료취득오차: 측정을 잘못해서 발생하는 오차, 정확히 측정했지만 잘못 기록해서 발생하는 오차, 질문을 잘못 이해해서 틀린 수치를 응답하는 등 자료를 취득하는 과정에서 발생하는 오차다.

    ㉡ 응답편의에 의한 오차: 조사자의 태도 때문에 응답이 달라질 수 있는 오차, 설문조사를 하는 사람이 원하는 답을 얻기 위해 의도적으로 설문문항을 작성할 때 또는 응답지의 순서에 따라 답이 달라지는 등의 이유로 발생하는 오차다.

    ㉢ 무응답편의에 의한 오차: 응답자가 특정 질문에 응답을 하지 않을 때 발생하는 오차인데, 예를 들면 소득이 너무 낮거나 높은 사람은 소득을 묻는 질문에 대답을 잘 하지 않거나 왜곡해서 답하는 경우가 발생한다. 또는 키, 몸무게, 흡연율, 정치적 입장 등의 질문에도 유사한 문제가 발생한다.

    ㉣ 선택편의에 의한 오차: 표본을 수집하는 방법이 잘못되어 발생하는 오차인데, 예를 들어 강에 서식하는 물고기를 알아보고자 할 때 그물망이 큰 것을 사용하면 작은 물고기는 표본에서 제외된다. 표본 자체가 선택적으로 추출된 것인데, 연구자는 강물이 오염되어 번식률이 낮아졌다는 잘못된 결론을 내릴 수 있다.

3) 표본오차와 비표본오차의 관계

① 비표본오차를 줄인다고 표본오차가 감소하지 않으며, 오히려 반대의 관계를 갖는다. 예를 들어, 표본오차를 감소시키기 위해 표본 수를 증가시키면 비표본오차는 오히려 증가한다.

② 전수(모집단)조사를 하면, 표본오차는 없어지지만 비표본오차는 상당히 클 수 있다.

③ 표본의 크기가 같을 때 표본오차는 층화무작위표집, 단순무작위표집, 집락표집 순서(대표성이 높은 순서)로 작다.

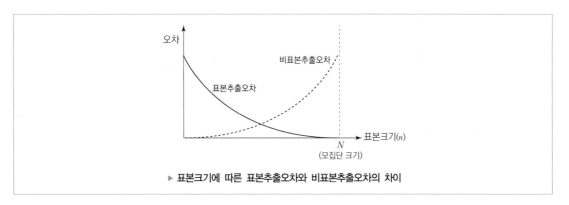

▶ 표본크기에 따른 표본추출오차와 비표본추출오차의 차이

●POWER **기출 유형** ✅ ●

표본추출오차와 비표본추출오차에 관한 설명으로 틀린 것은?

① 표본추출오차의 크기는 표본의 크기가 증가함에 따라 감소한다.
② 표본추출오차의 크기는 표본크기의 제곱근에 반비례한다.
③ 비표본추출오차는 표본조사와 전수조사에서 모두 발생할 수 있다.
④ 전수조사의 경우 비표본추출오차는 없으나 표본추출오차는 상당히 클 수 있다.

해설
전수조사(모집단 조사)는 표본추출오차는 없으나 비표본추출오차는 상당히 클 수 있다.

정답 ④

03 표본추출방법 ★★★

1) 확률표본추출과 비확률표본추출의 개념적 차이

① 다양한 표본추출방법은 무작위(randomness)가 활용되는지 여부에 따라 크게 확률표본추출과 비확률표본추출로 구분된다.
② 확률표본추출은 표본을 추출 시 무작위성이 반영되는 반면, 비확률표본추출은 무작위성이 반영되지 않기 때문에 모집단을 대표할 수 있는 표본을 추출하기 어렵다.
③ 그럼에도 불구하고, 확률표본추출이 적용될 수 없거나, 비용을 아끼고 싶을 때 비확률표본추출을 활용할 수 있다.

▌확률표본추출방법과 비확률표본추출방법 [필답 연계 p. 341]

Q1. 비확률표본추출방법과 비교하여 확률표본추출방법의 특징을 4가지 작성하시오.

Q2. 확률표본추출방법과 비교하여 비확률표본추출방법의 특징을 4가지 작성하시오.

구분	확률표본추출방법	비확률표본추출방법
종류	• 단순무작위 표본추출 • 체계적/계통적 표본추출 • 층화/층화무작위 표본추출 • 군집/집락 표본추출	• 임의/편의 표본추출 • 유의/판단/목적 표본추출 • 할당/쿼터 표본추출 • 눈덩이/누적/스노우볼 표본추출
성격	무작위적 표본추출	인위적 표본추출
조건	• 모집단의 각 구성요소가 표본으로 추출될 확률이 알려져 있음 • 표본으로 선택될 확률 동일	• 모집단의 각 구성요소가 표본으로 추출될 확률을 모름 • 표본으로 선택될 확률 다름
특징	• 모수의 추정에 편의(bias) 없음 • 분석결과를 일반화할 수 있음 • 표본오차를 계산할 수 있음 • 시간과 비용이 큼	• 모수의 추정에 편의 발생 • 분석결과를 일반화하기 어려움 • 표본오차를 추정할 수 없음 • 시간과 비용이 크지 않음

2) 확률표본추출 방법 [필답 연계 p. 341, 342]

Q1. 확률표본추출방법의 종류 3가지를 설명하시오.

Q2. 확률표본추출방법의 종류를 3가지 나열하고, 각각의 과정을 기술하시오.

(1) 단순무작위 표본추출 [필답 연계 p. 342]

Q1. 단순무작위추출방법의 개념을 설명하고 장단점을 2가지씩 기술하시오. → 장단점은 p. 31의 표를 참고

Q2. 단순무작위추출방법이 실제로 잘 사용되지 않는 이유를 3가지 기술하시오.

① 모집단에 포함되어 있는 각 구성요소들이 뽑힐 확률이 동일하도록 비복원추출하는 방법이다. 예를 들어, 1,000개(N)의 모집단 중 100개(n)의 표본을 뽑을 때를 가정해 보자. 1,000개의 구성요소에 번호를 부여(난수표 부여)한 다음 눈을 감고 제비뽑기 방식으로 100개를 추출할 때 각 구성요소가 뽑힐 확률은 0.1(=100/1,000)로 동일하다.

② 난수표, 추첨법, 컴퓨터 등을 이용해 무작위 추출한다.

③ 표본추출 방식이 단순하다는 장점이 있지만, 무작위추출을 했다고 반드시 대표성 있는 표본이 뽑히는 것은 아니다. 예를 들어, 남학생 500명과 여학생 500명으로 구성된 표집틀에서 100명의 표본을 무작위로 표집할 경우, 남학생 80명과 여학생 20명이 표집될 수 있다. 그러므로 모집단을 대표할 수 있는 표본을 갖기까지 매우 큰 표본이 필요한데, 표본의 수가 증가할수록 비용도 증가한다는 단점이 있다.

④ 구성요소(표집틀에 나타난 명부)가 표집단위가 된다.

(2) 층화무작위추출 [필답 연계 p. 342, 343]

Q1. 층화무작위추출의 장단점을 2가지씩 기술하시오.

Q2. 층화무작위추출의 특징을 3가지 기술하시오.

① 모집단을 서로 배타적인 몇 개의 그룹(strata)으로 구분하고 각 그룹 내에서 단순무작위추출하는 방법이다.

② 같은 표본의 수로 더 높은 대표성을 확보하는 방법이다.

③ 상대적으로 적은 비용으로 대표성이 높은 표본을 추출할 수 있어 실제 설문조사기관들이 가장 많이 활용하는 표본추출방법이다.

POWER 정리

층화무작위추출의 개념

세금 인상 찬반을 묻는 설문조사를 시행하고자 한다. 유권자(모집단)가 모두 3,000만 명(남성 1,000만 명, 여성 2,000만 명)일 때, 표본 3,000명을 추출한다고 하자. 단순무작위추출로 표본 3,000명을 추출할 때 모집단의 성별 비율과 달리 남성이 2,000명, 여성이 1,000명 뽑힐 수 있다. 이때 표본은 모집단을 대표하기 어렵기 때문에 표본오차가 클 것이다.

층화무작위추출은 모집단을 남성과 여성으로 구분한 뒤, 남성 중 1,000명을 무작위로 뽑고, 여성 중 2,000명을 무작위로 뽑는 방식으로 표본의 성비가 모집단의 성비와 완벽히 일치해 표본오차가 감소한다.

모집단을 성별뿐만 아니라 연령별, 지역별로도 미리 그룹화하고 해당 그룹 내에서 몇 명씩을 단순무작위추출하는 방법으로 비교적 작은 표본으로도 모집단을 대표할 수 있는 표본추출이 가능하다. 예를 들어, 전체 3,000만 명 중 서울에 거주하는 20대 남성이 200만 명이면, 서울에 거주하는 20대 남성 중에서 200명을 단순무작위추출로 뽑는 방식이다.

---

④ 층화무작위추출에서 최종적으로 추출해야 할 그룹의 수는 층화별 개수를 곱해서 산출한다. 만약 2년제 대학의 대학생 집단을 학년과 성별, 계열별(인문계, 자연계, 예체능계)로 구분하여 층화무작위추출을 할 경우, 최종적으로 12개 그룹에서 무작위추출하게 된다(아래 할당표집에서 할당범주와 동일).

⑤ "모집단의 확정 → 모집단의 집단(층)별 비중 파악 → 표본의 층별 비중을 구분 → 각 층별로 표집해야 할 표본 수 확정 → 각 층에서 단순무작위추출" 순서로 표집한다. 필답 연계 p. 343

Q. 층화무작위추출의 과정을 단계별로 설명하시오.

⑥ 집단 간 이질적이고, 집단 내 동질적이다.

(3) 집락(군집)표본추출 필답 연계 p. 343

Q. 집락(군집)표본추출의 절차를 설명하고 장단점을 각각 2가지씩 기술하시오.

① 모집단을 구성원 내부의 이질적인 성격에 따라 집락(집단)으로 구분한 다음, 구분된 집락 소수를 선정하고 선정한 집락에서 무작위로 표본을 추출하는 방법이다.

② 예를 들면, 현 대통령에 대한 대학생들의 선호도를 알고 싶다고 할 때, 지역을 서울, 수도권, 광역시별 등으로 구분하고 각 지역별로 하나의 대학교를 선정하고, 그 대학교에서 하나의 학과를 선정한 뒤 해당 학과의 전체 또는 일부(표본)를 무작위로 뽑아 설문을 진행하는 방식이다.

③ 층화무작위추출에 비해 표본추출이 용이하고 저비용이며, 모집단에 대한 목록이 없어도 사용이 가능하다.

④ 하지만 특정 군집의 특성이 과대 또는 과소 반영될 위험이 있으며, 특히 층화무작위추출에 비해서도 대표성 낮은 표본이 추출되어 분석결과를 일반화하기 어려울 수 있다. 예를 들어, 경제학과를 대상으로 설문한다면, 대통령의 경제정책에 대한 평소 생각이 설문 전체에 영향을 미칠 수 있어서 대학생 전체의 의견을 대변하지 못한다. 이러한 단점을 극복하고자 표본을 학과가 아닌 학교 전체 학생 중 일부를 무작위로 선정하더라도 대학이 위치한 지역에 따라 의견이 다를 수 있다.

⑤ 집단 간 동질적이고, 집단 내 이질적이다.

POWER 정리

층화무작위추출과 집락추출 <u>필답 연계 p. 343, 344</u>

Q1. 층화무작위표본추출과 집락표본추출의 개념을 설명하고, 다음 표에 알맞은 단어(동질적, 이질적)를 선택하시오.

Q2. 층화무작위표본추출과 집락표본추출을 비교해 설명하시오.

모집단을 나누어 해당 집단에서 무작위 추출한다는 점이 층화무작위추출과 유사하기 때문에 구분하기가 쉽지 않을 수 있으나 다음과 같은 명확한 차이가 있으며, 특히 필기시험과 필답형(실기)시험에서 두 방법을 비교하는 문제가 많이 출제된다.

예를 들어, 위에 설명한 층화무작위추출에서 표본을 남성과 여성으로 구분할 때 집단 간(남성과 여성)은 이질적이지만 각 집단 내에서는 동일한 성별만 추출된다. 반면 집락표본추출에서는 집단들이 모두 같은 학과(또는 같은 대학)로 동질적이지만, 특정 학과에서 뽑히는 표본은 이질적(남학생 또는 여학생)이다.

▌**층화무작위추출과 집락표본추출의 차이점** ★★★

구분	층화무작위추출	집락(군집)표본추출
집단 간	이질적	동질적
집단 내	동질적	이질적

(4) 체계적(계통적) 표본추출 <u>필답 연계 p. 344</u>

Q. 체계적 표본추출(계통적)의 개념을 설명하고, 장단점을 3가지씩 기술하시오.

① 모집단의 구성요소에 번호를 부여하여 배열한 다음 매 k번째 구성요소를 표본으로 추출하는 방법이다.

> ### POWER 용어
>
> **체계적 표본추출**
>
> 실제로 선거 때마다 투표결과를 예측하기 위해 투표장소에서 매 20번째 구성요소를 표본으로 추출하여 누구에게 투표했는지 현장조사를 벌이기도 한다. 이 경우 20번째, 40번째, 60번째, 80번째 등 20의 배수자(투표자)가 표본으로 뽑히게 된다.

② 표본추출 과정에 주기성이 발생해 체계적 오차가 커질 수 있다. 예를 들어, 우연의 일치로 k번째 사람들이 유사한 사람(예 노인들)들로만 뽑히게 될 경우, 표본의 대표성이 낮아진다.

③ '표본추출 간격'은 모집단의 수를 표본의 수로 나누어 산출한다. 예를 들어, 특정 지역의 투표자가 200만 명이고 표본이 5,000명이면 표본추출 간격은 400이 된다.

$$표본추출 \ 간격 = \frac{N}{n} = \frac{2,000,000}{5,000} = 400$$

▌확률표본추출방법별 장단점

구분	장점	단점
단순무작위 표본추출	• 모집단에 대한 자세한 지식이 불필요 • 표본오차에 대한 통계적 분석이 용이 • 층화나 군집처럼 분류에 따른 오류 가능성 없음 • 활용이 용이하며, 다른 표본추출방법과 함께 활용	• 모집단에 대한 완전한 명부 필요 • 대표성이 확보되지 않을 수 있음 • 다른 방식에 비해 표본오차 큼 • 단점 극복 위해 고비용 소요
층화무작위 추출	• 층화가 잘 이루어지면 대표성 높음 • 동일한 n일 경우, 표본오차는 층화 < 단순무작 위 < 집락 순서	• 모집단에 대한 지식 필요(성비) • 세부 집단 간 응답률 다를 수 있음
군집(집락)표본 추출	• 모집단 중 일부만 고려하면 됨 • 조사방법 용이 • 저비용(집락을 잘 구성할 경우) • 모집단 명부가 없어도 가능	• 표본오차 큰 편 • 낮은 대표성(최종 선택된 집락이 모집단을 대표 하지 못할 수 있음)
체계적(계통적) 표본추출	• 표본선정 용이 • 상대적으로 저비용 • 단순무작위에 비해 대표성 확보 가능	• 모집단에 대한 완벽한 명부 필요 • 주기성 발생 가능 • 체계적 오차가 발생 가능

3) 비확률표본추출 방법

(1) 임의(편의) 표본추출

① 목표하는 표본의 수가 채워질 때까지 아무나 표본으로 선정하는 방식이다. 예를 들어, 대통령에 대한 국민들의 선호도를 조사하기 위해 1,000명을 조사하기로 했을 때 단순히 길거리에서 만나는 1,000명을 대상으로 설문조사하는 방법이다.

② 임의로 표본을 추출하기 때문에 표본의 대표성이 매우 낮다.

③ 주로 모집단에 대한 정보가 전혀 없을 때 사용된다.

(2) 판단(유의) 표본추출

① 연구주제에 적합(유의)하다고 생각되는 표본을 주관적으로 선정하여 추출하는 방법이다. 예를 들어, 정년연장(56세 → 60세)이 청년 고용·실업에 미치는 영향을 연구할 때 50대 근로자를 표본으로 선정하여 60세까지 근무할 것인지 조사할 수 있다. 또는 경제학과 교수들을 대상으로 설문(자문)할 수 있다.

② 연구자의 주관적 판단이 매우 중요하며, 연구주제·모집단·구성요소 등에 대한 풍부한 사전지식이 요구된다.

(3) 할당(쿼터) 표본추출

① 층화표본추출과 마찬가지로 모집단을 여러 집단으로 구분하되, 마지막 단계에서 사전에 정해(할당)진 크기만큼 무작위추출이 아닌 임의 또는 판단 표본추출처럼 비확률표본추출 방법을 사용한다.

② 할당범주 또는 할당표집의 수는 층화무작위추출과 마찬가지로 각 범주의 수를 곱해서 산출한다.

전국 단위 여론조사를 하기 위해 16개 시도와 20대부터 60대 이상까지의 5개 연령층, 그리고 연령층에 따른 성별로 할당표집을 할 때 표본추출을 위한 할당범주는 몇 개인가?

① 10개   ② 32개
③ 80개   ④ 160개

해설

$16 \times 5 \times 2 = 160$

정답 ④

(4) 눈덩이(스노우볼) 표본추출 필답 연계 p. 344

Q1. 눈덩이 표본추출의 개념을 예시를 이용해 설명하시오.

Q2. 성매매에 대한 실태 연구를 위해 적합한 표집방법과 이유를 설명하시오.

① 하나의 표본으로부터 다른 표본을 추천받는 방식이며, 말 그대로 눈덩이가 굴러가면서 더 많은 표본이 조사되는 방식이다.

② 주로 모집단을 찾을 수 없고, 표본을 충분히 확보하기 어려울 때 활용된다.

③ 예를 들어, 감옥에서 출소한 사람을 대상으로 연구해야 할 때 한 명의 출소자를 상대로 조사하면, 그 출소자는 감옥에서 사귄 다른 출소자를 소개해 줄 수 있다.

▌비확률표본추출방법별 장단점

구분	장점	단점
임의(편의) 표본추출	• 표본추출 방법이 가장 쉬움 • 시간과 비용 절약	• 편견 개입/대표성 낮음 (예 외모가 좋은 사람만 설문)
판단(유의) 표본추출	• 연구주제에 부합하는 표본추출 • 저비용	• 대표성 낮음 • 상당한 사전지식 필요
할당(쿼터) 표본추출	• 동일한 표본일 때 무작위 및 층화표본추출 방식보다 저비용 • 신속하게 결과를 도출 가능 • 비확률 방식이지만 다양한 집단을 대표하는 층화의 효과를 누릴 수 있음	• 표본을 추출할 때 주관적 판단 개입 • 편견 및 편의 개입 • 무작위성이 없기 때문에 결과의 일반화 어려움
눈덩이/누적/ 스노우볼 표본추출	• 매우 특징적인 주제를 연구할 때 적합 • 모집단을 파악하기 어려울 때나 소규모 집단을 연구할 때 적합	• 특정 집단만 연구하기 때문에 결과의 일반화 어려움 • 편견 및 편의가 개입

다음 중 확률표본추출법에 해당하지 않는 것은 무엇인가?

① 계통표집(systematic sampling)

② 집락표집(cluster sampling)

③ 할당표집(quota sampling)

④ 층화표집(stratified sampling)

해설

할당표집은 층화표집과 유사하지만 무작위성이 적용되지 않는 비확률표본추출방법이다.

정답 ③

01

편의표본추출(convenience sampling)에 관한 설명과 가장 거리가 먼 것은?

① 모집단에 대한 정보가 전혀 없는 경우에 사용된다.
② 편의표집으로 수집된 자료라 할지라도 유용한 정보를 제공할 수 있다.
③ 편의표집에 의해 얻어진 표본에 대해서는 표준오차 추정치를 부여할 수 없다.
④ 표본의 크기를 확대하여 모집단의 대표성 문제를 해결할 수 있다.

해설
편의표본추출법으로 표집(표본추출) 시 표본의 크기를 확대해도 대표성이 확보되기 어렵다.

정답 ④

02 빈출

일반적인 표본추출과정으로 옳은 것은?

A. 모집단의 확정
B. 표본프레임의 결정
C. 표본추출의 실행
D. 표본크기의 결정
E. 표본추출방법의 결정

① A→B→E→D→C
② A→D→E→B→C
③ A→D→B→E→C
④ A→B→D→E→C

해설
모집단의 확정(A)→표본프레임의 결정(B)→표본추출방법의 결정(E)→표본크기의 결정(D)→표본추출의 실행(C)

정답 ①

03

총 학생수가 2,000명인 학교에서 800명을 표집할 때의 표집률은?

① 25%   ② 40%
③ 80%   ④ 100%

해설
$$표집률 = \frac{n}{N} = \frac{800}{2,000} = 0.4 = (40\%)$$

정답 ②

04

비표본오차의 원인으로 가장 거리가 먼 것은?

① 조사자의 오류   ② 표본선정의 오류
③ 조사설계상 오류   ④ 조사표 작성 오류

해설
표본을 잘못 선정하면 표본오차가 발생한다. 즉, 잘못된 표본을 선정하면 비표본오차가 없더라도 표본의 대표성이 결여되어 표본오차가 발생한다.

정답 ②

05

전수조사와 비교한 표본조사의 특징에 관한 설명으로 옳은 것은?

① 시간과 노력이 많이 든다.
② 비표본오차를 줄일 수 있다.
③ 항상 정확한 자료를 수집할 수 있다.
④ 조사기간 동안에 발생하는 변화를 반영하지 못한다.

해설
비표본오차는 표본 수가 작아질수록 감소한다. 그러므로 모집단 전체를 조사하는 전수조사에 비해 표본조사는 비표본오차가 작다. 참고로 표본오차는 표본 수가 커질수록 감소한다.

정답 ②

06

표본추출과 관련된 용어 설명으로 틀린 것은?

① 관찰단위: 직접적인 조사대상
② 모집단: 연구하고자 하는 이론상의 전체 집단
③ 표집률: 모집단에서 개별 요소가 선택될 비율
④ 통계량(statistic): 모집단에서 어떤 변수가 가지고 있는 특성을 요약한 통계치

[해설]
통계량은 표본의 특성을 보여주는 통계치이며, 모수(Parameter)가 모집단의 특성을 보여주는 통계치다.

[정답] ④

07

비확률표본추출방법에 관한 설명으로 틀린 것은?

① 표집 오류를 확인하기 어렵다.
② 조사결과를 일반화하기 어렵다.
③ 표본의 대표성을 확보하기 어렵다.
④ 확률표본추출방법에 비해 시간과 비용이 많이 소요된다.

[해설]
비확률표본추출방법은 통계적·확률적 방식이 개입되지 않기 때문에 시간과 비용이 적게 소요된다는 장점에도 불구하고, 표본의 대표성이 결여되어 분석결과를 일반화하기 어렵다.

[정답] ④

08

4년제 대학교 대학생 집단을 학년과 성, 단과대학(인문사회, 자연, 예체능, 기타)으로 구분하여 할당표집할 경우 할당표는 총 몇 개의 범주로 구분되는가?

① 4   ② 24
③ 32   ④ 48

[해설]
4(학년)×2(성별)×4(단과대학)=32(개)

[정답] ③

09 최신

층화표집(Stratified Random Sampling)에 대한 설명으로 틀린 것은?

① 층화 시 모집단에 대한 지식이 필요하다.
② 층화한 모든 부분 집단에서 표본을 추출한다.
③ 층화한 부분 집단 간은 동질적이고, 부분 집단 내에서는 이질적이다.
④ 추정값의 표본오차를 감소시켜 표본의 대표성을 높이기 위해 사용되는 방법이다.

[해설]
층화무작위추출은 집단 간 이질적이고 집단 내 동질적인 특성을 지닌다. 반면, 군집(집락)표본추출은 집단 간 동질적이고 집단 내 이질적인 특성을 지닌다.

[정답] ③

10

표집틀(sampling frame)과 모집단과의 관계로 가장 이상적인 경우는?

① 표집틀과 모집단이 일치할 때
② 표집틀이 모집단 내에 포함될 때
③ 모집단이 표집틀 내에 포함될 때
④ 모집단과 표집틀의 일부분만이 일치할 때

[해설]
표집틀과 모집단이 다를 때 표본프레임 오차가 발생한다.

[정답] ①

11 빈출

다음 사례추출방법은?

> 외국인 불법체류 근로자의 취업실태를 조사하려는 경우, 모집단을 찾을 수 없어 일상적인 표집절차로는 조사수행이 어려웠다. 그래서 첫 단계에서는 종교단체를 통해 소수의 응답자를 찾아 면접하고, 다음 단계에서는 첫 번째 응답자의 소개로 면접 조사하였으며, 계속 다음 단계의 면접자를 소개받는 방식으로 표본 수를 충족시켰다.

① 할당표집　　　② 군집표집
③ 편의표집　　　④ 눈덩이표집

해설

모집단을 찾을 수 없고, 표본을 충분히 확보하기 어려울 때 표본으로부터 다른 표본을 추천받는 방식으로 말 그대로 눈덩이가 굴러가면서 더 많은 표본이 조사되는 눈덩이표집 방식이다.

정답 ④

12

표본추출에 관한 설명으로 옳은 것은?

① 분석단위와 관찰단위는 항상 일치한다.
② 표본추출요소는 자료가 수집되는 대상의 단위다.
③ 표본추출단위는 표본이 실제 추출되는 연구 대상 목록이다.
④ 통계치는 모집단의 특정 변수가 갖고 있는 특성을 요약한 값이다.

해설

표본추출요소는 자료(정보)가 수집되고 분석의 기본이 되는 최소 단위다.
① 분석단위와 관찰단위는 같을 수도, 다를 수도 있다.
③ 표본이 실제 추출되는 연구 대상 목록은 표집틀이다.
④ 통계치(통계량)은 표본의 특성을 보여주는 수치(예 표본평균, 표본분산 등)다.

정답 ②

13

단순무작위표본추출에 대한 설명으로 옳지 않은 것은?

① 난수표를 이용하는 표본추출방법이다.
② 모집단을 가장 잘 대표하는 표본추출방법이다.
③ 모집단의 모든 조사단위에 표본으로 뽑힐 기회를 동등하게 부여한다.
④ 모집단의 구성요소를 정확히 파악하여 명부를 작성하여야 한다.

해설

단순무작위표본추출은 특정 집단이 과도하게 또는 과소하게 표집될 수 있어 대표성을 확보하기 어려울 수 있다. 이러한 단순무작위표본추출이 대표성 문제를 보완하기 위해 개발된 방법이 층화무작위표본추출이다.

정답 ②

14

다음 사례에 해당하는 표본프레임 오류는?

> A 보험사에 가입한 고객을 대상으로 만족도 조사를 실시하였다. 조사대상 표본은 A 보험사에 최근 1년 가입한 고객 명단으로부터 추출하였다.

① 모집단과 표본프레임이 동일한 경우
② 모집단이 표본프레임에 포함되는 경우
③ 표본프레임이 모집단 내에 포함되는 경우
④ 모집단과 표본틀이 전혀 일치하지 않는 경우

해설

모집단(A 보험사의 모든 고객) > 표본프레임(A 보험사의 최근 1년 고객)
표본프레임이 모집단 전체를 포함하지 못하고, 모집단 내 일부에 한정되는 상황이므로 표본프레임이 모집단 내에 포함되는 경우이다. 이는 과소포함 오류(Undercoverage)의 사례이다.

정답 ③

15

표본크기와 표집오차에 관한 설명으로 옳은 것을 모두 고른 것은?

> ㄱ. 자료수집 방법은 표본크기와 관련 있다.
> ㄴ. 표본크기가 커질수록 모수와 통계치의 유사성
>   이 커진다.
> ㄷ. 표집오차가 커질수록 표본이 모집단을 대표하
>   는 정확성이 낮아진다.
> ㄹ. 동일한 표집오차를 가정한다면, 분석변수가 적
>   어질수록 표본크기는 커져야 한다.

① ㄱ, ㄴ, ㄷ   ② ㄱ, ㄴ
③ ㄴ, ㄹ   ④ ㄱ, ㄴ, ㄷ, ㄹ

해설

분석하고자 하는 변수가 많아질수록 당연히 표본의 크기도 커져야 한다. 표본의 크기는 표집방법에 따라 달라진다. 또한, 표집 방법에 따라 표본의 크기가 달라지기도 한다. 표본의 크기가 커질수록 표집오차(표본오차)가 감소해 대표성이 확대되고 나아가 통계량과 모수가 유사해진다.

정답 ①

16

특정 지역 전체 인구의 1/4은 A 구역에, 3/4은 B 구역에 분포되어 있고, A, B 두 구역의 인구 중 60%가 고졸자이고 40%가 대졸자라고 가정한다. 이들 A, B 두 구역의 할당표본표집의 크기를 1,000명으로 제한한다면, A 지역의 고졸자와 대졸자는 각각 몇 명씩 조사해야 하는가?

① 고졸자 100명, 대졸자 150명
② 고졸자 150명, 대졸자 100명
③ 고졸자 450명, 대졸자 300명
④ 고졸자 300명, 대졸자 450명

해설

전체 인구의 1/4은 A 구역에 분포되어 있으니 표본 1,000명 중 1/4인 250명은 A 구역에서 조사한다. 이 중 60%는 고졸자, 40%는 대졸자여야 하므로 고졸자는 150명, 대졸자는 100명을 조사한다.

정답 ②

17

서울 시민의 정당의식 조사를 위해 첫 번째 단계에서는 임의로 10개 동의 표본추출 지역을 선택하였다. 두 번째 단계에서는 해당 10개 동의 유권자 비율을 고려하여 주민등록명부를 기준으로 100명의 표집 간격을 두고 최종응답자를 선택하였다. 이때 각 단계에서 활용된 표본추출 방법으로 맞는 것은?

① 첫 번째 단계: 층화표집, 두 번째 단계: 계통표집
② 첫 번째 단계: 집락표집, 두 번째 단계: 계통표집
③ 첫 번째 단계: 층화표집, 두 번째 단계: 무작위 표집
④ 첫 번째 단계: 집락표집, 두 번째 단계: 무작위 표집

해설

첫 번째 단계에서 통계적 비중 등을 고려하지 않고 10개의 동을 임의로 선정했으므로 집락표집에 해당된다. 두 번째 단계에서는 유권자 중 매 K번째(100번째) 표본을 추출하는 계통표집방법이다.

정답 ②

18

표본오류의 크기에 영향을 미치는 요인으로 거리가 가장 먼 것은?

① 표본의 크기   ② 표본추출방법
③ 문항의 무응답   ④ 모집단의 분산정도

해설

문항의 무응답은 비표본오차에 해당한다.

정답 ③

19

인구통계학적, 경제적, 사회·문화·자연 요인 등의 분류기준에 따라 전체 표본을 여러 집단으로 구분하고 집단별로 필요한 대상을 사전에 정해진 크기만큼 추출하는 표본추출 방법은?

① 할당표본추출법(Quota Sampling)
② 편의표본추출법(Convenience Sampling)
③ 층화표본추출법(Stratified Random Sampling)
④ 단순무작위표본추출법(Simple Random Sampling)

해설

모집단을 여러 집단으로 구분하되, 마지막 단계에서 사전에 정해(할당)진 크기만큼 무작위추출이 아닌 비확률표본추출하는 방법으로 할당표본추출에 해당된다.

정답 ①

20 최신

모집단에 대한 대표성과 표본오차의 수준을 동일하게 하고 싶을 때, 표본추출방법 중 표본의 크기가 상대적으로 커야 하는 방법부터 작아도 되는 방법의 순서로 맞는 것은?

① 층화표본추출 > 군집표본추출 > 단순무작위표본추출
② 층화표본추출 > 단순무작위표본추출 > 군집표본추출
③ 단순무작위표본추출 > 군집표본추출 > 층화표본추출
④ 군집표본추출 > 단순무작위표본추출 > 층화표본추출

해설

표본의 대표성에 대한 문제로 표본 수가 동일할 경우, 표본오차는 층화 < 단순무작위 < 군집(집락) 순서로 커진다.

정답 ④

03 | 실험설계 핵심이론

01 실험설계의 이해

1) 실험설계의 의미 ★☆☆

① 독립변수와 종속변수 간 인과관계를 밝히는 설명적 조사연구에서 가설을 세우고, 가설을 검증하는 구조화된 절차를 실험설계라고 한다.

② 실험설계는 상황을 엄격하게 통제한 상태에서 **독립변수(원인)를 조작**하여 결과를 관찰하는 것으로 현지 조사와 비교된다.

> **POWER 용어**
>
> **독립변수의 조작**
> 사회조사분석에서 조작은 나쁜 의미가 아니다. 예를 들어, 쥐를 이용해 약의 효과를 실험하는 과정에서 약의 투입량을 조절하는 것을 독립변수(약)의 조작이라고 한다.

③ 일반적으로 실험설계에서는 아래와 같은 절차로 인과관계를 밝혀낸다.

> ⓐ 독립변수와 종속변수의 설정 → ⓑ 실험집단과 통제집단의 구분 → ⓒ 두 집단의 종속변수를 비교(사전검사) → ⓓ 실험집단에만 독립변수의 조작 → ⓔ 두 집단의 종속변수를 비교(사후검사) → ⓕ 두 집단 간 종속변수의 변화(사점검사와 사후검사의 차이)를 비교

> **POWER 정리**
>
> **전형적인 실험설계의 예시**
> 사회조사분석에서 '실험'이란 용어를 접할 때 실제 실험실을 떠올리면 이해가 쉽다. 예를 들어, 쥐를 이용해 A라는 약이 암세포 억제에 효과가 있는지 검증하는 실험실을 생각해 보자. 모든 조건이 동일한 환경(외생변수 통제)에서 암세포가 있는 쥐들을 약을 투입한 쥐(실험군, 처치군)와 약을 투입하지 않는 쥐(통제군, 대조군, 비교집단)로 구분한다. A라는 약을 처방하기 전에 두 그룹의 암세포 수준을 측정하고, A라는 약을 처방한 이후 두 그룹의 암세포를 비교한다. 사회과학은 연구 대상이 쥐가 아닌 사람이라는 것이 차이다.

2) 실험설계의 장단점 ★★☆ 필답 연계 p. 345

Q. 실험설계의 장단점을 3가지씩 기술하시오.

① 실험설계는 현지 조사보다 인과관계를 밝히는 데 우월하다.
② 실험설계는 현지 조사에 비해 시간과 비용이 적게 소요된다.
③ 실험설계는 의도적으로 독립변수를 조작하고 모든 상황을 통제한 상황에서 이루어지기 때문에 결론을 일반화하기는 어렵다.

> **POWER 팁**
>
> 코로나(COVID-19) 백신을 고려해보자. 실험설계에서 쥐를 활용해(저비용) 백신의 효능(인과관계)이 입증되었다고 하더라도 사람에게 백신의 투여(일반화)가 허락되지 않는다.

▌실험실 실험과 현지 실험 간 장단점

실험설계(실험실 실험)	현지 조사(현지 실험)
• 독립변수 조작 및 상황 통제 가능	• 독립변수 조작 및 상황 통제 어려움
• 인과관계(내적 타당도)의 정확성 높음	• 인과관계의 정확성 낮음
• 시간과 비용이 적게 소요	• 시간과 비용이 많이 소요
• 일반화(외적 타당도) 가능성 낮음	• 일반화 가능성 높음

• POWER 기출 유형 ✔ •

다음 중 실험의 기본적 요소와 가장 거리가 먼 것은?

① 독립변수와 종속변수의 설정
② 실험집단과 통제집단의 구분
③ 사전검사와 사후검사의 실시
④ 사후적 통제의 실시

해설

쥐를 이용한 실험을 예로 들면 인과관계를 밝히기 위해 ① 독립변수(약)와 종속변수(암세포)를 설정하고, ② 실험집단(약을 처방한 쥐)과 통제집단(약을 처방하지 않는 쥐)으로 구분한다. 그리고 실험집단과 통제집단의 암세포를 ③ 약 처방 이전에 검사(사전검사)하고, 약 처방 이후에 다시 검사(사후검사)해 두 그룹 간 암세포 변화를 비교한다.

정답 ④

3) 인과관계의 조건 ★★★ 필답 연계 p. 345

Q1. 인과관계가 성립하기 위한 조건을 3가지를 기술하시오.

Q2. 상관관계와 인과관계의 개념을 설명하시오.

(1) 공동변화

① X(독립변수)와 Y(종속변수) 사이에 인과관계가 성립하기 위해서는 두 변수 간 공동변화(공변관계)가 관찰되어야 한다.

② 공동변화는 하나의 변수가 변할 때 다른 변수의 변화도 관측되어야 한다는 의미이며, 두 변수 간 상관관계가 존재한다는 의미이기도 하다.

> **POWER 용어**
>
> 공동변화
>
> 날씨가 흐리거나 맑아도 A라는 식당의 매출에 변함이 없다면 날씨와 매출 간 공동변화가 관측되지 않는 것이므로 두 변수 간 연관성이 없으며 결과적으로 인과관계가 성립되지 않는다.

(2) 시간적 선후관계

① 원인이 결과보다 시간적으로 먼저 발생해야 한다.

② 독립변수(원인)가 종속변수(결과)보다 먼저 발생되어야 한다.

> **POWER 용어**
>
> 시간적 선후관계
>
> A라는 약이 다이어트에 효과가 있다는 것을 증명하기 위해서는 살이 빠지기 전에 약을 복용했다는 시간적 선후관계가 성립되어야 한다.

(3) 비허위성(외생변수 통제)

① 독립변수와 종속변수 간 관계는 제3의 변수(외생변수)에 의해 초래된 것이 아니어야 한다.

② 독립변수와 종속변수 간 인과관계를 증명하기 위해서는 외생변수의 영향을 통제(제거)해야 한다.

> **POWER 정리**
>
> 비허위성의 통제
>
> A약을 복용한 이후 살이 빠졌다면, 공동변화와 시간적 선후관계를 만족한다. 이때 약은 다이어트에 효과가 있다고 인정이 될까? A약을 복용할 정도라면 다이어트에 대한 욕구가 매우 높은 사람들일 것이며, 실제로 이들이 A약을 복용하는 동시에 운동과 식이요법을 병행했다고 하면 살이 빠진 것이 A약의 효과라고 단정할 수 없다. A라는 약이 몸무게 감소를 초래했다는 인과관계를 증명하기 위해서는 모든 조건이 동일한 사람(동일한 운동 및 식이요법 등)들을 두 그룹으로 구분(외생변수의 통제)하고 한 그룹에만 약을 처방한 뒤 일정 기간 후에 두 그룹의 몸무게 변화를 비교하면 될 것이다.

• POWER 기출 유형 ✅ •

다음 중 인과관계의 일반적인 성립조건과 가장 거리가 먼 것은?

① 시간적 선행성(temporal precedence)
② 공변관계(covariation)
③ 비허위적 관계(lack of spuriousness)
④ 연속변수(continuous variable)

해설

인과관계가 성립되기 위해서는 설명변수와 종속변수가 함께 변해야 하고(공변), 설명변수가 종속변수보다 시간적으로 선행되어야 하며, 두 관계가 허위적이어서는 안 된다.

정답 ④

02 실험설계의 타당성

1) 내적 타당성과 외적 타당성의 의미 ★★☆

① 내적 타당성(타당도)은 두 변수의 인과관계를 의미하며, 내적 타당성이 높다는 말은 인과관계가 명확하다는 의미다.
② 외적 타당성은 결과의 일반화를 의미하며, 외적 타당성이 높다는 말은 일반화가 가능하다는 의미다.
③ 일반적으로 내적 타당성과 외적 타당성은 반비례 관계에 있다. 그러므로 내적 타당성을 높이고자 하면 외적 타당성이 낮아지고, 외적 타당성을 높이고자 하면 내적 타당성이 낮아진다.

• POWER 기출 유형 ✅ •

실험실 내(laboratory) 실험방법과 비교하여 현지(field) 실험방법이 가지는 장점은?

① 내적 타당성(internal validity)
② 외적 타당성(external validity)
③ 개념 타당성(construct validity)
④ 신뢰성(reliability)

해설

실험실의 실험은 내적 타당도(인과관계)를 밝히는데 유리하지만 외적 타당도(일반화)는 낮다. 반대로 현지 실험은 내적 타당도(인과관계)를 밝히기 어렵지만 외적 타당도(일반화)가 높다.

정답 ②

2) 내적 타당도 저해요인 ★★★ 필답 연계 p. 345, 346

Q1. 내적 타당도와 외적 타당도를 저해하는 요인을 3가지씩 기술하시오.

Q2. 내적 타당도를 저해하는 요인 5가지를 설명하시오.

Q3. 외생변수 중 성숙효과, 우발적 사건, 시험효과에 대해 설명하시오.

(1) 성숙효과(시간의 경과 효과)

사전조사와 사후조사를 실시하는 과정에서 조사대상이 성숙되어 인과관계가 정확히 측정되지 못하는 경우다.

> 예 성숙효과의 예시
> 초등학교 축구부에 새로운 코치가 오고 2달 뒤에 선수들의 슈팅 파워가 증가했다고 하자. 이때 슈팅 파워의 개선이 코치의 덕분이라고 해석할 수 있지만, 초등학생이 2달 동안 육체적으로 성장을 했기 때문에 자연스럽게 파워가 증가했을 가능성이 높다.

(2) 우연한 사건(역사적 요인)

인과관계를 밝히기 위해 주로 사전조사를 실시한 후 사후조사를 실시하여 그(값 = 결과) 차이를 비교하는데, 우연한 사건이 사전조사와 사후조사 간 차이를 유발할 수 있다.

> 예 우연한 사건의 예시
> 자전거의 성능을 측정하기 위해 사이클 선수의 기록을 측정한 이후 1주일 뒤에 자전거(더 좋은 자전거)만 변경하여 다시 기록을 측정했다고 하자. 이때 실험조건을 완벽히 통제하기 위해 동일한 선수를 활용하고 몸의 컨디션도 동일하게 관리했더라도 1주일 뒤의 실험에서 날씨의 영향으로 습도가 높다면 바닥의 마찰력이 낮아져 기록이 좋지 않고 결과적으로 성능 좋은 자전거가 버림받을 수 있다. 즉, 변경된 자전거는 실제로 기록을 개선하지만(인과관계) 우연한 사건(습도)이 기록을 악화시켜 인과관계를 훼손한 것이다.

(3) 시험효과(검사효과, 실험효과)

측정이 반복됨에 따라 학습효과로 인해 결과가 달라지는 것인데, 이를 인과관계로 잘못 해석할 수 있다.

> 예 시험효과의 예시
> 토익시험을 여러 번 치르면 실제 영어 능력은 그대로인데도 단순히 측정(시험)을 반복함에 따라 시험에 적응되어 점수가 오를 수 있다. 그런데 점수의 개선을 강사의 능력으로 잘 못 해석하는 오류를 범할 수 있다.

(4) 도구효과(측정방법 · 측정도구 · 측정자의 변화)

측정방법, 측정도구, 측정자 등의 변경으로 인과관계가 저해되는 경우다.

> 예 도구효과의 예시
> 영어능력 평가방식을 독해시험에서 문법시험으로 변경할 때(측정방법 변화) 시험 결과가 달라질 수 있는데, 이를 강사의 효과로 해석할 수 있다.

(5) 선택 편의

평가하기 전부터 차이가 있는 두 집단을 실험군과 대조군으로 잘못 선정할 때 인과관계에 문제가 발생한다.

> 예 선택 편의의 예시
> 성별 주차능력을 평가하기 위해 남성 운전자 20명과 여성 운전자 20명의 샘플을 구했다고 하자. 그런데, 남성은 시골에서, 여성은 도시에서 모집했다면 실제 성별 주차능력과 무관하게 여성의 주차능력이 훨씬 더 좋다는 결과가 도출될 수 있다.

(6) 통계적 회귀

인과관계를 규명하는 과정에서 특정 사례를 활용했을 때 마치 그러한 특정 사례가 독립변수의 영향인 것처럼 해석하게 되는 인과관계의 오류를 범할 수 있다. 즉, 특정한 사례라는 것은 말 그대로 특수한 상황일 뿐 측정을 반복하면 결과값은 평상시 값(평균)으로 회귀할 것이다.

> 예 통계적 회귀의 예시
> 성적이 우수한 아이가 고등학교 입학 후 첫 시험에서 컨디션이 좋지 않아서 시험결과가 좋지 않았다. 하지만 부모는 고등학교 과정이 어려워서 그런 줄 알고 과외를 시켰고 그 결과 다음 시험에서 성적이 좋아졌다. 부모는 학생의 좋은 성적이 과외의 덕분이라고 인과관계를 해석하겠지만, 실제로는 아이의 성적은 컨디션 문제가 없었던 원래 실력(평균)으로 돌아온 것(회귀)뿐일 수 있다.

(7) 실험대상의 소멸(상실)

실험 도중에 일부가 실험대상에서 이탈하여 발생한 결과가 마치 독립변수로 인한 결과로 해석될 수 있다.

> 예 실험대상의 소멸의 예시
> 중간시험이 끝난 날 일부 학생들이 어떤 사유로 인해 다른 학교로 강제전학을 당하고 기말시험 때 학급의 성적이 개선되었다고 하자. 교장선생님은 담임선생님의 효과라고 칭찬할 수 있으나, 평소 성적이 좋지 않았던 학생들이 반에서 이탈했기 때문에 평균 점수가 개선되었을 수 있다.

(8) 시간관계의 모호성

두 변수 중 어떤 변수가 먼저 발생했는지 명확하지 않을 때 인과관계가 반대 방향으로 해석될 수 있다.

> 예 시관계의 모호성의 예시
> 한 연구자가 '소득이 높은 사람일수록 건강상태가 좋다'는 것을 밝혔다고 하자. 그런데 건강상태가 좋을수록 소득수준이 높아질 수도 있다.

(9) 실험변수의 확산 및 모방

어떤 실험변수(독립변수)의 조작이 다른 집단들에게도 확산되거나 다른 집단도 이를 모방할 때 독립변수가 종속변수에 미치는 인과관계가 없는 것처럼 잘못 해석될 수 있다.

> 예 실험변수의 확산의 예시
> 일부 심리치료사들이 다문화 가정 자녀의 적응을 돕고자 미술치료를 도입했다. 이를 모방하여 다른 심리치료사들은 운동치료를 도입했다. 이때 미술치료의 효과를 분석하기 위해 미술치료를 받은 학생들의 심리적 안정도를 다른 심리치료사들의 학생들(미술치료를 받지 않았지만 운동치료를 받은 학생)과 비교하여 측정할 때 마치 미술치료의 효과가 없거나 크지 않은 것처럼 해석될 수 있다.

• POWER 기출 유형 ✓ •

A 영양제의 효과를 패널조사 방법으로 8세 때부터 15년간 조사하였다. 이 과정에서 가장 문제시될 수 있는 타당도 저해요인은?

① 통계적 회귀
② 시험효과
③ 실험변수의 확산
④ 성숙효과

해설
어린 시절부터 성인이 되는 동안 신체변화로 인한 성숙효과 때문에 영양제의 효과(인과관계)를 평가하기 어려울 것이다.

정답 ④

---

3) 내적 타당도의 해결 방법 ★★★ 필답 연계 p. 346, 347

Q1. 외생변수의 통제 방법 3가지를 나열하고, 각각에 대해 기술하시오.

Q2. 실험 시 독립변수 효과를 상쇄시키는 원인을 통제하는 구체적인 방안 2가지를 기술하시오.

Q3. 공부시간이 성적에 미치는 영향을 연구할 때 지능의 영향을 배제하는 방법 3가지를 기술하시오. → 질문은 다르지만 모두 인과관계(내적 타당도)를 해결하는 방법에 대해 질문하는 것이다.

내적 타당도를 검증하는 기본적인 방법은 가능한 한 유사한 두 개의 그룹(실험군과 통제군)을 마련하고 한 그룹에만 실험변수(독립변수)의 영향을 적용한 뒤에 두 그룹의 결과(종속변수)를 비교하는 것이다. 이 과정에서 제3의 요인(외생변수)으로 인해 인과관계가 훼손될 수 있으며, 아래 4개의 방법(무작위, 매칭, 상쇄, 제거)으로 인과관계를 더 명확하게 규명할 수 있다.

(1) 무작위

① 실험집단과 통제집단의 표본을 '무작위'로 뽑아 유사한 두 집단을 만드는 방식이다.

② 내적 타당성의 저해요인을 알 수 없을 때 사용할 수 있는 가장 효율적인 방법이다.

> **예 무작위의 예시**
> 특강이 자격증 시험의 합격률에 미치는 효과(인과관계)를 분석하기 위해 무작위로 50명의 실험군과 50명의 통제군을 구성한다. 실험군에만 특강을 제공한 뒤 두 집단의 사조사 합격률을 비교한다. 특강을 받은 집단(실험군)의 합격률이 높으면 특강이 효과가 있다고 결론 내리는 방식이다. 다만, 50명씩을 무작위로 뽑았음에도 IQ(외생변수)가 높은 학생들이 실험군에 더 많이 포함되었다면 실험군의 높은 합격률은 특강 때문이 아닐 수 있다. 그러므로 무작위로 두 집단을 구성했다고 해도 인과관계가 증명되었다고 결론 내리기는 어렵다.

(2) 균형화(짝짓기)

① 인과관계의 저해요인을 알고 있을 때 사용된다.

② 실험군과 통제군이 동일하게 외생변수의 영향을 받도록 균형을 맞추는 방식으로 인과관계를 규명하는 방법이다.

> **예 균형화의 예시**
> 위의 예에서 학생들의 IQ(외생변수)를 알 수 있다면, IQ가 유사한 학생들을 두 그룹으로 나누고 한 그룹에만 특강을 제공한 뒤에 두 그룹의 합격률을 비교하는 방법으로 인과관계(특강이 합격률에 미치는 효과)를 분석할 수 있다.

(3) 상쇄

하나의 실험집단에 두 개 이상의 실험변수를 적용할 때 실험변수의 순서를 변경하거나 다른 실험집단에 적용해 보는 방식으로 인과관계를 분석하는 방법이다.

> **예 상쇄의 예시**
> 특정 제품에 대한 광고를 2편(실험변수 A, B) 제작했다고 하자. 그런데, 예산의 문제로 한 편의 광고만을 사용할 예정인데, 어느 광고가 더 효과적일지 실험이 필요하다. 이때, 소비자에게 광고를 $A \rightarrow B$의 순서로 보여줄 때와 $B \rightarrow A$ 순서로 보여줄 때 평가가 달라질 수 있다. 그러므로 소비자들을 두 그룹으로 나누어 한 그룹에게는 $A \rightarrow B$의 순서로 보여주고, 다른 그룹에게는 $B \rightarrow A$ 순서로 보여준 뒤 두 그룹이 선호하는 광고를 비교하는 방식이다. 만약 두 그룹 모두 A 광고를 선호한다고 할 때 A의 광고효과가 더 좋다(인과관계)고 결정하는 방식이다.

(4) 제거

인과관계를 저해하는 제3의 변수를 제거해버리는 방법이다.

> 예 제거의 예시
> 근로하는 여성과 전업주부 간 행복도를 비교하는데, 사전조사 결과 시부모를 모실 경우 여성들의 스트레스가 많다는 것을 알았다고 하자. 만약에 전업주부들이 시부모를 모시는 경우가 많다면 그리고 전업주부의 행복도 가 낮다면, 이 낮은 행복도가 시부모 때문인지 아니면 근로를 하지 않아서 그런 것인지 해석하기 어렵다. 그러 므로 제3의 변수에 해당하는 '시부모'의 영향을 제거하기 위해 분석 대상을 시부모가 없는 여성으로 한정한 뒤에 근로하는 여성과 전업주부 간 행복도를 비교해 인과관계를 분석할 수 있다.

• POWER **기출 유형** ✓ •

다음에 해당하는 외생변수의 통제방법은?

> 하나의 실험집단에 두 개 이상의 실험변수가 가해질 때 사용하는 방법이다. 예를 들어, 두 가지 정책대안의 제시순서나 조사지역에 따라 선호도 차이가 발생한다고 판단된다면, 제시 순서를 달리하거나 지역을 바꿔 재 실험하는 경우가 해당한다.

① 제거   ② 상쇄
③ 균형화   ④ 무작위화

해설
하나의 실험집단에 두 개 이상의 실험변수를 가해질 때 실험변수의 순서를 변경하는 등의 방법은 상쇄에 해당한다.

정답 ②

---

4) 외적 타당도 저해요인 ★☆☆ 필답 연계 p. 347

Q. 외적 타당도를 저해하는 요인과 해결방법을 2가지씩 기술하시오.

(1) 표본의 대표성

표본이 모집단을 대표하지 못하면 표본을 이용해 분석한 결과를 모집단에 적용(일반화)할 수 없다.

> 예 표본의 대표성의 예시
> 백신의 임상시험을 하는데 건강한 사람만 표본으로 뽑혔다고 하자. 임상에서 백신의 효능이 증명되었다고 하 더라도 모집단(전체 국민)에게 접종하기는 어려울 것이다.

(2) 실험조사에 대한 반응효과

실험참여자 또는 조사대상자가 본인이 실험에 참여하고 있다는 것을 의식하여 평소와 다른 답변이나 행동 을 보인다면, 이러한 의도적인 언행에서 발견된 사실을 일반화할 수 없게 된다.

(3) 위약효과(플라시보효과)

어떤 실험변수가 본인에게 적용되었을 때 실제로는 효과가 없는데도 효과가 있는 것처럼 느끼거나 답변하는 위약효과(placebo effect)도 외적 타당도를 저해한다. 예를 들어, 두통이 있는 사람들에게 비타민을 주면서 두통약이라고 말하면, 환자들은 실제로 두통이 사라진 것처럼 느끼게 된다.

5) 외적 타당도 해결방법 ★☆☆

(1) 대표성 확보

① 외적 타당도를 해결하는 가장 중요한 방법은 대표성 있는 표본을 확보하는 것이다.
② 비확률표본추출보다 확률표본추출방법을 활용하는 것이 유리하다.

(2) 실험조사의 반응효과 제거

① 조사대상자가 실험에 참여했나는 것을 알지 않도록 하는 것이 가장 좋다.
② 조사대상자가 실험에 참여했다는 것을 숨길 수 없다면, 가능한 한 평소처럼와 동일(정직한 답변)하게 실험에 참여해 달라고 부탁하는 것도 반응효과를 줄이는 방법이다.

(3) 위약효과의 제거

① 위약효과를 역이용하여 외적 타당도를 높일 수 있다.
② 예를 들어, 두 집단 모두에게 두통약이라고 알리고, 한 집단에는 실제로 두통약을 먹으며 다른 집단에게 비타민을 먹인 다음 두 집단 간 두통의 완화효과가 동일하다면 이 두통약의 효과가 없다고 결론 내리고 시중에 판매(일반화)하지 않는 것이다.

03 인과관계 규명을 위한 실험설계의 유형

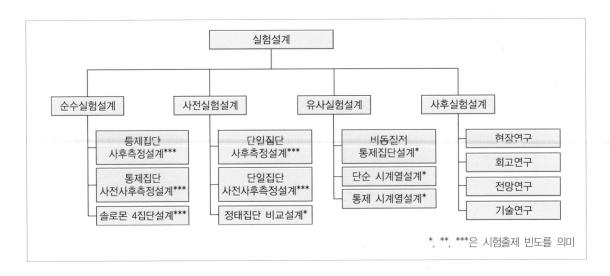

1) 순수실험설계(실험실 실험설계) ★★★

(1) 순수실험설계의 의미

① 순수실험설계는 용어(순수한 실험실의 환경과 같은)에서 알 수 있듯이 인과관계를 규명할 수 있는 최적의 방법이다.

② 실험대상의 무작위화, 독립변수의 조작, 외생변수의 통제, 측정대상이나 측정시기 설정 등 모든 것이 가능하다. `필답 연계 p. 347`

　Q1. 실험의 핵심요소 중 2가지를 기술하시오. → 인과관계를 규명하기 위한 실험설계의 요소에 대한 질문이다.

　Q2. 바람직한 실험설계의 조건을 4가지 기술하시오. → 인과관계를 규명하기 위한 실험설계의 요소에 대한 질문이다.

③ 실험설계 중 유일하게 무작위로 동질적인 두 집단(실험군, 통제군)을 마련해 인과관계를 규명한다.

④ 종류로는 통제집단 사후측정설계, 통제집단 사전사후측정설계, 솔로몬의 4집단설계 등이 있다.

(2) 통제집단 사후측정설계

① 무작위로 실험군과 통제군을 선정하여 두 집단 모두에 동일한 외생변수의 영향을 허용한다.

② 실험군에만 독립변수의 영향을 가한 뒤에 두 집단의 종속변수(결과)를 측정하여 비교하는 방법이다.

③ 이름으로부터 알 수 있듯이 통제집단은 사후측정만 한다.

④ 통제집단 사후측정설계는 순수실험설계 중 인과관계를 규명하기에 가장 취약한 방법이다.

POWER 정리

통제집단 사후측정설계의 예시와 한계

실험군에만 특강을 제공한 뒤에 두 집단의 점수를 비교하는 방식이며, 아래 표에 따라 특강이 점수에 미친 영향은 30점이라고 해석할 수 있다. 하지만 두 그룹을 무작위로 선정했더라도 초기 점수가 다를 수 있기 때문에 두 집단의 사후적인 점수 차이가 특강의 영향이라고 단정할 수 없다.

▌통제집단 사후측정설계

집단	사전점수(Y_0)	독립변수(X): 특강	사후점수(Y_1)
그룹 1(실험군)	?	○	90
그룹 2(대조군)	?	×	60

---

(3) 통제집단 사전사후측정설계

① 통제집단 사후측정설계와 달리 두 집단의 사전적인 종속변수의 값도 측정한다.

② 실험참여자를 두 집단으로 구분하고 종속변수를 측정한 후 한 집단에만 실험변수(독립변수)를 적용한 뒤에 다시 두 집단의 종속변수를 측정해 실험군의 사전·사후 값의 차이와 대조군의 사전·사후 값의 차이를 비교하는 방법이다.

③ 이름으로부터 알 수 있듯이 통제집단도 사전측정과 사후측정을 모두 시행하는 방식이다.

④ 실제 사회과학분야에서 자주 활용되는 실험설계이며, 동일한 대상을 사전·사후 두 번 측정하기 때문에 패널분석(패널자료를 활용한 연구)에 해당된다.

⑤ 단, 측정을 두 번 하는 동안 시험효과(시험에 익숙)가 발생할 수 있다.

POWER 정리

통제집단 사전사후측정설계의 예시와 한계

무작위로 두 그룹을 설정하고 각 그룹의 점수를 조사하고 한 집단(실험군)에만 특강을 수강하도록 한 뒤에 두 집단의 점수를 다시 조사했다고 하자. 아래 표에서 실험군의 점수는 50점에서 90점으로 증가하였으나 이 차이(40점) 모두를 특강의 효과라고 해석할 수 없다. 특강을 수강하지 않은 대조군도 점수가 40점에서 60점으로 20점 증가했기 때문에 특강이 점수에 미친 영향은 20점[*]이 된다.

'통제집단 사전사후측정설계'는 인과관계를 규명하기에 완벽한 실험설계처럼 보이지만 그렇지 않다. 예를 들어, 점수를 두 번 (사전·사후) 측정한 사이에 어떤 일이 있었는지 알 수 없기 때문이다. 물론 연구자가 관측할 수 없는 다양한 사건과 영향들이 실험군과 대조군 사이에 동일하게 작용되었을 경우 특강의 영향이 20점이였다는 결론을 내릴 수 있지만 이 역시 가정에 기반을 둔 결론이다.

[*]40(실험군 점수 증가) – 20(대조군 점수 증가)

▌통제집단 사전사후측정설계

집단	사전점수(Y_0)	독립변수(X): 특강	사후점수(Y_1)
그룹 1(실험군)	50	○	90
그룹 2(통제군)	40	×	60

---

(4) 솔로몬 4집단설계(Solomon four-group design)

① '통제집단 사후측정설계'와 '통제집단 사전사후측정설계'를 합한 것으로 총 4개의 실험집단을 활용하며 이론적으로는 인과관계(내적 타당도)를 규명할 수 있는 최적의 방법이다.

② 즉 4개의 집단을 무작위로 구성하고 두 집단은 사전검사를 실시하고, 나머지 두 집단은 사전검사를 실시하지 않는다.

③ 사전검사를 실시한 두 집단 중 하나의 집단과 사전검사를 실시하지 않은 두 집단 중 하나의 집단에 실험변수(독립변수)를 적용한다.

POWER 정리

솔로몬 4집단설계의 예시

솔로몬 4집단설계를 이용한 실험연구는 두 번의 실험을 한꺼번에 한 것과 같은 효과가 있는데 특강이 점수에 미친 영향을 추정하는 과정에서 그룹 1과 그룹 2의 점수 증가분의 차이(20점)에서 시험효과와 상호작용효과 등을 제거하여 더욱 명확한 인과관계를 밝혀낼 수 있다. 쉽게 말하면, 사후측정(결과)의 차이가 독립변수에 의한 것인지 사전측정에 의한 것인지 알 수 있다.

솔로몬 4집단설계

실험 설계 종류	집단	사전 점수(Y_0)	독립변수(X) : 특강	사후 점수(Y_1)	점수 차이 $=Y_1-Y_0$
통제집단 사전사후측정 설계	그룹 1	50	○	90	40
	그룹 2	40	×	60	20
통제집단 사후측정 설계	그룹 3	?	○	65	20
	그룹 4	?	×	50	5

POWER 팁

사회조사분석사 시험을 준비하는 학생은 솔로몬 4집단설계가 '통제집단 사후측정설계'와 '통제집단 사전사후측정설계'를 합한 것이라는 것만 기억하면 충분하다. 솔로몬 4집단설계는 이론적으로는 인과관계를 밝히기 위한 최적의 방법이지만, 실험실에서나 적용할 수 있는 설계일 뿐 사회과학에 적용하기 어렵기 때문이다. 솔로몬 4집단설계에 대해 더 이해하고 싶다면 아래 내용을 참고 바란다.

솔로몬 4집단설계에서 시험효과와 상호작용효과를 계산하기 위해서는 그룹 3과 그룹 4의 종속변수의 변화분(Y_1-Y_0)을 계산해야 하는데, 사전점수가 없기 때문에 그룹 1과 그룹 2의 사전점수 평균값을 그룹 3과 그룹 4의 사전점수로 활용한다.

- 그룹 3의 종속변수 변화분 $= 65 - \dfrac{50+40}{2} = 20$

- 그룹 4의 종속변수 변화분 $= 50 - \dfrac{50+40}{2} = 5$

상호작용효과는 독립변수(특강 수강)의 효과에 영향을 주는 것들을 의미한다. 예를 들어, 어떤 요인에 의해 특강을 수강할 때 집중도가 달라질 수 있으며 결과적으로 시험 점수가 달라질 수 있다. 시험효과는 앞에서 설명하였듯이 시험을 반복해서 볼 때 시험에 익숙해져 점수가 오르는 효과라고 할 수 있다. 그러므로 상호작용효과는 독립변수가 개입된 그룹(그룹 1과 그룹 3)을 이용하고, 시험효과는 나머지 그룹(그룹 2와 그룹 4)을 다음과 같이 이용해 측정한다.

- 시험효과 = 20(그룹 2의 Y_1-Y_0) - 5(그룹 4의 Y_1-Y_0) = 15

- 상호작용효과 = 40(그룹 1의 Y_1-Y_0) - 20(그룹 3의 Y_1-Y_0) - 15(시험효과) = 5

상호작용효과를 계산하는 과정에서 시험효과를 빼주어야 하는 것에 주의할 필요가 있다. 그룹 1은 시험을 두 번 본 그룹이기 때문에 그룹 1의 점수 차이(40점)에는 시험효과까지 포함되었을 가능성이 높기 때문이다.

솔로몬의 4집단설계는 결국 특강이 점수에 미친 효과(주효과)를 분석하는 것이 목적이며, 주효과는 다음과 같이 계산된다.

- 특강효과 = 40(그룹 1의 Y_1-Y_0) - 20(그룹 2의 Y_1-Y_0) - 5(상호작용효과) = 15

특강의 효과를 계산하는 최종 과정에서 상호작용효과를 고려하고 시험효과는 빼주지 않는 이유는 상호작용효과를 계산하는 과정에서 이미 시험효과를 고려하였기 때문이다.

솔로몬 연구설계에 대한 옳은 설명을 모두 고른 것은?

> A. 4개의 집단으로 구성한다.
> B. 사후측정만 하는 개입은 2개이다.
> C. 검사와 개입의 상화작용효과를 도출할 수 있다.
> D. 통제집단 사전사후검사설계와 비동일 비교 집단설계를 합한 형태이다.

① A, B, C   ② A, C
③ B, D   ④ A, B, C, D

해설
솔로몬 4집단설계는 '통제집단 사후측정설계'와 '통제집단 사전사후측정설계'를 합한 형태다.
TIP 솔로몬 4집단설계와 관련한 가장 어려운 형태이며, 다른 문제들은 매우 쉽게 출제된다.

정답 ①

2) 사전실험설계 ★★☆ 필답 연계 p. 348

Q. 사전실험설계의 종류 2가지를 나열하고 각각의 개념을 설명하시오.

(1) 사전실험설계의 의미

① 인과관계를 규명하기 위한 본격적인 실험을 실시하기 전에 사전적으로 실시하는 탐색적 조사의 형태다.
② 독립변수를 조작하지 못하거나 표본의 대표성을 확보하기 어려워 인과관계를 규명할 수 없는 실험설계다.
③ 사전실험설계는 인과관계를 규명하기 위한 조치(실험대상의 무작위화, 독립변수의 조작, 외생변수의 통제, 측정대상 및 측정시기의 통제)가 불가능하다.
④ 종류로는 단일집단 사후측정설계, 단일집단 사전사후측정설계, 정태집단 비교설계 등이 있다.

(2) 단일집단 사후측정설계

① 하나의 사례(단일집단)를 연구하는데, 사후 결과만을 측정하는 실험설계다.
② 이름으로부터 알 수 있듯이 하나의 집단을 사후측정만 하는 방식이다.

> 예 단일집단 사후측정설계의 예시
> 한국 정부는 흡연율 감소를 위해 2015년부터 담뱃값을 인상했다(2,500원→4,500원). 2015년 초에 남성의 흡연율을 조사했는데, 생각보다 낮게 나왔다고 하자. 그런데, 담뱃값 인상 이전의 흡연율을 모르기 때문에 실제로 흡연율이 감소한 것인지, 감소했더라도 담뱃값 인상 때문인지 평가할 수 없다.

(3) 단일집단 사전사후측정설계

① '단일집단 사후측정설계'처럼 하나의 집단만 조사하는 것은 동일하지만 종속변수의 사전 값(독립변수의 영향이 가해지기 이전)도 측정하여 사전 값과 사후 값을 비교하는 방법이다.

② 이름으로부터 알 수 있듯이 하나의 집단을 사전측정과 사후측정하여 두 결과를 비교하는 방식이다.

> 예 단일집단 사전사후측정설계의 예시
> 2014년 말에 흡연율을 조사하고 담뱃값이 인상된 2015년 초에 흡연율을 조사했더니 흡연율이 크게 감소했다고 하자. 이 경우에도 흡연율 감소가 담뱃값 인상의 영향인지 아니면 매년 초마다 금연을 시도하는 흡연자들의 습관인지 인과관계를 명확히 밝힐 수 없다.

(4) 정태집단 비교설계

① 두 집단의 사후 측정값을 비교하는 방법으로 독립변수의 영향을 살펴보는 것이다.

② 이름으로부터 알 수 있듯이 두 집단(비교)을 조사하지만 하나의 시점(정태)에서만 조사하는 방식이다.

> **POWER 정리**
>
> 정태집단 비교설계 vs. 통제집단 사후측정설계
> 특강을 수강한 학생과 수강하지 않은 학생 간 점수를 비교하는 방법으로 특강의 효과를 분석한다고 하자. 두 집단의 결과를 비교하는 것이므로 통제집단 사후측정설계와 유사해 보인다. 하지만 정태집단 비교설계와 통제집단 사후측정설계 간 가장 큰 차이점은 무작위다. 통제집단 사후측정설계는 표본을 무작위로 추출하여 실험군과 대조군을 최대한 유사하게 만들 수 있다(예 유사한 지능을 가진 두 그룹). 반면, 정태집단 비교설계는 무작위로 두 그룹을 만들지 못하기 때문에 결과의 차이를 인과관계로 주장하기 어렵다.

▌사전실험설계의 종류와 내용

사전실험설계	단일집단 사후측정설계	단일집단 사전사후측정설계	정태집단 비교설계
내용	하나의 집단을 한 번만 측정	하나의 집단을 두 번 측정	두 개의 집단을 한 번만 측정

3) 유사실험설계(현상실험설계) ★★☆ 필답 연계 p. 348

Q. 유사실험설계가 무엇인지 설명하고, 장단점을 기술하시오.

(1) 유사실험설계의 의미

① 유사실험설계는 사전실험설계와 순수실험설계의 중간 정도로 무작위로 동일한 실험군과 대조군을 마련하지 못할 때 활용할 수 있는 실험설계다.

② 대상의 무작위는 사전실험설계처럼 불가능하고 측정(시기 및 대상)의 통제는 순수실험설계처럼 가능한 반면 독립변수의 조작과 외생변수의 통제는 순수실험설계만큼은 아니지만, 어느 정도 가능하다.

③ 종류로는 비동질적 통제집단설계, 단절적 시계열설계, 통제-시계열설계가 있다.

유사실험설계의 활용

순수실험설계는 사전실험설계와 달리 인과관계를 규명할 수 있는 장점은 있으나 실험실과 같은 완벽한 통제 하에서 수행될 수 있는 특성 때문에 실제 사회현상을 연구하는 데 적용하기란 쉽지 않다. 이러한 문제로 인해 사회과학에 유사실험설계가 자주 활용된다.

(2) 비동질적 통제집단 설계

① 순수실험설계의 '통제집단 사전사후측정설계'와 유사한데, 무작위에 의해 실험집단과 통제집단이 구성되지 못한다는 차이가 있다.

② 무작위가 아니기 때문에 두 집단이 비동질적이라고 이해하면 용어를 구분하기 쉽다.

(3) 단순 시계열설계

① 주로 정책효과를 분석할 때 사용되는데, 동일 집단을 대상으로 어떤 정책이 시행되기 이전과 이후의 결과를 비교하는 방법이다.

② 동일 집단이지만 정책이 시행되기 이전에는 통제집단(대조군)으로 간주되고 정책 시행 이후는 실험집단이 되는 것이다.

> 예 단순 시계열설계의 예시
> 부산은 전국 최초로 도심 운전 제한속도를 60km에서 50km로 하향조정했는데, 속도제한정책 전후의 교통사고 수를 비교하는 방법으로 정책효과를 측정할 수 있다. 하지만 부산시의 교통사고 수의 감소가 속도제한정책 때문인지 단언할 수 없다. 예를 들어, 동일한 시기에 사회적으로 이슈가 된 큰 교통사고의 영향으로 운전자들이 안전운전을 했을 수 있다.

(4) 통제 시계열설계

① 단절적 시계열설계의 단점을 보완하기 위해 비교집단의 시계열자료를 활용해 인과관계를 규명하는 방법이다.

② 이름으로부터 알 수 있듯이 시계열설계(단순 시계열설계)와 유사하지만 통제군을 활용하는 방식이다.

> 예 통제 시계열설계의 예시
> 부산(실험군)처럼 제한속도를 50km로 하향조정하지 않는 지역(대조군)의 교통사고 수를 월별로 조사하여 부산시의 교통사고 수의 변화와 비교하는 방식이다.

4) 사후실험설계 ★☆☆

(1) 사후실험설계의 의미 `필답 연계 p. 000`

Q. 사후실험설계의 정의와 장단점을 2가지씩 기술하시오.

① 사전측정을 할 수 없고 이미 결과가 발생한 다음 인과관계를 추론할 때 사용하는 방법이다.

② 이미 사건이 발생한 상황이기 때문에 대상의 무작위화, 독립변수의 조작, 외생변수의 통제, 측정대상이나 특정시기의 통제가 모두 불가능하다.

③ 그러므로 인과관계를 규명하기 어려우며, 연구의 목적 자체가 인과관계를 규명하기 위한 것이 아닌 것들도 있다.

④ 다만 인위적이기 않기 때문에 광범위한 범위를 조사할 수 있고, 조사 결과가 비교적 객관적이다.

⑤ 종류로는 현장연구, 회고연구, 전망연구, 기술연구 등이 있다.

(2) 현장연구

현장을 자세히 관찰하는 방법으로 인과관계를 규명하려는 연구다.

(3) 회고연구

현재의 특정 상황이 과거 무엇인가의 영향으로부터 발생한 것인지 회고하여 찾아내는 연구다.

(4) 전망연구

회고연구와 반대로 어떤 사건이나 정책으로 인해 미래에 어떠한 결과가 발생할지를 연구하는 것이다.

(5) 기술연구

현장연구, 회고연구, 전망연구가 인과관계를 규명하려는 시도인 반면 기술연구는 현상을 있는 그대로 기술하는 것이다.

01

다음에 나타난 실험설계 방법은?

- 비교를 위한 두 개의 집단이 있다.
- 외부요인 효과의 발생 가능성을 배제하기 어렵다.
- 상관관계 연구와 유사한 성격을 지닌다.
- 집단 간 동질성 보장이 어렵다.

① 다중시계열(Multiple Time-series)설계
② 플라시보 통제집단(Placebo Control Group) 설계
③ 통제집단 사후검사(Posttest Control Group) 설계
④ 정태집단 비교(Static Group Comparison)설계

해설
비교를 위한 두 집단이 있다는 것은 "통제집단 사후측정설계"와 "정태집단 비교설계"에 해당된다. 하지만 집단 간 동질성(무작위로 가능)이 보장되지 않은 것은 정태집단 비교설계에 해당한다.

정답 ④

02

실험연구 설계의 원리에 해당하지 않는 것은?

① 측정 과정에서 발생하는 오차를 최소화해야 한다.
② 실험설계는 조사 질문에 대한 해답을 구할 수 있도록 설계되어야 한다.
③ 실험설계의 중요한 목적 중 하나인 분석 결과의 타당성 확보를 위해서 통제과정이 중요하다.
④ 변수 간 인과관계를 도출한 실험 결과가 일반화되기 위해서 실험 대상들이 무작위 또는 작위적으로 추출되어야 한다.

해설
인과관계를 규명하기 위해서는 실험 대상이 무작위(작위적이지 않음)로 추출되어야 한다. 또한 실험연구는 인과관계를 규명할 수 있다는 장점에도 불구하고 일반화하기 어렵다.

정답 ④

03 빈출

다음 사례가 나타내는 연구방법은?

폭력적 비디오 시청이 아동의 폭력성에 미치는 영향을 알아보기 위하여 아동들을 우선적으로 두 집단으로 나누어 한 집단에게는 폭력적인 장면이 주로 포함된 비디오를 보여주고 다른 집단에게는 서정적인 장면이 주로 포함된 비디오를 보여준 후, 일주일 동안 두 집단의 아동들이 폭력적인 행동을 얼마나 많이 하는지를 관찰하였다.

① 실험법
② 설문조사법
③ 사례연구법
④ 내용연구법

해설
폭력적 비디오 시청이 아이들의 행동에 미치는 인과관계를 규명하기 위해 무작위로 두 그룹으로 구분하고, 한 그룹에만 비디오를 시청하게 한 뒤(독립변수 조작) 결과를 비교하는 대표적인 실험설계에 해당한다.

정답 ①

04 빈출

다음 사례에 내재된 연구설계의 타당성 저해 요인이 아닌 것은?

> 한 집단에 대하여 자아존중감 검사를 하였다. 그 결과 정상치보다 지나치게 낮은 점수가 나온 사람들이 발견되었고, 이들을 대상으로 자아존중감 향상 프로그램을 실시하였다. 프로그램 종료 후에 다시 같은 검사를 실시하여 자아존중감을 측정한 결과 사람들의 점수 평균이 이전보다 높아진 것으로 나타났다.

① 시험효과(testing effect)
② 도구효과(instrumentation)
③ 성숙효과(maturation effect)
④ 통계적 회귀(statistical regression)

해설
자아존중감이 개선된 원인은 여러 번 검사에 따른 적응(① 시험효과), 원래 높았던 자아존중감으로의 회귀(④ 통계적 회귀), 검사 기간 동안 성숙(③ 성숙효과)때문일 수 있다. 측정방법, 측정도구, 측정자 등의 변경으로 인과관계가 저해되는 도구효과는 발생하지 않았다.

정답 ②

05

다음 사례에 대한 타당도 저해요인에 기초한 비판 중 그 성격이 나머지와 다른 하나는?

> 경찰은 2011년 12월 대전지역에서 일제 음주운전 단속을 실시하였고, 그 결과 2012년 초의 음주운전은 크게 감소하였다고 주장하였다.

① 가장 음주운전이 많은 시기는 연말이므로, 자연스럽게 예전의 상태로 돌아온 것뿐이다.
② 경찰이 2012년부터 새 음주측정기로 교체하였으므로, 이 감소는 음주측정기의 교체로 인한 것이다.
③ 이 결과는 대전지역에서나 가능한 이야기이지, 다른 지역에서는 감소시키기 어려웠을 것이다.
④ 2012년부터 주류세가 대폭 인상되었으므로, 음주가 줄어든 것이 음주운전 감소의 원인이다.

해설
③은 외적 타당도와 관련된 비판으로, 나머지(①, ②, ④)의 내적 타당도 저해 요인과 성격이 다르다.
2011년 말에 비해 2012년 초 음주운전이 감소한 이유는 ① 자연스럽게 예전의 상태로 복귀했거나(통계적 회귀), ② 측정도구가 변경되었거나(새 음주측정기), ③ 제3의 요인(주류세)때문일 가능성이 있다.

정답 ③

06

다음 사례에서 영향을 미칠 수 있는 대표적인 내적 타당도 저해요인은?

> 체육활동을 진행한 후에 대상 청소년들의 키가 부쩍 커졌다. 이 결과를 통해 체육활동이 청소년의 키 성장에 크게 효과가 있었다고 추론하였다.

① 성숙효과
② 외부사건
③ 검사효과
④ 도구효과

해설
청소년은 체육활동을 하지 않았더라도 시간이 지남에 따라 자연스럽게 키가 성장하는 성숙효과를 경험했을 수 있다.

정답 ①

07 빈출

다음 설명은 외생변수를 통제하는 방법 중 무엇에 해당하는가?

> 하나의 실험집단에 2개 이상의 실험변수가 가해지는 경우 사용하는 방법이다. 예를 들면, 두 가지 광고 A와 B에 대한 사람들의 선호도를 알아보고자 할 때, 광고의 제시순서가 그 광고에 대한 사람들의 선호도에 영향을 미칠 수 있다. 이때 실험집단 참여자의 반에는 광고를 $A \rightarrow B$의 순으로 제시하고, 나머지 반에는 $B \rightarrow A$의 순으로 제시하여, 각 광고에 대한 그들의 선호도를 측정한다.

① 매칭(matching)
② 제거(elimination)
③ 무작위화(randomization)
④ 상쇄(counterbalancing)

[해설]

상쇄는 하나의 실험집단에 두 개 이상의 실험변수를 적용할 때 실험변수의 순서를 변경하거나 다른 실험집단에 적용해 보는 방식으로 인과관계를 분석하는 방법이다. 보기는 본문에서 설명한 상쇄의 예시와 동일한 것이다.

[정답] ④

08 빈출

다음에서 설명하고 있는 실험설계는?

> 수학과외의 효과를 측정하기 위하여, 유사한 특징을 가진 두 집단을 구성하고 각각 수학시험을 보게 하였다. 이후 한 집단은 과외를 시키고, 다른 집단은 그대로 둔 다음, 다시 각각 수학시험을 보게 하였다.

① 집단비교설계
② 솔로몬 4집단설계
③ 통제집단 사후측정설계
④ 통제집단 사전사후측정설계

[해설]

두 집단의 결괏값을 측정하고 난 뒤에 한 그룹에만 독립변수를 가하고 다시 두 집단의 결괏값을 측정하는 것으로 통제집단 사전사후측정설계다.

[정답] ④

09

다음 사례에서 가장 문제될 수 있는 타당도 저해요인은?

> 2008년 경제위기로 인해 범죄율이 급격히 증가하였고, 이에 경찰은 2009년 순찰활동을 크게 강화하였다. 2010년 범죄율이 급속히 떨어졌고, 경찰은 순찰활동이 범죄율의 하락에 크게 영향을 미쳤다고 발표하였다.

① 성숙효과   ② 통계적 회귀
③ 검사효과   ④ 도구효과

[해설]

2008년에는 '경제위기'라는 특수한 상황 때문에 범죄율이 급증한 것이기에, 이후 순찰활동을 강화하지 않았더라도 어차피 범죄율은 평균 수준으로 감소(통계적 회귀)했을 것이다.

[정답] ②

10

순수실험설계와 유사실험설계를 구분하는 기준은?

① 독립변수의 설정
② 비교집단의 설정
③ 종속변수의 설정
④ 실험대상 선정의 무작위화

[해설]

유사실험설계는 사전실험설계와 순수실험설계의 중간 정도로 평가되는데, 유사실험설계와 순수실험설계 간 가장 큰 차이는 무작위의 가능 여부다. 참고로, 독립변수, 종속변수, 비교집단의 설정은 순수실험설계와 유사실험설계 모두에 공통적으로 해당된다.

[정답] ④

11

외생변수를 사전에 아는 경우, 외생변수가 실험대상이 되는 각 집단에 균등하게 영향을 미칠 수 있도록 실험집단과 통제집단을 선정하여 외생변수의 효과를 통제하는 방법은?

① 상쇄   ② 균형화
③ 제거   ④ 무작위화

해설

외생변수가 무엇인지 알고 그 영향이 실험집단과 통제집단 간 균등하게 끼치도록 만들어 외생변수의 문제를 해결하는 방법을 균형화라고 한다. 외생변수가 무엇인지 모를 때는 주로 무작위화를 사용한다.

정답 ②

12

두 변수들 사이에 인과관계가 존재하기 위해 필요한 조건과 가장 거리가 먼 것은?

① 원인은 시간적으로 결과를 선행한다.
② 두 변수는 경험적으로 서로 상호 관련되어 있다.
③ 두 변수의 값은 각각 다른 변수의 값에 의하여 결정된다.
④ 두 변수의 상관관계는 제3의 변수에 의해 만들어진 것이 아니다.

해설

인과관계가 성립되기 위해서는 공동변화(②), 시간의 선후관계(①), 외생(허위)변수의 영향 제거·통제(④)의 조건이 충족되어야 한다.

정답 ③

13

다음 중 실험설계의 특징이 아닌 것은?

① 실험의 검증력을 극대화시키고자 하는 시도이다.
② 연구가설의 진위 여부를 확인하는 구조화된 절차이다.
③ 실험의 내적 타당도를 확보하기 위한 노력이다.
④ 조작적 상황을 최대한 배제하고 자연적 상황을 유지해야 하는 표준화된 절차이다.

해설

실험설계는 조작적 상황을 활용해 인과관계를 규명하는 것이 주요 목적이다. 조작적 상황(예 독립변수의 조작)을 최대한 활용하다 보니 결과를 일반화하기 어렵다는 단점이 있다.

정답 ④

14

실험설계를 위하여 충족되어야 하는 조건과 가장 거리가 먼 것은 무엇인가?

① 실험변수의 조작가능성
② 인과관계의 일반화
③ 외생변수의 통제
④ 실험대상의 무작위화

해설

실험설계는 ①, ③, ④를 통해 인과관계를 명확히 밝히는 데 장점이 있지만 결과를 일반화하기 어렵다는 단점이 있다.

정답 ②

15

다음 사례에서 영향을 미칠 수 있는 대표적인 내적 타당도 저해요인은?

> 노인들이 요양원에서 사회복지서비스를 받은 후에 육체적으로 약해졌다. 이 결과를 통해 사회복지서비스가 노인들의 신체적 능력을 키우는 데 전혀 효과가 없다고 추론하였다.

① 성숙효과　　　　② 외부사건
③ 검사효과　　　　④ 도구효과

[해설]

노인들은 사회복지서비스를 받아서 육체적으로 약해진 것이 아니라 검사 기간 동안 자연스럽게 쇠약해지는 성숙효과를 경험했을 것이다.

정답 ①

16

순수실험설계에 관한 설명으로 옳은 것은?

① 통제집단 사전사후설계의 경우 주시험효과를 제거하기 어렵다.
② 순수실험설계는 학문적 연구보다 상업적 연구에서 주로 활용된다.
③ 통제집단 사후실험설계는 결과변수 값을 두 번 측정한다.
④ 솔로몬 4집단설계는 통제집단 사전사후설계와 통제집단 사후실험설계의 결합 형태이다.

[해설]

솔로몬 4집단 설계는 통제집단 사후실험설계와 통제집단 사전사후설계를 결합한 것이다.
① 통제집단 사전사후설계에서는 실험집단과 통제집단 간의 차이를 비교하여 주시험효과를 어느 정도 통제할 수 있다. 따라서 주시험효과를 제거하기 어렵다는 적절하지 않은 설명이다.
② 순수실험설계는 통제된 조건에서 실험의 내적 타당성을 높이기 위한 학문적 연구에 주로 사용된다.
③ 통제집단 사후실험설계는 사전 측정을 하지 않고, 실험 후 결과변수만 측정한다. 따라서 결과변수를 한 번만 측정한다.

정답 ④

17

다음은 무엇에 관한 설명인가?

> • 실험집단에 대하여 사전조사를 실시한다.
> • 실험집단에 대하여 실험자극을 부여한 다음 종속변수를 측정한다.
> • 통제집단은 구성하지 않는다.

① 단일집단 사후측정설계
② 집단비교설계
③ 솔로몬 4집단 설계
④ 단일집단 사전사후측정설계

[해설]

통제집단이 없다는 것은 단일집단을 의미하며, 사전 측정 이후 실험자극(독립변수)을 부여한 뒤 종속변수(결과)를 측정(사후 측정)하는 것이므로 단일집단 사전사후측정설계에 해당된다.

정답 ④

18 최신

순수실험설계(true experimental design)의 특징이 아닌 것은?

① 비동질 통제집단의 설정
② 실험집단과 통제집단에 대한 무작위 할당
③ 독립변수의 조작
④ 외생변수의 통제

[해설]

순수실험설계는 무작위로 유사한(동질) 실험집단과 통제집단을 설정하고 실험집단에만 독립변수를 조작하는 과정을 통해 인과관계를 밝힌다.

정답 ①

19 최신

다음 중 변수들 간 인과관계 규명에 대한 설명으로 옳은 것은?

① 두 변수 간 공변성이 존재하면 인과관계가 존재하는 것이다.
② 독립변수와 종속변수 간 인과관계는 외생변수의 영향이 통제되지 않으면 허위일 수 있다.
③ 실험설계의 목적은 분석 결과의 일반화다.
④ "가난한 사람은 소비를 많이 한다"라는 설명은 시간적 선후관계원칙에 부합한다.

[해설]

인과관계가 성립하기 위한 조건 중 하나는 비허위성(외생변수)의 통제인데, 이는 독립변수와 종속변수 간 관계는 제3의 변수(외생변수)에 의해 초래된 것이 아니어야 한다는 의미다.
① 공변성만으로 인과관계가 증명되지 않는다.
③ 실험설계의 주요 목적은 인과관계를 규명하는 것이며, 결과의 일반화가 어렵다는 단점이 있다.
④ 소비를 많이 하기 때문에 가난할 수 있으므로 시간적 선후관계원칙에 부합하지 않는다.

[정답] ②

20 최신

실험설계를 사전실험설계, 순수실험설계, 유사실험설계, 사후실험설계로 구분할 때 유사실험설계에 해당하는 것은?

① 단일집단 사후측정설계
② 집단비교설계
③ 솔로몬 4집단설계
④ 비동질 통제집단설계

[해설]

유사실험설계는 사전실험설계와 순수실험설계의 중간 정도로 무작위로 동일한 실험군과 대조군을 마련하지 못할 때 활용할 수 있는 실험설계이며, 비동질적 통제집단설계, 단순 시계열설계, 통제-시계열설계가 있다.

[정답] ④

04 | 설문설계 핵심이론

01 설문의 개요

1) 설문지의 의미

① 연구주제를 분석하기 위해 데이터(정보)가 필요한데, 그 필요한 정보를 얻기 위한 질문지다.
② 연구목적에 맞는 정보를 얻기 위해 응답자에게 묻는 질문항목의 모음이다.

2) 설문지의 구성요소 ★☆☆

(1) 조사자 소개와 협조 요청

① 본격적인 설문을 하기 전에 조사자 또는 조사기관을 소개한다.
② 설문조사를 시행하는 목적을 언급한다.
③ 응답자에 대한 개인정보 및 응답에 대한 정보보안(비밀보장)을 약속하는 문장을 포함시킨다.
④ 정보보안을 약속하면서 정직한 대답을 요청하는 것도 좋다.
⑤ 설문조사 참여자에게 제공할 혜택이 있다면 이곳에서 언급해도 좋다.
⑥ 모든 문장은 매우 공손하게 작성한다.
⑦ 주의(유의)사항이 있으면 기입한다.
⑧ 위 ①~⑦의 공통적인 목적은 응답자의 참여와 응답률을 높이고, 정확한 정보를 수집하기 위함이다.

설문지 표지 : 조사자 소개와 협조 요청	기능 필답 연계 p. 348
안녕하십니까? 저희는 설문조사 전문기관 000리서치입니다.	인사말과 기관소개
저희는 00연구팀의 의뢰로 전국 20세 이상 성인남녀를 대상으로 해외여행에 대한 실태조사를 실시하고 있습니다.	설문조사 목적 및 조사대상 설명
귀하의 개인정보와 응답은 통계법 제33조(비밀의 보호) 및 34조(통계종사자 등의 의무)에 따라 연구목적 이외에는 절대 사용되지 않습니다.	정보보안 약속
모든 설문문항에 정확하고 성실하게 응답하는 분께는 00만 원 상당의 상품권을 지급해드립니다.	혜택 안내하면서 성실한 응답 요청
유의사항 반드시 가구주가 작성해주시기 바랍니다.	유의사항 안내
0000리서치 2025년 2월 담당연구원 : 000 (000–0000–0000)	기관 및 담당자 소개

Q. 설문조사로 정보를 수집 시 설문지 표지에 포함되는 핵심사항을 기술하시오. → 조사기관, 조사목적, 조사대상, 정보보안 약속, 유의사항, 담당자 연락처

(2) 지시사항

① 본격적인 설문을 시작하기 전에 특별한 지시사항(예 응답요령, 주의사항 등)이 있으면 응답자가 잘 따를 수 있도록 기술한다.

② 지시사항이 너무 복잡하거나 길면 참여율 및 응답률이 떨어지므로 특별한 지시사항이 없으면 생략할 수 있다.

③ 지시사항을 작성하는 대신 조사자(면접원)가 말로 응답자에게 전달하도록 미리 조사자들을 훈련할 수 있다.

(3) 질문문항

① 연구목적에 필요한 정보를 수집하기 위한 질문들을 기입한다.

② 설문지의 구성요소 중 가장 중요한 부분이다.

(4) 응답자 정보

① 응답자의 연령, 나이 등 기본적인 인구통계적 정보를 묻는 질문을 포함한다.

② 연구에 필요할 경우, 학력, 소득수준 등 사회경제적 정보도 질문할 수 있다.

③ 하지만 민감한 정보를 설문 초반에 질문하면 참여를 거부할 수 있으므로 특별한 사유가 없으면 마지막에 질문한다.

④ 설문지가 마무리된 이후 중요한 정보가 누락되거나 오류를 발견 시 연락해야 하므로 연락처(전화번호) 정보도 수집한다.

(5) 식별 정보

① 설문지를 구분하기 위한 식별번호를 기록한다.

② 조사자(조사를 실시한 사람)에 대한 정보와 조사를 시행한 일시 등을 기록한다.

③ 응답자에게는 알릴 필요는 없는 정보이므로, 설문 이전에 또는 설문을 마무리하고 조사자가 기입한다.

3) 설문지의 작성 절차 ★★☆

(1) 예비조사

① 연구주제가 결정된 이후 연구에 필요한 정보가 무엇인지 조사한다.

② 문헌, 인터넷, 전문가 자문 등을 통해 연구가설을 검증하기 위해 필요한 정보가 무엇인지 탐색한다.

(2) 자료를 수집하는 방법의 결정

① 연구에 필요한 정보가 결정된 후, 그 정보를 수집하기 위한 가장 적절한 방법을 결정한다.

② 전화조사, 인터넷조사, 면접조사 등 적합한 방법을 선택한다.

③ 예산과 시간(긴급 여부 등) 등을 고려해 조사 방법을 결정한다.

(3) 개별항목의 내용 결정

① 무엇을 질문해야 할지에 관한 내용을 세부화한다.
② 수집하고자 하는 정보(예 건강 상태)를 얻기 위해 이미 개발된 표준화된 질문지가 있는지 조사한다.
③ 표준화된 설문지가 없으면 신뢰성과 타당성 등을 고려하면서 설문지를 작성한다.

(4) 질문형태의 결정

① 각 질문항목별로 적합한 질문방법을 결정한다.
② 예를 들어, 소득은 폐쇄형(객관식), 개인적 의견은 개방형(주관식)으로 질문한다.

(5) 질문 순서의 결정

① 여러 질문항목 중 어떤 것을 먼저 질문하고 나중에 질문할지 결정한다.
② 질문을 배열하는 순서는 응답률과 정보의 정확성에 영향을 끼친다.

(6) 설문지 초안 완성

위의 과정을 거쳐 실제로 설문조사를 진행할 설문지 초안을 완성한다.

(7) 설문지의 사전검사(pretest)

① 본격적인 설문조사(본조사)를 진행하기 전에 문제가 없는지 검사하기 위한 목적이다.
② 주로 소수의 표본(응답자)을 대상으로 본조사와 똑같은 방법과 절차에 따라 진행한다.

(8) 설문지의 완성

① 사전검사를 통해 오류를 수정하고, 설문지를 최종적으로 확정하여 편집한다.
② 오프라인 설문조사 시 인쇄까지가 설문지의 완성단계다.

• POWER 기출 유형 ✓ •

다음 중 설문지 작성의 일반적인 과정으로 적합한 것은?

① 필요한 정보의 결정 → 개별항목의 내용 결정 → 질문형태의 결정 → 질문순서의 결정 → 설문지의 완성
② 필요한 정보의 결정 → 질문형태의 결정 → 개별항목의 내용 결정 → 질문순서의 결정 → 설문지의 완성
③ 개별항목의 내용 결정 → 필요한 정보의 결정 → 질문형태의 결정 → 질문순서의 결정 → 설문지의 완성
④ 개별항목의 내용 결정 → 질문형태의 결정 → 필요한 정보의 결정 → 질문순서의 결정 → 설문지의 완성

해설 질문지를 작성하기 전에 가장 먼저 연구에 필요한 정보를 결정해야 한다. 이후 자료의 수집방법 결정 → 개별항목의 내용 결정 → 질문형태 결정 → 질문순서 결정 → 사전검사 → 질문지의 완성의 순서를 거친다.

정답 ①

---

1) 질문의 형태 [필답 연계 p. 349]

Q. 개방형 질문과 폐쇄형 질문의 장단점을 3가지씩 기술하시오.

(1) 폐쇄형

① 방법
  ㉠ 질문에 대한 선택지를 제공하고 응답자는 선택지 중 하나를 고르는 방식으로 객관식형 질문이다.
  ㉡ 예를 들어, "귀하의 작년 총소득은 얼마입니까?"라고 질문하고 보기(① 1,000만 원 미만, ② 1,000만 원 이상~3,000만 원 미만, …, ⑤ 1억 원 이상) 중 하나를 고르는 질문 형태다.

② 장점
  ㉠ 응답률이 높다.
  ㉡ 응답하기 꺼리는 질문에도 답할 가능성이 높다(소득, 몸무게 나이 등).
  ㉢ 숫자로 코딩하여 통계적 분석이 용이하다.
  ㉣ 정보를 수집하고 해석하는 과정에 편견이 개입되기 어렵다(객관성).
  ㉤ 응답자는 번호만 선택하면 되기 때문에 시간이 적게 걸린다.

③ 단점
  ㉠ 한정된 보기 중 하나를 골라야 하기 때문에 응답자의 의견이 충분히 반영되기 어렵다.
  ㉡ 질문을 하는 순서와 보기의 순서에 따라서도 응답 결과가 달라질 수 있다.
  ㉢ 응답하기 꺼리는 질문에도 답할 가능성이 높지만 정확한 수치를 알기는 어렵다(예 고소득자는 "⑤ 1억 원 이상" 정도의 정보만 수집 가능).

(2) 개방형

① 방법
  ㉠ 응답자가 아무런 제약 없이 대답할 수 있는 주관식형 질문이다.
  ㉡ 예를 들어, "현재 정책적으로 가장 육성해야 할 산업은 무엇이라고 생각하십니까?"와 같은 질문 형태다.

② 장점
  ㉠ 매우 자세한 의견을 물어볼 수 있다.
  ㉡ 자유로운 의견을 들을 수 있다.
  ㉢ 응답을 통해 예상하지 못한 문제를 발굴하거나 새로운 정보를 수집할 수 있다.
  ㉣ 새로운 아이디어나 요인 간의 관계를 파악하기 위한 탐색적 조사로 적합하다.
  ㉤ 연구 시작 시 배경지식이 부족해 정보를 얻기 위해서도 시행한다.
  ㉥ 폐쇄형 질문을 먼저 하고 선택한 답변(의견)에 대해 더 세부적인 정보를 얻거나 추가 정보를 얻고자 할 때 활용될 수 있다.
  ㉦ 쟁점이 복합적일 때에도 이용 가능하다.

③ 단점

    ㉠ 폐쇄형 질문에 비해 응답률이 낮다.

    ㉡ 답변(정보)을 수치화하여 코딩하기 어렵고 통계적 분석도 어렵다.

    ㉢ 답변을 해석하는 과정에서 편견이 개입될 수 있다.

    ㉣ 주관식 형태의 응답을 적어야 하기 때문에 시간이 오래 걸린다.

    ㉤ 의견을 입력해야 하므로 능력이 부족한 응답자에게 적용하기 어렵다.

2) 개별 설문항목의 작성원칙 ▐필답 연계 p. 349▐

Q. 좋은 설문문항이 되기 위한 작성원칙 4가지를 기술하시오.

(1) 명확성

① 모든 응답자가 동일하게 이해할 수 있도록 명확하게 작성한다.

② 전문용어 대신 일반 사람이 이해할 수 있는 쉬운 용어를 사용한다.

③ 단어 선택 시 응답자의 수준을 고려해야 한다.

▌ 명확성이 결여된 선택지

귀하의 작년 총소득은 얼마입니까?

① 2,000만 원 미만   ② 2,000~4,000만 원 미만

③ 4,000~6,000만 원 미만   ④ 6,000~8,000만 원 미만

⑤ 8,000만 원 이상

→ 세전소득인지 세후소득인지 명확히 언급할 필요가 있다.

(2) 가치중립성

연구자가 원하는 대답을 유도해서는 안 된다.

▌ 배타성이 결여된 선택지

한국은 인구고령화의 속도가 빠른데, 정부가 추진하는 연금개혁에 찬성하십니까?

① 그렇다   ② 아니다

→ 한국의 인구고령화에 대해 언급함으로서 응답자는 "예"를 선택할 가능성이 커진다. 솔직한 대답을 하지 않
   으면 표본오차가 커진다.

(3) 이중질문 배제

① 한 질문에서는 하나만 질문하도록 한다.

② 한 문항으로 두 가지 이상의 내용을 묻지 않아야 한다.

(4) 이중의미의 설명

① 다양한 의미로 해석될 수 있는 단어에 대해서는 명확히 설명한다.

② 예를 들어, 다리란 용어를 설명하지 않을 경우, 사람의 다리와 건축물의 다리 등으로 해석할 수 있다.

(5) 임의 가정 배제

① 조사자가 가정을 부여해서는 안 된다.

② 예를 들어, "내년에 자동차를 구매할 경우, 어떤 연료의 자동차를 구매하실 겁니까?"란 질문을 제시했을 때 내년에 자동차를 구매할 생각이 없거나 심지어 운전면허가 없는 사람도 응답하게 된다.

③ 여과질문을 통해 내년에 자동차를 구매할 의향을 있는 사람으로 한정하고, 다음 질문에서 어떤 자동차를 구매할 것인지 물어보는 절차가 필요하다.

POWER 용어

여과질문(Filter Question)
다음 질문에 대답할 사람으로 적합한지 걸러내는(여과) 질문으로 아래 Q1이 여과질문에 해당한다.

> Q1. 귀하는 현재 스마트폰을 사용하십니까?
> 　　① 예 ☞ Q2로 이동　　　② 아니오 ☞ Q3으로 이동
> Q2. 귀하가 이용 중인 통신사는 무엇입니까?
> 　　① SK　　② KT　　③ LG　　④ 기타

---

(6) 사적이고 너무 자세한 질문 배제

① 대답하기 곤란한 질문(예 사적인 질문이나 너무 자세한 정보)은 하지 않는 것이 좋다.

② 연구에 반드시 필요한 정보라면 가능한 폐쇄형(객관식)으로 질문하는 것이 응답률을 높이는 방법이다.

(7) 부정 또는 이중부정 질문 배제

① 가능한 한 부정 또는 이중부정 형태의 문장은 피하는 것이 좋다.

② 예를 들어, "귀하는 중앙은행이 기준금리를 내리지 않는 것에 반대하십니까?"

(8) 규범적 설문의 배제

① 연구에 꼭 필요한 것이 아니라면, 도덕적 · 사회적 규범에 대해 질문하는 것은 최소화해야 한다.

② 일반적으로 도덕적 · 사회적 규범에 대한 설문은 응답자들이 본심과 다르게 규범에 맞는 응답을 선택할 가능성이 높다.

③ 예를 들어, 성소수자에 대한 질문에 속마음으로는 반대해도 다른 응답을 할 가능성이 높다.

④ 연구에 꼭 필요하다면, 다음과 같은 방법을 사용한다. 필답 연계 p. 349

　Q. 규범적 설문 시 바람직해 보이려는 편향을 줄이는 방법을 4가지 작성하시오.

　㉠ 정직하게 답변해 달라는 문구를 입력한다.

　㉡ 조사자가 말로서 정직하게 답변해 달라고 재차 요구한다.

      ⓒ 규범적 단어를 사용하지 않고 우회적 단어를 사용한다.

      ⓔ 응답자의 비밀을 철저히 보장해준다는 것을 강조한다.

      ⓜ 설문조사 이외의 방법(관찰 또는 기계적 장치)을 이용할 수 있다.

(9) 주요 설문문항의 재질문

① 연구에 가장 중요한 내용은 다시 질문하는 것도 필요하다.

② 일반적으로, 동일한 질문을 뒷부분에서 다시 하거나, 다른 문장으로 재질문하거나, 객관식으로 질문한 뒤에 주관식으로 재질문하는 방식을 활용한다.

(10) 이미 검증된 문항 활용 `필답 연계 p. 349`

Q. 설문항목을 작성 시 기존 질문지를 사용할 때 기대되는 긍정적 효과를 3개 기술하시오.

① 이미 검증된 설문문항이 있으면 그것으로 사용한다.

② 이미 검증된 설문문항은 신뢰성이 높다.

③ 신뢰성이 확보된 설문문항으로 도출된 결론은 일반화가 용이하다.

④ 이미 검증된 설문문항은 사전조사를 통한 점검이 불필요하다.

⑤ 이미 검증된 설문문항은 시간과 비용을 절약해준다.

(11) 간결성

위 조건들을 충족한다면, 질문지는 간결할수록(최소한의 문장) 좋다.

3) 폐쇄형 설문항목의 작성원칙 `필답 연계 p. 350`

Q. 폐쇄형 설문지 작성 시 포괄성과 상호배제성에 대해 설명하시오.

(1) 포괄성

선택지는 모든 가능성을 포괄해야 한다.

▌포괄성이 결여된 선택지

> 귀하의 작년 총 소득(세전)은 얼마입니까?
> ① 2,000만 원 미만   ② 2,000~4,000만 원 미만
> ③ 4,000~6,000만 원 미만   ④ 6,000~8,000만 원 미만
> ⑤ 8,000~1억 원
> → 1억 원이 넘은 소득자에 대한 선택지가 누락되어 있다.

(2) 배타성

선택지는 서로 배타적이어야 한다.

▌배타성이 결여된 선택지

> 귀하의 작년 총소득(세전)은 얼마입니까?
> ① 2,000만 원   ② 2,000~4,000만 원
> ③ 4,000~6,000만 원   ④ 6,000~8,000만 원
> ⑤ 8,000~1억 원   ⑥ 1억 원 이상
> → 포괄성은 충족하지만, 배타성은 결여되어 있다. 예를 들어, 4,000만 원 소득자는 ②번 또는 ③번을 선택할 수 있다.

4) 폐쇄형 설문의 종류

(1) 양자택일형

① 두 가지의 선택지만 제시하고, 그중 하나를 선택하도록 묻는 방법이다.
② 어떤 대상 또는 개념에 대해 찬반 의견을 물을 때 주로 사용된다.

▌양자택일형의 다양한 예

찬반 의견에 대한 질문
귀하는 한국의 소득격차가 큰 편이라고 생각하십니까? ① 그렇다   ② 아니다
사실 여부에 대한 질문
귀하는 작년 해외여행을 했습니까? ① 예   ② 아니오
성별에 대한 질문
귀하의 성별은 무엇입니까? ① 남성   ② 여성

(2) 다지선다형

① 여러 개의 선택지 중 하나 또는 복수를 선택하도록 하는 방법이다.
② 일반적으로 4~5개의 선택지를 활용한다.

▌다지선다형의 다양한 예

하나의 답변을 요구하는 질문
귀하가 거주하고 있는 주택의 형태는 무엇입니까? ① 아파트   ② 빌라   ③ 오피스텔   ④ 단독주택   ⑤ 기타
복수 응답을 요구하는 질문
귀하가 거주하고 싶은 주택의 형태를 2개 선택해 주세요. 1:_____, 2:_____ ① 아파트   ② 빌라   ③ 오피스텔   ④ 단독주택   ⑤ 기타

(3) 서열식 질문

① 중요도나 선호도에 따라 순서대로 선택하도록 하는 방법이다.

② 모든 선택지를 열거해 포괄성을 만족해야 한다.

▌서열식 질문의 예

> 귀하가 거주하고 싶은 주택의 형태를 선호하는 순서대로 2개 기입해 주세요. 1순위:_____ , 2순위:_____
> ① 아파트   ② 빌라   ③ 오피스텔   ④ 단독주택   ⑤ 기타

(4) 평정식 질문

① 선호나 사실의 강도에 따라 선택지를 나열하고 하나를 선택하도록 하는 방법이다.

② 리커트척도형 질문이라고도 한다.

▌평정식 질문의 다양한 예

선호의 강도에 따른 평정식 질문
귀하가 거주하는 지역의 대중교통은 만족하십니까? ① 매우 불만족   ② 약간 불만족   ③ 보통   ④ 약간 만족   ⑤ 매우 만족
사실의 강도에 따른 평정식 질문
동년배와 비교할 때 귀하의 건강상태는 어떻습니까? ① 매우 건강하다   ② 건강한 편이다   ③ 보통이다 ④ 건강하지 않은 편이다   ⑤ 매우 건강하지 않다

(5) 고정 총합형

① 각 선택지별 비중을 질문하고, 모든 비중을 더하면 100%가 되는 방법이다.

② 서열형 질문의 변형된 형태다.

▌고정 총합형 예

> 귀하의 지난 6개월(1월~6월 말) 동안 소비항목별 비중을 입력하세요.

식료품	문화·오락	교육	여행	기타	계
( )%	( )%	( )%	( )%	( )%	100%

1) 질문 및 보기 순서의 주의 사항 ★★★ 필답 연계 p. 350

Q. 질문지 문항의 순서를 결정할 때 유의해야 할 사항을 5가지 기술하시오.

(1) 질문 내용에 따른 순서

① 첫 번째 질문은 가능한 쉽고 가벼운 질문으로 시작한다.

② 응답자가 답하기 위해서 깊이 생각해야 하는 질문이나 어려운 질문은 앞에서 하지 않는 것이 좋다.

③ 응답자의 인적사항과 같은 민감한 질문을 처음부터 물어보면 참여 자체를 거부할 수 있으므로 마지막에 질문한다.

④ 개방형 질문은 가능한 초반에서 자제하고 후반에 하는 것이 좋다.

(2) 연관된 질문들의 순서

① 내용이 연관된 질문들은 깔때기 형태로 배열한다.

② 넓은 의미의 질문을 먼저 하고 점차 좁혀가는 질문방식이 바람직하다.

> **POWER 정리**
>
> **깔때기 형태의 질문**
>
> 가장 먼저 '복지 확대가 필요한지'를 질문 → '정부가 가장 신경 써야 할 복지정책(예 주거, 의료, 교육 등)'을 질문 → '각 복지정책에서 가장 집중해야 할 계층'에 대해 질문하는 절차가 바람직하다.

(3) 이전효과를 유발하는 질문의 순서

① 어떤 질문은 다음 질문의 응답에 영향을 줄 수 있으므로 질문 항목 간의 관계를 고려하면서 배열해야 한다.

② 앞의 질문과 응답 내용이 뒤의 질문에 대한 응답에 영향을 미치는 것을 이전효과라고 한다.

③ 이전효과로 인해 다음 질문에서 솔직히 대답하지 않아 표본오차가 확대된다.

④ 질문 간에 연상작용을 일으켜 다음 응답에 영향을 줄 수 있는 설문문항들은 연속해서 질문하지 않는다 (질문문항을 떨어뜨리는 것이 좋다).

다음 중 설문조사의 질문항목의 배치에 대한 설명으로 틀린 것은?

① 민감한 질문이나 주관식 질문은 앞에 배치한다.

② 서로 연결되는 질문은 논리적 순서대로 배치한다.

③ 비슷한 형태로 질문을 계속하면 정형화된 불성실 응답이 발생할 수 있다.

④ 문항이 답이 있는 내용의 범위가 넓은 것에서부터 점차 좁아지도록 배열하는 것이 좋다.

해설

민감하거나 대답하기 어려운 개방형 질문을 앞에서 하게 되면 참여 자체를 거부할 수 있으므로 뒷부분에서 질문한다.

정답 ①

---

(4) 폐쇄형 질문의 보기 순서

① 보기의 순서에 따라 응답도 달라질 수 있다.

② 일반적으로 가장 앞의 보기를 선택할 가능성이 높아진다.

③ 특별한 의견이 없는 부동적 응답자는 마지막 보기를 선택할 가능성이 높은 **최신(최후)효과**(Recency Effect)를 보인다.

④ 중요한 질문이라면 뒷부분에서 보기의 순서를 달리하여 재질문하도록 한다.

> **POWER 용어**
>
> **최신(최후)효과**
>
> 최신효과는 최근에 듣거나 제공받은 정보에 더 큰 비중을 두어 대답하는 현상을 의미한다. 최신효과는 설문지조사에서도 발생하지만, 면접조사에서 더 자주 발생하며, 지식수준이 낮을수록 발생할 가능성이 크다.

2) 설문지 점검 및 보완 ★★★ 필답 연계 p. 350

Q. 사전조사의 개념을 기술하고, 사전조사를 실시하는 목적을 4가지 기술하시오.

> **POWER 팁**
>
> **예비조사와 사전조사의 구분**
>
> 예비조사와 사전조사를 유사한 개념으로 생각할 수 있는데, 둘의 의미가 완전히 다르다는 것을 명심해야 한다. 또한 예비조사보다는 사전조사(특히, 사전조사의 특징)에 대한 내용이 시험에 자주 출제된다. 참고로, 예비조사는 연구하고자 하는 주제가 새로운 것이어서 사전정보가 별로 없을 때 탐색조사의 개념으로 실시하는 것이며, 사전조사는 아래 내용을 참고한다.

(1) 사전조사의 의미

① 사전조사(pretest)는 본격적인 설문조사를 시행하기 이전에 질문지에 문제가 있는지 점검하기 위해 실행하는 것이다.

② 소수의 표본을 뽑아 본조사와 동일하게 진행하여 오류를 점검하는 조사로 탐색적 조사의 일종인 예비 조사와는 다른 개념이다.

(2) 사전조사의 목적

① 응답자들이 질문을 제대로 이해하는지 점검한다.
② 응답에 일관성은 있는지, 어느 한쪽으로 치우치지 않는지 점검한다.
③ 무응답이나 '기타'를 많이 선택한 질문이 있는지 점검한다.
④ 이전효과는 발생하지 않는지 점검한다.
⑤ 문항의 순서에 문제가 없는지 점검한다.
⑥ 설문의 양(조사업무량)은 적절한지 점검한다.
⑦ 누락한 질문은 없는지 점검한다.
⑧ 불필요하게 중복되거나 유사한 질문은 없는지 점검한다.

(3) 사전조사의 특징

① 설문지의 문제를 점검하는 것이 주요 목적이므로 소수의 표본을 대상으로 시행한다.
② 표본의 수를 제외하고는 모든 것을 본조사와 동일하게 시행하는 것이 원칙이다.
③ 소수의 표본을 대상으로 시행하므로 본조사의 표본처럼 모집단을 대표할 필요가 없다.
④ 본조사의 표본처럼 확률추출과정을 거치지 않고 선택한다.
⑤ 일반적으로 사전검사 결과는 본조사에 포함시키지 않는다. 사전검사에서 아무런 문제가 발견되지 않았을 때는 포함시켜도 되지만, 그러한 경우는 매우 드물다.

• POWER 기출 유형 ✓ •

사전검사(pretest)의 목적과 가장 거리가 먼 것은?

① 설문지의 확정
② 실제조사관리의 사전점검
③ 사후조사결과와 비교
④ 조사업무량의 조정

해설

사전검사는 설문조사를 실행하기 전에 문제가 없는지를 확인하기 위해 실행하는 것으로 사후조사결과와 비교하기 위함이 아니다.

정답 ③

---

3) 코드북의 이해 ★☆☆

① 설문조사가 마무리된 후 응답자의 답변은 숫자(선택된 보기)로 코딩이 된다.
② 이때 연구자는 숫자가 무엇을 의미하는지 모르기 때문에 각 숫자가 의미하는 정보를 제공하는 역할을 한다.

수집된 자료의 편집과정에서 주의해야 할 사항과 가장 거리가 먼 것은?

① 자료의 편집과정은 전체자료에 대하여 일관성을 유지하면서 수행되어야 한다.
② 코드북의 내용에는 문자로 입력된 변수들이 포함되어서는 안 된다.
③ 개방형 응답항목은 코딩 과정에서 다양한 응답이 분류될 수 있도록 사전에 처리해야 한다.
④ 완결되지 않은 응답은 응답자와 다시 접촉하여 완결하거나 그렇지 않으면 결측자료(missing data)로 처리한다.

해설

코드북은 분석을 위한 자료의 숫자가 무엇을 의미하는지 설명하기 위한 것으로 각 숫자가 의미하는 변수(문자 변수)에 대한 정보를 포함한다.

정답 ②

01

개방형 질문에 대한 설명으로 틀린 것은?

① 강제성이 없으며, 다양한 응답을 얻을 수 있다.
② 특정 견해에 대한 탐색적 질문방법으로 적합하다.
③ 표현상의 차이는 있으나 응답에 대한 동일한 해석이 가능하므로 응답의 일관성을 유지할 수 있다.
④ 자유응답형 질문으로 응답자가 할 수 있는 응답의 형태에 제약을 가하지 않고 자유롭게 표현하는 방식이다.

해설

개방형(주관식) 질문에 대한 응답은 분석자에 따라 다양하게 해석될 수 있다.

정답 ③

02

질문지를 설계할 때 폐쇄형 응답식으로 할 때의 장점은?

① 심층적인 정보를 얻기가 용이하다.
② 수집된 자료의 수량적 분석이 용이하다.
③ 응답자로부터 포괄적인 응답을 얻을 수 있다.
④ 연구를 시작할 때 기초정보 수집에 적절하다.

해설

폐쇄형(객관식) 질문에 대한 답변은 숫자로 코딩하여 통계(수량)적으로 분석하기가 용이하다.

정답 ②

03

질문지 구성에 관한 설명으로 가장 타당한 것은?

① 사회적 규범 편향(Social Desirability Bias)은 보수적인 사회일수록 더 높다.
② 중간 범주를 생략한 경우에는 선택 범주에 대한 강도를 측정할 필요가 없다.
③ 마지막 범주를 선택하는 최후효과(Recency Effect)는 부동적 응답자일수록 크게 나타난다.
④ 태도를 제대로 측정하기 위해서는 응답자들이 잘 알지 못하는 응답 범주를 삽입하는 것이 좋다.

해설

일반적으로 사회적 규범 편향의 강도는 보수적인 사회와의 상관성을 제시하기 어려운 경우가 많으며(①), 특별한 의견이 없는 부동적 응답자는 마지막 보기를 선택할 가능성이 높은 최후효과를 보인다.

정답 ③

04

질문지 작성의 일반적인 과정을 바르게 나열한 것은?

㉠ 필요한 정보의 결정	㉡ 자료수집 방법 결정
㉢ 개별 항목 결정	㉣ 질문 형태 결정
㉤ 질문의 순서 결정	㉥ 초안 완성
㉦ 사전조사(pretest)	㉧ 질문지 완성

① ㉠ → ㉡ → ㉢ → ㉣ → ㉤ → ㉥ → ㉦ → ㉧
② ㉠ → ㉤ → ㉡ → ㉣ → ㉢ → ㉥ → ㉦ → ㉧
③ ㉠ → ㉣ → ㉢ → ㉡ → ㉤ → ㉥ → ㉦ → ㉧
④ ㉠ → ㉡ → ㉣ → ㉢ → ㉤ → ㉥ → ㉦ → ㉧

해설

필요한 정보에 따라(㉠), 자료수집 방법(㉡)과 질문 형태(㉣)를 결정하고, 질문 문항을 작성한다(㉢). 이후, 질문 순서를 결정해(㉤) 초안을 완성 후(㉥) 사전조사를 거쳐(㉦) 질문지를 수정·완성한다(㉧).

정답 ④

05

어떤 질문을 하고 나면 다음 질문이 필요한지의 여부를 판별할 수 있도록 일련의 관련 질문들을 배열하는 질문 방식은?

① 유도질문　　　② 탐사질문
③ 여과질문　　　④ 열린 질문

해설

여과질문을 이용해 조건을 만족하는 사람을 걸러내고, 그 다음 질문에서 세부 질문을 하는 배열로 설문한다. 예를 들어, 결혼했는지 여부를 먼저 여과질문으로 조사하고, 그 다음 기혼자를 대상으로만 이혼 여부를 질문하는 방식이다.

정답 ③

06

다음과 같은 질문의 형태는?

> 당신의 학력은 다음 중 어디에 해당합니까? (　)
> ㉮ 무학　　　㉯ 초졸　　　㉰ 중졸
> ㉱ 고졸　　　㉲ 대졸　　　㉳ 대학원 이상

① 개방형　　　② 양자택일형
③ 다지선다형　　④ 자유답변형

해설

여러 가지 보기 중 하나를 선택하는 다지선다형 폐쇄형 질문이다.

정답 ③

07

다음 질문항목의 문제점은?

> 환경오염에 대한 1차적 책임은 개인, 기업, 정부 중 어디에 있다고 생각하십니까?
> ㉮ 개인　　　㉯ 기업　　　㉰ 정부

① 응답 항목 간 내용이 중복되어 있다.
② 대답 가능한 응답을 모두 제시해주지 않았다.

③ 의미가 명확하게 구분되는 단어를 사용하지 않았다.
④ 조사가 임의로 응답자들에 대한 가정을 하고 있다.

해설

폐쇄형(객관식) 질문의 보기는 모든 가능한 답변을 포괄해야 한다. 포괄성을 만족하기 위해 "㉱ 기타"를 추가하면 포괄성이 충족된다.

정답 ②

08

설문조사의 질문항목 배치에 대한 설명으로 틀린 것은?

① 민감한 질문이나 주관식 질문은 앞에 배치한다.
② 서로 연결되는 질문은 논리적 순서대로 배치한다.
③ 비슷한 형태로 질문을 계속하면 정형화된 불성실 응답이 발생할 수 있다.
④ 문항이 담고 있는 내용의 범위가 넓은 것에서부터 점차 좁아지도록 배열하는 것이 좋다.

해설

민감한 질문, 주관식 질문, 어려운 질문을 앞에 배치하면 설문 자체를 거부할 수 있다.

정답 ①

09 최신

질문지 작성 방법에 관한 설명으로 가장 적합한 것은?

① 질문지는 한 번 실시되면 돌이킬 수 없으므로 가능한 많은 양의 정보가 실릴 수 있도록 작성한다.
② 필요한 정보의 종류, 측정 방법, 분석할 내용, 분석의 기법까지 모두 미리 고려된 상황에서 질문지를 작성한다.
③ 질문지 작성에는 일정한 원리와 이론이 적용되는 것이므로 이에 대한 내용을 숙지한 후 상당한 시간과 노력을 들여 신중하게 작성한다.
④ 동일한 양의 정보를 담고 있어도 설문지의 분량은 가급적 적어야 하기 때문에, 필요한 정보의 획득을 위한 질문 문항 외에 다른 요소들은 설문지에 포함시키지 않아야 한다.

① 설문문항이 너무 많으면 설문 자체를 거부할 수 있으며, 각각의 설문항목은 가능한 간단명료하게 작성한다.
③ 질문지 작성에 일정한 이론이나 원리가 적용되지 않으며, 연구 및 조사 내용 등에 따라 달라진다.
④ 설문지에는 필요한 정보를 수집하기 위한 문항 이외에도 인적 사항을 묻는 질문과 연구기관, 연구목적 등에 대한 정보도 포함한다.

정답 ②

10 최신

다음 중 사전조사(Pre-test)에서 고려해야 할 사항이 아닌 것은?

① 응답에 일관성이 있는지 여부
② 한쪽으로 치우친 응답이 발생하는지 여부
③ 응답을 거부하는 일이 발생하는지 여부
④ 본조사와 응답자 수가 유사한지 여부

해설
사전조사는 설문지에 문제가 있는지 점검하는 것이 주요 목적이므로 소수의 표본을 대상으로 시행한다.

정답 ④

11

질문지 초안 완성 후 실시하는 사전검사에 관한 설명으로 옳은 것은?

① 사전검사는 가설을 보다 명확히 하기 위한 조사이다.
② 사전검사는 본조사의 조사방법과 같아야 한다.
③ 사전검사 결과는 본조사에 포함시켜 분석하여야 한다.
④ 사전검사 표본 수는 본조사와 비슷해야 한다.

해설
사전검사는 설문조사의 본조사 직전에 최종적으로 문제를 발견하기 위해 행하는 것으로 본조사의 조사방법과 같아야 한다. 다만, 단순히 오류를 점검하기 위한 것이므로 본조사처럼 표본이 클 필요는 없다.

정답 ②

12

질문지를 작성할 때 질문의 순서에 관한 설명으로 바르지 않은 것은?

① 첫 번째 질문은 가능한 쉽게 응답할 수 있고 흥미를 유발할 수 있는 것이 좋다.
② 응답자의 연령이나 소득과 같이 개인적인 질문은 뒷부분에서 하는 것이 좋다.
③ 산업에 관련된 질문 시, 특정 품목에 대한 문항에서 산업 전체에 관련된 문항으로 배열하는 것이 좋다.
④ 질문 간 연상 작용을 일으켜 다음 응답에 영향을 미칠 경우에는 이러한 질문들 사이의 간격을 멀리 떨어뜨리는 것이 좋다.

해설
산업과 관련한 질문 시 산업 전체에서 특정 품목으로 좁혀가는 즉, 깔때기 형식으로 질문하는 것이 좋다.

정답 ③

13

폐쇄형 질문의 장점과 가장 거리가 먼 것은 무엇인가?

① 대답이 표준화되어 비교가 가능하다.
② 질문의 의미가 명확하게 전달된다.
③ 쟁점이 복합적일 때에도 이용 가능하다.
④ 분석이 용이하여 시간과 경비를 절약할 수 있다.

해설
폐쇄형(객관식) 질문은 쟁점이 복합적일 때 부적절하다. 쟁점이 복합적일 때는 개방형(주관식) 질문이 적합하다.

정답 ③

14

질문지 작성 원칙과 가장 거리가 먼 것은?

① 질문은 짧을수록 좋고 부연설명이나 단어의 중복 사용은 피해야 한다.
② 질문은 그 자체로서 의미가 명확히 전달될 수 있도록 구성하고 모호한 질문은 피해야 한다.
③ 연구자의 가치관이나 의견이 반영된 문장을 사용한다.
④ 복합적인 질문을 피하고, 두 개 이상의 질문을 하나로 묶지 말아야 한다.

해설
질문지는 반드시 객관적으로 작성되어야 하며, 연구자의 가치관이나 주관적 의견이 반영되면 안 된다.

정답 ③

15

설문지 문항 배열에서 앞의 질문과 응답내용이 뒤의 질문에 대한 응답에 영향을 미치는 것은?

① 성숙효과   ② 이전효과
③ 응답오류효과   ④ 검정효과

해설
이전의 질문이 다음 질문의 응답에 영향을 주는 것을 이전효과라고 한다. 이전효과를 유발할 수 있는 질문은 가능한 떨어뜨려 놓는 것이 좋다.

정답 ②

16

일반적인 질문지 작성원칙과 가장 거리가 먼 것은?

① 질문은 의미가 명확하고 간결해야 한다.
② 한 질문에 한 가지 내용만 포함되도록 한다.
③ 응답지의 각 항목은 상호배타적이어야 한다.
④ 과학적이며 학문적인 용어를 선택해서 사용해야 한다.

해설
질문지 작성 시 응답자가 이해하기 어려운 전문용어는 피하는 것이 좋다.

정답 ④

17

성(sex)전환에 대한 일반 국민의 의식을 조사하는 설문지를 작성할 때 가장 주의해야 할 사항은?

① 규범적 응답의 억제
② 복잡한 질문의 회피
③ 평이한 언어의 사용
④ 즉시적 응답 유도

해설
성전환 같은 사회적 이슈 또는 규범적 질문에 대해 응답자는 정직한 의견이 아닌 모범답안을 제시하려는 유인이 발생한다.

정답 ①

18

새로운 아이디어나 요인 간의 관계를 파악하기 위한 탐색적 조사에 가장 적합한 질문 유형은?

① 개방형 질문   ② 다지선다형 질문
③ 서열식 질문   ④ 어의차이형 질문

해설
새로운 아이디어를 얻기 위해서는 객관식보다는 주관식(개방형) 질문이 적합하다.

정답 ①

19

설문지의 표지문(cover letter)에 포함될 내용으로 가장 거리가 먼 것은?

① 연구의 목적   ② 연구의 중요성
③ 연구의 예상결과   ④ 연구의 주관기관

해설
표지문에 연구의 예상결과를 포함시킬 경우, 응답자가 그에 맞추어 대답할 가능성이 높아 객관성을 확보하지 못한다.

정답 ③

20

다음 질문문항과 가장 관련이 없는 것은?

> 당신의 종교는 무엇입니까?
> A. 불교   B. 개신교   C. 가톨릭   D. 기타

① 폐쇄형 질문
② 선다형 질문
③ 사실 질문
④ 평가 질문

[해설]
보기는 폐쇄형(객관식)의 사지선다형으로 종교의 종류(사실)에 대해 질문하고 있다. 응답자의 평가(의견)는 주로 개방형(주관식)으로 질문한다.

[정답] ④

05 | 정성조사(FGI 및 심층인터뷰) 핵심이론

> **POWER 팁**
>
> 정성조사(FGI 및 심층인터뷰)에 대한 문제는 출제확률이 높다. 하지만, 한 시험에서 출제되는 문항수가 1~2개에 불과하고, 내용은 매우 쉽기 때문에 암기하기 보다는 앞 장에서 학습한 설문설계(구조화된 설문지를 통해 정보를 수집하는 정량조사)와 비교하면서 이해하면 된다.

01 FGI 정성조사의 이해

1) 정성조사의 정의와 종류

(1) 설문조사와 비교한 정성조사의 이해

① 설문설계(CHAPTER 04)와 정성조사 모두 자료를 수집하는 방법이다.
② 설문조사는 구조화된 설문지를 활용하는 반면, 정성조사는 연구자가 응답자와 면담(면접)을 통해 정보를 수집하는 방법이다.

(2) 정성조사의 종류

① 정성조사의 종류로는 대표적으로 표적집단면접법(FGI: Focus Group Interview)과 심층인터뷰(In-depth Interveiw)가 있다.
② FGI는 다수를 동시에 면담하고, 심층인터뷰는 주로 한 명씩 면담하는 것이 가장 큰 차이다.

2) FGI의 개념 ★★★ 필답 연계 p. 351

Q1. 표적집단면접법(FGI: Focus Group Interview)에 대해 설명하시오.

Q2. 표적집단면접법(FGI: Focus Group Interview)의 장단점을 2가지씩 기술하시오.

(1) FGI의 의미

① 연구주제에 부합하는 소수의 그룹을 한 장소에 모이게 한 후 특정 주제에 대해 토론하도록 하고, 토론을 지켜보면서 정보를 수집하거나, 추가로 자유롭게 질의응답하면서 정보를 수집하는 방법이다.
② 주로 연구주제 대한 전문지식이 부족해 시도하는 탐색적 조사의 일종으로 간주되기도 한다. 예를 들어, 연구주제 대한 전문지식이 부족할 때 전문가를 모집하거나, 새로운 화장품을 개발 시 소비자를 모집해 의견을 구한다.
③ 정부(공무원)가 정책을 개발하기 위해 전문가를 모집해 의견을 구하는 것도 FGI에 해당한다.

④ 설문문항의 내용타당도(설문이 측정하고자 하는 내용을 잘 측정하는지 정도)를 높이기 위해 자문을 구하거나 배경지식을 쌓기 위해 시행하기도 한다.

⑤ 구조화·표준화된 설문조사와 같은 양적 조사방법으로 수집할 수 없는 질적 정보를 수집하는 것이 주요 목적이다.

⑥ 연구주제에 대해 더 깊이 이해하고 가설과 설문을 개발하기 위해 시행하기도 한다.

※ ①은 FGI에 대한 정의이며, ②~⑥은 정량조사 대비 정성조사(FGI 및 심층인터뷰)의 일반적 내용이다.

(2) FGI의 장점

① 자유로운 토론을 통해 전혀 생각하지 못한 아이디어를 구할 수 있다.

② 심층적인 질문을 통해 구조화된 설문으로 파악하기 어려운 정보도 수집할 수 있다.

③ 사전지식이 충분하지 않은 미개척 분야의 개발에 적합하다.

④ 구조화된 설문과 달리 즉각적으로 질의응답하면서 질문을 신축성 있게 수정·보완할 수 있다.

⑤ 복잡한 문제를 총체적으로 파악하고 깊이 있는 정보를 수집할 수 있다.

⑥ 연구주제에 대해 비교적 신속한 해답을 구할 수 있다.

⑦ 질의응답뿐 아니라 관찰을 통해서도 정보를 수집한다.

⑧ 동일한 규모(표본)라면 집단을 면담하는 FGI가 한 명씩 면담하는 심층인터뷰에 비해 저비용이다.

⑨ 공통점이 있는 참여자들이 토론하는 과정에서 다른 참여자의 적극적인 참여에 자극을 받아 다른 참여자도 적극적으로 토론하는 등 서로 간 시너지 효과가 발생하기도 한다.

※ ①~⑦은 정량조사 대비 정성조사(FGI 및 심층인터뷰)의 일반적 장점이며, ⑧~⑨는 심층인터뷰 대비 FGI의 장점이다.

(3) FGI의 단점

① 정보를 수집하는 과정에서 주관적 편의(bias)가 발생할 수 있다(편견이 개입된 정보 수집).

② 소수(표본의 대표성 부족)를 대상으로 정보가 수집되기 때문에 일반화가 어렵다.

③ 정성적 조사이기 때문에 부호화(코딩)가 어렵고 통계적 분석이 어렵다.

④ 진행자의 능력에 따라 조사결과가 달라질 수 있으므로 높은 전문성과 진행능력이 요구된다.

⑤ 응답자는 응답을 강요당하지 않기 때문에 솔직하고 정확한 의견을 표명하기도 하지만(장점), 익명성이 보장된 다른 조사방법에 비해서는 솔직한 의견(정보)을 수집할 가능성이 낮다(단점).

⑥ 동일한 규모(표본)라면, 구조화된 설문조사에 비해 정성조사가 고비용이다.

⑦ 집단이 참여하는 조사이므로 개인별로 차별화된 질문을 하기 어렵다.

⑧ 집단이 참여하는 조사이므로 논의 과정에서 특정 개인의 대답에만 집중해 추가로 질문하기가 쉽지 않다.

⑨ 집단이 참여하는 조사이므로 영향력 있는 사람의 의견 때문에 다른 사람이 의견을 자유롭게 제시하기 어려운 상황이 발생한다.

※ ①~⑥은 정량조사 대비 정성조사(FGI 및 심층인터뷰)의 일반적 단점이며, ⑦~⑨는 심층인터뷰 대비 FGI의 단점이다.

3) FGI 순서 ★☆☆

(1) 조사 기획

① 연구주제를 설정하고 가설을 정립한다.
② 조사방법 및 비용 등을 결정한다.
③ 조사방법 및 비용에 맞추어 조사대상자의 수를 결정한다.

(2) 가이드라인 설계

① 연구자가 조사자(연구자를 대신하여 조사하는 사람) 측과 협의하여 참석자의 자격조건, 질문지 등을 결정한다.
② 조사자에게 연구주제와 질문을 알리고, 원활한 FGI 진행을 위해 필요한 내용을 정리한 것이다.
③ FGI 진행과정에서는 질문순서가 상황에 따라 바뀔 수 있다.
④ 조사자가 진행하기 편하도록 가이드라인은 가능한 상세히 작성한다.
⑤ 조사자에게 의뢰하지 않고 연구자가 직접 FGI를 진행하면서 정보를 수집하는 경우도 많으며, 이때도 원활한 FGI 진행을 위해 가이드라인을 자세히 작성한다.

(3) 참여자 모집(리쿠르팅)

① FGI 참여자로 적합한 사람의 풀(pool)을 결정한다.
② FGI 참여자 풀에서 적합성을 평가한다.
③ FGI 참여자 풀에서 적합성이 높은 순서대로 모집한다.
④ FGI 참여자 풀이 소진될 경우, 위 ①~③을 추가로 시행한다.
⑤ 전문가를 모집할 때는 일반적으로 의뢰기관(연구자)이 조사기관(조사자)에게 전문가 리스트를 제공한다.
⑥ FGI 참여자를 모집 시 장소 및 일시, 그리고 수당 등을 안내한다.
⑦ 너무나 이질적인 계층(예 연령 차이가 극심한 사람, 사회적 계층이 너무 다른 사람 등)은 동일한 그룹에 포함하지 않는 것이 좋다.
⑧ 전체적으로는 거주지, 연령 등이 한쪽으로 치우치지 않도록 분산한다.
⑨ 서로 아는 사람들은 동일 그룹에 포함하지 않는 것이 좋다.

(4) FGI 진행

① FGI 가이드라인에 따라 진행한다.
② 참여자들 간 대화 · 토론하는 전 과정을 기록(녹음, 녹화, 속기)한다.
③ 녹음이나 녹화는 사전에 참여자들의 동의를 구한다.

(5) 결과 분석 및 보고서 작성

① 연구자는 조사자로부터 기록물을 전달받고 내용을 분석한다.
② 결과분석 보고서를 작성한다.
③ 때로는 전문 조사기관에서 자체적으로 결과를 분석한 보고서까지 제공하며, 연구자는 기록물을 검토하면서 조사기관이 제공한 분석결과와 보고서를 수정 · 보완한다.

4) FGI 조사자 또는 진행자(moderator)의 역량 ★☆☆

(1) FGI 진행자의 역할

① 연구목적에 부합하는 정보를 수집하기 위해 참여자들의 의견이 수렴하도록 토론과정을 조절·심화하는 역할을 한다.
② FGI의 원활한 진행을 위해 불필요한 대화는 통제·제어하기도 한다.

(2) FGI 진행자의 능력 `필답 연계 p. 351`

Q. FGI 진행자로서 갖추어야 할 자격을 3가지 기술하시오.

① 커뮤니케이션 능력, 의견 청취 능력, 질문 능력 등이 요구된다.
② 연구주제 관련 배경지식을 충분히 갖추어야 한다(필요시 사전 학습).
③ 구조화된 질문지보다는 상황에 맞게 신축적인 질의응답이 필요하므로, 상당한 순발력이 요구된다.
④ 정성조사라 하더라도 진행자가 조사방법 및 통계분석 등에 대한 기본 지식이 있으면 좋다.
⑤ 참여자의 의견을 정리·종합하면서 진행하되, 가치중립적이어야 한다.

5) FGI 실시 ★☆☆

(1) 소개 단계

① 참여자들을 소개한다.
② 연구주제(모이게 된 목적)를 소개한다.
③ 간략한 주의사항을 전달한다.
④ 개인정보 수집·이용 동의서, 보안각서, 수당 지급 서류에 서명을 받는다.

(2) 분위기 조성 단계

① 조사대상자가 편안함을 느낄 수 있도록 라포(친밀감, Rapport)를 형성해야 하며, 모든 대면조사에서 라포는 조사의 성패를 좌우할 정도로 중요하다.
② 본 주제를 본격적으로 토론하기 전에 일상적인 대화를 시도한다.
③ 가능한 모든 참여자에게 발언의 기회를 제공해 긴장감을 풀게 한다.

> **POWER 용어**
>
> **라포(친밀감)**
> 응답자와의 친밀한 유대감이라는 의미를 지닌 의미로 시험에는 '라포', 'Rapport', '친밀감' 등의 용어가 사용된다.

(3) 본주제 토론 단계

① 연구주제에 대하여 본격적인 토론을 진행한다.

② 구체적이고 서술적인 질문으로 시작하여 추상적인 의견을 요구하는 질문순서로 진행하는 것이 좋다.

③ 답변이 모호할 때는 재질문하거나, 자세한 답변을 요구하거나, 캐어묻거나(Probing), 다른 방식으로 질문하는 등의 방법으로 질문에 부합하는 답변을 유도해야 한다.

> **POWER 용어**
>
> 프로빙(캐어묻기)
> 시험에는 '프로빙', 'Probing', '캐어묻기' 등의 용어가 사용된다.

(4) 마무리 단계

① 참여자들의 내용을 요약 · 전달한다.

② 그 과정에서 참여자들의 반응과 태도를 마지막까지 관찰한다.

③ 서로 상반되는 의견에 대해서는 본인의 의견을 최종적으로 정리하고 발표할 수 있는 기회를 제공한다.

6) FGI 자료 분석 ★☆☆

(1) FGI 자료분석의 의미

① FGI가 끝난 이후 기록(녹음, 녹화 등)을 반복하여 검토하고 내용을 의미 있는 정보 단위로 구분 · 정리한다.

② 구분 · 정리된 정보를 분석하여 결과를 도출한다.

(2) FGI 자료 분석

① 다양한 의견을 범주화할 수 있는 기준을 설정하고, 그 기준에 따라 분류하여 구조화된 결과를 도출한다.

② 결과를 도출하는 과정에서 연구자가 주관적인 판단이나 입장에 맞추어 임의로 해석하지 않도록 주의한다.

③ 소수의 극단적인 의견이라도 무시하지 않고 존중하는 자세로 결과를 분석한다.

④ 응답자의 인구통계적 · 사회경제적 배경을 숙지하면서 결과를 분석한다.

⑤ 복수의 그룹을 통해서 나오는 결과를 교차하여 분석 · 해석하여 최종 결과를 도출하는 것이 좋다.

⑥ 기록을 반복적으로 검토하여 참여자가 말하는 것과 실제로 의미하는 것에 차이가 있는지 심층적으로 분석해야 한다.

⑦ 소수의 집단으로부터 도출된 결론이므로 모집단의 의견으로 일반화하기 어렵다는 것을 인지한다.

사회조사의 실시과정에서 지켜져야 할 윤리적 기준과 가장 거리가 먼 것은?

① 연구자의 가치중립
② 연구대상자의 사전동의
③ 연구대상자의 비밀보장
④ 연구대상자의 복지보장

해설

연구대상자(참여자)의 복지를 보장할 필요는 없다.

정답 ④

---

02 심층인터뷰 정성조사의 이해

POWER 팁

심층인터뷰와 관련된 내용은 대부분 FGI와 유사하다. 이곳에서는 심층인터뷰가 FGI와 다른 점, 그리고 FGI와 비교한 장단점만 숙지해도 충분하다.

1) 심층인터뷰의 개념 ★★★ 필답 연계 p. 351

Q. 심층인터뷰의 개념을 설명하고, 장단점을 2개씩 기술하시오.

(1) 심층인터뷰의 의미

① 특정 주제에 대해 자유롭게 대화하고 질의응답하면서 필요한 정보를 수집하는 질적(정성) 조사방법이다.
② FGI가 집단을 대상으로 조사하는 정성조사라면 심층인터뷰는 한 명씩 인터뷰하는 방식이다.
③ 일반적으로 정량조사에서 파악하기 어려운 정보를 수집하기 위해 활용된다.
④ 정량조사를 시행한 후 추가적인 심층분석이 필요한 경우, 즉 정량조사의 보완의 개념으로 실시하기도 한다.

(2) 심층인터뷰의 장점

① 자유로운 토론을 통해 전혀 생각하지 못한 아이디어를 구할 수 있다.
② 심층적인 질문을 통해 구조화된 설문으로 파악하기 어려운 정보도 수집할 수 있다.
③ 사전지식이 충분하지 않은 미개척 분야의 개발에 적합하다.
④ 구조화된 설문과 달리 즉각적으로 질의응답하면서 질문을 신축성 있게 수정·보완할 수 있다.
⑤ 복잡한 문제를 총체적으로 파악하고 깊이 있는 정보를 수집할 수 있다.

⑥ 연구주제에 대해 비교적 신속한 해답을 구할 수 있다.

⑦ 질의응답뿐 아니라 관찰을 통해서도 정보를 수집한다.

⑧ FGI에 비해 참여자 개개인의 의견을 풍부하게 수집할 수 있다.

⑨ 특정 시간에 여러 명을 한자리에 모으기 어려울 때 적합하다.

⑩ 사회 신분 때문에 본인을 공개하기 어려울 때(예 전문가, 고소득층, 정치인, 기업 고객 등) 활용된다.

⑪ FGI에 비해 조사 내용의 융통성과 유연성이 높다.

⑫ FGI도 어느 정도 가능하지만, 개인을 상대하는 심층인터뷰에서 프로빙(Probing)을 더 활발히 사용할 수 있다.

※ ①~⑦은 정량조사 대비 정성조사의 일반적 장점이며(FGI 및 심층인터뷰 모두 동일), ⑧~⑫는 FGI 대비 심층인터뷰의 장점이다.

POWER 정리

프로빙(Probing) **필답 연계 p. 350**

Q. 응답자가 모호하거나 충분하지 않은 대답을 했을 때 조사자가 사용하는 기술에 대해 정의하고 설명하시오.

• 면접(면담, 인터뷰, 토론, 면접조사 등) 과정에서 응답자의 대답이 불충분하거나 모호할 때 추가 질문을 통해 정확한 정보를 끌어내거나, 반대로 응답자의 대답이 흥미로울 때 추가 질문을 통해 더 깊이 있는 정보를 끌어내는 면접조사의 기술이다.

• 답변이 모호할 때는 재질문하거나, 자세한 답변을 요구하거나, 다른 방식으로 질문하는 등의 방법으로 질문에 부합하는 답변을 유도해야 한다.

• 응답자의 대답이 불충분하고 모호하다고 다른 대답(예 원하는 대답)을 유도해서는 안 된다. 한편, 응답자가 대답을 너무 꺼려하는 모습을 보이면 대답을 강요해서는 안 된다. 강요 시 어차피 정직한 답변을 하지 않을 가능성이 높기 때문이다.

---

(3) 심층인터뷰의 단점

① 정보를 수집하는 과정에서 주관적 편의가 발생할 수 있다(편견이 개입된 정보 수집).

② 소수(표본의 대표성 부족)를 대상으로 정보가 수집되기 때문에 일반화가 어렵다.

③ 정성적 조사이기 때문에 부호화(코딩)가 어렵고 통계적 분석이 어렵다.

④ 진행자의 능력에 따라 조사결과가 달라질 수 있으므로 높은 전문성과 진행능력이 요구된다.

⑤ 응답자는 응답을 강요당하지 않기 때문에 솔직하고 정확한 의견을 표명하기도 하지만(장점), 익명성이 보장된 다른 조사방법에 비해서는 솔직한 의견(정보)을 수집할 가능성이 낮다(단점).

⑥ 동일한 규모(표본)라면, 구조화된 설문조사에 비해 정성조사가 고비용이다.

⑦ 동일한 규모라면 집단을 면담하는 FGI에 비해 한 명씩 면담하는 심층인터뷰가 고비용이다.

⑧ FGI처럼 참여자들 간 발생할 수 있는 시너지 효과를 기대하기 어렵다.

⑨ 개개인을 별도로 면담하기 때문에 FGI에 비해 의견의 통합과 결과의 도출이 어렵고, 일반화도 더 어렵다.

※ ①~⑥은 정량조사 대비 정성조사의 일반적 단점이며(FGI 및 심층인터뷰 모두 동일), ⑦~⑨는 FGI 대비 심층인터뷰의 단점이다.

2) 심층인터뷰 순서

"① 조사 기획 → ② 가이드라인 설계 → ③ 참여자 모집 → ④ 심층인터뷰 진행 → ⑤ 결과분석 및 보고서 작성"의 절차로, 이는 FGI와 동일하므로 세부 내용은 위 'FGI의 순서'를 참고 바란다.

3) 심층인터뷰 조사자 또는 진행자(moderator)의 역량

FGI와 동일하므로 세부 내용은 위 "FGI의 조사자 또는 진행자의 역량"을 참고 바란다.

4) 심층인터뷰 실시

① 일반적 내용은 FGI와 동일하므로 세부 내용은 위 "FGI 실시"를 참고 바란다.
② FGI와 달리 심층인터뷰는 일대일 면담방식이므로 대면 인터뷰가 어려울 때는 다양한 방식(예 전화, e-mail 등)으로 대체 · 보완하기도 한다.

5) 심층인터뷰 자료 분석

FGI와 동일하므로 세부 내용은 위 "FGI 자료 분석"을 참고 바란다.

• POWER 기출 유형 ✓ •

면접조사의 성패를 좌우하는 것으로서, 면접자와 응답자 사이에 친밀한 관계가 성립되는 것은 무엇인가?

① 라포(rapport)　　　　　　　　② 캐어 묻기(probing)
③ 신뢰도　　　　　　　　　　　④ 심층면접

해설

라포(rapport)는 조사자와 응답자 간 친밀한 관계를 의미하며, 조사 (예 설문조사)의 성패를 좌우할 정도로 중요하다.

정답 ①

01

소수의 집단을 대상으로 특정 주제에 대하여 자유롭게 토론하여 필요한 정보를 얻는 방법은?

① 집단조사법
② 표적집단면접법
③ 대인면접법
④ 사례조사법

[해설]

표적집단면접법은 소수의 집단(주로 전문가)을 연구 주제에 맞추어 자유롭게 토론하도록 하고, 그 과정에서 필요한 정보를 수집하는 방법이다.

정답 ②

02

표적집단면접법(focus group interview)에 관한 설명으로 가장 적합한 것은?

① 소수의 응답자로 하여금 특정한 주제에 대하여 자유롭게 토론하도록 한 다음, 이 과정에서 필요한 정보를 추출하는 방법이다.
② 응답자가 조사의 목적을 모르는 상태에서 다양한 심리적 의사소통법을 이용하여 자료를 수집하는 방법이다.
③ 조사자가 한 단어를 제시하고 응답자가 그 단어로부터 연상되는 단어들을 순서대로 나열하도록 하여 조사하는 방법이다.
④ 응답자에게 이해하기 난해한 그림을 제시한 다음, 그 그림이 무엇을 묘사하는지 물어 응답자의 심리 상태를 파악하는 방법이다.

[해설]

② 투사법(Projective Techniques)에 대한 설명이다.
③ 단어 연상법(Word Association Test)에 대한 설명이다.
④ 투사법 중 하나인 그림 분석법(Thematic Apperception Test, TAT)에 대한 설명이다.

정답 ①

03 최신, 빈출

초점집단(Focus Group)조사에 관한 설명으로 옳은 것은?

① 조사결과가 체계적이기 때문에 결과의 분석과 해석이 용이하다.
② 초점집단조사는 내용타당도를 높이는 목적으로 사용될 수 있다.
③ 초점집단조사의 자료수집 과정에서는 연구자의 주관적 개입이 불가능하다.
④ 초점집단조사에서는 익명 집단의 상호작용을 통해 도출된 자료를 분석한다.

[해설]

FGI는 전문지식이 부족해 시도하는 탐색적 조사의 일종으로 간주되기도 한다. 예를 들어, 설문문항의 내용타당도(설문이 측정하고자 하는 내용을 파악하기 위해 적절하게 설계되었는지 정도)를 높이기 위해 자문을 구하거나 배경지식을 쌓기 위해 시행하기도 한다. FGI는 결과의 분석과 해석이 어렵고(①), 연구자의 주관이 개입되며(③), 익명성이 보장되지 않는다는 단점이 있다(④). 참고로, ④는 델파이조사(뒤에서 학습)에 관한 내용이다.

정답 ②

04

초점집단(focus group)조사와 델파이조사에 관한 설명으로 옳은 것은?

① 초점집단조사에서는 익명 집단의 상호작용을 통해 도출된 자료를 분석한다.
② 초점집단조사는 내용타당도를 높이는 목적으로 사용될 수 있다.
③ 델파이조사는 비구조화 방식으로 정보의 흐름을 제어한다.
④ 델파이조사는 대면(face to face) 집단의 상호작용을 통해 도출된 자료를 분석한다.

[해설]

FGI는 설문문항의 내용타당도를 높이기 위해 자문을 구하거나 배경지식을 쌓기 위해 시행하기도 한다. ①은 델파이조사에 대한 내용이다. ③과 ④는 FGI에 대한 내용이다.

정답 ②

05

표적집단면접법(Focus Group Interview)에 대한 설명으로 틀린 것은?

① 표본이 특정 집단이기 때문에 조사 결과의 일반화가 어려운 단점이 있다.
② 조사자의 개입이 미비하므로 조사자의 주관이나 편견이 개입되지 않는다.
③ 응답자는 응답을 강요당하지 않기 때문에 솔직하고 정확히 자신의 의견을 표명할 수 있다.
④ 심층면접법을 응용한 방법으로 조사자가 소수의 응답자를 한 장소에 모이게 한 후 관련된 주제에 대하여 대화와 토론을 통해 정보를 수집하는 방법이다.

[해설]

FGI는 연구주제에 부합하는 소수의 그룹을 한 장소에 모이게 한 후 특정 주제에 대한 토론하도록 하고, 질의응답하면서 정보를 수집하는 방법이므로 조사자의 개입이 적극적으로 이루어진다.

정답 ②

06

집중면접(focused interview)에 관한 설명으로 가장 적합한 것은?

① 면접자의 통제하에 제한된 주제에 대해 토론한다.
② 사전에 준비한 구조화된 질문지를 이용하여 면접한다.
③ 개인의 의견보다는 주로 집단적 경험을 이야기한다.
④ 특정한 가설을 개발하기 위해 효율적으로 이용할 수 있다.

[해설]

FGI는 전문지식이 부족해 시도하는 탐색적 조사의 일종으로 간주되기도 하며, 연구주제에 대해 더 깊이 이해하고 가설과 설문을 개발하기 위해 시행하기도 한다.

정답 ④

07

심층면접법(in-depth interview)에 대한 설명으로 틀린 것은?

① 대체로 대규모 조사연구에 적합하다.
② 같은 표본 규모의 전화조사에 비해 대체로 비용이 많이 든다.
③ 면접자는 응답자와 친숙한 분위기를 형성하도록 해야 한다.
④ 면접자 개인별 차이에서 오는 영향이나 오류를 통제하기 어렵다.

[해설]

정성조사(FGI가 소수의 집단을 면접조사하는 방식이라면 심층인터뷰는 한 명씩 면접조사하는 방식)는 소수를 대상으로 정보를 수집하는 방법으로 대규모 조사연구에 적합하지 않다. 대규모 조사연구에는 설문조사와 같은 구조화된 조사방법이 적합하다.

정답 ①

08

심층면접 시 중요하게 고려해야 할 사항으로 틀린 것은?

① 피면접자와 친밀한 관계(rapport)를 형성해야 한다.
② 비밀보장, 안전성 등 피면접자가 편안한 분위기를 느낄 수 있도록 해야 한다.
③ 피면접자의 대답을 주의 깊게 경청하여야 하며 이전의 응답과 연결시켜 생각하는 습관을 가져야 한다.
④ 피면접자가 대답을 하는 도중에 응답 내용에 대한 평가적인 코멘트를 자주 해준다.

[해설]

조사자는 참여자의 의견을 정리·종합하면서 진행하되, 가치중립적(평가적인 코멘트 자제)이어야 한다.

정답 ④

09

다음 (　) 안에 들어갈 내용으로 알맞은 것은?

> ㄱ. (　　)는 집단구성원 간의 활발한 토의와 상호
> 작용을 강조하며 그 과정에서 어떤 논의가 드
> 러나고 진전되는지 파악하는 것이 중요한 자료
> 가 된다. 조사자가 제공한 주제에 근거하여 참
> 가자 간 의사 표현 활동이 수행되고 연구자는
> 대부분의 과정에서 질문자라기보다는 조정자
> 또는 관찰자에 가깝다.
> ㄴ. (　　)는 일반적으로 자료수집 시간을 단축시
> 키고 현장에서 수행하기 용이하나, 참여자 수
> 가 제한적인 것으로 인한 일반화의 제한성 또
> 는 집단소집의 어려움 등이 단점으로 지적되기
> 도 한다.

① 델파이조사
② 초점집단조사
③ 사례연구조사
④ 집단실험설계

[해설]
- ㄱ. 집단구성원 간의 활발한 토의와 상호작용하도록 하고, 조
  사자는 조정자 또는 관찰자의 역할로 자료를 수집하는 FGI(초
  점집단조사)의 내용이다.
- ㄴ. 구조화된 조사방법에 비해 자료수집 시간을 단축할 수 있
  지만 참여자 수가 제한되어 결과를 일반화하기 어렵다는 것도
  FGI에 대한 내용이다.

[정답] ②

10 빈출

비구조화(비표준화) 면접에 관한 옳은 설명을 모두 고른
것은?

> ㄱ. 부호화가 어렵다.
> ㄴ. 심층적인 질문이 가능하다.
> ㄷ. 미개척 분야의 개발에 적합하다.
> ㄹ. 면접자의 편의(bias)가 개입될 가능성이 적다.

① ㄱ, ㄴ
② ㄷ, ㄹ
③ ㄱ, ㄴ, ㄷ
④ ㄴ, ㄷ, ㄹ

[해설]
비표준화 면접은 심층적인 질문을 통해(ㄴ) 미개척 분야에 대한
지식을 쌓고 연구가설이나 설문을 개발하는 데(ㄷ) 활용될 수 있
지만, 부호화가 어렵고(ㄱ), 면접자의 주관이 개입될 가능성이
높아(ㄹ ×) 결과의 일반화가 어렵다는 단점이 있다.

[정답] ③

11

심층면접법(depth interview)에 관한 설명으로 틀린
것은?

① 질문의 순서와 내용은 조사자가 조정할 수 있어
  좀 더 자유롭고 심도 깊은 질문을 할 수 있다.
② 조사자의 면접 능력과 분석 능력에 따라 조사 결
  과의 신뢰도가 달라진다.
③ 초점집단면접과 비교하여 자유롭게 개인적인 의
  견을 교환할 수 없다.
④ 조사자가 필요하다고 생각되면 반복 질문을 통
  해 타당도가 높은 자료를 수집한다.

[해설]
초점집단면접법은 집단이 참여하는 조사이므로 영향력 있는 사
람의 의견 때문에 다른 사람이 의견을 자유롭게 제시하기 어려
운 상황이 발생하는 반면, 심층면접법은 개인별로 조사하기 때
문에 자유롭게 개인적인 의견을 제시할 수 있다는 것이 장점이
다.

[정답] ③

12 최신

표적집단면접법(focus group interview)의 진행자의 요건에 대한 설명으로 틀린 것은?

① 답변이 모호할 경우에는 자연스럽게 다음 질문으로 넘어간다.
② 가이드라인에 있는 모든 질문을 묻고 대답하도록 한다.
③ 원활한 진행을 위해 불필요한 대화는 통제·제어한다.
④ 연구주제에 대해 잘 모를 경우 사전에 충분히 학습해야 한다.

해설

답변이 모호할 경우에는 재질문하거나, 자세한 답변을 요구하거나, 다른 방식으로 질문하는 등의 방법으로 질문에 부합하는 답변을 유도해야 한다.

정답 ①

13 최신

다음 중 표적집단면접법(focus group interview)의 장점으로 보기 어려운 것은?

① 전문가로부터 다양한 결과를 도출할 수 있고 분석과 해석이 용이하다.
② 자유로운 의견 교환을 통해 새로운 아이디어를 개발할 수 있다.
③ 연구주제에 대해 비교적 신속한 해답을 구할 수 있다.
④ 질의응답뿐 아니라 관찰을 통해서도 정보를 수집할 수 있다.

해설

표적집단면접법(FGI)은 전문가로부터 다양한 결과를 도출할 수는 있지만 분석과 해석이 어렵다는 단점이 있다.

정답 ①

14 최신

다음 중 표적집단면접법(focus group interview)의 진행자의 행동으로 옳지 않은 것은?

① 모호한 답변에 대해서 캐어묻는다.
② 필요에 따라 질문지 순서를 변경한다.
③ 참여자의 의견을 정리·종합하면서 진행한다.
④ 참여자의 의견에 동의해준다.

해설

FGI 진행자는 참여자의 의견을 정리·종합하면서 진행하되, 의견에 대해서는 가치중립적이어야 하므로 참여자의 의견에 동의나 반대는 최대한 자제해야 한다.

정답 ④

15 최신

다음 중 정성조사의 가이드라인을 설계 시 고려해야 할 내용이 아닌 것은?

① 참가자의 자격조건　② 질문지
③ 부호화 지침　　　　④ 질문순서

해설

정성조사에서도 부호화 지침을 하기도 하지만, 하더라도 설문이 모두 완료된 이후에 하는 것으로 가이드라인에는 부호화 지침에 대한 내용은 포함되지 않는다.

정답 ③

16 최신

다음 중 심층인터뷰 정성조사의 성격에 해당하는 것은?

① 구조화 면접조사
② 자연적 면접조사
③ 표준화 면접조사
④ 반복적 환류조사

해설

정성조사는 구조화·표준화된 설문조사와 달리 자연스러운 환경에서 실시되는 면접조사다. 참고로 반복적 환류조사는 델파이조사법의 내용이다.

정답 ②

17 최신

다음 중 심층인터뷰 시 조사자로서 고려해야 할 사항으로 틀린 것은?

① 익명성을 보장하기 위해 참여자의 승인 없이 토론 내용을 녹음한다.
② 참여자와 라포(rapport)를 형성한다.
③ 필요시 반복 질문을 통해 타당도가 높은 자료를 수집한다.
④ 대답을 주의 깊게 경청하고, 이전의 대답과 연결시켜 생각하는 습관을 가져야 한다.

[해설]
심층인터뷰로 정보를 수집 시 질의응답하는 전 과정을 기록(녹음, 녹화, 속기)해야 하는데, 녹음이나 녹화는 사전에 참여자의 동의를 구해야 한다.

정답 ①

18 최신

응답자의 대답이 불충분하거나 모호할 때 추가질문을 통해 정확한 대답을 이끌어내는 면접조사상의 기술은?

① 심층면접(in-depth interview)
② 라포(rapport)
③ 투사법(projective method)
④ 프로빙(probing)

[해설]
답변이 모호할 때는 재질문하거나, 자세한 답변을 요구거나, 캐어묻거나(probing), 다른 방식으로 질문하는 등의 방법으로 질문에 부합하는 답변을 유도해야 한다.

정답 ④

19

비구조화(비표준화) 면접에 관한 설명으로 틀린 것은?

① 부호화가 어렵다.
② 미개척 분야의 개발에 적합하다.
③ 심층적인 질문이 가능하다.
④ 면접자의 편의(bias)가 개입될 가능성이 적다.

[해설]
정성조사와 같은 비구조화(비표준화) 면접에서는 정보를 수집하는 과정에서 주관적 편의(bias)가 개입될 가능성이 높다.

정답 ④

20

면접이 이루어지는 정성조사의 장점으로 바르지 않은 것은?

① 관찰을 병행할 수 있다.
② 신축성 있게 자료를 얻을 수 있다
③ 질문순서, 정보의 흐름을 통제할 수 있다.
④ 익명성이 높아 솔직한 의견을 들을 수 있다.

[해설]
정성조사는 익명성이 보장되지 않아 솔직한 정보(대답)를 수집하는 것이 상대적으로 어렵다.

정답 ④

memo

올인원 사회조사분석사 2급

1차 필기 완전정복
핵심이론 + 핵심문제

PART 02

제2과목 조사관리와 자료처리

01 | 자료수집방법 핵심이론

01 자료의 종류와 수집방법

1) 자료의 종류 ★★★ 필답 연계 p. 352

Q1. 1차 자료와 2차 자료에 대해 설명하고 각각에 대한 예시를 기술하시오.

Q2. 1차 자료의 정의, 필요성, 그리고 한계에 대해 기술하시오.

(1) 1차 자료와 2차 자료의 정의

① 자료란 연구에 직간접적으로 이용되는 모든 정보를 의미한다.

② 1차 자료는 연구주제(목적)에 맞추어 직접 수집한 자료를 의미한다.

③ 2차 자료는 타인에 의해 이미 구축되어 있는 자료를 의미한다.

④ 2차 자료를 이용하는 대표적인 조사방법은 기존의 연구를 살펴보는 문헌조사(예 선행연구)다.

> **POWER 정리**
>
> 1차 자료와 2차 자료의 예시
> - **1차 자료**: 근로하는 여성과 전업주부 여성 간 행복도 차이를 밝혀내고자 할 때 직접 설문지를 작성해 여성(표본)을 대상으로 노동시장에 참여하고 있는지, 현재 행복도 수준은 어느 정도인지 등을 조사하여 구축한 자료다.
> - **2차 자료**: 근로하는 여성과 전업주부 여성 간 행복도 차이를 밝혀내고자 할 때 선행연구(2차 자료)를 살펴보고, 노동패널조사(2차 자료)를 이용해 실증분석할 수 있다. 참고로, 노동패널조사는 한국노동연구원이 매년 방대한 설문문항을 조사하고 원자료(raw data)를 일반에 무료로 공개한다.

(2) 1차 자료와 2차 자료의 장단점

① 1차 자료는 본인이 직접 구축하는 자료이기 때문에 본인의 연구주제에 정확히 부합하는 정보를 수집할 수 있다.

② 1차 자료는 많은 비용과 시간이 소요된다.

③ 2차 자료는 타인에 의해 수집·구축된 자료를 본인의 연구에 활용하는 것이므로 비용이 적게 들고(대부분 무료), 시간도 오래 걸리지 않는다.

④ 2차 자료는 연구자가 자료를 수집하는 과정에 관여하지 않았기 때문에 연구주제에 정확히 부합하는 정보를 입수하기 어려울 수 있다.

⑤ 연구 과정에서는 주로 2차 자료를 먼저 찾아보고, 적합한 2차 자료가 없을 경우 직접 1차 자료를 구축하는 절차를 밟게 된다.

⑥ 1차 자료와 2차 자료 간 장단점이 상반되어 어떤 것이 타당성과 신뢰성이 높다고 단정 짓기 어렵다. 예를 들어, 1차 자료는 연구주제에 맞추어 자료를 직접 조사하기 때문에 인과관계를 밝히는 데 유리할 수 있다. 하지만, 1차 자료는 비용의 문제로 표본이 충분하지 않아 대표성이 떨어질 수 있으며, 2차 자료에 비해 조사과정이 전문적이지 않아 신뢰성이 낮을 수 있다.

▌1차 자료 vs. 2차 자료

구분	1차 자료	2차 자료
정의	직접 구축한 자료	이미 구축된 자료
장점	연구주제에 정확히 부합	저비용
단점	고비용	원하는 정보가 없을 수 있음

• POWER 기출 유형 ⊘ •

2차 자료에 대한 설명으로 옳은 것은?

① 1차 자료에 비해 비용과 시간을 절약할 수 있다.
② 현재 연구 중인 조사목적에 따라 정확도, 신뢰도, 타당도를 평가할 수 있다.
③ 1차 자료에 비해 조사목적에 적합한 의사결정이 필요한 시기에 적절히 이용하기 쉽다.
④ 조사자가 현재 수행 중인 연구의 목적을 달성하기 위해 적절한 조사설계를 통하여 직접 수집한 자료이다.

해설

2차 자료는 타인이 구축한 자료를 본인의 연구에 활용하는 것이기 때문에 저비용(대부분 무료)이라는 점이 가장 큰 장점이다.

정답 ①

2) **자료수집방법** ★★★ 필답 연계 p. 352

Q. 질문지법, 관찰법, 면접법, 문헌조사법의 개념을 기술하시오.

▌자료수집의 종류별 이해

종류	내용	1차 vs. 2차
질문지법	• 설문지를 통해 필요한 자료를 수집	1차 자료 수집법
관찰법	• 조사해야 하는 대상을 관찰을 통해 자료를 수집	
면접법	• 개인 또는 그룹과 질의응답 · 토론 등을 통해 자료를 수집	
투사법	• 직접적인 질문이 아닌 간접적 방법으로 내재되어 있는 자료를 수집	
문헌조사법	• 기존 문헌(선행연구)이나 영상, 녹취록 등을 통해 자료를 수집	2차 자료 수집법

02 질문지법

1) 질문지법의 이해 ★☆☆

(1) 질문지법의 의미

① 구조화·표준화된 설문지를 활용해 자료를 수집하는 방법이다.
② 주로 통계분석에 필요한 양적자료를 수집할 때 활용된다.
③ 1차 자료를 수집하는 방법으로, 주로 사회과학분야에서 활용된다.

(2) 질문지법의 장단점 필답 연계 p. 353

Q. 실험과 비교한 설문조사의 장단점을 2가지씩 기술하시오. → 실험조사와 설문조사는 서로 장단점이 반대

구분	내용
장점	① 수집된 자료의 코딩이 쉽고, 다양한 통계분석이 가능하다. ② 조사자의 편견이 배제되어 객관성이 확보된다. ③ 모집단을 대표할 수 있는 표본의 구성이 가능하다. ④ 결과의 일반화가 가능하다. ⑤ 시간과 비용이 비교적 적게 소요된다. ⑥ 익명성이 비교적 보장되는 편이다. ⑦ 지역적으로 넓은 범위에 적용될 수 있다. ⑧ 조사방법에 따라 빠른 정보 수집도 가능하다.
단점	① 특정 질문에는 무응답이 많다. ② 질문지의 회수율이 낮을 수 있다. ③ 어렵고 복합적인 주제에 대한 자료수집이 어렵다. ④ 질문을 이해하지 못했을 때 추가로 설명할 수 있는 융통성이 낮다. ⑤ 조사대상자가 응답했는지 확인이 어려워 신뢰성 문제가 제기될 수 있다. ⑥ 질문지로 묻는 것 이외의 정보는 수집할 수 없다.

2) 질문지법의 종류 ★★★

(1) 대인조사법 필답 연계 p. 353

Q. 우편조사와 비교해 면접조사의 장단점을 2가지씩 기술하시오.

① 방법
  ㉠ 연구자가 설문지를 작성하고 다수의 조사원들이 직접 응답자를 대면하여 설문하고 답변을 기록하는 방식으로 대인면접법 또는 면접설문조사라고도 한다.
  ㉡ '전통적인 면대면 방법'과 '컴퓨터 보조 개인면접'이 있는데, 전통적인 면대면 방법은 설문지만으로 질의응답하면서 자료를 구축하는 방법이다.
  ㉢ 컴퓨터 보조 개인면접은 전문 조사자가 노트북 등을 지참하여 응답자가 컴퓨터에 직접 답변을 기입하거나 조사자가 응답자의 대답을 듣고 컴퓨터에 답변을 기입하는 방법이다.

② 설문조사가 성공적으로 이루어지기 위해서는 조사자와 응답자 사이에 친밀한 관계(rapport: 라포)의 구축이 중요하다(대면하는 모든 조사에서 라포가 매우 중요).

② 장점

㉠ 구조화된(체계적으로 작성된) 설문지를 이용해 다양한 내용을 질문할 수 있다.

㉡ 응답자가 이해하지 못할 경우 조사자가 상세히 설명해 주는 등의 방법으로 비교적 정확한 정보 수집이 가능하다.

㉢ 사례품을 증정하는 방법으로 참여율과 응답률을 높이고 성실한 참여, 정직한 답변 등을 유도할 수 있다.

㉣ 목표했던 조사대상자가 아닌 타인이 응답하는 일이 없도록 면접환경의 통제(조사대상자의 확인)가 가능하다.

③ 단점

㉠ 직접 대면해 조사하기 때문에 질문지법 중에서는 비교적 고비용(금전적 비용, 시간 비용)이다.

㉡ 대면해야 하기 때문에 멀리 있는 지역에 거주하는 응답자는 조사 대상에서 제외해야 하는 제약이 발생할 수 있다.

㉢ 조사원의 태도가 응답자의 답변에 영향을 주는 동조효과가 발생할 수 있다. 특히, 인지수준이 낮은 응답자들은 면접자의 생각이나 지시를 비판 없이 수용하는 동조효과를 보이는 경향이 강하다.

(2) 온라인(인터넷) 조사법 `필답 연계 p. 353`

Q1. 온라인조사의 문제점과 이를 보완할 수 있는 방법에 대해 기술하시오.

Q2. 온라인으로 설문조사 시 고려해야 할 사항을 3가지 기술하시오.

① 방법

㉠ 온라인상으로 설문조사해 자료를 수집하는 방법이다.

㉡ 이메일, 다운로드조사, 전자설문조사 등의 형태로 진화 중이다.

② 장점

㉠ 다른 조사 방법들에 비해 인력, 시간, 비용 등을 절약할 수 있다.

㉡ 응답자의 위치나 설문시간에 대한 제약이 없다.

㉢ 동영상과 같은 부가자료를 추가해 설문에 대한 이해도를 높일 수 있다.

㉣ 결과를 즉각 알 수도 있다(기술 발전으로 응답의 실시간 분석).

③ 단점

㉠ 인터넷을 사용할 수 있는 사람만 설문에 응할 수 있기 때문에 대표성을 확보하기 어렵다.

㉡ 대표성 문제로 인해 결과를 일반화하기 어렵다.

㉢ 응답자가 익명성을 의심해(예 IP 주소) 정직한 답변을 제공하지 않을 수 있다.

(3) 전화조사법 `필답 연계 p. 354`

Q. 우편조사와 비교한 전화조사의 장단점을 2가지씩 기술하시오.

→ 장점: 저비용이고, 결과를 즉각 알 수 있다.
단점: 민감하고 복잡한 질문을 할 수 없고, 충분히 생각할 시간을 제공하기 어렵다.

① 방법

㉠ 조사대상자에게 전화를 걸어 설문하는 방법이다.

㉡ 주로 응답자가 답변을 작성하는 다른 설문조사와 달리 전화조사법에서는 조사자가 답변을 기록한다.

② 장점

㉠ 전화번호부를 이용해 모집단으로부터 표본을 쉽게 추출할 수 있다.

㉡ 대인조사나 우편조사보다 저비용이다.

㉢ 응답자를 직접 찾아가야 하는 대인조사법과 달리 거리의 제약이 없다.

㉣ 선거 때 후보의 선호도를 조사하는 등의 긴급한 설문조사에 적합하다.

③ 단점 `필답 연계 p. 354`

Q. 전화조사의 문제점을 3가지 기술하시오.

㉠ 응답률이 낮아 대표성의 확보가 어렵다(가장 큰 단점).

㉡ 대표성 문제로 인해 결과를 일반화하기 어렵다.

㉢ 응답률이 낮기 때문에 많은 정보를 수집할 수 없다(비교적 짧고 간단한 조사만 가능).

㉣ 대면조사법이나 온라인조사처럼 보조물(컴퓨터 입력, 동영상)을 이용할 수 없다.

㉤ 어려운 질문 내용은 조사하기 어려우며, 양질의 정보를 얻는 것도 상대적으로 어렵다.

㉥ 다른 조사방법(예 우편조사)에 비해 충분히 고민하고 답하기가 어렵다.

(4) 우편조사법 `필답 연계 p. 354`

Q. 우편조사의 장단점을 2가지씩 기술하시오.

① 방법

㉠ 우편으로 설문지를 보내서 정보를 수집하는 방법이다.

㉡ 조사자는 설문지를 봉투에 담아 응답자에게 보낼 때 반송용 봉투(우표)를 동봉하고, 응답자는 설문에 답하여 반송한다.

② 장점
  ㉠ 응답자를 직접 찾아가야 하는 대인면접법과 달리 거리의 제약이 없다.
  ㉡ 개인을 만나야 하는 대인면접법에 비해 우편조사법은 설문지 프린트 비용, 봉투 비용, 우표 등의 비용만 소요되기 때문에 비교적 저비용이다.
  ㉢ 응답자의 익명성이 보장되기 때문에 정직한(정확한) 정보 구축이 가능하다.
  ㉣ 익명성으로 인해 민감한 내용도 질문할 수 있다.
  ㉤ 응답자는 원하는 시간에 원하는 장소에서 설문에 참여할 수 있다.
  ㉥ 응답자는 충분한 시간을 두고 고민하여 답할 수 있다.
  ㉦ 조사자와 접촉이 없기 때문에 조사자의 영향을 거의 받지 않는다.
③ 단점
  ㉠ 봉투에 담아 반송해야 하는 번거로움 때문에 응답률이 매우 낮다.
  ㉡ 응답률이 낮아 표본의 대표성이 낮고 결과를 일반화하기도 어렵다.
  ㉢ 전화조사법이나 온라인조사법에 비해서는 고비용이다.
  ㉣ 환경의 통제가 어렵다(예 동생이 대신 답변).
  ㉤ 다른 조사방법에 비해 자료 구축에 오랜 시간이 걸린다(응답시간이 오래 걸린다).
  ㉥ 질문에 대해 이해하지 못했을 때 추가 설명이 불가능하다.

POWER 정리

우편조사법의 회수율 높이기 위한 방법 [필답 연계 p. 354]

Q. 우편조사의 낮은 응답률을 높이는 방법 3가지를 기술하시오.

• 서면 또는 전화 등으로 협조를 구함
• 겉표지에 설문의 중요성을 부각함
• 공신력을 위해 조사를 실시하는 기관을 언급함
• 개인 신상에 대한 민감한 질문은 최소화함
• 질문 수를 줄임
• 개방형(주관식) 질문보다는 폐쇄형(객관식) 질문을 활용함

---

(5) 집단조사법(자기기입식 설문조사) [필답 연계 p. 355]

Q1. 집단조사법(자기기입식 설문조사)의 개념과 장점을 기술하시오.

Q2. 집단조사의 정의와 장단점을 2가지씩 기술하시오.

① 방법
  ㉠ 조사대상자(회사 직원이나 한 학급의 학생들)에게 설문지를 나누어주고 스스로 기입하도록 하는 설문조사 방식으로, 자기기입식 설문조사라고도 한다.
  ㉡ 설문조사 과정에서 조사자와 응답자가 서로 질의응답할 수 있다.

② 장점
  ㉠ 단체로 조사하기 때문에 비교적 비용과 시간이 적게 든다.
  ㉡ 설문문항에 대해 추가 설명할 수 있고, 질문에도 응답할 수 있기 때문에 설문문항에 대한 이해도를 높일 수 있다.
  ㉢ 응답자 단체를 조사하기 때문에 모든 응답자가 동일한 조건에서 동일한 설명을 듣는다(조사조건의 표준화).
③ 단점
  ㉠ 조사를 원하는 다수를 한 장소에 집합시키는 것이 어렵기 때문에 매우 특수한 경우에만 시행할 수 있다.
  ㉡ 개별로 면담하지 않기 때문에 응답자가 잘못 기입할 때 이를 찾아 수정하기 어렵다.
  ㉢ 집단이 모여 설문조사에 응답하는 과정에서 주변 사람에게 영향을 받을 수 있다.
  ㉣ 경우에 따라서는 설문대상을 모이도록 유인하기 위해 교통비나 일당 등을 지급해야 하기 때문에 고비용이 소요되기도 한다.
  ㉤ 모집단을 대표할 수 있는 표본을 집합시키기 어렵기 때문에 표본의 대표성이 높지 않고 결과의 일반화가 어렵다.
  ㉥ 집단조사를 승인한 조직(예 회사 만족도)에 유리하게 응답하는 경향을 보인다.

● POWER 기출 유형 ✔ ●

다음 중 빠른 시간 안에 개략적인 여론을 확인하는 데 가장 적합한 조사 방법은?

① 면접조사   ② 우편조사
③ 집단조사   ④ 전화조사

해설
전화조사는 선거 때 후보의 선호도를 조사하는 등 빠른 시간 안에 간단한 정보를 수집하는 데 가장 적합한 조사방법이다.

정답 ④

---

03 관찰법

1) 관찰법의 이해 ★★☆

(1) 관찰법의 의미와 특징

① 조사대상을 관찰하여 필요한 자료를 수집하는 방법이다.
② 직접적이지만, 비언어적인 조사 방법이다.
③ 개별 사례로부터 정보를 수집하는 귀납법 방법에 해당된다.
④ 양적연구와 질적연구 모두에 활용될 수 있지만, 주로 질적연구에 적합하다.

(2) 관찰법의 장단점 [필답 연계 p. 355]

Q. 관찰법으로 자료를 수집 시 장단점을 2가지씩 기술하시오.

구분	내용
장점	① 문자와 숫자로 답하는 다른 조사방법과 달리 어떤 언행을 통해 정보를 수집할 수 있다. ② 무의식적인 언행을 통해 전혀 생각지 못한 정보를 수집할 수 있다. ③ 표현능력이 부족한 대상(능력이 부족한 사람, 아이, 동물 등)에게도 적용할 수 있다. ④ 응답과정에서 다양한 문제로 발생하는 오차를 회피할 수 있다. ⑤ 관찰대상자가 관찰당하는 사실을 모를 때 있는 그대로의 자연스러운 상태를 관찰할 수 있다. ⑥ 관찰을 통해 즉각적 자료수집이 가능하다.
단점	① 관찰을 당하고 있다는 사실을 알 때는 평소와 다른 언행을 보여 정확한 자료수집이 어렵다. ② 정확한 자료수집을 위해 관찰한다는 것을 알리지 않을 때는 윤리적 문제가 발생할 수 있다. ③ 관찰자가 선택적으로 관찰할 수 있으며, 특정 사실을 주관적으로 해석할 수 있다(객관성 결여). ④ 관찰 대상자가 다수일 경우, 시간 및 공간적 제약으로 인해 동시에 관찰하기 어렵다. ⑤ 수집한 자료의 코딩(수치화)과 통계분석이 어렵다. ⑥ 내면적인 특성(속마음)이나 과거에 대한 사실은 수집할 수 없다. ⑦ 수집된 정보는 주관적 해석이며, 많은 대상을 관찰하기도 어렵기 때문에 일반화가 어렵다. ⑧ 비교적 고비용이다(금전적, 시간비용 등). ⑨ 관찰자가 기록한 내용을 피조사자가 확인하여 수정하지 못한다.

2) 관찰법의 종류 ★★★ [필답 연계 p. 355, 356]

Q1. 참여관찰의 4가지 종류를 설명하시오.

Q2. 관찰자적 참여자와 참여자적 관찰자에 대해 설명하시오.

(1) 완전참여

① 신분(관찰한다는 사실)을 밝히지 않고 집단의 일원이 되어 관찰한다.
② 신분을 완전히 감추고 집단의 일원으로 참여하다는 의미에서 조사자를 완전참여자라고 한다.
③ 신분을 감추고 집단의 일원으로 생활하기 때문에 윤리적인 문제가 발생할 가능성이 가장 높다.
④ 자료 수집은 주관적 해석에만 의존하기 때문에 관찰법 중 객관성을 확보하기 가장 어렵다.

(2) 관찰자적 참여

① 신분을 밝히고, 집단의 일원이 되어 관찰한다.
② 조사자를 관찰자적 참여자라고 한다.

(3) 완전관찰

① 신분을 밝히지 않고, 집단의 일원은 아닌 상태로 관찰한다.
② 조사자를 완전관찰자라고 한다.

(4) 참여자적 관찰

① 신분을 밝히고, 집단의 일원은 아닌 상태로 관찰한다.
② 조사자를 참여자적 관찰자라고 한다.

▋관찰자의 유형

구분	신분 알림	일원으로 참여	비고
완전참여자	×	○	참여관찰
관찰자적 참여자	○	○	(일원으로 참여)
완전관찰자	×	×	비참여관찰
참여자적 관찰자	○	×	(일원으로 참여하지 않음)

> **POWER 팁**
>
> 관찰법의 종류 구분법
> 용어에 "완전"이라는 용어가 포함되면 신분을 완전히 감춘다는 의미로 해석한다. 그리고 모든 용어의 뒤 단어가 조사자의 궁극적인 역할을 의미한다. 예를 들어, 참여자적 관찰자는 뒤에 오는 단어가 "관찰자"이므로 참여를 하지 않고 관찰만하는 방식이다("완전"이 포함되지 않았기 때문에 신분을 밝힌다). 완전참여자는 뒤에 오는 단어가 "참여자"이므로 일원으로 참여하는 방식이다("완전"이 포함되기 때문에 신분을 감춘다).

3) 관찰법의 유형을 구분하는 기준 ★★☆

(1) 자연적 vs. 인위적 관찰

① 관찰이 일어나는 상황이 자연적인지 아니면 인위적인지에 따라 구분된다.
② 예를 들어, 몰래카메라처럼 인공적인 상황을 만들어 관찰하는 것이 인위적 관찰에 해당된다.

(2) 공개적 vs. 비공개적 관찰

① 관찰대상자가 관찰사실을 알고 있는지 여부에 따라 구분된다.
② 공개적 관찰(신분 공개)은 관찰자적 참여와 참여자적 관찰이 해당된다.

(3) 직접적 vs. 간접적 관찰

① 관찰시기와 행동발생 시기가 일치하는지 여부에 따라 구분된다.
② 직접 관찰은 말 그대로 사건(행동)이 발생하는 것을 직접 관찰하는 것으로, 예를 들어, 청소년의 인터넷 이용실태를 조사하기 위해 PC방을 방문해 이용 상황을 옆에서 직접 지켜보는 것이다.

(4) 체계적 vs. 비체계적 관찰 <u>필답 연계 p. 356</u>

Q. 체계적 관찰과 비체계적 관찰을 구분하는 기준과 각각의 개념에 대해 설명하시오.

① 사전에 계획된 절차를 마련해 관찰조건과 관찰방식 등을 표준화(체계화)했는지에 따라 구분된다.
② 관찰해야 할 내용이 이미 결정되어 있어 그 지침에 따라 관찰하는 방식이 체계적 관찰이다.

③ 관찰조건과 관찰방식을 표준화하지 않고 관찰상황에 맞추어 자연스럽게 관찰하는 방식이 비체계적 관찰이다.

(5) 인간의 직접적 vs. 기계적 관찰

① 관찰도구 또는 관찰주체가 무엇인지에 따라 구분된다.

② 인간의 직접적(인적 관찰)관찰은 말 그대로 사람이 직접 관찰하는 것이다.

③ 기계적 관찰은 기계를 통해 관찰하는 것으로 객관적이고 정확한 자료수집이 가능하며 종류는 아래와 같다.

   ㉠ 퓨필로미터(Pupilometer): 관찰대상자에게 자극을 보여주고 동공의 크기 변화를 관찰해 정보를 수집한다.

   ㉡ 아이카메라(Eye Camera): 관찰대상자가 보는 대상의 순서, 어느 곳에 오래 머물러 보는지 등을 관찰해 정보를 수집한다.

   ㉢ 심리갈바노미터(Psychogalvanometer): 생체적 변화(예 땀 분비)를 관찰해 관찰대상자의 심리적 상태에 대한 정보를 수집한다.

   ㉣ 오디미터(Audimeter): TV 시청률 등을 조사하기 위한 기계장치다.

POWER 기출 유형 ✓

다음 중 참여관찰의 단점과 가정 거리가 먼 것은?

① 객관성을 잃기 쉽다.
② 수집한 자료의 표준화가 어렵다.
③ 자연스러운 상태를 관찰하기 어렵다.
④ 집단 상황에 익숙해지면 관찰 대상을 놓칠 수 있다.

해설
관찰법의 주요 목적은 '있는 그대로의 자연스러운 상태를 관찰'하는 것이다.

정답 ③

---

04 면접법

1) 면접법의 이해 ★★★

(1) 면접법의 의미와 특징

① 조사자가 피조사자(응답자)와 직접 대면(면접)하여 질의응답하고 대화하는 방식으로 정보를 수집하는 방법이다.

② 한 명씩 또는 여러 명을 면접하는 등 면접 방법은 다양하다.

③ 응답자가 편안하게 답할 수 있도록 친밀감(Rapport) 있는 분위기 형성이 중요하다.

(2) 면접법의 장단점

구분	내용
장점	① 궁금한 것에 대해 매우 상세하게 조사할 수 있다. ② 조사자가 질문을 구체적으로 설명할 수 있고, 응답자가 질문을 잘 이해하지 못했을 때도 추가 설명이 가능하므로 응답의 오류를 줄일 수 있다. ③ 면접과정에서 전혀 생각지 못한 정보를 수집할 수 있다. ④ 면접을 통해 조사자가 직접 정보를 기록하기 때문에 무응답이 거의 없다(높은 응답률). ⑤ 질문지를 즉각 수정하거나 새로운 질문도 추가할 수 있는 융통성이 높다. ⑥ 주로 동일한 조사자가 관여하기 때문에 면접환경을 표준화할 수 있다.
단점	① 익명성이 보장되지 않기 때문에 정직한 답변을 하지 않을 수 있다(예 가정사, 규범적 이슈 등에 대해). ② 응답자의 대답을 해석해 정보를 수집하기 때문에 주관적으로 해석할 수 있다(객관성 결여). ③ 비교적 고비용이다(금전적, 시간비용 등). ④ 일반적으로 조사자가 기록한 내용을 피조사자가 확인하여 수정하는 절차를 거치지 않는다.

2) 면접법의 방식

(1) 표준화면접

① 모든 응답자에게 동일한 질문(내용 및 순서)을 하는 방식이며, 구조화된 면접이라고도 한다.
② 정확하고 체계적인 자료가 필요할 때 사용된다.
③ 체계적인 자료가 수집되기 때문에 코딩(계량화)이 용이하다.
④ 체계적이므로 조사자의 자율성이 낮고, 깊이 있는 측정이 어렵다.
⑤ 비표준화된 면접법에 비해 상대적으로 신뢰도는 높지만, 타당도는 낮다.

(2) 비표준화면접 　필답 연계 p. 352, 356

Q1. 비표준화면접의 특징을 4개 기술하시오.

Q2. 비구조화면접의 개념과 방법에 대해 기술하시오.

① 질문 내용 및 순서를 미리 정하지 않고 면접상황에 따라 자유롭게 면접하는 방식으로 비구조화된 면접이라고도 한다.
② 질문 내용 및 순서가 다르기 때문에 코딩(계량화)이 어렵고, 면접결과의 비교도 어렵다.
③ 어렵고 심층적인 질문이 가능하다.
④ 표준화면접에서 필요한 질문과 변수(조사해야 할 주제)를 찾는 데 활용되기도 한다.
⑤ 표준화된 면접법에 비해 상대적으로 타당도는 높지만, 신뢰도는 낮다.

(3) 반표준화면접

① 일부 표준화된 질문지를 활용하고, 이외의 질문은 비표준화방식으로 진행하여 정보를 수집하는 방법이다.
② 표준화면접법과 비표준화면접법의 장단점을 공유한다.
③ 주로 FGI(표적집단면접)에서 자주 활용된다.

3) 면접법의 종류 ★★★

(1) 심층면접법

① 한 명의 응답자와 질의응답으로 정보를 수집하는 질적 조사방법이다.
② 면접 과정에서 상황에 따라 조사자 또는 연구자가 질문의 순서와 내용을 자유롭게 조정할 수 있다.
③ 특정 이슈에 대해 자유롭게 대화하고 캐어묻기를 통해 응답을 유도한다.
④ 심층면접 과정에서 개인적인(사적인) 의견도 수집할 수 있다.
⑤ 조사자의 능력에 따라 수집할 수 있는 정보의 종류와 정확성에 차이가 발생하므로, 조사자의 전문성이 중요하다.
⑥ 일대일 면접이므로 시간과 비용도 많이 소요된다.
⑦ 응답의 해석과정에서 주관적 견해나 편견이 개입될 가능성이 상대적으로 높다.
⑧ 주로 소수를 대상으로 면접이 이루어지기 때문에 표본의 대표성이 높지 않고, 결과의 일반화가 어렵다.

(2) 표적집단면접법(FGI)

① 소수의 그룹(주로 전문가)을 한 장소에 모아놓고 연구 주제에 맞추어 자유롭게 대화·토론하도록 하고, 그 과정에서 필요한 정보를 수집하는 방법이다.
② 심층면접처럼 대표적인 질적 조사의 방법이지만 면접 대상이 한 명인지 또는 다수인지가 다르다.
③ 면접법 자체는 고비용이지만, 일대일 면접(심층면접법)에 비해서는 저비용이다.
④ 조사자(연구자)는 진행자, 조정자, 관찰자에 가깝다.

(3) 패널면접법(반복적 면접법)

① 동일한 응답자를 대상으로 주기적으로(예 매년) 동일한 주제를 조사하는 방법이다.
② 동일한 응답자를 주기적으로 조사해야 하므로 고비용이 소요된다.
③ 동일한 내용을 조사하기 때문에 검사효과(왜곡된 응답)가 발생할 가능성이 높다.

(4) 델파이조사법

> **POWER 용어**
>
> 델파이조사법
> 델파이조사법은 엄밀한 의미에서 설문조사법도 면접법도 아니다. 심층면접법과 유사한 형태이지만, 직접 대면하기 보다는 주로 이메일 등으로 의견을 조사하는 방식이다.

① 관련 분야의 전문적인 지식과 능력을 갖춘 전문가들의 의견을 익명으로 수집하고, 그 의견들을 조정·종합하는 방식으로 자료를 수집한다.
② 응답자의 익명성을 보장하고 특정 주제에 대한 반복적인 환류를 통하여 전문가들이 합의하는 아이디어를 만들도록 유도하고, 이러한 반복적인 피드백을 통한 하향식 의견 도출로 문제를 해결하는 것이 특징이다.

③ 기존 자료가 부족해 참고할 만한 자료가 없거나 미래의 불확실한 상황을 예측하고자 할 경우 시도되는 기법으로 전문가들이 만나 토론하는 방식의 단점을 극복하기 위해서 개발되었다.

④ 익명성을 보장하여 참여자들의 눈치를 보면서 솔직한 의견을 제시하지 못하거나, 주장이 강한 소수에 의해 분위기와 결론이 압도당하거나, 권위 있는 사람의 의견으로 귀결되어버리는 부작용을 방지할 수 있다.

⑤ 반복적인 환류과정을 거치기 때문에 최종 합의까지 시간과 비용이 많이 소요된다.

⑥ 극단적인 의견도 소중할 수 있지만 합의를 얻기 위한 반복적인 환류과정에서 제거될 수 있다.

⑦ 전문가로서 체면을 세우기 위해 의견을 고집하는 경우가 발생한다.

⑧ 조사 과정에서 응답이 불성실하거나 조작될 가능성도 있다.

⑨ 설문지가 매우 전문적으로 작성되어야 한다는 어려움이 있다.

⑩ 익명이기 때문에 무책임한 의견을 제시하기도 한다.

⑪ 참여하는 전문가의 자질과 역량이 문제될 수 있다.

POWER 팁

델파이조사법 시험 대비: '반복적인 환류'가 키워드다.

델파이조사법은 특정 사회 이슈에 대한 해결방안을 도출하기 위해 전문가 집단에 설문지를 전달(예 이메일)한 뒤 각 전문가들의 의견을 요약·압축하여 전문가들에게 다시 알려 그 종합된 의견에 다시 묻는 **환류 작업을 반복**하여 만족스러운 결과가 도출될 때까지 지속한다.

• POWER 기출 유형 ⊘ •

비표준화(비구조화) 면접의 장점으로 짝지어진 것은?

> A. 융통성이 있다.
> B. 면접결과의 신뢰도가 높다.
> C. 면접결과자료의 수량화 및 통계처리가 용이하다.
> D. 표준화면접에서 필요한 변수를 찾아내는 데 유용한 자료를 제공한다.

① A, B ② A, D
③ B, C ④ C, D

해설

비표준화 면접은 표준화된 면접에 비해 상대적으로 타당도는 높지만 신뢰도는 낮으며, 부호화·수량화·통계처리·일반화가 어렵다.

정답 ②

1) 투사법의 이해 ★★☆

(1) 투사법의 의미와 특징

① 직접적인 질문이 아닌 간접적 방법으로 응답자의 내면에 있는 신념이나 태도에 대한 자료를 수집하는 방법이다.
② 응답자가 조사의 목적을 모르는 상태로 진행되므로 비공개적이다.
③ 연상기법, 문장완성기법, 구성기법, 표현기법 등이 있다.
④ 구조화된 설문지를 이용하는 것이 아니므로 비체계적이다.

> **POWER 팁**
>
> 투사법의 학습
>
> 투사법의 개념과 장단점만 이해하면 충분하며, 세부 내용까지는 암기할 필요는 없더라도 투사법을 잘 이해하기 위해 아래 표의 내용을 읽어보길 바란다. 단, 실기에서 필답형 문제는 출제될 수 있으나, 그 빈도 역시 높지는 않다.

▌ **투사법의 종류** 필답 연계 p. 356

Q. 투사법의 3가지 종류를 나열하고, 각각에 대해 설명하시오.

종류	내용
연상기법	어떤 대상을 보여주거나 단어를 제시하고 연상되는 생각이나 대상을 표현하도록 하는 방법. 예를 들어, 단어연상법은 비슷한 단어들을 보여주고 떠오르는 이미지를 묻는 방법.
문장완성기법	불완전한 문장이나 스토리를 제시하고 완성시키는 방식. 문장완성법은 괄호 등을 이용해 미완성된 문장을 응답자로 하여금 완성하도록 하는 방법.
구성기법	특정 대상, 스토리, 대화 등을 설명하도록 요구하는 기법. 일부를 비워두고 응답자가 완성하는 완성기법과 다름.
표현기법	그림을 보여주고 느낀 점을 묻거나 또는 어떤 상황을 설명하고 그러한 상황에서 다른 사람이라면 어떻게 느끼고 생각할지를 묻고 응답하도록 하는 기법.

(2) 장점

① 연구주제를 직접 질문하지 않기 때문에 응답을 꺼리는 주제에 대한 정보를 얻을 수 있다.
② 잠재의식에 남아 있는 응답자의 생각, 의견, 태도 등을 파악할 수 있다.

(3) 단점

① 조사자 및 연구자의 매우 높은 전문성이 요구된다.
② 고도로 숙련된 전문가가 필요하기 때문에 비용이 많이 들 수 있다.
③ 정보 수집 과정에서 편의(주관적 해석)가 개입될 수 있다.
④ 표본의 대표성이 높지 않아 분석결과의 일반화가 어렵다.

인간의 무의식 속에 내재되어 있는 동기, 가치, 태도 등을 알아내기 위하여 모호한 자극을 응답자에게 제시하여 반응을 알아보는 자료수집 방법은?

① 관찰법(observational method) ② 면접법(depth interview)
③ 투사법(projective technique) ④ 내용분석법(content analysis)

해설

투사법은 연구주제를 직접 질문하지 않고, 연상기법, 완성기법, 구성기법, 표현기법 등의 간접적인 방법으로 내재되어 있는 정보를 수집하는 방식이다.

정답 ③

06 2차 자료의 수집방법

1) 2차 자료의 종류

(1) 내부자료

① 어떤 조직(기관, 기업 등)의 내부에서 작성하거나 보유하고 있는 자료를 의미한다.
② 재무제표, 영업보고서, 고객자료 등이 해당된다.
③ 공시된 자료(주로 무료)는 다른 외부자료에 비해 신뢰성이 높다.

(2) 외부자료

① 어떤 조직(기관, 기업 등)의 외부에서 작성하거나 보유하고 있는 자료를 의미한다.
② 논문, 연구보고서, 전문서적, 통계자료, 보도자료 등이 해당된다.
③ 대부분 무료이지만, 일부 자료는 상당한 비용을 요구하기도 한다.

2) 2차 자료의 수집방법 ★★☆

(1) 문헌연구 필답 연계 p. 357

Q. 문헌조사법의 의미와 특징을 5가지 기술하시오. → 특징으로 장단점을 기술

① 의미

㉠ 이미 발표된 연구의 결과나 역사적 문서를 통해 연구주제에 대한 자료(정보)를 수집하는 방법이다.
㉡ 문헌이란 논문, 연구보고서, 신문기사, 잡지와 같이 문자로 기록된 것뿐 아니라 영상, 노래, 녹취록 등도 포함한다.

② 장점

㉠ 주로 본격적인 연구에 앞서 연구하고자 하는 주제·분야에 대한 동향을 파악하기 위해 시행한다.
㉡ 관심분야의 문헌을 살펴봄으로써 연구분야, 연구주제, 연구방법, 분석방법 등을 구체화할 수 있다.

ⓒ 연구를 진행하기에 앞서 충분한 문헌연구를 통해 시행착오를 최소화할 수 있다.

ⓔ 시간과 공간의 제약이 없고, 비용을 절약할 수 있다.

ⓜ 반복적 조사(예 영상을 반복적으로 시청)가 가능하다.

③ 단점

ⓐ 연구자의 주관적 판단이 개입될 수 있다.

ⓑ 문헌의 신뢰성이 전제되어야 한다.

ⓒ 기록된 내용만 조사가 가능하기 때문에 정보의 수집이 한정적이다.

ⓔ 기록된 내용이 없으면 조사가 불가능하기 때문에 타당도가 높지 않을 수 있다.

(2) 내용분석법 [필답 연계 p. 357]

Q. 내용분석에 대해 설명하고 장점을 2가지 기술하시오.

① 대표적인 문헌연구로서 객관적, 체계적, 계량적인 방법으로 분석하여 그 원인, 결과, 파급효과 등을 파악하는 방법이다.

② 논문, 잡지, 영상, 노래 등의 내용을 조사하기 위해 고안된 체계적인 절차다.

③ 비개입적이므로 조사대상에 영향을 미치지 않고, 다른 조사처럼 조사대상의 반응도 없다.

④ 질적(정성)분석방법뿐만 아니라 양적(정량)분석방법도 사용하며, 질적자료를 양적자료로 전환한다.

⑤ 양적분석방법을 적용하기 위해서는 표본추출이 필요하다.

⑥ 코딩을 위해서는 적절한 개념화와 조작화가 중요하다.

POWER 용어

내용분석법

내용분석은 일반적인 문헌연구에 비해 객관적이고 계량적인 기법이 더 개입되는 방식이다. 예를 들어, K-POP의 국제화에 대해 알아보기 위해 최근 10년간 주요국 언론에서 다룬 한국 아이돌에 대한 기사의 횟수 추이(조작화와 표본추출을 통한 양적 분석방법)를 조사한다.

·POWER 기출 유형 ✅·

다음 중 내용분석에 관한 설명으로 틀린 것은?

① 비개입적 연구이다.

② 표본추출은 하지 않는다.

③ 코딩을 위해서는 개념화 및 조작화가 잘 이루어져야 한다.

④ 책을 내용분석할 때 분석단위는 페이지, 단락, 줄 등이 가능하다.

[해설]

내용분석은 문헌연구로서 객관적, 체계적, 계량적인 방법으로 분석하여 그 원인, 결과, 파급효과 등을 파악하는 방법이며, 연구주제에 따라 표본추출이 요구되기도 한다.

[정답] ②

01

일반적으로 실행되는 면접조사, 전화조사, 우편조사를 비교한 설명으로 틀린 것은?

① 3가지 방법 모두 개방형 질문을 활용할 수 있다.
② 조사자의 영향을 가장 적게 받는 것은 전화조사 이다.
③ 복잡한 질문을 다루는 데는 면접조사가 가장 적 합하다.
④ 익명성을 보장하려면 면접조사보다는 우편조사 를 실시한다.

[해설]
우편조사는 면접조사나 전화조사처럼 조사자와 접촉이 전혀 이 루어지지 않기 때문에 조사자의 영향을 가장 적게 받는다.

정답 ②

02

설문지회수율을 높이는 방안과 가장 거리가 먼 것은?

① 독촉편지를 보내거나 독촉전화를 한다.
② 겉표지에 설문내용의 중요성을 부각시켜 응답자 가 인식하게 한다.
③ 개인 신상에 민감한 질문들을 가능한 한 줄인다.
④ 폐쇄형 질문의 수를 가능한 한 줄인다.

[해설]
폐쇄형(객관식) 질문이 많을수록 설문지 회수율이 높다. 회수율 을 높이기 위해서는 개방형(주관식) 질문의 수를 줄인다.

정답 ④

03

관찰법(Observation Method)의 분류기준에 대한 설명 으로 틀린 것은?

① 관찰이 일어나는 상황이 인공적인지 여부에 따 라 자연적/인위적 관찰로 나누어진다.
② 관찰시기가 행동 발생과 일치하는지 여부에 따 라 체계적/비체계적 관찰로 나누어진다.
③ 피관찰자가 관찰사실을 알고 있는지 여부에 따 라 공개적/비공개적 관찰로 나누어진다.
④ 관찰 주체 또는 도구가 무엇인지에 따라 인간의 직접적/기계를 이용한 관찰로 나누어진다.

[해설]
관찰시기와 행동발생 시기가 일치하는지 여부에 따라 직접적/간접 적 관찰로 구분된다.

정답 ②

04 최신

집단조사(Group Questionnaire Survey)의 특징과 거리 가 가장 먼 것은?

① 집단조사는 집단이 속한 조직을 연구하는 데에 만 사용할 수 있다.
② 집단으로 조사되므로 주변 사람이 응답자에 영 향을 미칠 가능성이 높다.
③ 일반적으로 집단조사를 승인한 조직체나 단체에 유리한 쪽으로 응답할 가능성이 높다.
④ 집단이 속한 조직으로부터 적절한 협조가 있으면, 비용과 시간을 절약할 수 있는 조사기법이다.

[해설]
집단조사는 집단의 조사대상자에게 설문지를 나누어주고 스스로 기입하도록 하는 설문조사 방식이며, 용어 때문에 집단 또는 조 직을 연구하는 조사가 아님에 주의해야 한다.

정답 ①

05

다음의 특성을 가진 연구방법은?

> • 자연스러운 상태에서 현상을 파악할 수 있기 때문에 미묘한 어감 차이, 시간상의 변화 등 심층의 차원을 이해할 수 있다.
> • 때때로 객관적인 판단을 그르칠 수 있으며 대규모 모집단에 대한 기술이 어렵다.

① 우편조사(Mail Survey)
② 내용분석(Contents Analysis)
③ 유사실험(Quasi-experiment)
④ 참여관찰(Participant Observation)

해설

자연스러운 상태에서 객관적이지 않은 방법으로 소규모에 대한 정보를 수집한다는 내용으로 관찰법이 해당된다. 보기 중 참여관찰이 관찰법의 한 종류이다.

정답 ④

06

참여관찰법에 비해 조사연구(Survey Research)가 가지는 장점으로 맞는 것은?

① 연구의 융통성이 크다.
② 시간과 비용을 절약할 수 있다.
③ 연구대상을 심층적으로 관찰할 수 있다.
④ 대규모 모집단의 특성을 기술할 수 있다.

해설

관찰법(예 참여관찰)은 수집된 정보가 주관적이며, 많은 대상을 관찰하기 어렵기 때문에 일반화(모집단에 대한 특성을 기술)도 어렵다. 반면, 조사연구(Survey Research)는 일반화(모집단의 특성 기술)가 가능하다.

정답 ④

07

관찰기법 분류에 관한 설명으로 틀린 것은?

① 응답자에게 자신이 관찰된다는 사실을 알려주고 관찰하는 것은 공개적 관찰이다.
② 관찰할 내용이 미리 명확히 결정되어, 준비된 표준양식에 관찰사실을 기록하는 것은 체계적 관찰이다.
③ 청소년의 인터넷 이용실태를 조사하기 위해 PC방을 방문하여 이용 상황을 옆에서 직접 지켜본다면 직접 관찰이다.
④ 컴퓨터브랜드 선호도 조사를 위해 판매 매장과 비슷한 상황을 만들어 표본으로 선발된 소비자로 하여금 제품을 선택하게 하여 행동을 관찰한다면 자연적 관찰이다.

해설

컴퓨터브랜드 선호도 조사를 위해 판매 매장과 비슷한 상황을 인위적으로 만들어 고객을 관찰하는 것이기에 인위적 관찰에 해당된다.

정답 ④

08

일반적으로 가장 높은 응답률을 확보할 수 있는 조사방법은?

① 우편설문법
② 전화설문법
③ 직접면접법
④ 전자서베이

해설

직접 면접하는 방법이 고비용이기는 하지만 정확한 정보 수집이 가능하고 응답률을 극대화시킬 수 있다.

정답 ③

09

직접 관찰과 간접 관찰을 분류하는 기준으로 옳은 것은?

① 상황이 인공적인지 여부
② 의사결정 문제의 확정 여부
③ 관찰시기와 행동발생의 일치 여부
④ 응답자가 관찰사실을 아는지 여부

해설

직접 관찰과 간접 관찰은 관찰시기와 행동발생 시기가 일치하는지 여부에 따라 구분된다.

정답 ③

10

우편조사와 비교했을 때, 면접조사가 가지는 장점이 아닌 것은?

① 응답률이 높다.
② 응답자에게 익명성에 대한 확신을 부여할 수 있다.
③ 응답자와 그 주변의 상황들을 직접 관찰할 수 있다.
④ 민감하지 않은 질문은 보다 신뢰성 있는 대답을 얻을 수 있다.

해설

익명성 보장은 우편조사의 가장 큰 장점이다. 면접조사는 조사자와 조사대상자가 직접 대면하기 때문에 익명성이 취약하다.

정답 ②

11

면접 중에 피면접자가 너무 짧은 응답만을 하였다. 이 상황에서 면접자가 이용할 수 있는 프로빙(Probing)의 기법이 아닌 것은?

① 간단한 찬성적 응답을 한다.
② 물끄러미 상대방을 응시한다.
③ 응답자의 대답을 되풀이한다.
④ 다른 대답은 어떻겠냐고 예를 들어 물어본다.

해설

캐어묻기(프로빙)는 정확한 대답을 유도하는 것이 목적이며, 조사대상자에게 다른 대답을 유도해서는 절대 안 된다.

정답 ④

12 최신

다음에 열거한 속성을 모두 충족하는 자료수집방법은?

- 비용이 저렴하다.
- 조사기간이 짧다.
- 그림, 음성, 동영상 등을 이용할 수 있어 응답자의 이해도를 높일 수 있다.
- 모집단이 편향되어 있다.

① 면접조사
② 우편조사
③ 전화조사
④ 온라인조사

해설

모두 온라인조사의 특징에 해당한다. 참고로, 온라인조사는 조사대상자가 온라인 사용 가능자로 한정되기 때문에 모집단이 편향되어 있다.

정답 ④

13

내용분석에 관한 설명으로 틀린 것은?

① 비개입적 연구이다.
② 표본추출은 하지 않는다.
③ 코딩을 위해서는 개념화 및 조작화가 이루어져야 한다.
④ 서적을 내용 분석할 때 분석단위는 페이지, 단락, 줄 등이 가능하다.

해설

내용분석은 비개입적 연구이고, 질적(정성)분석방법뿐만 아니라 양적(정량)분석방법도 사용하며, 양적분석방법을 적용하기 위해서는 표본추출이 필요하다.

정답 ②

14 최신

전화조사의 장점과 가장 거리가 먼 것은?

① 신속한 조사가 가능하다.
② 표본의 대표성을 확보하기 쉽다.
③ 면접자에 대한 감독이 용이하다.
④ 광범한 지역에 대한 조사가 용이하다.

해설

전화조사와 우편조사는 응답률이 매우 낮아 표본의 대표성을 확보하기 어렵다는 것이 단점이다.

정답 ②

15 최신

참여관찰에서 윤리적인 문제를 겪을 가능성이 가장 높은 관찰자 유형은?

① 완전관찰자(complete observer)
② 완전참여자(complete participant)
③ 관찰자로서의 참여자(participant as observer)
④ 참여자로서의 관찰자(observer as participant)

해설

완전참여자는 신분(관찰한다는 사실)을 밝히지 않고 집단의 일원이 되어 관찰하기 때문에 윤리적인 문제가 발생할 가능성이 가장 높다.

정답 ②

16

다음 자료수집방법 중 조사자가 미완성의 문장을 제시하면 응답자가 이 문장을 완성시키는 방법은?

① 투사법   ② 면접법
③ 관찰법   ④ 내용분석법

해설

투사법은 연구주제를 직접 질문하지 않고, 연상기법, 완성기법, 구성기법, 표현기법 등의 간접적인 방법으로 내재되어 있는 정보를 수집하는 방식이며, 제시된 내용은 문장완성법에 대한 내용이다.

정답 ①

17

다음 중 조사대상에 대한 사전정보가 거의 없는 상태에서 탐색적인 연구를 위해 이용될 수 있는 가장 유용한 자료수집 방법은?

① 우편조사
② 전화면접조사
③ 구조화된 대면적 면접조사
④ 델파이 조사

해설

체계적이고 구조화된 조사방법(①~③)은 이미 사전지식이 있는 상태에서 진행하는 것이 일반적이다. 반면, 델파이 조사, FGI, 심층면접 등은 조사대상(연구주제)에 대해 사전지식이 없을 때 탐색적인 목적으로 유용하게 활용된다.

정답 ④

18

조사자가 필요로 하는 자료를 1차 자료와 2차 자료로 구분할 때 1차 자료에 대한 설명으로 틀린 것은?

① 현재 수행 중인 의사 결정 문제를 해결하기 위해 직접 수집한 자료이다.
② 조사목적에 적합한 정보를 필요한 시기에 제공한다.
③ 1차 자료를 얻은 후 조사목적과 일치하는 2차 자료의 존재 및 사용가능성을 확인하는 것이 경제적이다.
④ 자료 수집에 인력과 시간, 비용이 많이 소요된다.

해설

먼저 2차 자료의 존재를 확인하고, 2차 자료가 없을 경우 1차 자료를 구축하는 순서를 따른다.

정답 ③

19

면접조사 시 비교적 인지수준이 낮은 응답자들이 면접
자의 생각이나 지시를 비판 없이 수용하여 응답하게 될
가능성이 높은 것은 어떤 효과 때문인가?

① 1차 정보 효과
② 응답순서 효과
③ 동조 효과
④ 최근 정보 효과

해설

인지수준이 낮은 응답자들이 전문성이 높은 질문자에게 영향을
받아 응답하는 현상을 동조 효과라고 한다.

정답 ③

20

어떤 대학의 학생생활지도연구소에서는 해마다 신입생
에 대한 인성검사를 실시하고 있다. 이 경우 시간과 비
용 면에서 효율적으로 조사를 하는 데 가장 적합하다고
생각되는 조사양식은 무엇인가?

① 대면적인 면접조사
② 자기기입식 집단설문조사
③ 우편조사
④ 개별적으로 접근되는 질문지 조사

해설

신입생들이 모이는 곳에서 설문지를 돌리고 스스로 의견을 기입
하는 방식(자기기입식 집단설문조사)이 가장 효율적이다.

정답 ②

02 | 실사관리 핵심이론

01 실사준비

1) 조사원의 역할과 선발 ★★☆

(1) 조사원의 정의

① 응답자에게 대면, 전화, 우편, 인터넷 등으로 자료를 수집하고, 수집한 자료를 정리·입력하는 일을 수행하는 사람이다.

② 표집틀을 만들고, 응답자와 접촉하고, 질의응답하고, 응답을 기록하는 전 과정을 담당하는 사람이다.

(2) 조사 과정별 조사원의 역할

① 조사 전 단계: 조사해야 할 지역에서 응답자를 선정하는 데 도움·조언을 준다.

> **POWER 팁**
>
> 조사자의 배경
> 일반적으로 조사원은 조사해야 할 지역에 사는 사람이면서 조사원으로서의 경력이 있는 것이 좋다. 그 지역에 대해 잘 알기 때문이다.

② 조사대상자 접촉 단계: 실질적인 조사가 진행되기 전에 조사대상자를 접촉해 조사에 참여하도록 협조·독려한다.

③ 조사 수행 단계

ㄱ 조사대상자가 조사에 성실히 임하도록 동기를 부여하고 친밀감(rapport)을 형성한다.

ㄴ 질문을 읽어주고, 응답자가 질문을 이해하지 못하면 명확히 설명한다.

ㄷ 대답이 모호하면 재질문하거나 캐어묻기(probing)한다.

ㄹ 응답자가 직접 설문지에 대답을 작성하기도 하지만, 조사 방법이나 상황에 따라 조사자가 작성하기도 한다.

ㅁ 응답자가 대답하기 곤란해하면 솔직하게 답변할 수 있도록 설득한다.

④ 조사 후 단계

ㄱ 응답자와 헤어지기 전 무응답, 오류 등이 없는지 검수한다.

ㄴ 조사대상자의 정보(예 연락처)가 기입되어 있는지 재확인한다.

    © 응답자, 응답자의 가구, 조사지역 등을 관찰하고 특이점을 기록하기도 한다.

(3) 조사방법별 조사원 선발기준

① 공통 선발기준
    ㉠ 조사대상자에게 질의응답해야 하므로 열의가 있는 사람이 좋다.
    ㉡ 지침(예 보안사항)을 잘 준수하는 사람이어야 한다.
    ㉢ 조사방법과 조사절차, 그리고 질문을 이해할 수 있을 정도의 지적 수준은 갖추어야 한다.
    ㉣ 일반적으로 조사업무는 정규직으로 수행하기보다는 필요할 때마다 수행하게 되므로, 이러한 업무 환경에 적합한 사람(예 시간적 여유)이어야 한다.

② 면접 조사원의 선발기준
    ㉠ 다른 조사원과 달리 경력 조건이 요구되기도 한다(예 3년).
    ㉡ 조사대상자를 만나 자료를 수집하는데 문제가 되지 않을 정도의 외모와 성격이어야 한다.
    ㉢ 조사해야 할 지역의 거주자를 우선하여 선발한다.

③ 전화 조사원의 선발기준
    ㉠ 면접 조사원에 비해 외형적인 조건은 제약이 없다.
    ㉡ 명확한 발음과 의사전달 능력이 요구된다.
    ㉢ 친근하고 상냥한 목소리의 소유자면 더 좋다.
    ㉣ 응답을 잘 이해하고 기입하는 데 어려움이 없어야 한다.

④ 인터넷 조사원의 선발기준
    ㉠ 면접 조사원에 비해 외형적인 조건은 제약이 없다.
    ㉡ 전화 조사원에 비해 발음, 목소리는 중요하지 않다.
    ㉢ 대신, 인터넷 및 컴퓨터 활용능력을 보유한 사람이어야 한다.

⑤ 우편 조사원의 선발기준
    ㉠ 다른 조사원에 비해 자격 요건이 까다롭지 않은 편이다.
    ㉡ 단순 작업을 반복하는 일에 적합한 사람이 좋다.

(4) 조사원의 관리

① 조사원에 대한 세부 정보(이름, 연령, 성별, 연락처, 주소, 통장 등)를 받아둔다.
② 조사가 진행되는 동안에는 언제 어디서나 연락될 수 있도록 조치해야 한다.
③ 조사원이 연락되지 않을 때를 대비해 가까운 사람(가족, 지인 등)의 연락처도 받아두는 것이 좋다.
④ 조사원으로부터 일과를 매일 보고받는 것이 좋다.

⑤ 일과를 보고받는 과정에서 조사원의 근퇴와 조사진행률을 확인한다.
⑥ 조사원으로부터 문제점과 애로사항을 전달받고 처리해준다.

2) 조사원 교육의 의의 ★☆☆

(1) 조사원 교육의 의미

① 조사수행 과정에서 요구하는 목표를 달성할 능력과 자세를 갖추도록 교육하는 것이다.
② 조사해야 할 내용(예 연구주제 및 설문)에 대해 이해하도록 교육한다.

(2) 조사원 교육의 필요성

① 조사업무의 목적(예 정확한 자료 수집)을 명확히 이해시켜야 한다.
② 조사(예 현장조사)를 어떻게 진행해야 하는지 이해시켜야 한다.
③ 응답자와 라포 형성 및 의사소통능력의 중요성을 이해시켜야 한다.
④ 무응답(응답거부)이 얼마나 심각한 문제인지 이해시켜야 한다.
⑤ 목적 달성(자료의 품질 저하를 방지)을 위해 조사원의 중요성을 이해시켜 동기를 부여한다.
⑥ 응답자의 개인정보 등을 다루게 되므로 법적·윤리적 책임을 이해시켜야 한다.

3) 조사원 교육의 내용 ★☆☆

▍조사원 교육의 종류별 주요 내용

교육 주제	주요 내용
일반 교육	조사과정 및 조사원의 역할에 대한 교육
자세 교육	조사원으로서 갖추어야 할 자세에 대해 교육
조사표 교육	정확한 정보수집을 위해 필요한 지식을 교육
현장직무 요령 교육	현장 조사과정에서 요구되는 자세와 요령을 교육
안전 및 윤리 교육	주의사항 및 사고 시 대처 방법을 교육

(1) 일반 교육

① 조사업무와 조사과정에 대한 내용
　㉠ 조사의 목적, 조사 의뢰기관 등을 설명한다.
　㉡ 조사가 이루어지는 전반적인 과정을 설명한다.

② 조사원의 역할 및 책임
  ㉠ 조사품질에 대한 조사원의 중요성과 역할·책임을 설명한다.
  ㉡ 조사관리자의 지시에 따라야 하는 이유·중요성을 설명한다.
  ㉢ 무응답, 거짓응답, 불량응답 등이 초래하는 문제를 설명하고, 이들을 처리하는 방법을 설명한다.
  ㉣ 조사원이 수집한 자료를 검사원이 검증한다는 것을 설명해 조사업무에 충실하도록 한다.
  ㉤ 개인정보와 관련된 법적·윤리적 문제를 설명한다.
  ㉥ 서약서 등 관련 서류를 작성해야 함을 알린다.

(2) 자세 교육

① 조사원 스스로 조사의 중요성을 이해하고, 조사원으로서 자긍심을 갖도록 교육한다.
② 전문가다운 모습을 갖추도록 교육한다.
  ㉠ 단정한 복장을 갖추게 한다.
  ㉡ 응답자가 신뢰할 수 있도록 신분을 밝히고 명찰을 작용하도록 한다.
  ㉢ 전문가다운 언어를 구사하되 일반인(응답자)이 이해하지 못하는 어려운 용어는 자제하도록 한다.
  ㉣ 조사해야 할 내용과 배경지식의 중요성을 강조하고, 필요시 사전교육한다.
  ㉤ 전자제품(예 노트북, 핸드폰의 앱)을 다루어야 한다면 이들을 능숙하게 다루는 모습이 중요하다는 것을 강조한다.
③ 전문가다운 모습의 중요성(긍정적 효과)을 교육한다.
  ㉠ 응답자에게 신뢰성을 주어 조사에 충실하게 임하게 된다.
  ㉡ 응답자는 신변안전을 느끼게 된다.
  ㉢ 다른 응답자(가족, 이웃 등)를 접촉하고 조사하는 것이 수월해진다.

(3) 조사표(조사할 내용) 교육

① 조사표와 관련된 배경지식 교육
  ㉠ 의뢰기관(연구자)이 수행하는 연구주제와 조사해야 할 정보를 설명한다.
  ㉡ 조사원은 전문적인 지식까지 이해할 필요는 없지만 반드시 알아야 할 배경지식은 설명해주는 것이 좋다.
  ㉢ 조사원이 조사의 목적을 충분히 이해해야 응답자도 조사의 목적을 잘 이해하게 되는 중간자 역할에 대해 설명한다.
② 조사표의 내용에 대한 교육
  ㉠ 조사표의 구성과 각 항목을 설명한다.
  ㉡ 질문, 보기, 특정 단어 등을 잘 숙지하도록 설명한다.
③ 조사표에 있는 그대로를 조사하도록 교육
  ㉠ 조사원이 질문순서나 단어를 임의로 변경해서는 절대 안 된다.
  ㉡ 설문이 없는 비표준화조사도 조사지침에 정확히 따라야 한다.

④ 조사표를 충분히 숙지할 시간 제공

　　㉠ 조사관리자의 교육이 끝난 직후 조사원들이 개별적으로 조사표를 숙지하도록 충분한 시간을 제공한다.

　　㉡ 이후에도 스스로 조사표를 반복해 살펴보고 충분히 숙지하도록 교육한다.

　　㉢ 조사표가 이해하기 어렵다면(예 기억이 나지 않을 경우) 조사관리자에게 즉각 연락하도록 교육한다.

⑤ 조사원끼리 역할놀이

　　㉠ 조사원끼리 서로의 응답자가 되어 역할하도록 한다.

　　㉡ 역할놀이를 통해 실제 조사업무를 자연스럽고 능숙하게 실행할 수 있게 된다.

　　㉢ 조사표를 충분히 학습했는지 점검할 수 있다.

　　㉣ 경력이 많은 조사원이 상대방에게 노하우를 전달하고 조언할 수 있다.

⑥ 교육 평가하기

　　㉠ 조사원이 조사표를 제대로 이해했는지 평가하는 절차도 도입할 수 있다.

POWER 팁

조사원 평가

조사원은 교육 내용에 대해 충분히 이해했다고 대답하거나 스스로 그렇게 믿을 수 있지만, 실제로는 이해도가 높지 않을 수 있기 때문에 평가 시스템을 도입하기도 한다. 조사원이 조사표를 제대로 이해하지 못한 상태로 조사업무에 투입되면 자칫 조사가 마무리된 이후에 재조사를 하게 되어 훨씬 많은 비용이 소요될 뿐 아니라 조사가 늦어져서 의뢰기관과 법적인 문제까지 발생할 수 있다.

　　㉡ 평가 결과가 좋지 않다면, 재교육을 실시해야 한다.

(4) 현장직무 요령 교육

① 조사대상자(응답자) 찾아가기

　　㉠ 조사해야 할 지역의 지도를 사전에 찾아보도록 한다.

　　㉡ 공공기관에서 조사지역에 대한 정보를 얻도록 한다.

　　㉢ 조사 단체나 주민대표에게 협조를 구하도록 한다.

POWER 팁

지역단체나 주민대표의 협조

이장 및 통장과 같은 주민대표를 통해 조사대상자를 쉽게 만날 수 있고, 조사대상자는 조사에 적극 협조하게 된다.

　　㉣ 응답자에게 사전에 연락하고 일정을 조율하는 방법을 교육한다.

② 조사대상자의 협조 구하기

　　㉠ 응답자에게 본인의 신분을 먼저 알려 신뢰감을 쌓도록 한다.

　　㉡ 조사대상자의 자격에 부합하는지 확인하도록 한다.

　　㉢ 응답자가 조사의 중요성을 이해할 수 있게 설명하도록 한다.

　　㉣ 응답자에게 어떻게 선정되었는지 설명하도록 교육한다.

ⓜ 응답자의 정보와 비밀이 보장된다는 것을 알리도록 한다.
ⓗ 협조를 완강히 거절할 때는 조사를 강요하지 않도록 한다.

ⓢ 참여 의사를 밝힌 응답자에게는 혜택(예 상품권)을 알리도록 한다.
③ **조사대상자가 부재 시 대처 방법**
  ㉠ 전화 연락을 해보고, 전화 연락이 안 될 때 문자 연락하도록 한다.
  ㉡ 가장 가까운 다른 조사자를 방문하고, 다시 방문해본다.
  ㉢ 쪽지를 남겨 조사원에게 연락하도록 한다.
  ㉣ 가족이나 이웃에게 좋은 인상을 주어 조사에 재협조를 구하기 쉽도록 한다.
④ **응답을 기입하는 방법**
  ㉠ 숫자는 지침에 맞는 단위로 변환하여 정확히 기입하도록 한다.
  ㉡ 응답자의 표현을 살리되, 질문에 대한 답변으로 타당한 내용을 기입하도록 한다.
  ㉢ 조사원이 주관적으로 해석해 기입하지 않도록 한다.
  ㉣ 응답자가 떠나기 전에 누락이나 착오가 없는지 확인하도록 한다.
  ㉤ 대리(예 배우자)로 작성하는 일이 발생하지 않도록 한다.

  ㉥ 필요시 응답자의 협조를 구해 녹음하도록 한다.

(5) 안전 및 윤리 교육

① 사전에 조사지역의 상황을 파악하도록 한다.
  ㉠ 조사지역의 범위와 지형을 파악하도록 한다.
  ㉡ 조사지역의 특징(예 우범지역 여부)을 확인하도록 한다.
  ㉢ 조사지역의 시간대별 날씨와 교통량을 확인하도록 한다.
  ㉣ 안전을 위해 개를 기르는지 여부도 확인하면 좋다.
② 조사활동에 적합한 복장을 착용하도록 한다.
③ 조사시간은 너무 이른 아침이나 늦은 시간(심야)은 피하도록 한다.
④ 부득이하게 심야에 조사해야 하면, 혼자 방문하지 않도록 한다.
⑤ 불미스러운 사건 · 사고가 발생했을 때 대처방법을 교육한다.

⑥ 조사과정에서 알게 된 개인정보는 절대 누설하지 않도록 강조한다.

⑦ 조사원의 잘못으로 발생할 수 있는 법·윤리적 이슈에 대해 교육한다.

4) 조사원의 유형별 직무범위와 역할 ★☆☆ 필답 연계 p. 357

(1) 조사원의 직무

Q. 조사원의 직무를 조사 전 단계, 조사수행단계, 조사 후 단계로 구분할 때 각 단계별 조사원의 직무를 2가지씩 서술하시오.

단계	주요 직무 내용
조사 전 단계	① 현장조사 전 조사교육 훈련에 참가 ② 조사지역 내 조사대상자를 선정하고 명부 작성 ③ 불명확한 주소가 있으면 제거하거나 정보 갱신
조사대상자 접촉단계	① 조사대상자와 연락하여 참여해 달라고 협조 요청 ② 필요에 따라 추가 탐색질문(조사대상자 적격성 판정)
조사 수행 단계	① 응답자가 조사에 충실히 응하도록 라포 형성 ② 질문을 읽어주거나, 질문을 재설명하여 이해도 제고 ③ 응답이 불명확한 경우, 캐어묻기나 확인 질문 ④ 필요에 따라 응답자의 대답을 설문지에 기입 ⑤ 솔직하고 정확하게 답변하도록 설득
조사 후 단계	① 응답에 대한 검수 ② 응답자의 연락처 등이 기입되어 있는지 재확인 ③ 응답 이외에 중요한 특이사항은 기록

(2) 조사업무 참여 인력별 역할 필답 연계 p. 357

Q. 조사자와 조사관리자의 각 직무를 3가지씩 기술하시오.

참여 인력	역할
조사원	① 표준적인 절차에 따라 응답자를 선정한다. ② 조사과정에서 자료를 수집한다. ③ 응답자의 대답을 기록하고, 검수한다.
프로젝트 연구원	① 조사를 기획하고 설계한다. ② 조사원에게 조사의 목적과 내용을 교육시킨다. ③ 조사목적에 적합한 자료가 수집될 수 있도록 모든 인력을 통제·관리한다. ④ 수집된 자료를 분석하고 결과물을 만들어 낸다.
조사관리자	① 자료수집과정을 총괄하며, 조사관리원이라고도 한다. ② 조사원을 선발하고 교육한다. ③ 회수된 응답지를 검토해, 유지·재조사·폐기를 결정한다. ④ 일반적으로, 조사자 중 경험과 능력이 뛰어난 자가 담당한다.
검증원	① 조사원들이 절차에 따라 자료를 수집했는지 검증한다. ② 응답자 선정의 적합성을 검증한다. ③ 표준적인 절차에 따라 면접이 이루어졌는지 검증한다.

부호기입원	① 서술형 질문에 대한 응답을 분류하고 부호화한다. ② 부호기입원의 업무는 프로젝트 연구원이 점검한다.
입력원	① 수집된 자료를 숫자의 형태로 컴퓨터에 입력한다. ② 입력된 자료를 검토하여 오류(중복, 누락, 오타 등)를 점검 · 수정한다.

POWER 용어

부호기입원

서술형 질문에 대한 응답을 분류하고 부호화하는 일은 전문성이 요구되므로 일반적으로는 프로젝트연구원의 직무에 해당된다. 하지만 전문 조사기관이나 규모가 큰 조사업무에서는 부호기입원을 별도로 고용하기도 한다.

---

(3) 조사원의 역할 배정

① 조사지도원

  ㉠ 조사원들이 조를 이룰 경우에는 각 조별로 지도원(조별 팀장)을 선정한다.

  ㉡ 일반적으로 조사원들 중 경력과 전문성이 가장 우수한 자로 선정한다.

  ㉢ 조사지도원도 조사원처럼 조사를 하는 동시에 조사관리자와 유사한 역할을 한다.

  ㉣ 조사관리자의 지시를 조사원들에게 전달하고, 현장에서 일어난 일을 조사관리자에게 전달하는 중재자 역할을 수행한다.

② 조사원의 배정

  ㉠ 조사지역에 대해 잘 아는 조사원을 배정하는 것이 좋다.

  ㉡ 사이가 좋지 않은 조사원은 떼어놓은 놓는 게 좋다.

  ㉢ 유대관계가 있는 조사원끼리 붙여놓되, 너무 친한 조사원들은 떼어놓는 것이 좋다.

---

02 실사진행 관리

1) 실사진행 시 점검사항 ★☆☆

(1) 보고체계

① 현장의 상황과 조사 진행 정도를 매일 보고하는 체계를 구축한다.

② 대규모 조사의 경우에는 조사원 개개인에게 보고받기가 어렵기 때문에 중간자인 조사지도원이 보고하도록 한다.

(2) 보고내용

① 목표하는 조사량과 실제 조사량을 보고한다.

② 현장에서의 특이사항과 문제점을 보고하고, 개선방안도 제안한다.

③ 조사원의 근퇴 상황을 보고한다.

④ 조사용품의 현황, 특히 조사용품이 부족할 시 즉각 보고한다.

(3) 실사진행의 검증

① 조사 진행상황을 수시로 점검한다.

② 조사가 마무리된 설문지에는 오류(예 누락된 문항이나 알아볼 수 없는 글씨의 응답 등)가 없는지 검증한다.

③ 오류가 확인되면 조사원을 통해 응답자에게 재확인하도록 한다.

④ 응답자가 조사대상자의 자격이 있는지, 조사내용의 신뢰성은 충분한지 등의 품질점검을 실시한다.

⑤ 무작위로 설문지를 선택해 응답자가 실제로 설문에 참여했는지 전화로 검증한다.

> **POWER 팁**
>
> **조사원의 부정행위**
>
> 시간에 쫓겨 또는 의도적으로 조사원이 직접 설문을 작성하고 응답자를 만났다고 거짓 보고하는 경우가 발생한다.

(4) 설문지 점검

① 설문 과정에서 지침서와 교육내용을 제대로 지키는지 확인

  ㉠ 조사를 시작한 이후에도 모든 조사원들을 수시로 불러들여 지침과 교육에 맞게 조사하는지 점검한다.

  ㉡ 설문조사 이후 조사원들이 점검한 설문지를 재점검한다.

  ㉢ 예기치 못한 설문지의 문제가 있는지 의견을 듣고 점검한다.

② 설문지의 응답 오류 확인

  ㉠ 누락 항목이나 글씨를 알아볼 수 없는 항목이 있는지 확인한다.

  ㉡ 문제가 발견되면 되도록 이른 시일 내(당일이나 다음 날)에 확인하여 처리한다.

> **POWER 팁**
>
> **응답의 점검과 수정**
>
> 응답에 문제가 발견된 때는 응답자에게 연락해 재확인하여 수정하는 경우가 많다. 그러므로 응답자의 기억이 희미해지기 전에 가능한 한 빨리 확인·수정하는 것이 좋다.

③ 조사원에 따른 설문 오류 확인

  ㉠ 유독 특정 조사원에게 특정 질문에 대한 응답에 문제가 발생하는지 또는 패턴이 존재하는지 점검한다.

  ㉡ 이때는 조사원을 불러 해당 질문을 어떻게 묻고 처리하는지 등 조사과정을 점검한다.

> **POWER 팁**
>
> **조사자로 인한 응답 오류**
>
> 특정 조사원의 설문에서만 "잘 모르겠다"라는 응답이 많다면, 이는 캐어묻기를 제대로 하지 않았다는 증거다.

④ 발견된 오류 수정·보완

    ㉠ 점검과정에서 발견된 오류는 조사원의 기억에 의존하기보다는 응답자에게 연락해 확인·수정하는 것이 바람직하다.

    ㉡ 조사 직후 발견된 오류는 즉각 수정한다.

    ㉢ 시간이 많이 지나서 발견된 오류는 조사관리자가 질문의 성격과 비용 등을 고려해 더 나은 방법을 결정한다.

    ㉣ 오류 수정을 위해 응답자에게 연락했는데, 응답자도 기억이 나지 않는다면 결측처리한다.

⑤ 오류와 고충의 활용

    ㉠ 현장에서 발견된 오류, 조사원의 고충을 잘 메모·정리해 둔다.

    ㉡ 조사원 모두가 숙지할 수 있도록 재교육 자료를 만들어 배포하고 숙지시킨다.

    ㉢ 향후 다른 실사 때 교육 자료에 반영하여 업데이트한다.

2) 점검결과에 따른 조치 ★☆☆

(1) 현장검증

① 현장검증은 주로 응답자가 누락한 것은 없는지, 질문에 논리적으로 맞는 응답을 했는지 등을 점검하는 것이다.

② 완료된 설문지는 조사원이 1차적으로 현장에서 즉각 점검해 발견된 문제는 즉각 수정한다.

③ 문제가 나중에 발견될 수 있으므로 응답자의 연락처가 기입되었는지 반드시 재확인한다.

(2) 재조사와 대체 조사

① 오류가 수정·보완될 수 없는 응답은 신뢰성이 훼손된 것이므로 폐기하고 재조사해야 한다.

② 부적격 조사대상자(예 조사대상이 노인인데 아들이 응답)가 확인되면, 폐기처리하고 적격 조사자로 대체하여 재조사한다.

③ 폐기로 인해 표본이 부족할 경우, 해당 응답자와 동일한 특성을 지닌 조사대상자(예 수도권에 거주하는 60대 여성)를 선정해 설문을 진행한다.

④ 폐기 및 재조사 여부는 조사원이 아닌 실사 관리자가 결정한다.

(3) 실사진행 과정에서 발생할 수 있는 문제의 종류와 대응방안

① 조사용품 관련 문제

    ㉠ 조사과정에서 용품(예 설문지)이 소진되는 문제가 발생하기도 한다.

    ㉡ 조사해야 할 표본보다 10~20% 정도 여분의 용품을 준비한다.

② 조사원 관련 문제

    ㉠ 조사원에 문제가 있을 때는 재교육을 실시한다.

    ㉡ 개선이 안 되면 조사원을 대체해야 한다.

③ 현장검증 관련 문제

    ㉠ 조사원이나 응답자에게 재확인하여 오류를 수정한다.

    ㉡ 부적격 조사대상자나 수정이 불가능한 설문은 폐기하고 재조사한다.

④ 조사일정 관련 문제

    ⊙ 주로 예상보다 조사일정이 늦어지는 문제가 자주 발생한다.

    ⓒ 조사일정이 늦어지면, 조사원을 추가 투입한다.

    ⓒ 조사일정이 너무 늦어지면, 외뢰기관과 협의하여 일정을 조정한다.

⑤ 조사 관련 컴플레인

    ⊙ 설문지에는 조사진행 주체와 담당자 정보를 기입하여, 응답자가 의문이나 컴플레인이 있을 때 연락할 수 있도록 해야 한다.

    ⓒ 조사와 관련한 컴플레인이 발생 시 실사 관리자에게 알려 원인을 파악하고, 적절히 대응하도록 조치한다.

3) 설문지상의 문제 발생 시 대응 ★☆☆

(1) 부적격 조사대상자나 응답에 신뢰성이 의심되는 경우

① 부적격 조사대상자에게 실시한 설문조사는 폐기한다.

② 신뢰성이 의심되는 설문(예 많은 설문에 성의 없는 응답)은 폐기한다.

③ 폐기로 인해 표본이 부족할 경우, 재조사한다.

④ 재조사 시 폐기한 설문의 응답자와 동일한 특성을 지닌 조사대상자를 선정한다.

(2) 응답의 기입오류 및 논리적 오류가 있는 경우

① 기입오류, 무응답, 논리적 오류가 보고되면, 해당 오류 내용을 재점검한다.

② 재확인하여 오류로 확인되면, 응답을 확인·수정한다.

③ 단순 오류더라도 확인·수정이 어려울 경우, 무응답 처리한다.

④ 논리적 오류가 많을 경우에는 설문을 폐기하고 재조사한다.

(3) 조사원별로 응답패턴이 발생한 경우

① 응답에 패턴이 있다고 느껴질 때는 조사원이나 응답자에게 확인한다.

② 응답에 패턴이 있는 것으로 확인되면 응답을 신뢰할 수 없으므로 설문을 폐기하고 재조사한다.

03 실사 품질 관리

1) 실사 품질 관리의 이해

① 실사의 품질관리는 조사의 목적(정확한 정보의 수집)이 달성되었는지 점검·관리하는 것을 의미한다.

② 연구주제와 조사의 기획이 우수하더라도 정확한 정보 수집이 이루어지지 않으면, 연구결과는 신뢰할 수 없게 된다.

③ 실사품질은 여러 단계(주로 3단계)를 거쳐 관리된다.

2) 실사 품질의 관리 단계 ★★★ 필답 연계 p. 358

Q. 설문조사의 실사품질을 검증하는 3단계를 나열하고, 각 단계별 기능을 설명하시오.

(1) 1차 검증(현장검증)

① 설문조사 완료 후 조사원이 현장에서 시행한다.
② 육안으로 확인하여 무응답은 없는지, 조사자에게 할당된 쿼터(quota)가 맞는지 등을 확인한다.
③ 오류가 발견되면 즉각 확인·수정하고, 수정이 어려우면 폐기한다.
④ 오류가 없거나 수정된 설문지는 실사 관리자에게 전달한다.

(2) 2차 검증(에디팅)

① 실사 관리자는 조사원으로부터 전달받은 설문지에 대해 응답 충실성, 부적합 응답, 논리적 오류 등을 확인하는 에디팅(editing) 작업을 수행한다.
② 오류의 확인·수정이 불가능하거나 중대한 오류가 발생 시 폐기하고 조사원에게 재조사하라고 한다.

(3) 3차 검증(전화검증)

① 실사 관리자는 2차 검증 후 응답자에게 전화로 연락하여 오류내용을 재확인한다.
② 오류가 발견되지 않더라도 일부 응답자에게 전화하여 실제로 설문에 참여했는지, 적격 조사대상자인지 등을 확인한다.
③ 응답자의 진위가 불분명하거나, 적격 조사대상자가 아니거나, 응답내용의 신뢰성이 훼손된 경우, 설문을 폐기하고 재조사를 시행한다.

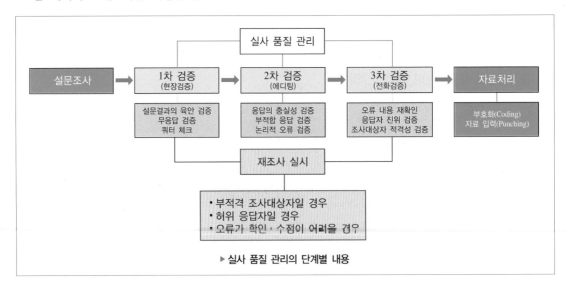

▶ 실사 품질 관리의 단계별 내용

3) 실사 품질 점검 방법 ★★☆

(1) 정합성 점검

① 정합성 점검은 기입오류, 논리적 모순 오류를 점검하는 것을 의미한다.

② 조사원이 현장에서 1차적으로 확인(현장검증)하며, 실사 관리자가 내부에서 2차적으로 확인(에디팅)한다.

③ 1차 · 2차 검증에서 오류가 발견되면 3차 검증(전화검증) 시 확인을 위해 별도로 표기를 해둔다.

(2) 기입오류 및 논리적 오류의 예시

① 기입오류: 무응답(누락된 응답)

> 다음 중 귀하의 연령대는 어디에 해당됩니까?
> ① 20대   ② 30대   ③ 40대   ④ 기타(   )
>
> → 보기 중 아무것도 선택하지 않을 때

② 기입오류: 불분명한 응답

> 다음 중 귀하의 연령대는 어디에 해당됩니까?
> ① 20대   ② 30대 ✓   ③ 40대   ④ 기타(   )
>
> → 30대인지 40대인지 명확하지 않을 때

③ 기입오류: 불성실한 응답 1

> 다음 중 귀하의 연령대는 어디에 해당됩니까?
> ① 20대   ② 30대   ③ 40대   ④ 기타
>
> 다음 중 귀하가 근무하는 지역은 어디입니까?
> ① 수도권   ② 광역시   ③ 소도시   ④ 기타
>
> → 무조건 "기타"를 선택해 설문에 불성실했을 가능성이 높은 경우

④ 기입오류: 불성실한 응답 2

> 다음 중 귀하의 연령대는 어디에 해당됩니까?
> ① 20대   ② 30대   ③ 40대   ④ 기타(   )
>
> → "기타"를 선택하고, 세부 나이대를 기입하지 않은 경우

⑤ 논리적 오류 1

다음 중 귀하의 연령대는 어디에 해당됩니까?
① 20대   ② 30대   ③ 40대   ④ 기타(   )

다음 중 귀하의 직업은 무엇입니까?
① 학생   ② 회사원   ③ 전업주부   ④ 기타

→ 40대이면서 학생일 가능성이 높지 않으므로 확인이 필요한 경우

⑥ 논리적 오류 2

귀하께서는 몇 살에(만 나이) 혼인하였습니까?   82세

→ 현재의 나이를 적었을 가능성이 높아 확인이 필요한 경우

⑦ 논리적 오류 3

귀하께서는 몇 살에(만 나이) 혼인하였습니까?   32세
귀하께서는 몇 살에(만 나이) 현재 배우자를 만났습니까?   38세

→ 배우자를 만난 시기가 28세가 아닌지 확인이 필요한 경우

(3) 설문의 신뢰성 점검

① 실사가 적합한 방법으로 진행되었는지 확인하는 것을 의미한다.
② 신뢰성 점검은 주로 3차 검증(전화검증)에서 이루어진다.
③ 신뢰성 검증은 다음의 내용을 검증한다.
   ㉠ 응답자의 진위 여부, 조사대상자의 적격성 여부
   ㉡ 응답 내용의 진위 여부(오류 확인 포함)
   ㉢ 조사원이 적합한 방법으로 조사를 진행했는지 확인
④ 오류의 확인·수정이 가능하면, 응답을 수정하고 설문을 유지한다.
⑤ 오류가 확인·수정이 어려운 경우, 조사대상자가 적합하지 않을 경우, 다른 중대한 문제로 인해 결과에 영향을 줄 수 있는 경우에는 폐기하고 재조사한다.

01 최신

다음 중 조사 후 조사원의 태도로 옳지 않은 것은?

① 조사가 완료된 즉시 약속한 선물을 제공한다.
② 조사대상자의 연락처가 기입되어 있는지 재확인한다.
③ 응답자의 특이점이 있으면 기록해둔다.
④ 조사 후 응답자와 헤어지자마자 즉각 무응답 및 오류 등을 확인한다.

[해설]

응답자와 헤어지기 전에 무응답 및 오류 등을 즉각 확인해야 한다. 헤어지고 난 이후에 연락이 되지 않을 수 있거나 연락이 되더라도 협조를 구하기가 어려울 수 있다.

정답 ④

02 최신

다음 중 조사원을 대상으로 한 교육 내용으로 틀린 것은?

① 무응답이 얼마나 심각한 것인지 이해시킨다.
② 개인정보와 관련한 법적·윤리적 책임을 이행하도록 강조한다.
③ 컴플레인은 보고하지 않고 스스로 해결하도록 한다.
④ 조사품질에 대한 조사원의 중요성을 설명한다.

[해설]

조사와 관련한 컴플레인 발생 시 실사 관리자에게 알려 원인을 파악하고 적절히 대응하도록 조치한다.

정답 ③

03

다음 중 조사원의 업무로 볼 수 없는 것은?

① 설문조사 과정에서 질의
② 조사대상자의 응답을 기록
③ 응답자와 일정을 조율하고 접촉
④ 입력된 자료의 기초분석

[해설]

조사원은 설문조사를 담당할 뿐 분석하는 일은 연구원의 업무에 해당한다. 즉, 조사원은 표집틀을 만들어 조사대상자에게 연락·접촉하여 설문하고 응답을 입력하며 현장에서 오류를 점검하는 일을 담당한다.

정답 ④

04

다음 중 조사원의 역할로 보기 어려운 것은?

① 조사 전에 조사대상자 명부를 작성한다.
② 조사대상자에게 연락해 참여를 유도한다.
③ 조사대상자가 응답하기 어려운 설문 문항을 쉽게 수정한다.
④ 조사가 마무리되는 즉시 무응답이 있는지 검수한다.

[해설]

조사대상자가 대답하기 어려워하면 보충 설명을 해서 대답을 유도할 수 있으나, 절대 설문 문항을 수정해서는 안 된다.

정답 ③

05

다음 중 조사현장에서 응답자에게 면담, 전화, 우편 등으로 자료를 수집하고 입력하는 일을 담당하는 사람은?

① 연구자
② 조사관리자
③ 검증원
④ 조사원

표집틀을 만들어 조사대상자에게 연락·접촉하여 설문하고 응답을 입력하는 일은 조사원이 담당한다.

정답 ④

06

다음 중 조사원의 선발기준으로 옳지 않은 것은?

① 대면조사원: 자료를 수집하는 데 문제가 안 될 정도의 외모와 성격
② 전화조사원: 조사지역 거주자를 우선적으로 선발
③ 우편조사원: 단순 작업을 반복하는 일에 적합한 사람
④ 인터넷조사원: 컴퓨터 활용능력을 보유한 사람

전화면접은 다른 면접법에 비해 긴급하고 간단한 질문을 수행하며, 일반적으로 전 지역을 조사하기 때문에 출신 지역에 대한 조건은 불필요하다. 조사지역의 거주자는 대면조사원(면접조사원)의 선발 기준에 해당한다.

정답 ②

07

아래 기술한 자격 조건은 어느 조사원의 선발기준으로 볼 수 있는가?

> • 다른 조사원에 비해 외형적인 조건은 제약이 없다.
> • 명확한 발음, 상냥한 목소리, 의사전달 능력이 요구된다.
> • 응답을 잘 이해하고 기입하는 데 어려움이 없어야 한다.

① 대면조사원
② 전화조사원
③ 우편조사원
④ 인터넷조사원

전화조사원에 해당하는 조건이다. 전화조사원은 외모보다는 명확한 발음과 의사전달 능력이 중요하다.

정답 ②

08

다음 중 조사원으로서 갖추어야 할 공통 조건으로 보기 어려운 것은?

① 조사절차, 질문, 응답을 이해할 수 있는 지적 수준을 보유한 사람
② 시간적으로 여유가 있고, 친근감과 신뢰감을 얻을 수 있는 사람
③ 보안사항 및 지침을 잘 준수하는 사람
④ 자료를 수집하는 데 문제가 되지 않을 정도의 외모

외모는 전화조사원과 인터넷조사원에게는 요구되지 않는 조건이다.

정답 ④

09

다음 중 조사원 관리에 관한 설명으로 틀린 것은?

① 가능한 매일 조사진행을 보고받도록 한다.
② 조사원의 전화, 이메일, 주소 등을 받아두어야 한다.
③ 긴급한 상황이 아니면 연락이 가능하지 않아도 된다.
④ 조사원으로부터 현장의 문제점 및 개선사항 등을 보고받는다.

조사가 진행되는 동안에는 조사원과 언제 어디서나 연락될 수 있도록 조치해야 한다.

정답 ③

10

다음 중 조사원을 대상으로 실시하는 교육 내용이 아닌 것은?

① 조사원으로서 갖추어야 할 자세에 대해 교육
② 정확한 정보 수집을 위해 필요한 지식을 교육
③ 현장 조사과정에서 요구되는 자세와 요령을 교육
④ 개방형 질문에 대한 응답을 부호화하는 교육

[해설]
개방형 질문에 대한 응답을 분류·부호화하는 일은 상당한 전문성을 요구하는 업무로 조사원의 업무에 해당하지 않는다. 부호화는 부호기입원이 하거나, 별도의 부호기입원이 없으면 연구원이 수행하기도 한다.

[정답] ④

11

다음 중 조사원이 응답자에게 협조를 구하는 교육 내용으로 틀린 것은?

① 응답자에게 본인의 신분을 먼저 알려 신뢰감을 쌓도록 한다.
② 응답자가 조사의 중요성을 이해할 수 있도록 설명하도록 한다.
③ 응답자에게 어떻게 선정되었는지 설명하도록 교육한다.
④ 응답자의 지식수준을 판단하기 위해 학력수준을 파악하도록 한다.

[해설]
학력수준은 설문항목일 경우에만 질문한다. 설문조사와는 무관한 개인정보는 묻지 않는 것이 좋고, 특히 학력수준과 같은 민감한 정보를 불필요하게 질문하면 설문 자체를 거부할 수 있다.

[정답] ④

12

다음 중 실사진행 과정에서 문제가 발생할 때 대처법으로 옳지 않은 것은?

① 조사해야 할 표본보다 10~20% 정도 여분의 용품을 준비한다.
② 조사일정이 더딘 경우에는 조사원을 추가 투입시킨다.
③ 조사원에 문제가 있을 때는 즉각 교체한다.
④ 컴플레인 발생 시 실사관리자에게 알려 원인을 파악하고 대응한다.

[해설]
심각한 문제 발생 시에는 조사원을 즉각 교체하는 것도 한 방법이지만, 일반적으로 조사원에 문제가 있을 때는 재교육을 실시하고, 개선이 안 되면 조사원을 대체하는 절차를 밟는다.

[정답] ③

13

다음 중 실사품질 관리의 단계를 바르게 나열한 것은?

┌─────────────┐
│ ㉠ 설문조사   │
│ ㉡ 현장검증   │
│ ㉢ 전화검증   │
│ ㉣ 에디팅   │
└─────────────┘

① ㉠ → ㉡ → ㉢ → ㉣
② ㉠ → ㉡ → ㉣ → ㉢
③ ㉠ → ㉣ → ㉡ → ㉢
④ ㉠ → ㉣ → ㉢ → ㉡

[해설]
실사품질관리는 '㉠ 설문조사 → ㉡ 현장검증 → ㉣ 에디팅 → ㉢ 전화검증'의 단계를 거친다.

[정답] ②

14

다음 중 실사품질 관리 중 에디팅(editing)에 해당하지 않는 것은?

① 응답의 충실성 검증
② 부적합한 응답은 없는지 검증
③ 논리적 오류 검증
④ 응답자의 진위 검증

해설
응답자의 진위 여부는 전화검증을 통해 이루어진다.

정답 ④

15

다음 중 실사품질 관리 중 전화검증의 업무에 해당하지 않는 것은?

① 응답의 논리적 오류 여부 검증
② 오류가 있는 응답 내용의 재확인
③ 조사대상자의 적격성 검증
④ 응답자 진위 여부 검증

해설
응답의 논리적 오류 검증은 에디팅에 해당되며, 오류로 판명된 경우 내용을 확인하는 것은 전화검증에 해당된다.

정답 ①

16

수집된 설문에서 아래와 같은 문제점 발견 시 가장 적합한 정합성 검증방법은?

다음 중 귀하의 연령대는 어디에 해당됩니까?
① 20대   ② 30대 ✓ ③ 40대   ④ 기타(   )

① 응답자에게 연락하여 확인할 수 있도록 별도로 표기해둔다.
② 무응답에 해당하기 때문에 폐기하고 재조사한다.
③ 무응답에 해당하기 때문에 '9'로 표기한다.
④ 논리적 오류에 해당하기 때문에 폐기하고 재조사한다.

해설
단순한 기입 오류에 해당한다. 응답 시 단순한 기입 오류는 응답자에게 연락해 확인·수정해야 하므로 별도로 표기를 해둔다. 이러한 단순 오류의 이유로 설문 자체를 폐기하지 않는다(②, ④). 오류를 확인하지 못할 경우, 최후의 방법으로 무응답처리한다(③).

정답 ①

17

다음 중 조사원의 역할과 책임에 대한 교육내용으로 옳지 않은 것은?

① 조사원은 조사관리자에게 매일 조사진행상황을 보고한다.
② 조사과정에서 수집한 개인정보는 누설하지 않도록 한다.
③ 조사대상자에게 조사를 의뢰한 기관에 대해서는 알리지 않도록 한다.
④ 현장조사 즉시 응답에 문제가 없는지 확인하도록 한다.

해설
조사대상자에게 의뢰기관과 조사목적 등을 소개하여 조사의 중요성을 알려 참여도를 높이도록 한다.

정답 ③

18

다음 중 조사대상자의 응답을 기입할 때 조사원의 태도로 적합하지 않은 것은?

① 응답 내용의 깊이를 고려해 조사원이 선택적으로 녹음한다.
② 단위환산표를 활용해 지침에 맞게 단위를 환산해 기입한다.
③ 응답자의 표현을 최대한 살려 기입한다.
④ 질문과 맞지 않는 응답 시 질문을 다시 하거나 설명한다.

해설
설문조사 이후 응답을 재확인하기 위해 녹음할 필요가 있으나, 반드시 응답자의 동의를 구해야 한다.

정답 ①

19

다음 중 조사과정에서 조사원의 태도로 적합하지 않은 것은?

① 조사대상자가 설문에 성실히 임하도록 동기부여한다.
② 응답하기 곤란한 질문은 응답하지 않아도 된다고 한다.
③ 응답을 완강히 거부하면 응답을 강요하지 않는다.
④ 응답이 모호하면 추가로 질문해 자세히 묻는다.

해설
응답을 완강히 거부하면 응답을 강요하지 않는 것이 좋지만, 응답하기 곤란해하면 추가로 질문해 응답하도록 유도한다.

정답 ②

20

실사품질관리 중 정합성 검증이 이루어지는 단계를 모두 고른 것은?

| ㉠ 설문조사 | ㉡ 현장검증 |
| ㉢ 전화검증 | ㉣ 부호화 |

① ㉠, ㉡　　　　　　② ㉡, ㉢
③ ㉢, ㉣　　　　　　④ ㉠, ㉣

해설
정합성 점검은 기입오류, 논리적 모순 오류를 점검하는 것을 의미하며, 조사원이 설문조사가 끝난 직후 현장에서 1차적으로 확인(현장검증)하며, 이후 전화검증을 통해서도 이루어진다.
설문조사(㉠)는 데이터를 단순히 수집하는 초기 단계일 뿐이며, 부호화(㉣)는 데이터를 가공하는 후속 단계로 응답을 분류하고 수치를 부여하는 업무다.

정답 ②

03 | 변수 핵심이론

01 변수의 대분류

1) 변수(Variable)

① 변수(Variable)는 측정해야 할 대상의 속성이나 특성이 변하는 자료를 의미한다.

② 말 그대로 '변하는 수'로 이해할 수 있다. 예를 들어, 나이, 키, 체중 등이 해당되며, 상수(변하지 않는 수)와 대비된다.

POWER 정리

변수의 예시

남자 대학생 1,000명의 몸무게, 키, 나이를 측정하고 몸무게를 Y로, 키를 X로, 나이를 Z로 설정했다고 하자. 이때 몸무게(Y), 키(X), 나이(Z)는 어떤 학생(ID)을 선택하는지에 따라 값이 달라지는 변수이며, 엑셀에 다음과 같은 방식으로 자료(변수의 값)가 입력된다.

ID(학생)	Y	X	Z
1	67	175	21
2	83	168	20
3	59	183	25
...	...	...	...
1,000	73	172	23

---

2) 이산변수와 연속변수 ★★☆

(1) 이산변수(Discrete Variable)

① 이산변수는 하나, 둘, 셋 등으로 셀 수 있는 변수를 의미한다.

② 예를 들어, 오늘 하루 교통사고 사망자 수를 변수 X명이라고 할 때, 사망자 수는 한 명, 두 명, 세 명 등으로 셀 수 있으므로 이산변수에 해당된다.

(2) 연속변수(Continuous Variable)

① 연속변수는 셀 수 없는 변수다.

② 키, 몸무게, 소득, 시간, 속도, 환율 등이 연속변수에 해당된다.

02 변수의 세분류

1) 변수의 세부 종류 ★★★ 필답 연계 p. 358

Q. 선형변수, 매개변수, 외적변수(외생변수), 억제변수의 의미를 기술하시오.

POWER 팁

회귀분석(PART 03의 CHAPTER 05)을 학습한 다음 이 부분을 다시 학습하면 이해가 훨씬 쉽다.

(1) 종속변수와 독립변수

① 사회과학의 최종 목표는 변수 간 인과관계를 밝혀내는 것인데, 원인이 되는 변수를 독립변수(Independent Variable) 또는 설명변수(Explanatory Variable)라고 한다.

② 인과관계에서 결과가 되는 변수가 종속변수(Dependent Variable)다.

③ 예를 들어, '성별 자동차 사고 수'를 연구할 때 독립변수는 성(남, 여), 종속변수는 자동차 사고 수가 된다.

④ 함수식 $Y = f(X) = 2 + 5X$에서 X가 독립변수, Y가 종속변수다.

⑤ 일반적으로 종속변수는 하나이지만, 독립변수는 여러 개다. 예를 들어, 자동차 사고 수는 성별뿐 아니라 운전경력에 따라 다르다.

(2) 통제변수(Control Variable)

① X(독립변수)가 Y(종속변수)에 미치는 영향을 분석하는 과정에서 Y에 영향을 줄 수 있는 다른 변수(X를 제외한)를 통제변수라고 한다.

② '성별 자동차 사고 수'를 연구하고자 할 때 운전경력도 사고 수에 영향을 주는 통제변수에 해당된다.

③ 분석 과정에서 통제변수의 영향을 통제하거나 제거해야 X와 Y의 관계를 정확히 알 수 있다.

④ 종속변수에 영향을 주는 모든 하위변수(주요 독립변수 X+통제변수)를 통틀어 구성변수(Component Variable)라고 한다.

    ⑦ 구성변수는 분석과정에서 Y에 영향을 주는 변수로 고려되는 모든 변수들이다.

    ⓒ 분석과정에서 어떠한 구성변수를 고려하느냐에 따라 분석하고자 하는 X와 Y 간 인과관계가 명확해진다.

(3) 매개변수(Intervening Variable)

① X가 Y에 직접 영향을 줄 수 있지만 상황에 따라 X가 Z라는 변수에 영향을 주고 다시 Z가 Y에 영향을 줄 수 있는데, 이때 Z는 독립변수와 종속변수 간 매개자 역할을 하는 매개변수다.

② 매개변수는 독립변수의 결과인 동시에 종속변수의 원인이 된다.

③ 매개변수를 통제하면 설명변수가 종속변수를 유의미하게 설명하지 못하게 된다.

④ 매개변수를 모형에 추가 또는 제외하는 방법으로 독립변수가 종속변수에 어떻게 영향을 끼치고 있는지 그 메커니즘(과정, 이유 등)을 찾을 수 있다.

(4) 조절변수(Mediator Variable/Mediator/Mediating Variable)

① 조절변수는 X(예 성별)가 Y(예 성적)에 미치는 영향의 강도를 조절(강화, 약화)하는 변수다.

② 예를 들어, 여성이 남성보다 성적이 높았는데, 여성이 남성에 비해 집중력이 높아서 점수 차이가 더 컸다고 하자. 이때 집중력을 조절변수에 해당된다.

③ 조절변수를 통제해도 X가 Y에 미치는 영향 자체가 사라지지는 않는다.

(5) 선행변수(Antecedent Variable) 필답 연계 p. 358

Q. 독립변수와 비교해 선행변수를 설명하고, 예시를 기술하시오.

① 선행변수는 독립변수와 종속변수의 인과관계에서 독립변수보다 앞서 작용하는 변수다.

② 선행변수는 독립변수보다도 앞에 있기 때문에 선행변수의 통제 여부와 무관하게 독립변수와 종속변수 간 관계는 사라지지 않는다.

③ 독립변수를 통제하면 선행변수와 종속변수 간 관계는 사라지게 된다.

POWER 정리

매개변수와 선행변수의 관계

'X(성별) → Z(교육수준) → Y(임금)' 상황에서 성별에 따른 임금수준을 연구할 때 교육수준은 매개변수에 해당된다. 한편, 교육수준에 따른 임금수준을 연구할 때 성별은 선행변수에 해당된다.

• POWER **기출 유형** ✅ •

다음 (   )에 들어갈 변수는 무엇인가?

(   )는 인과관계에서 독립변수에 앞서면서 독립변수에 대해 유효한 영향력을 행사하는 변수를 의미한다.
(   )는 매개변수와는 달리 독립변수와 종속변수 간의 관계를 설명하는 것이 아니라 그 관계에 미치는 영향을 명확히 하고자 할 때 도입한다.

① 선행변수   ② 구성변수
③ 조절변수   ④ 외생변수

해설
독립변수 앞에 위치한 선행변수에 대한 설명이다.

정답 ①

---

(6) 외생변수(Exogenous Variable) 필답 연계 p. 358

Q. 인과관계의 규명을 방해하는 혼란변수와 허위변수에 대해 예를 들어 설명하시오.

① 외생변수의 의미

  ㉠ X와 Y 간 인과관계를 오염시키는 제3의 변수이며, 외재변수(Extraneous Variable)라고도 한다.

  ㉡ 외생변수의 영향을 제거하면 X와 Y의 실제 관계가 도출된다.

  ㉢ 일반적으로 외생변수는 관측하기 어려워 외생변수의 영향을 제거(통제)하기가 어렵다.

② 외생변수의 종류

  ㉠ 혼란변수: 독립변수와 종속변수 모두에 부분적으로 영향을 주어 두 변수의 관계를 혼란시키는 변수다.

ⓒ 허위변수: 허위변수는 설명변수와 종속변수 간 인과관계가 없는데 두 변수 간 인과관계가 있는 것처럼 만드는 변수다.

POWER 정리

혼란변수와 허위변수의 이해

• **혼란변수**

교육(독립변수)별 소득(종속변수)을 연구할 때 성실성이 혼란변수가 될 수 있다. 성실한 사람은 교육수준도 높고, 소득도 높을 것이기 때문이다. 만약 대학교 졸업자가 고등학교 졸업자에 비해 월 100만 원을 더 번다고 할 때, 이 100만 원의 임금 차이에는 교육수준의 차이뿐만 아니라 성실성의 영향도 반영되었을 것이다. 참고로, 성실성은 연구자에게 관측되기 어렵기 때문에 혼란변수의 영향을 통제하기는 쉽지 않다.

• **허위변수**

비만인들의 소득수준이 낮다는 연구가 존재한다고 하자. 그런데 비만 자체가 소득에 영향을 주기보다는 비만인에 대한 사회적 차별로 인해 소득수준이 낮을 수 있다. 즉, 사회적 차별이라는 허위변수는 마치 비만이 소득을 낮추는 것처럼 보이게 한다. 그러므로 차별이라는 허위변수를 제거하면 비만과 소득 간 인과관계가 나타나지 않을 것이다. 하지만 차별이라는 허위변수를 측정하기 어렵다.

ⓒ 억압변수(억제변수): 억압변수는 허위변수와 반대로, 두 변수 간 서로 인과관계가 있음에도 불구하고 관계가 없는 것처럼 만드는 변수다.

ⓒ 왜곡변수: 독립변수와 종속변수의 관계를 반대로 만드는 변수다. 쉽게 말해, 실제 인과관계($X \rightarrow Y$)를 정반대의 관계($Y \rightarrow X$)로 만들어버리는 변수다.

▌**외생변수의 종류와 초래하는 문제**

종류	초래하는 문제
혼란변수	X와 Y 모두에 영향을 주어 실제 관계를 혼란시키는 변수
허위변수	X와 Y 간 인과관계가 없는데 있는 것처럼 만드는 변수
억압변수	X와 Y 간 인과관계가 있는데 없는 것처럼 만드는 변수
왜곡변수	X와 Y 간 관계를 반대로 만드는 변수

• **POWER 기출 유형** ✅ •

실제관계가 표면적으로 나타는 관계와는 정반대임을 밝혀주는 검정요인은?

① 외적변수(extraneoust variable)
② 외생변수(exogenous variable)
③ 억제변수(suppressor variable)
④ 왜곡변수(distorter variable)

해설

실제 인과관계($X \rightarrow Y$)를 정반대의 관계($Y \rightarrow X$)로 만드는 변수를 왜곡변수라고 한다.

정답 ④

---

2) 측정 가능성에 따른 변수의 종류 ★☆☆ 필답 연계 p. 359

Q. 측정변수와 잠재변수에 대해 설명하고, 각 변수의 예시를 2개씩 작성하시오.

(1) 측정변수(Observed Variable)

① 측정이나 관찰이 가능한 변수로 관찰변수라고도 한다.

② 교육수준, 소득, 키, 몸무게 등이 해당된다.

(2) 잠재변수(latent Variable)

① 추상적 개념으로 관측이 불가능해 직접적인 측정이 불가능한 변수다.

② 지능, 성실성, 의지력, 직무만족도 등은 잠재변수에 해당된다.

③ 여러 개의 관찰변수를 이용해 간접적으로 측정한다. 예를 들어, 직무만족도를 측정하기 위해 연봉, 야근 횟수, 전공 일치성 등을 활용한다.

④ 대리변수(Proxy Variable)를 활용하기도 한다. 예를 들어, 흡연 여부를 조사해 의지력의 대리변수로 활용한다(흡연 = 약한 의지력).

● POWER 기출 유형 ✓ ●

잠재변수와 관찰변수에 관한 설명으로 바르지 않은 것은?

① 잠재변수란 직접 관찰이 불가능한 변수를 의미한다.

② 대학생의 성적을 평균으로 나타낸 것은 관찰변수에 해당한다.

③ 하나의 잠재변수를 측정하기 위해 하나의 관찰변수를 사용하는 것이 바람직하다.

④ 지능, 태도, 직무만족도는 잠재변수에 해당한다.

해설

① 잠재변수는 관측이 불가능한 변수이며(예 ④ 지능, 태도, 직무만족도 등), ② 측정(관찰)변수는 성적처럼 측정이 가능한 변수다.

정답 ③

---

3) 속성에 따른 변수의 종류 ★★☆ 필답 연계 p. 359

Q. 양적자료와 질적자료에 대해 설명하고, 각각의 예시를 2가지씩 기술하시오.

(1) 양적변수(Quantitative Variable)

① 양적변수는 연산이 가능한 의미 있는 수치로 나타낼 수 있는 변수로 정성변수라고도 한다.

② 교육수준, 소득, 키, 몸무게 등이 양적변수에 해당된다.

(2) 질적변수(Qualitative Variable)

① 질적변수는 어떤 속성(성별, 인종, 직업 등)을 기준에 따라 범주(그룹)로 구분하는 변수다.

② 속성에 수치를 부여해 범주형 변수나 더미변수를 만들어 낸다.

③ 값은 수치적 의미가 없고, 단순히 다른 종류임을 의미한다.

④ 명목척도(예 인종)나 서열척도(예 계급)로 측정되는 변수다(CHAPTER 04 참고).

POWER 정리

범주형 변수(Categorical Variable) vs. 더미변수(Dummy Variable)

인종별 소득수준을 연구하고자 한다. 이때 인종을 아시아인, 백인, 흑인, 기타로 구분해 아시아인이면 1, 백인이면 2, 흑인이면 3, 기타면 4를 부여하는 방식으로 범주형 변수(범주화하고 숫자를 부여한 변수)를 만들어 분석에 활용한다.

또는 아시아인이면 1을 부여하고, 다른 모든 인종에는 0을 부여하는 방식으로 더미변수(0과 1로만 표현되는 변수)를 만들어 분석에 활용한다.

질적변수를 범주형 변수로 구분해 부여한 숫자는 사칙연산이 불가능하고(의미가 없고), 단순히 다른 종류임을 의미할 뿐이다(1이 0보다 큰 것이 아니다).

01

두 변수 (X, Y)가 있을 때, 한 변수(X)가 다른 변수 (Y)에 시간적으로나 이론적으로 선행하면서 그 변수 (X)의 변화가 다른 변수(Y)의 변화에 영향을 미칠 수 있다. 이때 두 변수(X, Y)를 무엇이라고 하는가?

① 독립변수와 종속변수
② 독립변수와 선행변수
③ 종속변수와 매개변수
④ 선행변수와 매개변수

해설

X가 Y에 영향을 미치는 관계일 때 X를 독립변수(설명변수), Y를 종속변수라고 한다.

정답 ①

02

변수 사이의 관계에 대한 설명으로 옳은 것은?

① X와 Y 사이에 매개변수가 있을 경우, X와 Y 사이에는 인과관계가 존재하지 않는다.
② X와 Y가 실제로는 정(Positive)의 관계를 가지면서도, 상관계수는 부(Negative)의 관계로 나타날 수 있다.
③ X와 Y의 상관계수(피어슨의 상관계수)가 0이면, 두 변수 간에는 아무런 관계가 존재하지 않는다고 결론짓는다.
④ X와 Y보다 논리적으로 선행하고 두 변수가 높은 상관을 보이면, 두 변수 X와 Y가 인과관계가 있다고 결론짓는다.

해설

왜곡변수는 독립변수와 종속변수의 관계를 반대로 만드는 변수다. 그러므로 왜곡변수가 있을 때 X와 Y가 실제 관계와 반대로 나타난다.
① 매개변수는 X와 Y 사이의 인과관계를 더 명확하게 해주는 변수다.
③ 상관계수가 0이면 선형관계가 없는 것이지 아무런 관계가 없다고 단정할 수 없다(제3과목 CHAPTER 04 참고).
④ 인과관계가 성립되기 위해서는 공동변화, 시간적 선후관계, 비허위성(외생변수 통제)이라는 3가지 조건이 성립해야 하는데, 보기에서는 비허위성에 대한 언급이 없다.

정답 ②

03 최신

인과적 관계의 검정요인에 속하지 않는 것은?

① 외적변수   ② 매개변수
③ 선행변수   ④ 잠재변수

해설

잠재변수는 관측이 불가능해 직접적인 측정이 불가능한 변수로 인과관계와는 무관한 개념이다.

TIP 보기로 예측변수가 등장하기도 하는데, 예측변수 역시 인과적 관계와 무관하다.

정답 ④

04

두 변수 간의 관계를 보다 정확하고 명료하게 이해할 수 있도록 밝혀주는 역할을 하는 검정 요인으로만 짝지어진 것은?

① 매개변수, 왜곡변수
② 선행변수, 억제변수
③ 구성변수, 매개변수
④ 외적변수, 구성변수

분석과정에서 어떠한 구성변수를 고려하느냐에 따라 분석하고자 하는 독립변수와 종속변수 간 인과관계가 명확해진다. 또한 매개변수를 모형에 추가 또는 제외하는 방법으로 인과관계를 더 명확히 밝혀낼 수 있다. 억제변수, 외적변수는 독립변수와 종속변수 간 인과관계를 훼손하는 변수들이다.

정답 ③

05

다음 중 범주형 변수(categorical variable)인 것은?

① 자녀 수
② 지능지수(IQ)
③ 원화로 나타낸 연간소득
④ 소득수준 3단계(상, 중, 하)로 나눈 계층적 지위

해설

소득수준을 3단계로 나누어 각 계층에 다른 수치를 부여한 변수를 범주형 변수(질적변수)라고 한다. 자녀 수, 지능지수, 소득은 양적변수에 해당한다.

정답 ④

06 빈출

다음은 어떤 변수에 대한 설명인가?

어떤 변수가 검정 요인으로 통제되면 원래 관계가 없는 것으로 나타났던 두 변수가 유관하게 나타난다.

① 예측변수
② 왜곡변수
③ 억제변수
④ 종속변수

해설

억제(억압)변수는 X와 Y 간 인과관계가 있음에도 불구하고 관계가 없는 것처럼 만드는 변수다. 그러므로 억제변수를 적절히 통제하면 X와 Y 간 본래의 인과관계가 나타나게 된다.

정답 ③

07

다음의 가설을 검증하기 위해 국가별 통계 자료를 수집한다고 할 때, '출생률'은 어떤 변수인가?

1인당 국민소득(GNP)이 올라가면 출생률 즉, 인구 1,000명당 신생아의 수는 감소한다.

① 매개변수
② 독립변수
③ 외적변수
④ 종속변수

해설

국민소득이 올라가면 출생률이 감소할 때, 출생률은 결과에 해당하는 종속변수이며, 국민소득은 원인에 해당하는 독립변수다.

정답 ④

08

질적변수(qualitative variable)와 양적변수(quantitative variable)에 관한 설명으로 틀린 것은?

① 성별, 종교, 직업, 학력 등을 나타내는 변수는 질적변수이다.
② 질적변수에서 양적변수로의 변환은 거의 불가능하다.
③ 계량적 변수 혹은 메트릭(metric) 변수라고 불리는 것은 양적변수이다.
④ 양적변수는 몸무게나 키와 같은 이산변수(discrete variable)와 자동차의 판매 대수와 같은 연속변수(continuous variable)로 나누어진다.

해설

몸무게, 키, 자동차 판매 대수 모두 양적변수이기는 하지만, 몸무게나 키는 연속변수이고, 자동차 판매 대수는 이산변수이다.

정답 ④

09 최신

다음 중 연속변수(continuous variable)가 아닌 것은?

① 소득   ② 환율
③ 혈액형   ④ 몸무게

해설

연속변수는 양적변수 중 셀 수 없는 변수로 소득, 환율, 몸무게 등이 해당한다. 혈액형은 A형, O형 등으로 범주화하여 수치를 부여할 수 있는 범주형 변수(질적변수)다.

정답 ③

10 빈출

다음 (   ) 안에 들어갈 변수를 순서대로 나열한 것은?

> (   )은/는 독립변수의 결과인 동시에 종속변수의 원인이 되는 변수로 두 변수의 관계를 중간에서 설명해 주는 것이고, (   )은/는 독립변수가 종속변수에 미치는 영향을 강화하거나 약화하는 변수를 의미한다.

① 조절변수 – 억제변수
② 매개변수 – 구성변수
③ 매개변수 – 조절변수
④ 조절변수 – 매개변수

해설

매개변수는 독립변수와 종속변수의 중간에 위치하여 독립변수의 영향을 종속변수에 전달하는 역할을 한다. 그러므로 매개변수는 독립변수의 결과인 동시에 종속변수의 원인이 되는 변수다. 조절변수는 독립변수가 종속변수에 미치는 영향의 강도를 조절하는 변수다.

정답 ③

11

실험변수가 아니면서 결과변수에 영향을 주는 일종의 독립변수로서 최대한으로 그 영향이 제거되거나 상쇄될 수 있도록 해야 하는 실험설계의 기본요소는?

① 조절변수   ② 종속변수
③ 외생변수   ④ 매개변수

해설

외생(외재)변수는 실험변수(독립변수)가 아닌 제3의 변수이면서 독립변수와 종속변수 간 인과관계를 훼손하는 변수이기 때문에 외생변수의 영향을 최대한 제거해야 한다.

정답 ③

12

다음 (   )에 들어갈 변수는 무엇인가?

> (   )는 인과관계에서 독립변수에 앞서면서 독립변수에 대해 유효한 영향력을 행사하는 변수를 의미한다. (   )는 매개변수와는 달리 독립변수와 종속변수 간의 관계를 설명하는 것이 아니라 그 관계에 미치는 영향을 명확히 하고자 할 때 도입한다.

① 선행변수   ② 구성변수
③ 조절변수   ④ 외생변수

해설

독립변수 앞에 위치한 변수는 선행변수다.

정답 ①

13

어떤 연구자가 한 도시의 성인 500명을 무작위로 추출하여 인터넷 이용이 흡연에 미치는 영향을 조사한 결과, 인터넷 이용량이 많은 사람일수록 흡연양도 유의미하게 많은 것으로 나타났다. 이를 토대로 인터넷 이용이 흡연을 야기한다는 인과적인 설명을 하는 경우 가장 문제가 되는 인과성의 요건은?

① 경험적 상관
② 허위적 상관
③ 통계적 통제
④ 시간적 순서

[해설]

인터넷 이용이 흡연의 원인이 된다는 인과성은 설득력이 높지 않다. 관측하기 어려운 사람의 성격(제3의 요인) 때문에 인터넷도 많이 하고, 흡연도 하는 것이다. 즉, 실제로 인터넷 사용과 흡연 간 인과관계가 없는데, 허위변수가 인과관계를 만들어 내는 것이다. 참고로, X와 Y 간 인과관계가 없는데 두 변수 간 인과관계가 있는 것처럼 만드는 변수를 허위변수라고 한다.

[정답] ②

14

사회조사에서 독립변수와 종속변수에 대한 설명과 가장 거리가 먼 것은 무엇인가?

① 일반적으로 독립변수가 변하면 종속변수에 영향을 미친다.
② 독립변수를 원인변수, 종속변수를 결과변수라고 할 수 있다.
③ 일반적으로 독립변수는 종속변수보다 시간적으로 선행한다.
④ 종속변수는 하나의 독립변수에 의해 영향을 받는다.

[해설]

일반적으로 종속변수는 하나이지만, 독립변수는 여러 개다. 예를 들어, 자동차 사고 수(종속변수)는 성별뿐 아니라 운전경력에 따라 다르다.

[정답] ④

15

표면적으로 인과관계인 것처럼 보이던 두 변수 X와 Y가 검정요인 Z를 도입한 후, 두 변수 사이의 관계가 사라졌다. X와 Y의 관계는?

① 공변관계
② 허위적 관계
③ 종속관계
④ 상관관계

[해설]

허위변수는 X와 Y 간 인과관계가 없는데 두 변수 간 인과관계가 있는 것처럼 만드는 변수다. 그러므로 허위변수를 적절히 통제하면 X와 Y 간 인과관계가 사라진다.

[정답] ②

16

조절변수를 활용한 가설에 해당하는 것은?

① 소득은 삶의 만족도에 영향을 미친다.
② 소득이 삶의 만족도에 미치는 영향은 성별에 따라 다르다.
③ 소득과 삶의 만족도는 밀접한 관계가 있다.
④ 소득은 의료접근성을 통하여 삶의 만족도에 영향을 미친다.

[해설]

조절변수는 독립변수가 종속변수에 미치는 영향의 강도를 조절하는 것으로 ②에서 성별이 '소득이 삶의 만족도에 미치는 영향'을 조절하는 변수다. ④에서 의료접근성은 소득의 영향을 삶의 만족도에 전달해주는 매개변수다.

[정답] ②

17

실제관게가 표면적으로 나티는 관계와는 정반대임을 밝혀주는 검정요인은?

① 외적변수(extraneoust variable)
② 외생변수(exogenous variable)
③ 억제변수(suppressor variable)
④ 왜곡변수(distorter variable)

해설
왜곡변수는 인과관계($X \to Y$)를 정반대의 관계($Y \to X$)로 만들어버리는 변수다. 그러므로 왜곡변수를 통제/비통제하는 방법으로 실제 관계를 밝혀낼 수 있다.

정답 ④

18

다음 상황에서 제대로 된 인과관계 추리를 위해, 특히 고려되어야 할 요소는?

> 60대 이상의 노인 가운데 무릎이 쑤신다고 하는 분들의 비율이 상승할수록 비가 올 확률이 높아진다.

① 공변성　　　　　② 시간적 우선성
③ 외생변수의 통제　④ 외부사건의 통제

해설
보기에서는 노인의 무릎이 아프면 비가 온다는 인과관계를 주장하고 있다. 어쩌면 흐린 날 기압이 높아서 무릎이 아플 수 있으나, 실제로 노인의 무릎과 날씨와는 아무런 인과관계가 없을 수도 있다. 이렇게 X와 Y 간 인과관계가 없는데 두 변수 간 인과관계가 있는 것처럼 만드는 변수가 허위변수(외생변수 중 하나)인데, 외생변수를 통제하면 X와 Y 간 정확한 인과관계가 도출된다.

정답 ③

19

"노인의 사회 참여가 높을수록 자아존중감이 향상되고, 자아존중감의 향상으로 생활만족도가 높아진다."에서 자아존중감은 어떤 변수인가?

① 종속변수　　　　② 매개변수
③ 외생변수　　　　④ 통제변수

해설
"노인의 사회 참여 → 자아존중감 향상 → 생활만족도"의 관계다. 자아존중감은 노인의 사회 참여의 결과물이자 생활만족도가 높아지는 원인에 해당하는 매개변수에 해당된다.

정답 ②

20

변수의 종류에 관한 설명으로 바르게 짝지어진 것은?

> ㄱ. 매개변수는 독립변수와 종속변수 사이에서 독립변수의 결과인 동시에 종속변수의 원인이 되는 변수이다.
> ㄴ. 억제변수는 두 변수 X, Y의 사실상의 관계를 정반대의 관계로 나타나게 하는 제3의 변수이다.
> ㄷ. 왜곡변수는 두 변수 X, Y가 서로 관계가 있는데도 관계가 없는 것으로 나타나게 하는 제3의 변수이다.
> ㄹ. 통제변수는 연구에서 외재적 변수 중 연구자가 그 영향을 통제하거나 일정하게 유지하기로 한 변수이다.

① ㄱ, ㄴ　　　　　② ㄴ, ㄷ
③ ㄷ, ㄹ　　　　　④ ㄱ, ㄹ

해설
억제(억압)변수는 X와 Y 간 인과관계가 있음에도 불구하고 관계가 없는 것처럼 만드는 변수이며, 왜곡변수는 X와 Y 간 관계를 반대로 만드는 변수다.

정답 ④

04 | 측정의 타당성과 신뢰도 핵심이론

01 변수의 측정

1) 측정의 의미

① 측정은 분석에 필요한 자료를 만드는 작업의 일환으로 대상, 사건, 개념 등에 수치를 부여하는 것이다.
② 예를 들어, 스트레스라는 추상적 개념(잠재변수)을 측정하기 위해 "현재 귀하가 느끼는 스트레스 정도를 1~10점 기준으로 평가하세요"라는 질문으로 수치화할 수 있다.
③ 반복해서 측정하면 동일한 수치를 얻을 수 있다는 가정을 전제한다.
④ 개념적 정의와 조작적 정의를 거쳐 측정(수치화)이 이루어진다.

● POWER 기출 유형 ✓ ●

사람, 사건, 상태, 또는 대상에 미리 정해놓은 규칙에 따라서 숫자를 부여하는 것은 무엇인가?

① 측정
② 척도
③ 개념
④ 가설

해설
대상, 사건, 개념 등에 숫자를 부여하는 것을 측정이라고 한다.

정답 ①

---

2) 개념적 정의와 조작적 정의 ★★★ 필답 연계 p. 359

Q1. 조작적 정의의 의미와 유용성, 그리고 한계에 대해 기술하시오.

Q2. 개념적 정의와 조작적 정의를 예를 들어 설명하시오.

① 개념적 정의는 사물의 형태와 속성, 다양한 사회현상을 개념적으로 정의하는 것이다.
② 조작적 정의는 개념적으로 정의된 대상을 수치화(측정)할 수 있도록 측정방법을 구체화하는 것이다.
③ 정확한 개념적 정의는 조작적 정의의 전제조건이다.
④ 하나의 개념적 정의가 여러 가지의 조작적 정의를 가질 수 있다.
⑤ 조작적 정의 과정에서 본래의 의미를 부분적이며 제한적으로 만들 수 있고, 심지어 본래의 의미가 왜곡되거나 상실될 수도 있다.

• POWER **기출 유형** ✓ •

특정한 구성개념이나 잠재변수의 값을 측정하기 위해 측정할 내용이나 측정방법을 구체적으로 정확하게 표현하고 의미를 부여하는 것은?

① 패러다임(Paradigm)
② 개념화(Conceptualization)
③ 조작적 정의(Operational Definition)
④ 구성적 정의(Constitutive Definition)

해설

개념을 측정하기 위해 측정(수량화) 방법을 구체적으로 표현하는 것은 조작적 정의에 해당된다.

정답 ③

---

3) 측정의 수준 ★★★ 필답 연계 p. 360

Q1. 명목척도, 서열척도, 등간척도, 비율척도를 설명하고, 각각의 예를 2가지씩 기술하시오.

Q2. 측정도구로서 척도의 종류 4가지를 나열하고 설명하시오.

(1) 명목 수준 측정

① 서열, 강도, 수준 등을 나타내는 것이 아니라 성별(남성 또는 여성)처럼 단순히 범주로 구분하는 것이다.
② 명목 수준 측정에서는 측정(수치) 간 배타성(중복 배제)과 포괄성(모든 경우를 포괄)이 충족되어야 한다.
③ 성별, 지역, 계절, 인종, 취업 여부, 운동선수 등번호 등이 해당된다.

(2) 서열(순위) 수준 측정

① 명목 수준 측정처럼 측정 대상이 단순히 어떤 범주에 속하는지에 대한 정보뿐만 아니라 서열의 정보까지 제공하게 된다.

② 서열 수준 측정은 단순히 서열만 나타낼 뿐 산술계산을 할 수 없다.

③ 계급, 석차, 장애등급, 사회계층, 만족도 등이 해당된다.

> **POWER 정리**
>
> 서열 수준 측정
>
> 군인의 직위는 이병, 일병, 상병, 병장 등으로 서열 관계가 있는데, 이병이면 1, 일병이면 2, 상병이면 3, 병장이면 4를 부여할 수 있다. 각 수치가 어떤 직위를 의미하는지(명목)뿐 아니라 4가 3보다 높은 직위라는 서열 정보도 제공한다. 이병 두 명이 일병 한 명과 같다고 할 수 없으며, 이병과 일병의 차이가 상병과 병장 간 차이와 같다고 할 수 없다. 그러므로 서열 수준 측정을 이용해 평균이나 표준편차 등을 산술적으로 계산하는 것은 의미가 없다.

(3) 등간(간격) 수준 측정 필답 연계 p. 360

Q. 등간 척도에 대해 예를 들어서 구체적으로 설명하시오.

① 서열 수준 측정은 단순히 서열 정보만 제공하는 반면, 등간 수준 측정은 대소 관계나 차이 등의 의미를 갖는다.

② 가감(더하기와 빼기)은 가능하지만 승제(곱하기와 나누기)는 의미가 없다. 예를 들어, 온도에서 섭씨 20도와 10도 간 온도 차이가 10도라고 말할 수 있지만, 20도가 10도보다 2배 덥다고 할 수 없다.

③ 온도, 각종 지수(물가지수, 행복지수, 지능지수) 등이 해당된다.

④ 절대 영점이 존재하지 않는다. 즉, 0의 값은 '없다'는 의미가 아니다.

> **POWER 용어**
>
> 절대 영점
>
> "절대 영점(자연영점)이 존재하지 않는다"의 의미를 이해해야 한다. 예를 들어, 온도가 0이라는 것은 온도가 "없다"는 것이 아니고 "영도"라는 의미를 가지고 있다. 반대로 "절대 영점이 존재한다"는 의미는 "0이 없다는 것을 의미"하는 것으로 이해하면 된다.

(4) 비율 수준 측정

① 등간 수준 측정의 특성뿐만 아니라 '절대 영점이 존재'하여 곱하기와 나누기도 할 수 있는 척도다.

② 월급 600만 원은 월급 200만 원보다 3배 많다고 할 수 있으며, 월급이 0이라는 것은 "없다"이 의미이다.

③ 가장 많은 정보를 제공한다(비율 측정 > 등간 측정 > 서열 측정 > 명목 측정).

■ 측정 수준별 비교

구분	명목	서열	등간	비율
변수 종류	이산변수	이산변수	연속변수	연속변수
범주(그룹화)	가능	가능	가능	가능
순위 매김	불가능	가능	가능	가능
등간격 의미	없음	없음	있음	있음
절대영점	없음	없음	없음	있음
사칙연산	$=$	$=, >, <$	$=, >, <, +, -$	$=, >, <, +, -, \times, \div$
정보의 양	4위	3위	2위	1위
예	성별, 지역, 계절, 인종, 취업 여부, 운동선수 등번호	계급, 석차, 장애등급, 사회계층, 만족도	온도, 각종 지수(물가지수, 행복지수, 지능지수 등)	월급, 키, 몸무게, 출산율, 투표율, 소비액, 저축액

• POWER 기출 유형 ⊘ •

다음은 어떤 척도에 대한 설명인가?

• 관찰대상의 속성에 따라 상호배타적이고 포괄적인 범주로 구분하여 수치를 부여하는 도구
• 변수 간의 사칙연산은 의미가 없음
• 운동선수의 등번호, 학번 등이 있음

① 명목척도   ② 서열척도
③ 등간척도   ④ 비율척도

해설

운동선수 등번호는 성별과 같은 대표적인 명목척도로 단순히 선수를 구분하기 위해 수치를 부여한 것으로 사칙연산이 불가능하다.

정답 ①

---

02   측정오차(Error of Measurement)

1) 측정오차의 의미와 원인

① 참값(실제 값)을 정확하고, 일관되게 측정하는 것이 가장 중요하다.
② 측정 과정에서 참값과 측정값 간에 차이가 발생하거나 일관된 측정이 이루어지지 않는 것을 측정오차라 한다.
③ 측정오차는 측정자, 측정대상, 측정상황, 측정방법, 측정도구 등에 의해 발생한다.
④ 체계적 오차와 비체계적 오차로 구분된다.

측정오차의 예

몸무게를 측정하는데 측정자가 96kg을 69kg으로 잘못 기재할 수 있다. 또는 저울(측정도구)에 문제가 있어 정확한 측정이 어려울 수도 있다.

2) 측정오차의 종류 ★★★ 필답 연계 p. 360

Q. 체계적 오차와 비체계적 오차를 설명하시오.

(1) 체계적 오차

① 측정결과가 특정 패턴(편향된 경향)을 보이면서 동일하게 낮아지거나 높아지는 등의 오류가 발생하는 것이다. 예를 들어, 몸무게를 측정하는데 저울(측정도구)의 바늘이 항상 2kg에 위치했을 때 몸무게가 실제보다 2kg 더 높게 측정된다.

② 체계적 오차는 타당도의 문제 또는 외적 일관성의 문제라고도 한다.

③ 체계적 오차가 작을수록 타당도와 외적 일관성이 높다.

④ 표준화된 측정도구를 사용해 체계적 오차를 줄일 수 있다.

(2) 비체계적 오차

① 측정오차가 특정 패턴을 보이는 것(체계적 오차)이 아니라 무작위로 발생하는 것으로 무작위적 오차라고도 한다. 예를 들어, 몸무게를 측정하는데 측정하는 사람(측정자)이 꾸벅꾸벅 졸 경우 어떤 때는 더 무겁게, 어떤 때는 더 가볍게 측정되는 오차가 발생한다.

② 오차가 무작위로 발생하므로 오차 값들이 서로 상쇄되는 경향이 있다.

③ 무작위적 오차는 신뢰도의 문제 또는 내적 일관성의 문제라고도 한다.

④ 비체계적 오차가 작을수록 신뢰도와 내적 일관성이 높다.

03 측정의 신뢰도 ★★★

1) 신뢰도의 의미

① 대상, 사건, 개념 등을 일관성 있게 측정하는 것을 의미한다.

② 참값을 정확하게 측정하지 못해도 일관되게 측정하면 신뢰도가 높다고 말할 수 있다.

2) 신뢰도를 높이는 측정 방법 ★★★ 필답 연계 p. 361

Q1. 측정의 신뢰도를 높이는 방법을 2가지 제시하고 각각에 대해 설명하시오.

Q2. 재조사법과 반분법에 대해 기술하시오.

(1) 재검사법(Test-retest Method)

① 어떤 대상을 측정한 다음 일정 기간 후에 그 대상을 같은 상황(동일한 측정도구 등)에서 반복 측정할 때 같은 값이 나오는지 비교하는 방법이다.

② 두 측정값의 상관관계가 높을수록(비슷할수록) 신뢰도가 높은 측정이라고 말할 수 있다.

(2) 복수양식법(Parallel-forms Technique)

① 시간 간격을 두지 않고 동시에 복수의 측정도구를 이용해 동일한 측정대상을 측정하는 방법이다.

② 두 측정값의 상관관계가 높을수록 신뢰도가 높은 측정이라고 말할 수 있다.

> **POWER 정리**
>
> 복수양식법
>
> 전자형 저울로 몸무게를 측정할 때 제대로 측정되는지 확신이 없다면 바늘저울을 함께 사용해 몸무게를 측정하고 두 값을 비교해 보면 전자형 저울로 측정한 몸무게의 신뢰도가 높은지 알 수 있다. 다만 일반적으로는 대등한 두 가지 형태의 측정도구를 찾기가 어렵다는 한계가 있다.

(3) 반분법(Split-half Method)

① 측정도구(예 설문문항)를 임의로 반으로 나누어 각각 측정하여 결과를 비교하는 방법이다.

② 예를 들어, 50개의 문항으로 IQ를 측정하는데 짝수 문항(25문항)과 홀수 문항(25문항)으로 나누어 동일한 사람의 IQ를 측정하여 유사한 값(높은 상관관계)이 측정될 때 측정의 신뢰도가 높다고 할 수 있다.

③ 두 값의 상관관계를 측정하기 위해 스피어만-브라운(Spearman-Brown) 공식을 활용하기도 한다.

> **POWER 팁**
>
> 스피어만-브라운에 대한 세부 내용은 몰라도 관계없으며, 반분법과 관련이 있다는 정도만 이해하면 충분하다.

(4) 내적 일관성법(Internal Consistency)

① 여러 개의 설문항목으로 특정 개념을 측정할 때 크론바하 알파(Cronbach's α)계수를 이용해 신뢰도를 저해하는 설문항목을 찾아내고 제외하는 방법이다.

> **POWER 팁**
>
> 크론바하 알파계수를 계산하는 복잡한 산식은 암기할 필요가 없고, 개념적으로만 이해하면 충분하다.

② 여러 설문문항 중 특정 개념을 신뢰도 있게 측정할 수 있는(상관관계가 높은) 설문문항만을 활용하여 내적 일관성을 높이는 방법이다.

③ 크론바하 알파계수는 측정항목이 가질 수 있는 모든 조합의 상관관계의 평균값을 의미한다.

④ 크론바하 알파계수는 0~1의 값을 가지는데, 높은 값일수록 신뢰도가 높고, 최소한 0.6보다 클 때 신뢰도가 인정된다.

크론바하 알파계수를 활용한 내적 일관성법

직원들의 근무환경 만족도를 평가하기 위해 10개의 설문을 활용하고자 한다. 그런데 직원들이 10개의 문항 중 1~9번에서 답한 것으로 평가한 만족도 결과와 10번에서 답한 것으로 평가한 만족도가 매우 다르게 나타난다고 하자. 크론바하 알파계수의 기법을 활용하면 10개의 문항 중 어떤 문항이 내적 일관성을 저해하고 있는지, 어떤 문항 때문에 사원들의 만족도가 신뢰도 있게 측정되지 못하는지 찾아낼 수 있다. 이 경우, 10번이 측정을 저해하는 문항이라고 나타나게 되며, 연구자는 10번 문항을 제거하고 1~9번 문항만을 이용해 직원들의 만족도를 측정하게 된다.

3) 신뢰도를 높이는 일반적 방법 필답 연계 p. 361

Q. 신뢰도를 높이는 방법을 5가지 기술하시오.

① 측정 항목수를 늘린다. 중요한 개념에 대해서는 문항수를 늘려서 그중 신뢰도가 높은 문항만을 사용하는 방법이 적합하다.

② 조사 대상자가 잘 모르거나 관심이 없는 내용은 측정하지 않는 것이 좋다. 조사 대상자가 잘 모르는 개념에 대해 측정을 무리하게 한다면, 이는 큰 의미 없는 수치가 되고 결국 연구 전체를 망치게 된다.

③ 측정 항목(설문 항목)의 모호성을 제거한다. 설문문항은 명확해야 하므로 모호한 문항은 명확하게 수정하거나 삭제하는 것이 좋다. 예를 들어, "술을 얼마나 자주 마십니까?"라는 질문은 1달 기준인지, 1주일 기준인지 명확하지 않다.

④ 측정자(조사자, 연구자)의 태도나 방식에 일관성이 있어야 한다. 예를 들어, 조사자가 갑자기 예의 없는 태도로 조사하면 측정값이 달라질 수 있다.

⑤ 중요한 질문에 대해서는 다시 질문한다. 연구에서 가장 중요하게 측정해야 할 대상에 대해서는 질문을 다시 하든가 아니면 동일한 질문을 뒷부분에서 다시 하는 방법을 활용한다.

⑥ 이미 신뢰성이 인정된 설문문항을 활용하는 것이 좋다. 예를 들어, 위험회피성향과 주식투자의 관계를 연구하고자 할 때 개인의 위험회피성향을 잘 측정할 수 있는 표준화된 설문문항이 있다면, 새로운 문항을 개발하기 보다는 이미 인정받은 설문문항을 그대로 활용한다.

• POWER 기출 유형 ✅ •

동일한 개념에 대해서 한 시점과 또 다른 시점에서 각각 측정하여 이들 간에 어느 정도로 높은 상관이 있는가를 보고 신뢰도를 평가하는 방법은 무엇인가?

① 내적일관성법   ② 재조사법
③ 반분법   ④ 복수양식법

해설

어떤 개념을 측정한 다음, 일정 기간 후에 다시 측정할 때 같은 값이 나오는지를 비교하는 방법은 재검사(재조사)법이다.

정답 ②

1) 타당도의 의미

① 대상, 사건, 개념 등을 정확하게 측정하는 것을 의미한다.
② 신뢰도가 높다고 타당도도 높다고 할 수 없으나, 타당도가 높으면 신뢰도가 높다.

2) 타당도의 종류 <u>**필답 연계 p. 361**</u>

Q. 내용타당도, 기준타당도, 개념타당도가 무엇인지 설명하시오.

(1) 내용타당도(Content Validity)

① 측정도구(설문문항)가 측정하고자 하는 내용을 연구자가 의도한 대로 잘 측정하고 있느냐를 의미한다.
② 설문문항이 측정하고자 하는 내용이나 주제를 적절하게 반영하고 있을 때 내용타당도가 높다고 말할 수 있다.
③ 내용타당도는 주로 주관적으로 결정(전문가에 의해)되는 것이기 때문에 통계적 검증이 수반되지 않는다.
④ 안면타당도, 표면타당도, 액면타당도, 논리타당도라고도 한다.

POWER 정리

내용타당도의 개념적 이해

학생들의 영어능력을 평가하는데 문법시험으로만 평가한다고 하자. 이때 학생들의 영어회화 능력을 평가하지 못하기 때문에 문법시험은 영어능력을 정확히 측정할 수 없어 내용타당도가 낮은 측정도구다.

---

(2) 기준타당도(Criterion-related Validity)

① 이미 경험한 기준으로 새로운 측정도구의 타당도를 확인하는 방법으로 경험타당도라고도 한다.
② 새로운 측정도구에 의해 얻은 결과(A)가 이미 타당도가 경험적으로 증명된 기준을 적용하여 측정된 결과(B)와 유사할 경우 새로운 측정도구의 기준(준거)타당도가 높다고 할 수 있다.
③ A와 B가 얼마나 유사한지 상관분석으로 밝혀낸다.
④ 기준타당도는 예측타당도와 동시타당도로 구분된다.

▌예측타당도와 동시타당도의 이해

구분	내용
예측타당도	• 측정값이 미래의 결과를 얼마나 정확히 예측하는지를 의미한다. • 예를 들어, 입사시험(새로운 측정도구)으로 우수한 사원을 뽑는데 입사 이후 사원의 업무능력 평가 점수(이미 경험적으로 증명된 측정도구)가 높지 않다면 입사시험은 예측타당도가 낮은 것이다.
동시타당도	• 측정도구에 의한 측정결과가 대상의 현재 상태를 올바르게 측정할 수 있느냐를 의미한다. • 예를 들어, 설문문항(새로운 측정도구)을 이용해 평가한 정치적 성향(보수 vs. 진보)이 실제 정치적 성향(이미 경험적으로 증명된 기준에 의해 분류된 정치적 성향)과 잘 맞아떨어진다면 동시타당도가 높다고 말할 수 있다.

(3) 개념타당도(Construct Validity) 필답 연계 p. 362

Q. 개념타당도의 종류 2가지를 설명하시오.

① 측정하고자 하는 이론적 개념이나 설명하기 어려운 추상적 개념을 측정도구가 얼마나 잘 측정하는지에 대한 것이다.

② 개념타당도가 높은지 여부를 판별할 때는 주로 요인분석이나 상관분석이 활용된다.

③ 계량적 검증이 가능하기 때문에 비교적 과학적이고 객관적이다.

④ 측정한 값 자체보다는 측정하고자 하는 속성(개념)에 초점을 맞춘다.

⑤ 개념이 구성(내포)하고 있는 의미를 얼마나 정확하게 측정하는지를 의미한다는 점에서 구성타당도라고도 한다.

⑥ 집중타당도, 판별타당도, 이해타당도가 높으면 개념타당도가 높다고 할 수 있으며, 이 세 가지 타당도(집중, 판별, 이해)는 서로 독립적인 개념이 아니라 상호 보완적인 기능을 수행한다.

▌ 집중타당도, 판별타당도, 이해타당도의 이해

구분	내용
집중타당도	• 동일한 개념을 상이한 측정방식으로 측정한 결괏값 간 높은 상관관계가 존재하는 것이다. • 예를 들어, 수학문제를 푸는 능력(동일한 개념)을 측정하고자 할 때 과제점수로 평가할 때(하나의 측정방식)와 시험점수로 평가할 때(다른 측정방식) 평가 결과가 유사하다면 과제와 시험은 집중타당도가 높다고 할 수 있다.
판별타당도	• 집중타당도(동일 개념 & 다른 측정 방식)와 반대되는 개념으로 상이한 개념을 동일한 방법으로 측정할 때 결괏값 간에 상관관계가 낮아야 한다는 것을 의미한다. • 예를 들어, 어떤 시험지로 창의력과 암기력을 평가했는데 둘 다 높게 나왔다면 해당 시험지는 창의력과 암기력을 정확히 평가할 수 있는 측정도구가 아니라 단순히 지능을 평가한 것일 수 있다.
이해타당도	• 특정 개념과 유사한 다른 여러 개념들이 존재할 때 이들 개념들을 모두 측정할 수 있는 또는 하위 개념까지 측정할 수 있는 측정방법일수록 이해타당도가 높다고 말한다. • 예를 들어, 체력은 지구력, 순발력, 유연성, 근력 등 여러 가지로 정의될 수 있으므로 단순히 지구력만 측정하기 보다는 지구력, 순발력, 유연성, 근력 등을 모두 평가할 수 있다면 이해타당도가 높은 측정방법이다.

3) 타당도를 높이는 일반적 방법

① 검증된 측정도구를 활용하면 타당도(측정의 정확성)가 높아진다.

② 사전검사를 통해 타당도를 저해하는 것(설문문항)은 제거한다.

③ 타당도가 낮다는 것은 측정에 문제가 있다는 것이기 때문에 표본의 크기를 증가시킨다고 하더라도 타당도가 개선되지는 않는다. 예를 들어, 스트레스라는 개념을 수치화하는 조작적 정의(측정)과정에서 스트레스의 수준을 파악할 수 있는 설문문항 자체에 문제가 있다면, 표본을 아무리 증가시켜도 설문문항의 타당도가 개선되지 않는다.

기준 관련 타당도(criterion-related validity)와 가장 거리가 먼 것은 무엇인가?

① 동시적 타당도   ② 예측적 타당도
③ 경험적 타당도   ④ 이론적 타당도

해설
이론적 타당도는 개념타당도에 해당된다.

정답 ④

4) 타당도와 신뢰도의 구분과 관계

① 타당도는 측정의 정확성을, 신뢰도는 측정의 일관성을 의미한다.
② 아래 그림에서 과녁의 중앙이 참값이라고 할 때 왼쪽 그림은 정확하게 그리고 일관성 있게 측정했기 때문에 타당도와 신뢰도가 높다.
③ 가운데 그림은 정확히 측정하지 못해 타당도는 낮지만 일관성이 있어 신뢰도는 높다.
④ 오른쪽 그림은 타당도와 신뢰도 모두 낮다.
⑤ 타당도가 높으면 신뢰도가 높다고 할 수 있지만(왼쪽 그림), 신뢰도가 높다고 타당도가 높다고 할 수 없다(가운데 그림).

▌타당도와 신뢰도의 구분

타당도 높고, 신뢰도 높고	타당도 낮고, 신뢰도 높고	타당도 낮고, 신뢰도 낮고
		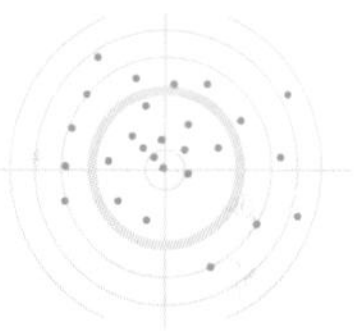

POWER 팁

타당도와 신뢰도
필기시험에서 과녁 그림을 이용해 체계적(타당도) 오류와 무작위적(신뢰도) 오류에 대한 문제가 자주 출제된다. 또한, 동일한 의미를 지닌 다른 용어들을 시험에 출제하므로 아래 표의 용어를 숙지해야 한다.

▌타당도 및 신뢰도와 같은 의미로 사용되는 표현들

구분	타당도 높다	신뢰도 높다
다른 표현&같은 의미	측정의 정확성 높다.	측정의 일관성 높다.
	체계적 오류 적다.	비체계적 오류 적다.
	외적 일관성 높다.	내적 일관성 높다.

측정 도구로서의 척도 ★☆☆

1) 척도의 의미

① 측정이 특정 개념에 수치를 부여하는 것이라면, 척도(scale)는 측정을 하는 도구다.
② 측정이 추상적 개념을 수치화하는 것이라면, 척도는 수치를 부여하는 방법이다.
③ 추상적 개념을 하나의 지표(수치)로 전환해 복합적인 개념을 측정할 수 있게 한다.

2) 척도의 특징

① 다양한 문항을 활용해 추상적 개념을 하나의 수치로 나타낸다.
② 여러 개의 문항을 활용해 추상적 개념을 단순한 값으로 요약한다.
③ 여러 개의 문항을 이용해 측정의 신뢰도를 높일 수 있다.
④ 연속성은 척도의 중요한 특징이며, 척도에 의해 도출된 하나의 수치는 측정대상의 속성과 1:1 대응관계를 가진다.

3) 좋은 척도의 조건

① 신뢰성: 일관되게 측정되어야 한다.
② 타당성: 정확하게 측정되어야 한다.
③ 유용성: 활용도가 높아야 한다.
④ 단순성: 이해가 쉽고 단순해야 한다.

● POWER 기출 유형 ✓ ●

사회조사에서 척도에 대한 설명으로 틀린 것은?

① 불연속성은 척도의 중요한 속성이다.
② 척도는 변수에 대한 양적인 측정치를 제공한다.
③ 척도는 여러 개의 자료를 하나의 점수로 나타낸다.
④ 척도를 통하여 하나의 지표로 제대로 측정하기 어려운 복합적인 개념을 측정할 수 있다.

[해설]
연속성은 척도의 중요한 속성이다.

정답 ①

---

4) 척도, 지표, 지수의 이해

(1) 지수(index) vs. 지표(indicator)

① 지수는 다수의 지표들을 단일 수치로 표현하는 방식이다.

② 지수는 하나의 지표로 측정하기 어려운 복합적인 개념을 측정한다.

③ 예를 들어, 하나의 지표를 활용해 건강상태를 측정하고, 또 다른 지표를 활용해 경제적 상태를 측정해 이 둘을 결합해 행복이라는 지수(행복지수)를 만들 수 있다.

④ 지표와 지수 모두 추상적 개념세계에 수치를 부여하는 방법으로, 경험적 현실세계와 일치시킨다.

(2) 지수(index) vs. 척도(scale) `필답 연계 p. 362`

Q. 척도와 지수의 의미를 설명하고, 척도와 지수를 이용하는 이유를 2가지 기술하시오.

① 척도는 추상적 개념에 수치를 부여하는 도구(방법)로 추상적 개념을 하나의 지표로 전환하며, 다수의 지표들을 단일 수치로 표현하는 지수를 만든다(측정 → 지표 → 지수).

② 지수와 척도 모두 변수의 합성측정으로 복수의 문항을 활용한다.

③ 지수와 척도 모두 추상적인 개념을 단일수치로 표현한다.

④ 지수와 척도 모두 추상적인 개념을 통계분석이 가능 · 편리하도록 한다.

⑤ 지수와 척도 모두 변수에 대한 서열(순위) 측정을 만들어 낸다. 예를 들어, 행복지수 20이 10보다 더 행복하지만 2배 더 행복하다는 것은 아니다.

⑥ 지수와 척도 모두 중요한 속성은 연속성이다.

⑦ 지수와 척도 간 어느 것이 더 많은 정보를 제공한다고 단언할 수 없다.

---

06 척도의 종류 ★★★

1) 리커트 척도(Likert Scale)

① 다양한 문항을 활용해 측정 대상에 대한 응답자의 호불호, 동의 · 비동의의 수준을 측정한다.

② 리커트 척도는 3점, 5점, 7점 등 다양한 방식으로 구성될 수 있으나, 보편적으로 5점 척도가 가장 빈번하게 사용된다.

③ 결과물은 서열(순위) 측정에 해당된다.

④ 설문문항 간 내적 일관성이 있는지를 크론바하 알파(Cronbach's α)로 평가할 수 있다.

⑤ 문항 간 가중치를 부여하지 않고 총점 또는 평균을 계산하는 총화평정법(Summated Rating scale)을 활용해 객관성을 강화한다.

리커트 척도: 총화평정법

음주에 대한 질문	대답				
	① 매우 아니다	② 아니다	③ 보통이다	④ 그렇다	⑤ 매우 그렇다
육체적 건강에 해롭다고 생각합니까?	O				
정신건강에 해롭다고 생각합니까?		O			
가족에게도 해롭다고 생각합니까?		O			

A라는 응답자가 위의 예처럼 대답을 했다고 하자. 이때 A에게는 5의 값(1+2+2)이 부여되며, 향후 음주할 가능성이 높을 것으로 예상할 수 있다. 반대로 어떤 응답자가 모든 문항에 "⑤ 매우 그렇다"를 선택했다면 그 사람에게는 15가 부여되며, 이 응답자는 향후 음주할 가능성이 매우 낮을 것으로 예상하게 된다. 이렇게 점수를 모두 합하여 구한 총점이 그 사람의 태도나 생각에 대한 측정치, 즉 리커트 척도 점수가 되는데, 이러한 방법을 총화평정법(Summated Rating)이라고 한다. 총화평정법은 단순하고 객관적인 것이 장점인 반면, 문항 간 가중치를 부여하지 않기 때문에 측정의 정확성이 낮을 수 있다.
응답자의 값이 20인 사람이 10인 사람에 비해 음주할 가능성이 2배 높다고 평가하지 못한다. 즉, 리커트 척도는 순위(서열)측정에 해당한다.

2) 보가더스 척도(Borardus Scale) 필답 연계 p. 362

Q. 보가더스에 의해 개발된 사회적 거리척도에 대해 설명하시오.

① 인종, 사회계급, 직업 같은 여러 가지 형태의 집단에 대한 사회적 거리를 측정하기 위해 개발된 척도로 '사회적 거리 척도'라고도 한다.
② 다른 사회적 범주(인종, 계급, 직업 등)에 대한 응답자의 거리감을 측정하는 것이다.
③ 집단뿐 아니라 개인 또는 추상적인 가치에도 적용할 수 있다.
④ 거트만 척도를 위한 예비조사적인 목적으로 활용되기도 한다.

예 보가더스 척도의 예시
우리나라 국민들이 A(백인), B(흑인), C(아시아인) 나라의 국민에 대해 어느 정도 사회적 거리를 두고 있는지에 대해 다음과 같은 질문으로 측정할 수 있다.

사회적 거리 척도의 예

질문	A국 국민	B국 국민	C국 국민
내 가족으로 찬성한다(받아들일 수 있다)			
내 친인척의 가족으로 찬성한다			
내 동호회 멤버로 찬성한다			
내 직장 동료로 찬성한다			
내 직장 이웃으로 찬성한다			
내 국가의 국민으로 찬성한다			

3) 거트만 척도(Guttman Scale)

① 어떤 항목에 대한 개인의 태도(반응)로부터 수치(점수)를 도출하는 방법인데, 태도(예 인종적 편견)가 단일한 차원을 가지고 있음을 전제한다.

② 단일한 차원을 가지고 있기 때문에 증가하는 강도에 따라 태도 문항을 서열적으로 배열하고, 특정 강도의 진술에 동의하는 태도를 보인다는 것은 그것보다 낮은 강도의 진술에도 동의한다는 것을 의미한다.

③ 결과물은 서열(순위) 측정에 해당된다.

④ 거트만 척도로 개발된 척도의 적절성은 재생계수로 평가한다.

⑤ 재생계수는 응답자의 대답이 이상적인 패턴에 얼마나 가까운지를 나타내는 것으로 0.9 이상이면 적절한 척도(최댓값 1)라고 판단한다.

> 예 거트만 척도의 예시
>
> 사회적 거리/보가더스 척도를 좀 더 체계적으로 발전시킨 것으로 예를 들어 난민에 대한 태도를 다음과 같은 방법으로 측정할 수 있다. 응답자 A가 난민에 대한 질문에 아래 표와 같이 답변했다고 하자. 난민에 대한 태도 문항을 서열적으로 배열하였으며, 난민에 대한 태도는 단일한 차원을 가지고 있다고 가정하기 때문에 6번에 대한 A의 대답은 분명 "예"일 것이다. 이 경우, 난민에 대한 A의 태도에 5점을 부여할 수 있다. B에게 동일하게 질문했을 때, B가 첫 번째 질문에 "예"를 선택했다면 이후 설문에도 모두 "예"를 선택할 것이다. 이때 난민에 대한 B의 태도에는 1점을 부여할 수 있는데, 점수가 높을수록(B보다 A가) 난민에 대해 더 배타적임을 의미한다.
>
> ▎ 거트만 척도: 난민에 대한 태도
>
> | 질문 | 예 | 아니오 |
> | --- | --- | --- |
> | 1. 내 가족으로 찬성한다(받아들일 수 있다) | ① | ② |
> | 2. 내 친인척의 가족으로 찬성한다 | ① | ② |
> | 3. 내 동호회 멤버로 찬성한다 | ① | ② |
> | 4. 내 직장 동료로 찬성한다 | ① | ② |
> | 5. 내 이웃으로 찬성한다 | ① | ② |
> | 6. 내 국가의 국민으로 찬성한다 | ① | ② |

4) 소시오메트리(Sociometry) 필답 연계 p. 362

Q. 소시오메트리는 집단 내 구성원 간의 거리(친화도)를 측정하는 방법이다. 이를 성공적으로 수행하기 위한 요건을 5가지 기술하시오.

① 보가더스 척도가 집단 간 사회적 거리를 측정하는 것이라면 소시오메트리는 집단 내 구성원 간의 거리(친화도)를 측정하는 방법이다.

② 조사대상 인원이 많을 경우에는 적용하기 어렵다는 단점이 있다.

③ 구성원 모두가 동질적일 경우에는 의미 없는 결과가 도출된다.

④ 리더십, 구성원들 간 갈등 및 응집 등의 연구에 주로 활용된다.

⑤ 소시오메트리를 성공적으로 사용하기 위해 다음 내용을 주의한다.

　㉠ 조사 집단의 범위를 명확하게 규정한다.

　㉡ 평가가 가능하도록 개인적인 유대가 있는 사람들이어야 한다.

　㉢ 평가 집단이 너무 크거나 광범위해서는 안 된다.

　㉣ 질문문항은 명확히 이해할 수 있도록 작성되어야 한다.

　㉤ 조사결과는 집단구성원을 재구조화하는 데만 사용된다고 알려야 한다(상대방에 대한 평가 결과는 비밀을 보장).

예 소시오메트리 척도의 예시

회사에 A, B, C, D, E, F의 회사원이 있으며, 마음에 드는 직원에게 +를, 마음에 들지 않는 직원에게 −를, 별 감정이 없는 직원에게는 0을 입력하라고 설문하는 방법으로 집단 내 구성원 간 거리를 측정할 수 있다. 아래 표에서 회사원 C는 +를 4개 받고 −를 1개 받아서 3점(=4−1)이 부여되었고, 구성원 간 친밀감이 높다고 평가할 수 있다.

▌소시오메트릭 행렬(Sociometric Choice Matrix)

구분	A	B	C	D	E	F
A	0	+	+	+	+	0
B	−	0	−	−	0	0
C	+	−	0	0	0	0
D	+	0	+	0	+	0
E	0	0	+	+	0	+
F	0	0	+	0	0	0
+를 받은 수	2	1	4	2	2	1
−를 받은 수	1	1	1	1	0	0
점수	1	0	3	1	2	1

---

5) 의미분화 척도

① 양극단에 서로 상반되는 형용사를 배열하고 주로 7가지 점수로 표현하도록 설계하여, 어떤 개념에 대한 개인의 생각을 여러 차원에서 평가하는 방법이다.

② 어의구별 척도 또는 어의적 분화 척도라고도 한다.

예 의미분화 척도의 예시

비만에 대한 주관적인 의미를 측정하기 위해 다음과 같이 질문할 수 있다.

"비만에 대한 귀하의 생각을 1점(긍정적)에서 7점(부정적) 중 선택하세요."

응답자 A가 아래와 같이 응답했다면 20(5+4+6+5)의 점수를 부여한다. 만약 동일한 질문에 응답자 B에게 10점이 부여되었다면, 비만에 대해 A가 B보다 더 부정적임을 알 수 있다.

▌어의구별 척도: 비만

	1	2	3	4	5	6	7	
깨끗함					O			더러움
똑똑함				O				멍청함
부지런함						O		게으름
친절함					O			불친절함

6) 스타펠 척도(Stapel Scale)

① 양극단에 서로 상반되는 형용사를 배열하는 어의구별 척도와 달리 하나의 수식어만 사용해 측정하는 방식이다.

② 긍정적인 태도는 양수, 부정적인 태도는 음수로 측정하는 척도다.

예 스타펠 척도의 예시

아래의 예에서 A의 응답이 20점(4+4+4+5+3)이고 B의 응답이 10점(-1+4+4+1+3)일 때 A가 B보다 해당 백화점에 대한 전반적인 만족도가 높다고 평가한다.

▌백화점에 대한 만족도 평가: 스타펠 척도

5	5	5	5	5
4	4	4	4	4
3	3	3	3	3
2	2	2	2	2
1	1	1	1	1
상품이 고급이다.	서비스가 좋다.	상품이 다양하다.	친절하다.	깨끗하다.
-1	-1	-1	-1	-1
-2	-2	-2	-2	-2
-3	-3	-3	-3	-3
-4	-4	-4	-4	-4
-5	-5	-5	-5	-5

7) 고정총합(총합고정) 척도 `필답 연계 p. 363`

Q. 총합고정 척도법에 대해 기술하시오.

① 서열형 질문의 변형된 형태로 주로 선호도를 평가한다.
② 합산평가 척도의 일종으로 모든 값을 더하면 100이 되는 체계다.
③ 주로 각 보기별 비중을 질문하고, 모든 비중을 더하면 100%가 되는 형태로 설계된다.

예 고정총합 척도 예시

Q1. 귀하의 지난 6개월(1월~6월 말) 동안 소비항목별 비중을 입력하세요.

식료품	문화 · 오락	교육	여행	기타	계
( )%	( )%	( )%	( )%	( )%	100%

---

8) 서스톤 척도(Thurstone Scale) `필답 연계 p. 363`

Q. 서스톤 척도의 개념을 설명하고, 다른 척도에 비교하여 서스톤 척도의 장단점을 1개씩 기술하시오.

(1) 정의

① 많은 설문문항(보통 수백 개), 전문가의 평가, 가중치를 이용하는 방법으로 복합적인 개념을 체계적으로 측정하기 위한 척도다.
② 수준 높은 등간척도를 만들 수 있고, 척도의 타당성이 높다.
③ 척도 개발에 많은 비용과 인원이 필요하다.
④ 평가자의 주관적 판단이 개입될 가능성이 높다.

POWER 팁

서스톤 척도의 한계
현실에서는 비용문제 때문에 활용도가 높지 않아 깊이 공부할 필요는 없으며, 몇 개의 키워드(예 전문가, 가중치, 등간척도, 고비용)만 기억해도 충분하다.

---

(2) 절차

① 복합적인 개념을 체계적으로 평가하기 위해 "예"와 "아니오"로 답변할 수 있는 가능한 많은 설문문항을 만든다.
② 설문문항을 평가자(전문가)에게 평가하도록 하고, 평가자별로 평가가 너무 다른 문항은 제거한다.
③ 남은 문항을 서열적으로 배치하고(예 어떤 개념에 대해 가장 부정적인 질문), 응답자가 "예"라고 답할 때마다 서열적으로 분류된 기준에 따라 가중치를 부여하는 방법으로 척도를 만들어내는 방식이다.
④ 예를 들어, 서열이 높은 질문에 "예"라고 응답하면 8점을 부여하고, 서열이 낮은 질문에 "예"라고 응답하면 1점을 부여하는 방식으로 가중치를 부여한 다음 각 응답자별 평균점수(또는 총점)를 척도로 활용하게 된다.

서스톤 척도의 예시

AIDS(에이즈)에 대한 태도(척도) 개발을 위해 다음과 같은 수많은 문항(예 400개)을 만들 수 있는데, 문항은 모두 "예" 또는 "아니오"로 대답할 수 있도록 설계한다.

　　1. AIDS는 신이 진노한 결과다.
　　2. AIDS 환자가 다녀간 변기에 앉기만 해도 감염된다.
　　　　　　　　　　　　…
　　399. AIDS는 부도덕한 행동 때문에 걸린다.
　　400. AIDS는 다른 중증질환과 유사한 병이다.

이후 각 문항의 적합성 여부를 평가할 사람(주로 전문가)을 선출하고, 각 평가자는 위 400개의 각 문항을 1~11점으로 평가하도록 하는데 이때 AIDS에 대한 가장 부정적인 질문에 높은 점수를 부여하는 방식이다. 즉 수많은 설문문항 중 AIDS에 대한 부정적인 문항을 강도에 따라 11개의 그룹으로 분류될 수 있다. 이때 특정 질문에 대해 어떤 전문가들은 낮은 점수(예 2~3점)를 부여하였고 어떤 전문가들은 높은 점수(예 8~10점)를 부여하는 등의 일치성이 결여되는 문항은 제거한다.

위 400개의 설문문항 중 전문가 평가의 일치성이 높은 문항만(예 280개)을 선별하여 각 개인에게 질문하여 "예" 또는 "아니오" 중 "예"를 몇 개 대답했는지에 따라 수치(점수)를 부여하되 전문가 평가에 따라 분류된 서열(1~11점)을 가중치로 활용해 AIDS에 대한 각 개인별 태도점수(서스톤 척도)를 만들어낸다. 만약 A라는 사람의 점수가 56점이었고 B라는 사람의 점수가 34점이라고 할 때, A는 B보다 AIDS에 더 부정적인 태도를 지닌 것으로 평가한다.

• POWER 기출 유형 ✓ •

다음 척도의 종류는 무엇인가?

① 서스톤 척도　　　　　　　　② 리커트 척도
③ 거트만 척도　　　　　　　　④ 의미분화 척도

해설
양극단에 서로 상반되는 형용사를 배열하고 주로 7가지 점수로 표현하도록 설계된 의미분화척도다.

정답 ④

01 최신

정의 수준이 바르게 짝지어진 것은?

> ㄱ. 교육수준 – 중졸 이하, 고졸, 대졸 이상
> ㄴ. 교육연수 – 정규교육을 받은 기간(년)
> ㄷ. 출신 고등학교 지역

① ㄱ: 명목측정, ㄴ: 서열측정, ㄷ: 등간측정
② ㄱ: 등간측정, ㄴ: 서열측정, ㄷ: 비율측정
③ ㄱ: 서열측정, ㄴ: 등간측정, ㄷ: 명목측정
④ ㄱ: 서열측정, ㄴ: 비율측정, ㄷ: 명목측정

[해설]
교육수준은 서열의 정보를 보여주는 서열측정에 해당한다. 교육연수는 모든 사칙연산이 가능한 비율측정에 해당한다. 출신 고등학교 지역은 지역을 범주화해 단순히 구분만 하는 명목측정에 해당한다.

[정답] ④

02

조작적 정의에 대한 설명으로 옳은 것은?

① 논리적으로 정의한 것
② 가치중립적으로 정의한 것
③ 측정 가능한 형태로 정의한 것
④ 복잡한 것을 단순하게 정의한 것

[해설]
추상적이고 이론적인 개념을 측정 가능한 형태로 정의한 것을 조작적 정의라고 한다.

[정답] ③

03

낙태 수술의 허용 여부에 대한 국민들의 의견을 조사하기 위하여 다음과 같은 일련의 질문으로 조사할 때 가장 관련이 있는 척도는?

> 낙태 수술이 다음의 각각의 경우에 허용되어야 한다고 생각하십니까?
> 1. 산모의 생명이 위험한 경우
> 2. 강간이나 근친상간에 의해 임신한 경우
> 3. 태아의 건강 상태가 좋지 않은 경우
> 4. 산모가 미혼모로서 아이를 키울 능력이 없을 경우
> 5. 부모는 아들을 원하는데 태아가 딸로 밝혀진 경우

① 리거트 척도
② 거트만 척도
③ 서스톤 척도
④ 의미분화 척도

[해설]
낙태 수술의 허용 여부에 대한 태도 문항을 강도에 따라 서열적으로 배열해 둔 것으로 거트만 척도에 대한 것이다.

[정답] ②

04 빈출

측정도구 자체가 측정하고자 하는 속성이나 개념을 얼마나 대표할 수 있는지를 평가하는 것은?

① 실용적 타당도
② 내용타당도
③ 기준 관련 타당도
④ 구성타당도

[해설]
내용타당도는 측정도구(설문문항)가 측정하고자 하는 내용(개념이나 속성)을 연구자가 의도한 대로 잘 측정하고 있느냐를 의미한다.

[정답] ②

05

지수에 관한 설명으로 틀린 것은?

① 단순지표로 측정하기 어려운 복합적인 개념을 측정할 수 있다.
② 경험적 현실세계와 추상적 개념세계를 조화시키고 일치시킨다.
③ 변수에 대한 양적 측정치를 제공함으로써 정확성을 높여준다.
④ 본래 의도한 속성을 정확히 측정하고 보다 일관성 있는 결과를 얻기 위해 단일문항이 주로 활용된다.

[해설]
지수는 복합적인 특성을 지닌 변수의 개념·속성을 다양한 문항으로 측정해 하나의 수치로 표현하는 방식이다.

정답 ④

07 빈출, 최신

신뢰도와 타당도의 관계를 표적과 탄착에 비유한 다음 그림에 해당하는 척도의 특성은?

① 타당하나 신뢰할 수 없다.
② 타당하고 신뢰할 수 있다.
③ 신뢰할 수 있으나 타당하지 않다.
④ 신뢰할 수 없고 타당하지도 않다.

[해설]
정확성(타당도)은 낮지만 일관성(신뢰도)은 높다.

정답 ③

06

대학수학능력시험의 타당도를 평가하기 위해 대학수학능력시험 점수와 대학 진학 후 학업성적과의 상관관계를 조사하는 방법은?

① 내용타당도
② 논리적타당도
③ 내적타당도
④ 기준관련타당도

[해설]
측정도구에 의해 얻은 결과(대학수학능력시험)를 이미 타당도가 경험적으로 증명된 측정값(학업성적)과 비교하는 방식은 기준타당도 중 예측타당도에 해당된다.

정답 ④

08

서열척도에 관한 설명으로 옳은 것은?

① 절대 영이 존재한다.
② 표준측정단위가 존재한다.
③ 원칙적으로 사칙연산이 가능하다.
④ 분류범주가 상호배타성을 갖고 있다.

[해설]
서열척도(예 이병, 일병, 상병, 병장)는 반드시 상호배타적이어야 한다. 즉, 한 사람이 일병이면서 상병이 될 수 없다.
① 서열척도는 절대 영이 존재하지 않는다.
② 서열척도는 단순히 순서만 비교하므로 측정단위가 없다.
③ 서열척도는 사칙연산이 불가능하다.

정답 ④

09 최신

사회조사에서 어떤 태도를 측정하기 위해 단일지표보다 여러 개의 지표를 사용하는 경우가 많은 이유로 볼 수 없는 것은?

① 신뢰도를 높이기 위해
② 타당도를 높이기 위해
③ 내적일관성을 높이기 위해
④ 측정도구의 안정성을 높이기 위해

해설

많은 지표 또는 질문항목을 사용하는 이유는 ① 신뢰도를 높이기 위함이다. 신뢰도(=③내적 일관성)는 측정도구(설문문항)가 측정해야 할 대상을 ④ 일관적(안정적)으로 측정하는지를 의미한다.

정답 ②

10 최신

다음 중 절대 영점(0)이 존재하는 척도는?

① 명목척도
② 서열척도
③ 등간척도
④ 비율척도

해설

"절대 영점이 존재한다"는 의미는 "0이 없다는 것을 의미"하는 것으로 비율척도만 절대 영점이 존재한다. 예를 들어, 소득(비율척도)에서 0은 소득이 없다는 것을 의미한다.

정답 ④

11 최신

각 문항이 척도상의 어디에 위치할 것인가를 평가자들로 하여금 판단케 한 다음 조사자가 이를 바탕으로 하여 대표적인 문항들을 선정하여 척도를 구성하는 방법은?

① 서스톤 척도
② 리커트 척도
③ 거트만 척도
④ 의미분화 척도

해설

평가자들이 평가를 통해 대표적인 질문을 선정하는 방식은 서스톤 척도의 내용이다.

정답 ①

12

다음 사례에 해당하는 타당성은?

> 새로 개발된 주관적인 피로감 측정도구를 사용하여 측정한 결과와 이미 검증되고 통용 중인 주관적인 피로감 측정도구의 결과를 비교하여 타당도를 확인하였다.

① 내용타당성
② 동시타당성
③ 예측타당성
④ 판별타당성

해설

측정도구에 의한 측정결과가 대상의 현재 상태를 올바르게 측정할 수 있느냐를 의미하는 동시타당도에 대한 사례이다.

정답 ②

13

스피어만-브라운(Spearman-Brown) 공식은 주로 어떤 경우에 사용되는가?

① 동형검사 신뢰도 추정
② Kuder-Richardson 신뢰도 추정
③ 반분신뢰도로 전체 신뢰도 추정
④ 범위의 축수로 인한 예언타당도에 대한 교정

해설

측정도구를 반으로 나누어 각각의 측정결과를 비교하는 반분법(신뢰도를 높이는 방법)에서 서로의 결과가 얼마나 유사한지 상관관계로 결정하게 되는데, 이때 스피어만-브라운(Spearman-Brown) 공식을 활용한다.

정답 ③

14

다음에 나타나는 측정상의 문제점은?

> 아동 100명의 몸무게를 실제 몸무게보다 항상 3kg
> 이 더 나오는 불량 체중계를 사용하여 측정한다.

① 타당성이 없다.　　② 대표성이 없다.
③ 안정성이 없다.　　④ 일관성이 없다.

해설

체계적 오류가 발생한 것으로 타당성이 낮은 것이다.

정답 ①

15

다음에서 설명하는 신뢰성 측정방법은?

> 대등한 두 가지 형태의 측정도구를 이용하여 동일
> 한 측정 대상을 동시에 측정한 뒤, 두 측정값의 상
> 관관계를 분석하여 신뢰도를 측정하는 방법이다.

① 반분법　　　　　② 재검사법
③ 맥니마 기법　　　④ 복수양식법

해설

복수의 측정도구를 이용해 동일한 측정대상을 측정하고, 두 측
정값의 상관관계가 높을수록 신뢰도가 높은 측정이라고 평가하
는 복수양식법에 대한 설명이다.

정답 ④

16

개념적 정의의 예로 적합하지 않은 것은?

① 무게 → 물체의 중량
② 불안 → 주관화된 공포
③ 지능 → 추상적 사고능력 또는 문제해결 능력
④ 결혼만족 → 배우자에게 아침을 차려준 횟수

해설

개념적 정의는 사물의 형태·속성이나 사회현상을 개념적으로 정
의하는 것이다(①~③). 조작적 정의는 개념적으로 정의된 대상을
수치화(측정)할 수 있도록 측정방법을 구체화하는 것이다. '배우
자에게 아침을 차려준 횟수'는 결혼에 대한 만족을 수치화할 수
있는 측정방법을 구체화한 것으로 조작적 정의에 해당한다.

정답 ④

17

측정의 타당성(validity)에 대한 설명으로 옳지 않은 것
은?

① 동일한 대상의 속성을 반복적으로 측정할 때 동
일한 측정결과를 가져올 수 있는 정도를 말한다.
② 측정의 타당성을 평가하는 방법으로는 표면타당성
(face validity), 내용타당성(content validity),
개념타당성(construct validity) 등이 있다.
③ 일반적으로 측정의 타당성을 경험적으로 검증하
는 일은 측정의 신뢰성(reliability)을 검증하는
것보다 어렵다.
④ 측정의 타당성을 높이기 위해서는 측정하고자 하는
개념에 대하여 적절한 조작적 정의(operational
definition)를 갖는 것이 중요하다.

해설

반복적으로 측정 시 측정결과가 동일하다는 것은 측정의 일관
성, 즉 신뢰성(신뢰도)과 관련된 것이다.

정답 ①

18

타당도에 관한 설명으로 옳은 것을 모두 고른 것은?

> ㄱ. 타당도는 측정하고자 하는 바를 얼마나 정확하게 측정하였는가에 대한 개념이다.
> ㄴ. 내적 타당도는 측정된 결과가 실험변수의 변화 때문에 일어난 것인가에 관한 문제이다.
> ㄷ. 외적 타당도는 연구결과의 일반화 가능성에 대한 것이다.
> ㄹ. 일반적으로 내적 타당도를 높이고자 하면 외적 타당도가 낮아지고, 외적 타당도를 높이고자 하면 내적 타당도가 낮아진다.

① ㄱ
② ㄱ, ㄴ
③ ㄱ, ㄴ, ㄷ
④ ㄱ, ㄴ, ㄷ, ㄹ

[해설]

ㄱ. 타당도는 측정의 정확성에 대한 것
ㄴ. 내적 타당도는 인과관계에 관한 것(실험변수의 변화로 인한 결과)
ㄷ. 외적 타당도는 일반화에 관한 것
ㄹ. 내적 타당도와 외적 타당도를 동시에 높이기 어렵다는 것 모두 옳은 문장이다.
TIP 이 문제는 제1과목의 CHAPTER 03(실험설계)과 제2과목의 CHAPTER 04(측정의 타당도와 신뢰도)의 내용을 통합한 것이다.

[정답] ④

19

다음 설문문항에서 사용한 척도는?

> 2018년 평창동계올림픽 로고에 대한 느낌은?
> (해당 칸에 ✓표 하시오.)
>
> | | 1 | 2 | 3 | 4 | 5 | 6 | 7 | |
> |---|---|---|---|---|---|---|---|---|
> | 창의적이다 | | | | | | | | 비창의적이다 |
> | 세련되다 | | | | | | | | 촌스럽다 |
> | 현대적이다 | | | | | | | | 고전적이다 |

① 리커트 척도
② 거트만 척도
③ 서스톤 척도
④ 의미분화 척도

[해설]

양극단에 서로 상반되는 형용사를 배열하고 7점으로 평가하는 전형적인 의미분화(어의구별) 척도의 방식을 사용했다.

[정답] ④

20

다음 설명에 해당하는 척도 구성기법은?

> 특정 개념을 측정하기 위해 연구자가 수집한 여러 가지 관련 진술에 대하여 평가자들이 판단을 내리도록 한 후 이를 토대로 각 진술에 점수를 부여한다. 이렇게 얻어진 진술을 실제 측정하고자 하는 구성항목으로 포함시킨다.

① 서스톤 척도
② 리커트 척도
③ 거트만 척도
④ 의미분화 척도

[해설]

평가자들을 활용해 질문마다 다른 점수를 부여하는 방식은 서스톤 척도의 내용이다.

[정답] ①

05 | 자료처리 핵심이론

01 부호화

1) 자료처리의 정의와 과정 ★☆☆

(1) 자료처리의 정의

① 수집한 자료(예 설문조사를 통해)를 분석에 적합한 형태로 변환하는 과정이다.

② 품질관리가 완료된 설문조사를 자료처리한 결과물을 원시자료(raw data)라고 한다.

(2) 자료처리의 단계

① 자료처리는 코딩(coding) → 펀칭(punching) → 클리닝(cleaning) 단계를 거친다.

  ㉠ 코딩: 응답 내용(주로 개방형 질문의 응답)의 범위를 설정하고 부호화하는 작업이다.

  ㉡ 펀칭: 응답 내용을 엑셀과 같은 스프레드시트를 이용해 입력하는 작업이다.

  ㉢ 클리닝: 펀칭(입력)된 자료의 오류와 정합성 등을 점검하는 작업이다.

② 온라인 설문조사는 기술발전으로 응답내용이 자동으로 입력(펀칭)되기 때문에 코딩과 클리닝 작업만 수행한다.

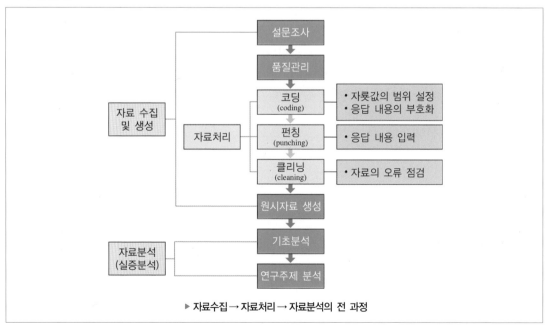

▶ 자료수집 → 자료처리 → 자료분석의 전 과정

2) 자룻값의 범위 설정 ★☆☆

(1) 관련 용어

① 칼럼(column)
  ㉠ 설문항목별로 부호화된 값이 가질 수 있는 자릿수다.
  ㉡ 정확한 자룻값의 범위를 지정하기 위해 부호화 작업 중 진행하게 된다.
  ㉢ 설문응답의 부호화 과정에서 설문항목별로 자룻값의 범위를 설정하게 되며, 이를 칼럼 작업이라고 한다.

② 칼럼 수
  ㉠ 설문문항별 자룻값이 가질 수 있는 최대 자릿수다.
  ㉡ 예를 들어, 100명(표본 수)을 대상으로 한 개방형 질문에 대한 대답은 최대 100개가 될 수 있으므로, 최대 자릿수는 3(칼럼 수)이 된다.

③ 칼럼 번호
  ㉠ 설문문항별로 칼럼 수를 순차적으로 부여한 것이다.
  ㉡ 칼럼 수를 누적하면 칼럼 번호가 되는 구조다.

④ 칼럼 가이드
  ㉠ 설문문항별 칼럼번호를 지정한 지침서다.
  ㉡ 설문문항에 대한 요약 정보와 함께 칼럼 번호, 칼럼 수, 무응답 처리 등에 대한 정보를 제공하는 지침서다.

(2) 자룻값 범위(부호의 범위)의 설정: 개방형 질문

① 개방형 질문에 대한 다양한 응답을 유사한 것들끼리 분류(그룹화)하여 부호화 작업을 하게 되고, 자료의 범위가 결정된다.
② 개방형 질문에 대한 응답이 모두 달라 응답마다 부호화한다면, 칼럼 수는 표본 수와 같아진다.
③ "귀하의 한 달 저축액은 얼마입니까? _____만 원"이란 질문에 대한 응답으로 최댓값이 100만 원이라면 칼럼 수는 3, 1,000만 원이라면 4가 된다.

개방형 질문의 자룻값 범위 설정

50명을 대상으로 "Q3. 귀하는 정부가 재정지출 시 가장 신경 써야 할 분야가 무엇이라고 생각하십니까?"란 개방형 질문을 했다고 가정한다. 50명 중 30명은 "경제"라고 응답하고, 15명은 "복지"라고 응답했으며, 나머지 5명은 대답이 제각각이어서 "기타"로 통합했다고 하자.

이때 엑셀에 아래와 같이 입력하면 부호의 범위는 3(① ~ ③)이 되고, 칼럼 수는 1이 된다. 만약, 모든 응답이 차별화되어 각 응답별로 부호화한다면, 부호의 범위는 50(① ~ ㊿)이 되고, 칼럼 수는 2가 된다. 참고로, 아래와 같이 엑셀에 입력한 정보(표)를 코드북(code book)이라고 한다.

문항	문항 내용	부호	응답 범주	빈도
Q2.	생략	생략	생략	생략
Q3.	재정지출 대상	1	경제	30
		2	복지	15
		3	기타	5
Q4	생략	생략	생략	생략

(3) 자룻값 범위(부호의 범위)의 설정: 폐쇄형 질문

① 폐쇄형 질문은 사전에 자룻값의 범위를 미리 부호화한 것이므로 범위의 설정이 명확하고 간단하다.
② 일반적으로 폐쇄형 질문의 칼럼 수는 1이다.
③ 폐쇄형에 '기타(   )'와 같은 개방형 응답이 포함된 경우, '기타(   )'를 어떻게 부호화하는지에 따라 칼럼 수가 달라진다.

폐쇄형 질문의 자룻값 범위 설정

50명을 대상으로 다음과 같이 폐쇄형 문항으로 질문할 때 칼럼 수는 1이 된다.

Q3. 귀하는 정부가 재정지출 시 가장 신경 써야 할 분야가 무엇이라고 생각하십니까?
① 경제   ② 복지   ③ 외교   **④ 기타**

하지만, 50명을 대상으로 다음과 같이 폐쇄형 문항으로 질문할 때 칼럼 수는 "④ 기타 (   )"를 몇 개로 부호화하는지에 따라 달라진다. 예를 들어, "④ 기타 (   )"를 5가지로 분류하면 자룻값이 가질 수 있는 부호의 범위는 8가지이므로 칼럼 수는 1이 된다. 반면, "④ 기타 (   )"를 8가지로 분류하면 자룻값이 가질 수 있는 부호의 범위는 11가지가 되므로 칼럼 수는 2가 된다.

Q3. 귀하는 정부가 재정지출 시 가장 신경 써야 할 분야가 무엇이라고 생각하십니까?
① 경제   ② 복지   ③ 외교   **④ 기타 (   )**

(4) 자룻값 범위의 설정 : 예시

① 아래 표는 65세 이상을 대상으로 "스마트폰 활용 현황"을 파악하는 설문지 예시다.
② 설문조사 전에 조사원이 조사대상자(65세 스마트폰 사용자)에 해당되는지 직접 질문해서 확인한다.
③ 설문지에 SQ1~SQ2와 같은 문항(여과질문)을 이용해 조사대상자의 적격성을 재판별한다.

> **POWER 팁**
>
> 설문조사가 완료된 후 조사대상자가 아닌 것으로 판별되면 해당 설문을 폐기하고 재조사해야 한다. 이 경우 추가 비용이 지출되고, 자료수집 일정이 늦어져 자칫 설문조사 의뢰기관과 법적인 문제까지 발생할 수 있으므로 조사대상자의 적격성은 이중으로 확인한다.

┃ 자룻값의 범위 설정 예시: 표본 500명

설문지
ID ▢▢▢
SQ1. 귀하는 현재 스마트폰을 사용하십니까? 　　① 예 ☞ Q2로 이동　　　② 아니오 ☞ 설문 중단 SQ2. 귀하는 현재 65세 이상이십니까? 　　① 예 ☞ Q3으로 이동　　　② 아니오 ☞ 설문 중단
Q1. 귀하의 연령대(만 나이 기준)는 아래 보기 중 어디에 속합니까? 　　① 65~69세　　② 70~74세　　③ 75~79세　　④ 80세 이상 Q2. 귀하는 올해 만으로 몇 세이십니까? ＿＿＿살 Q3. 귀하가 이용 중인 통신사는 무엇입니까? 　　① SK　　　　② KT　　　　③ LG　　　　④ 기타 Q4. 귀하는 스마트폰을 하루 평균 몇 시간 정도 사용하십니까? ＿＿＿시간 ...이하 생략...

④ 아래 표는 위 설문지에 대한 부호화 지침서를 보여준다.
⑤ Q2에서 연령의 칼럼 수가 2라는 것은 최대 연령이 100세 미만이라는 것을 의미한다.

┃ 노인의 스마트폰 이용현황 조사에 대한 부호화 지침서

변수명	칼럼 번호	칼럼 수	설문문항	설문 내용	비고
id	1~3	3	ID		500명
sq1	4	1	SQ1	스마트폰 소유 여부	② 응답자 중단
sq2	5	1	SQ2	65세 이상 여부	② 응답자 중단
q1	6	1	Q1	연령(폐쇄형)	무응답 9
q2	7~8	2	Q2	연령(개방형)	무응답 99
q3	9	1	Q3	통신사 종류	무응답 9
q4	10~11	2	Q4	사용시간	무응답 99
...이하 생략...					

3) 무응답 처리 ★☆☆

(1) 무응답의 의미

① 설문에 대해 조사대상자가 응답을 하지 않았다는 것을 의미하며, 결측값(missing value)이라고도 한다.
② 각 설문항목을 분석하게 되는 수는 '조사대상자 수 – 무응답 수'가 되므로 무응답이 적을수록 좋다.

(2) 무응답의 원인별 처리 방법 【필답 연계 p. 363】

Q. 무응답이 발생하는 원인을 3가지 나열하고, 각 원인별 처리방법을 설명하시오.

① 실수로 인한 무응답은 최소화하는 것이 좋다.
② 실수가 아닌 무응답은 나름의 의미가 있는 것이므로 무리하여 입력하지 않도록 한다.
③ 무응답이 많은 설문은 폐기하고 재조사한다.

▎무응답의 유형과 처리

무응답 발생 원인	처리 방법
실수로 응답하지 않은 경우	• 설문조사 즉시 재확인하여 수정 • 나중에 발견 시 전화 연락하여 수정
응답할 내용이 없는 경우	• 무응답이 아니므로 무응답과 구분 • 일반적으로 '없음'으로 별도 표기
응답을 거부하는(꺼리는) 경우	• 무응답에 해당하므로 '무응답' 또는 '모름'으로 표기 • 응답을 유도하되 강요하지는 않음
질문을 이해하지 못하는 경우	• 강요로 인한 응답은 정확성 문제 발생

(3) 부호화 지침서에 무응답 표기

① 무응답은 9, 99, 999, 9999 등으로 표기한다.
② 일반적으로 무응답의 자릿수는 칼럼 수와 일치시킨다.
  ㉠ 예1: 나이를 묻는 개방형 질문에 대한 답변 중 최댓값이 92세일 경우, 무응답에는 99를 입력한다.
  ㉡ 예2: 연령대를 묻는 폐쇄형 질문에 무응답한 경우, 무응답에는 9를 입력한다.
  ㉢ 예3: 소득을 묻는 개방형 질문에 대한 답변 중 최댓값이 7,200만 원일 경우, 무응답에는 9999를 입력한다.

4) 응답 내용의 부호화 ★★☆

(1) 부호화의 이해

① 부호는 질문에 대한 응답을 표기하기 위해 이용되는 수치(예 ① ~ ④)다.
② 부호화는 수집된 자료를 통계적으로 분석할 수 있도록 규칙에 따라 부호를 부여하는 과정이다.
③ 일반적으로 개방형 질문에는 부호화가 필요하며, 폐쇄형에는 부호화가 불필요하다.
④ 폐쇄형 질문이더라도 보기 중 '기타 (   )'와 같이 개방형 응답이 포함되면 부호화가 필요하다.
⑤ 개방형 질문이더라도 응답이 숫자일 경우(예 나이), 부호화는 필요 없다.

(2) 개방형 응답내용의 부호화

① 개방형 질문에 대한 응답은 내용별로 유형화하여 그룹별로 분류하고, 각 그룹을 부호화(예 숫자 부여)하는 코딩작업을 한다.
② 모든 응답을 분류하여 코드(숫자)를 부여하는 일은 상당한 시간이 소요되므로 충분한 인력과 시간 확보가 필요하다.
③ 코드를 배정하는 과정에서 핵심어(키워드) 표를 활용한다.
④ 개방형 응답내용을 성공적으로 부호화하기 위해 초기 에디팅과 코딩요원의 훈련이 중요하다.

▌ 개방형 응답내용 부호화 관련 내용

구분	내용
초기 에디팅	• 처음 회수된 설문지는 즉각 상세히 검토한다. • 응답자 또는 조사원이 기입한 응답이 명료한지 확인한다. • 응답을 이해할 수 없으면 재확인하여 명료하게 수정한다. • 초기 에디팅이 부호화의 질을 좌우한다.
핵심어 목록	• 해당 질문에 대한 답변을 예상하고 핵심어 목록을 작성한다. • 응답을 확인하면서 핵심어 목록을 수정·완성한다. • 핵심어 목록에 따라 응답을 분류하여 부호화하면 정확성과 효율성을 높일 수 있다.
코딩요원 훈련	• 응답의 수, 복합성, 응답의 모호함 등 부호화의 품질에 많은 영향을 끼친다. • 코딩요원의 훈련이 매우 중요하다. • 핵심어 목록을 활용한다. • 한 명의 코딩요원이 여러 질문을 처리할 수 있으나, 하나의 질문에 대한 응답은 반드시 한 명의 코딩요원만 작업하도록 한다.
초기 코딩 내용 점검	• 주기적으로 코딩의 질을 점검해야 한다. • 이를 통해 코딩요원의 전문성 및 재교육 여부를 결정한다. • 전문성이 상당히 취약하다고 판단되면, 즉각 코딩 요원을 교체해 재코딩하도록 한다.

(3) 폐쇄형 응답 내용의 부호화

① 응답 내용의 범위가 사전에 부호화되어 있기 때문에 일반적으로는 부호화 작업은 불필요하다.
② 응답 항목에 '기타 (　　)'와 같이 개방형 응답 내용이 포함되었을 때 개방형 응답 내용의 부호화 원칙을 참고해 부호화한다.
③ 설문지 작성 시 실수로 같은 부호를 중복으로 사용했을 경우, 부호화 작업을 하면서 수정한다.

> 예 **폐쇄형 응답 내용의 부호화 예시**
>
> Q3. 귀하는 정부가 재정지출 시 가장 신경 써야 할 분야가 무엇이라고 생각하십니까?
> ① 경제   ② 복지   ③ 외교   ④ 기타 (　　)
>
> 위와 같이 폐쇄형 질문에서 '④ 기타 (　　)'에 대한 응답 내용으로 '④ 기타 (안보)', '④ 기타 (기후위기)'라는 두 가지 응답이 나왔을 때 아래처럼 부호화하게 된다.

문항	문항 내용	부호	응답 범주
Q2.	생략	생략	생략
Q3.	재정지출 대상	1	경제
		2	복지
		3	외교
		4	안보
		5	기후위기
Q4	생략	생략	생략

5) 부호화 지침서 작성 ★☆☆

(1) 부호화 지침서 작성 시 유의사항

① 가능한 실제 가치를 부호화한다. 예를 들어, 작년 경험한 교통사고 수를 묻는 개방형 질문에 '없음', '한 번', '두 번' 등에 대한 대답에 0, 1, 2 등의 수치로 부호화한다.

② 일관된 부호체계를 사용한다.

③ 범주는 완결성, 포괄성, 상호배제성을 충족해야 한다.
   ㉠ 어떤 응답이든 하나의 수치로 부호화되어야 한다.
   ㉡ 다른 응답에 같은 번호가 부여되어서는 안 된다.
   ㉢ 같은 응답에 다른 번호가 부여되어서는 안 된다.

④ 개방형 질문에 대한 응답을 부호화할 때 너무 많은 범주(부호)를 만들지 않도록 한다.

⑤ 빈도가 너무 낮은 답변은 '기타'로 묶어 하나의 범주로 통합하고 번호를 부여한다.

⑥ 응답이 없는 문항들도 내용에 따라 구분할 수 있도록 부호화한다.

> 예 개방형 질문의 부호화 예시
>
> Q3. 귀하는 정부가 재정지출 시 가장 신경 써야 할 분야가 무엇이라고 생각하십니까?
>
> 위와 같이 개방형 질문에 50명의 응답자 중 30명이 "경제", 15명이 "복지"라고 대답하고, 3명은 응답하지 않았으며, 나머지 2명은 각각 "외교", "기후위기"라고 응답했을 때 다음과 같이 부호화하고 코드북을 작성할 수 있다.

문항	문항 내용	부호	응답 범주	빈도
Q2.	생략	생략	생략	생략
Q3.	재정지출 대상	1	경제	30
		2	복지	15
		3	기타	2
		9	무응답	3
Q4	생략	생략	생략	생략

(2) 부호화 지침서에 포함될 내용

① 각 변수명, 칼럼 번호, 칼럼 수, 질문번호, 질문의 주요 내용, 부호화 범위, 무응답에 대한 정보 등을 포함한다.

② 빈칸(blank)을 부호로 사용해서는 안 된다. 즉, 빈칸은 남겨두어서는 안 되며, 무응답이나 미확인 응답 등에도 반드시 '999'와 같은 수치를 부여해야 한다.

(3) 부호화 지침서 고려사항

① 무응답과 같은 결측값에는 다른 답변들과 구분되는 숫자(9, 99, 999 등)를 사용해 부호화한다.

② 답변이 긍정적일수록 높은 값(부호)을 부여하면, 분석결과의 해석이 용이하다.

POWER 정리

실제 질문과 부호화

Q3. 동년배와 비교할 때 귀하의 건강상태는 어떻습니까?
① 매우 건강하다　　　　　　　　　② 건강한 편이다
③ 보통이다　　　　　　　　　　　④ 건강하지 않은 편이다
⑤ 매우 건강하지 않다

설문 시 보기를 어떤 순으로 나열했는지에 따라 응답이 달라질 수 있다. 이를 고려하여, 위와 같이 보기를 나열했더라도 응답을 부호화할 때는 아래처럼 보기(응답)순서를 변경하면 분석과 해석이 용이하다.

문항	문항 내용	부호	응답 내용
Q2.	생략	생략	생략
Q3.	건강상태	1	매우 건강하지 않다
		2	건강하지 않은 편이다
		3	보통이다
		4	건강한 편이다
		5	매우 건강하다
Q4	생략	생략	생략

---

02 자료 입력 및 검토

1) 자료의 입력 ★☆☆

(1) 설문조사 응답의 입력 방식

① 설문조사의 대상과 규모, 조사 항목, 조사 주체, 자료 입력 기술, 예산과 비용 등 조사별 특성을 고려해 자료 입력방법을 선택한다.

② 입력 방식은 PC, 노트북, 인터넷, ICR, OMR 입력 등으로 구분된다.
③ 최근에는 ICR, OMR 등은 거의 사용하지 않는 대신 PC, 노트북, 인터넷 입력 방식의 활용은 높아지는 추세다.

▌ 설문조사 자료의 입력 방식별 특징과 장단점

입력 방법	내용	장점	단점
C/S (Clinet/Server) 기반의 PC	• 관리프로그램을 설치해 서버에 입력	• 초기 투자비용이 저렴(노트북 제공 불필요) • 설계와 적용이 단순한 편	• 사용자 교육 필요 • 프로그램 유지 보수 필요
휴대용 컴퓨터	• 조사하면서 응답자나 조사원이 노트북(또는 PAD)에 즉각 입력	• 조사현장에서 오류를 바로 수정 가능 • 별도의 설문이 불필요 • 장기적으로 총 조사비용이 감소	• 면접조사에만 이용 가능 • 노트북 · PAD 등의 장비 구입으로 단기 비용 증가
인터넷	• 이메일이나 웹을 이용해 자료를 서버에 직접 입력	• 기술적 지원 없이 간단하게 입력 가능 • 초기 저비용	• 자료처리 과정에서 코딩과 에디팅 등 고비용 소요
ICR (Intelligent Character Recognition: 광학문자 판독기)	• 스캐너와 같은 광학인식장치를 이용해 손글씨 응답을 자동 입력	• 기간 단축으로 자료처리의 비용 절감 • 스캔이미지 활용으로 조사표 입 · 출고 최소화 • 설문지를 이미지 형태로 영구 보존	• 인식률이 완벽하지 않음 • 인식률이 필체 및 조사표 기입 상태 등에 따라 상이 • 필체에 대한 충분한 학습 및 테스트 요구
OMR (Optical Mark Recognition: 광학마크 판독기)	• 조사내용을 OMR 조사표에 옮겨 적은 후 스캐너를 이용해 입력	• 자료의 빠른 처리가 가능	• 조사 후 OMR 조사표로 옮겨 적어 금전 · 시간적 고비용

(2) 질문응답의 수작업 입력

① 다른 입력방식에 비해 오류가 많이 발생하는 편이다.
② 수작업 입력 시 주로 발생하는 다음과 같은 오류에 주의한다.
  ㉠ 응답과 다른 숫자를 입력한다.
  ㉡ 동시에 2개의 숫자를 누를 수 있다.
  ㉢ 숫자 키를 너무 오래 누르고 있어 같은 숫자가 여러 번 입력된다.
  ㉣ 변수를 건너뛰거나 한 변수를 두 번 이상 입력할 수 있다.
  ㉤ 13,980을 1,398로 입력하는 등 자릿수를 잘못 입력할 수 있다.
③ 각 변수의 자릿수를 알려주는 표본 응답지를 준비한다(㉤ 감소).

> **POWER 팁**
>
> 자릿수를 잘못 입력하게 되면, 연구의 분석결과에 심각한 오류가 발생하므로 철저하게 방지하도록 한다.

  ㉠ 응답지에 직접 입력하는 경우, 모든 변수의 자릿수를 네모(예 □□□□)로 표시해둔다.

ⓛ 왼쪽 여백이나 오른쪽 여백에 입력한 값을 미리 적어둔다.

ⓒ 응답만 별도로 코딩하면 오류 가능성이 높아지므로 질문지도 확인하면서 입력하도록 한다.

④ 응답지에 적힌 내용을 꼼꼼하게 확인한다.

ⓝ 입력요원(keyer)에 따라 다르게 읽고 해석할 가능성은 없는지 미리 점검한다.

ⓛ 오류를 유발할 가능성이 조금이라도 있는 글자는 명확히 수정한다.

ⓒ 체계적인 입력오류가 발생하지 않도록 책임자가 오류를 체계적으로 확인·수정한다.

⑤ 입력요원을 체계적으로 훈련시킨다.

ⓝ 수작업에서 발생하는 오류에 대해 교육시킨다.

ⓛ 숙련된 입력요원도 반드시 훈련에 참가시킨다.

ⓒ 새로운 케이스를 교육자료에 반영해 지속적으로 업데이트시킨다.

⑥ 입력 장비를 점검한다.

ⓝ 입력요원의 전문성이 확보되어도 입력 장비에 문제가 있으면 심각한 입력 오류가 발생한다.

ⓛ 입력 장비는 주기적으로 점검해야 한다.

ⓒ 자판에 의한 오류가 많으므로 반드시 자판의 노후화를 점검한다.

⑦ 입력 초기 점검이 중요하다.

ⓝ 오류는 초기에 발견·수정하지 않으면 나중에 큰 비용(예 전체를 재입력)을 치르게 된다.

ⓛ 자료입력 시작 후 1시간 이내에 점검하는 것이 좋다.

ⓒ 일반적으로 초기에는 다른 입력요원이나 감독관도 입력해보고 비교·점검하는 방법을 활용한다.

⑧ 입력 중기와 말기에도 반드시 점검한다.

ⓝ 어느 정도 익숙해지면 입력요원은 해이해지기 쉽다.

ⓛ 반드시 입력 중간 점검이 이루어져야 한다.

ⓒ 최종적으로 입력 결과를 꼼꼼히 점검하는 체계를 구축·시행한다.

2) 입력된 자료의 정합성 판단 ★★☆

(1) 오류의 종류와 점검

① 범위 오류

ⓝ 각 문항별로 빈도표를 출력해 질문별로 응답범위를 벗어나 입력된 숫자가 있는지 확인한다.

ⓛ 예를 들어, 입력(응답) 범위는 1~4인데, 5가 입력된 경우다.

② 논리 오류

ⓝ 특정 설문문항에 대한 응답이 일관되게 잘못 기입된 경우로 체계적 오류라고도 한다.

ⓛ 분석 결과에 심각한 편향(왜곡)을 조래한다.

ⓒ 체계적 오류가 발생할 수 있는 다양한 경우를 사전에 이해하도록 한다.

• 응답들이 용어를 잘못 이해하고 응답한 결과가 입력된 경우

• 코딩 시 응답을 오역하여 잘못 입력된 경우

• 시스템이 오류를 유발해 잘못 입력된 경우

• 부호 오류(예 음수인데 부호가 생략되어 양수가 입력된 경우)

- 단위측정 오류(예 만 원 단위를 원 단위로 입력한 경우)
  - ㉣ 체계적 오류에 대한 사전지식과 무관하게 범위점검, 비율점검 등을 활용해 재점검한다.
    - 범위점검은 범주형 응답(예 1~4)뿐 아니라 수치형 응답에도 적용가능하다(예 생년월일인데 5자리 수가 입력된 경우).
    - 비율점검은 저축액을 소득으로 나누어 1보다 큰 수치(오류)를 확인하는 식이다.

(2) 자료 처리 시 오류

① 설문조사 결과를 분석할 수 있는 자료로 변환(부호화)하는 과정에서 다양한 원인으로 발생하는 비표본 오차다.

② 성공적인 데이터편집을 위해 효과적인 입력시스템 구축, 여러 단계의 편집 규정, 다각화된 오류 점검 체계, 확인된 오류의 처리 시스템을 마련해야 한다.

③ 완성도 높은 마이크로데이터(Microdata)를 구축하기 위해 데이터 편집(Data Editing)과 무응답에 대한 체계적인 대책이 요구된다.

> **POWER 정리**
>
> **마이크로데이터**
> 마이크로데이터는 원자료(Raw Data)에서 다양한 오류를 수정한 뒤 분석을 위해 준비된 최종 단계의 데이터(자료)를 의미한다.

④ 데이터 편집
  - ㉠ 1차 수집된 원자료 내에 포함된 오류를 찾아내 합리적 방법으로 수정하여 마이크로데이터를 만드는 과정이다.
  - ㉡ 데이터 편집은 크게 입력편집(Input Editing)과 출력편집(Output Editing)으로 구분된다.
    - 입력편집: 입력단계에서 발생하는 오류를 점검하는 것으로 오류를 자동으로 체크하는 프로그램과 수작업을 병행하게 된다.
    - 출력편집: 입력이 완료된 데이터를 논리적 규칙 및 통계적 규칙 등을 활용해 오류를 점검 · 수정하는 일이다.

(3) 결측값(무응답)의 원인과 처리

① 결측값의 정의와 원인
  - ㉠ 설문항목에 응답이 없는 경우다.
  - ㉡ 조사대상자가 응답을 꺼려 발생한다.
  - ㉢ 조사대상자가 실수로 응답을 하지 않은 경우에도 발생한다.
  - ㉣ 여과질문(Filter Question)에 의해 조사대상자에 해당되지 않아 응답하지 않은 결측값(구조적 결측값)은 문제가 되지 않는다.

② 결측값의 표기
  - ㉠ '9', '99', '999' 등으로 표기하고, 결측값임을 지침서에 기록해준다.

ⓛ 구조적 결측값인지 문제가 있는 무응답인지 구분해 표기한다.

ⓒ 적합한 보기가 없어 응답하지 않은 것은 무응답이 아니기 때문에 무응답과 구분하기 위해 "모름/무응답"이 아닌 "없음"으로 표기한다.

ⓔ 0은 무응답이 아니므로 구분해야 한다. 예를 들어, 소득을 묻는 개방형 질문에 0을 입력한 것은 소득이 없다는 의미로 무응답이 아니다.

③ 단위무응답과 항목무응답

  ⓐ 단위무응답(Unit Non-response)
    • 응답자가 설문지에 전혀 응답하지 않은 경우다.
    • 조사대상자를 접촉하지 못했거나 접촉했더라도 설문 자체를 거부했을 때 발생한다.

  ⓑ 항목무응답(Item Non-response)
    • 조사대상자가 설문에 참여했으나 일부 문항에 응답하지 않은 경우다.
    • 응답자가 질문을 이해하지 못했을 때, 특정 항목을 누락하고 응답했을 때, 응답을 꺼려할 때 발생한다.

④ 무응답의 영향

  ⓐ 해당 문항에 조사대상자가 아니기 때문에 발생하는 구조적 무응답은 문제되지 않는다.
  ⓑ 다른 무응답은 편향된 결과를 초래하고 분석결과를 왜곡시키므로 무응답을 확인해 수정한다.
  ⓒ 표본 수에 비해 무응답이 매우 적을 경우에는 큰 문제가 되지 않는다.
  ⓓ 원하지 않거나 잘 모르는 질문에 응답을 강요하면 정확하지 않은 자료가 수집될 수 있으므로 강요하지 않는다.

POWER 팁

무응답이 편향(왜곡)된 결과를 초래하는 이유

저축액을 묻는 개방형 질문에 저축액이 낮은 사람은 응답을 꺼리는 경향이 있다. 즉, 저축액을 응답하는 사람과 응답하지 않는 사람 간 구조적으로 다른 집단이라고 볼 수 있다. 그러므로 무응답이 있는 채로 분석하게 되면 무응답 샘플은 분석에서 탈락되고 결과적으로 실제 저축액보다 큰 값이 도출된다.

---

⑤ 무응답의 처리

  ⓐ 단위무응답은 주로 응답자의 특성을 고려한 가중치조정법이 활용된다.
  ⓑ 항목무응답을 평균대체법으로 대체할 때는 분산이 과소추정되므로 주의한다.
  ⓒ 표본 수에 비해 무응답 수가 매우 적을 때는 무응답을 제외하고 분석한다.

POWER 정리

무응답 처리의 실무: 가중치조정법과 분산추정에 대한 이해

• **가중치조정법**: 저축액을 묻는 개방형 질문에 저축액이 낮은 사람은 응답을 꺼리는 경향이 있는데, 이를 그대로 분석하게 되면 실제 저축액보다 큰 값이 도출된다. 이때 소득이 낮은 사람(무응답자와 유사한 사람)에 대한 응답에 가중치를 높게 부여한다.

• **분산이 과소추정되는 이유**: 저축액을 묻는 개방형 질문에 월 소득이 150만 원인 A응답자는 저축액이 없어 부끄러움에 무응답했다고 가정하자. 평균대체법은 월소득이 150만 원인 조사대상자들이 평균 30만 원을 저축액으로 응답했으므로 A의 저축액을 30만 원으로 입력하는 방식이다. 결과적으로 0원(참값) 대신 30만 원이 입력되어 분산이 감소하게 된다.

무응답 원인별 대체 방법 필답 연계 p. 363

Q. 단위무응답과 항목무응답의 개념과 각각에 대해 대처하는 방법을 기술하시오.

종류	대체 방법	내용
단위무응답	무응답 가중치 조정	• 전체 표본을 특성별(예) 성별, 소득수준별 등)로 몇 개의 대체층으로 분류 • 무응답자와 유사한 계층의 가중치를 확대
항목무응답 (회귀, 이웃값, 순차적 핫덱이 우월)	평균대체	• 응답자와 같은 대체층(계층)의 평균값으로 대체
	콜드덱 대체	• 다른 유사 항목의 응답값으로 대체 • 예를 들어, 정치적 성향에 대한 개방형 질문에 대한 무응답을 선호하는 후보에 대한 응답을 활용해 대체 • 유사한 정보를 제공할 수 있는 문항이 있을 때만 가능
	회귀대체	• 무응답 변수(예) 저축액)를 종속변수로 회귀분석 실시 • 무응답자의 다른 변수값을 입력해 결과값을 추정
	이웃값(최근방) 대체	• 대체층 내에서 무응답자와 가장 가까운 응답자의 자료로 대체
	순차적 핫덱 대체	• 동일한 조사에서 다른 조사대상자의 응답을 활용 • 다른 변수의 응답(예) 성별, 나이, 소득 등)을 크기에 따라 나열한 뒤 바로 앞의 수치를 입력

(4) 이상치

① 이상치(outlier)의 종류별 이해

    ㉠ 단일변량(일변량) 이상치

        • 하나의 변수에 대한 응답(수치) 중 극단적으로 작은 값이나 큰 값이다.

        • 예를 들어, 대졸자의 초봉을 묻는 질문에 5억 원이라고 입력된 경우다.

    ㉡ 다변량 이상치

        • 각 변수에 대한 응답은 문제없으나 둘 이상의 변수를 적용 시 극단적 값이라 인정되는 경우다.

        • 예를 들어, 키는 185cm, 몸무게는 48kg이라고 입력된 경우다.

    ㉢ 일반적으로 '이상치'는 단일변량 이상치를 의미한다.

② 이상치의 존재

    ㉠ 모든 조사에서, 대부분 변수에서 일반적으로 발생한다.

    ㉡ 이상치는 실제 수치(참값)일 수도 있고, 오류(예) 입력 오류)로 발생할 수 있다.

③ 이상치의 영향과 조치

    ㉠ 이상치는 분석 결과를 왜곡시키므로 식별하여 제거한다.

    ㉡ 이상치로 인한 왜곡은 표본 수가 작을수록 증가한다.

④ 이상치의 식별 <u>필답 연계 p. 364</u>

Q. 단일변량 이상치와 다변량 이상치의 개념을 설명하고 각 이상치를 점검하는 하는 방법을 소개하시오.

㉠ 단일변량 이상치의 판별
- 한 변수의 값이 대푯값(예 평균)으로부터 극심하게 차이 나는 값으로 상자도표(box plots)로 관측할 수 있다.
- 단순 기술통계량에서 최솟값과 최댓값을 확인해 이상치를 판별할 수 있다.

㉡ 다변량 이상치의 판별
- 대표적으로 산점도(scatter plot)가 활용된다.
- 예를 들어, 키가 X축, 몸무게가 Y축일 때 185cm이면서 48kg인 사람의 응답은 오른쪽 밑에 위치한다.

3) 입력된 자료의 오류값 수정 ★☆☆

(1) 오류의 종류와 점검 <u>필답 연계 p. 364</u>

Q. 자료입력의 중요성을 설명하고 입력된 자료의 오류를 점검하는 방법을 기술하시오. → 입력오류가 발생 시 오차(모수와 통계량의 차이)가 발생하고, 분석결과의 신뢰성이 훼손되므로 아래 여러 가지 방법으로 입력오류를 점검한다.

① 범위 검사
  ㉠ 입력되어야 할 부호의 범위를 벗어나는 수치를 찾아내는 방법이다.
  ㉡ 예를 들어, 태어난 월을 묻는 질문에 13이 입력된 경우다.

② OFF CODE 검사
  ㉠ 입력되어야 할 부호가 아닌 것이 입력되었는지 찾아내는 방법이다.
  ㉡ 예를 들어, 응답 보기가 '① 남성', '② 여성'일 때 '1. 남성'으로 입력되었다면 '남성'을 제외하고 '1'만 입력해야 한다.

③ 논리 검사
  ㉠ 서로 연관되는 변수(항목) 간의 관계를 검토해 오류를 찾는 방법이다
  ㉡ 예를 들어, 15세이면서 월 소득이 500만 원으로 보고된 경우다.

④ 순서 검사
  ㉠ 조사대상이 중복되었는지 또는 누락되었는지 확인하는 방법이다.
  ㉡ 고유의 일련번호(id)가 부여된 경우에 가능하다.

⑤ 통계적 계산 검사
   ㉠ 합계검사, 비율검사 등으로 오류를 찾고 점검하는 방법이다.
   ㉡ 예를 들어, 저축액과 소비액이 소득액을 초과하는지(합계검사), 소득 대비 저축액이 100%를 초과
      (비율검사)하는지 점검한다.
⑥ 검사 숫자에 의한 검사
   ㉠ 특정 자릿수에 검사 숫자를 입력하고 응답(수치)을 입력하면 오류가 발견되는 방식으로 점검한다.
   ㉡ 예를 들어, 주민등록번호, 사업자등록번호, 전화번호 등의 입력에 활용된다.

(2) 오류 수정 방법

① 응답자 확인 수정
   ㉠ 입력 오류 발견 즉시(시일이 지나면 정확한 확인 어려움) 응답자에게 전화로 확인한다.
   ㉡ 전화로 수정하기 어려운 문항은 방문하여 재조사한다.
   ㉢ 응답자 연락이 어렵거나 오류가 많은 경우, 조사대상자를 대체해 재조사한다.
② 내용 수정
   ㉠ 입력된 내용이 오류로 판별 시 설문지 응답을 재확인한다.
   ㉡ 단순 입력 오류는 설문지 응답대로 수정한다.
   ㉢ 단순 입력 오류가 아닐 때는 전체 설문응답을 검토하면서 수정이 가능한 것만 수정한다.
   ㉣ 무리한 수정이 이루어질 경우, 객관성이 상실되므로 수정을 자제한다.
③ 통계적 수정
   ㉠ 응답자 확인이나 내용 수정이 불가능할 때 활용한다.
   ㉡ 회귀대체, 이웃값 대체, 순차적 핫덱 대체 등의 무응답 대체기법을 활용한다.
④ 분석 대상에서 제외
   ㉠ 응답자 확인이나 내용 수정이 불가능할 경우, 통계적 수정을 할지 아니면 분석 대상에서 제외할지
      결정한다.
   ㉡ 재조사 비용이 클 경우 통계적 수정을 할지 아니면 분석 대상에서 제외할지 결정한다.
   ㉢ 분석 결과에 큰 영향을 주지 않는 오류라면 제외하고 분석한다.
   ㉣ 일반적으로 표본 수가 클(충분)수록 제외하는 것이 좋다.

01 최신

다음 중 표본이 700명인 자료의 ID값의 범위 설정 시 틀린 내용은?

① ID의 칼럼 수는 100이다.
② ID는 일반적으로 연속된 번호로 지정한다.
③ 동일한 ID가 부여되었는지 확인한다.
④ ID가 첫 번째 변수일 때, 그다음 변수의 칼럼번호는 4로 시작한다.

[해설]
표본 수가 700이므로 칼럼 수는 3(최대 자릿수)이 된다.

정답 ①

02 최신

다음 설명이 의미하는 자료입력 방법은?

> 스캔이미지를 활용해 정보를 입력하는 방법으로 비용이 절감되는 반면, 인식률이 완벽하지 않아 필체에 대한 충분한 학습과 테스트가 요구되는 자료입력 방법이다.

① C/S(Client/Server)기반의 PC 입력
② ICR(Intelligent Character Recognition) 입력
③ OMR(Optical Mark Recognition) 입력
④ 휴대용 PAD를 이용한 입력

[해설]
광학문자판독기(ICR)를 이용한 자료입력에 대한 내용이다.

정답 ②

03 최신

다음 중 단위무응답을 대체하는 방법으로 옳은 것은?

① 무응답 가중치 조정   ② 평균대체
③ 콜드덱 대체   ④ 회귀대체

[해설]
응답자가 설문지에 전혀 응답하지 않은 경우로 무응답자와 유사한 계층의 가중치를 확대한다. ②, ③, ④는 항목무응답을 대체하는 기법에 해당된다.

정답 ①

04 최신

다음 중 100명을 대상으로 아래처럼 설문할 때 틀린 것은?

설문지
ID □□□
SQ1. 귀하는 한국인입니까(국적 기준)?
① 예 ☞ 설문 중단   ② 아니오 ☞ Q1으로 이동
Q1. 귀하는 어느 나라 국민입니까?
① A국   ② B국   ③ C국   ④ 기타 ( )
… 이하 생략 …

① ID의 칼럼 수는 3이다.
② ID의 칼럼 번호는 1~3이 된다.
③ Q1이 칼럼 수는 1이다.
④ S1의 칼럼 번호는 4가 된다.

[해설]
Q1은 폐쇄형 질문이더라도 "④ 기타 ( )"로 인해 칼럼 수가 반드시 1이 아닐 수 있다. 예를 들어, "④ 기타 ( )"에서 다른 국적의 수가 7개 이상이면 칼럼 수는 2가 된다.

정답 ③

05

아래 제시된 자료처리 단계를 바르게 나열한 것은?

> ㉠ 자료입력　　　 ㉡ 부호화
> ㉢ 정합성 점검　　 ㉣ 원시자료 생성
> ㉤ 마이크로데이터 생성

① ㉠ → ㉡ → ㉢ → ㉣ → ㉤
② ㉡ → ㉠ → ㉢ → ㉣ → ㉤
③ ㉡ → ㉢ → ㉠ → ㉣ → ㉤
④ ㉢ → ㉡ → ㉠ → ㉣ → ㉤

해설
㉡ 부호화 → ㉠ 자료입력 → ㉢ 정합성(오류) 점검 → ㉣ 원시자료 생성 → ㉤ 마이크로데이터 생성의 단계를 거친다.

정답 ②

06

다음 중 자료처리에 대한 설명으로 틀린 것은?

① 코딩(coding)은 주로 폐쇄형 질문의 응답 내용을 부호화하는 작업이다.
② 펀칭(punching)은 응답 내용을 엑셀과 같은 곳에 입력하는 작업이다.
③ 클리닝(cleaning)은 자료의 오류와 정합성 등을 점검하는 작업이다.
④ 설문응답은 코딩, 펀칭, 클리닝 등의 작업을 거쳐 원시자료로 변환된다.

해설
코딩(coding)은 주로 개방형(주관식) 질문의 응답 내용을 부호화하는 작업이다.

정답 ①

07

다음 중 온라인 설문조사의 경우 생략될 수 있는 자료처리 작업은?

① 코딩　　　　　　 ② 펀칭
③ 클리닝　　　　　 ④ 펀칭과 클리닝

해설
온라인 설문조사는 기술 발전으로 응답내용이 자동으로 입력(펀칭)되기 때문에 코딩과 클리닝 작업만 수행한다.

정답 ②

08

다음 중 자료처리 과정으로 볼 수 없는 것은?

① 코딩　　　　　　 ② 펀칭
③ 클리닝　　　　　 ④ 기초분석

해설
기초분석은 자료처리가 완료된 후 원시자료나 마이크로데이터를 이용한 기술통계(평균, 분산 등)와 같은 통계적 분석을 의미한다.

정답 ④

09

다음 중 자룻값의 범위에 대한 일반적 설명으로 틀린 것은?

① 폐쇄형 질문은 자룻값의 범위가 미리 부호화되어 저비용이다.
② 개방형 질문은 응답이 분류될 수 있는 가짓수에 의해 결정된다.
③ 개방형 질문은 명확한 범위의 설정이 가능하다.
④ 폐쇄형 질문은 개방형 질문보다 객관적으로 설정된다.

해설
폐쇄형 질문은 응답이 이미 부호화되어 명확한 범위의 설정이 가능한 반면, 개방형 질문은 범위의 설정이 명확하지 않아 상당한 전문성과 시간이 필요하다.

정답 ③

10

다음 중 입력되어야 할 부호가 아닌 것이 입력되었는지 찾아내는 오류 검사 방법은?

① 검사 숫자에 의한 검사
② 합계 검사
③ 순서 검사
④ OFF CODE 검사

[해설]
OFF CODE 검사는 입력되어야 할 부호가 아닌 것이 입력되었는지 찾아내는 방법이다.

정답 ④

11

다음 중 아래 설명에서 A와 B에 들어갈 숫자로 옳은 것은?

> 표본 수가 500명인 조사의 개방형 질문은 최대 A 가지의 응답이 가능하기 때문에 최대 칼럼 수는 B 가 된다.

① A: 500, B: 3
② A: 3, B: 500
③ A: 300, B: 5
④ A: 5, B: 300

[해설]
500명 모두 다른 응답을 할 수 있으므로 가능한 응답 수는 최대 500가지이며, 칼럼 수는 최대 자릿수인 3이 된다.

정답 ①

12

다음과 같은 설문을 부호화할 때 '④ 기타 (   )'에 대한 답변을 8가지로 분류했다. 칼럼 수로 옳은 것은?

> Q1. 귀하는 정부가 재정지출 시 가장 신경 써야 할 분야가 무엇이라고 생각하십니까?
> ① 경제   ② 복지   ③ 외교   ④ 기타 (   )

① 1   ② 2
③ 3   ④ 4

[해설]
칼럼 수는 설문항목별로 부호화된 값이 가질 수 있는 자릿수이며, 총 부호화의 가짓수는 11개이므로 2가 된다.

정답 ②

13

다음 중 무응답에 대한 처리 방법으로 틀린 것은?

① 응답자에게 전화해서 무응답 사유를 확인한다.
② 무응답 사유를 알 수 없는 경우, 별도의 부호를 부여한다.
③ 무응답이 너무 많으면 폐기하고 재조사한다.
④ 무응답은 적을수록 좋으므로 모든 설문에 응답 히도록 강요한다.

[해설]
응답을 완강히 거부할 때 응답을 강요하면, 솔직하게 답변하지 않아 정확한 정보를 수집할 수 없다. 그러므로 조사대상자가 응답을 꺼리면 응답을 유도하는 것은 맞지만, 응답을 명확히 거부할 때는 강요하지 않는 것이 좋다.

정답 ④

14

다음 중 아래 상황에서 무응답에 기입하는 부호로 적합한 것은?

> "귀하의 한달 저축액은 얼마입니까? _____만 원"이라는 개방형 질문에 무응답이 발생했다. 다른 응답 자료를 분석한 결과, 최솟값이 0, 평균이 150, 최댓값이 1,200이었다.

① 9   ② 99
③ 999   ④ 9999

해설

무응답을 표시하는 부호는 응답한 수치들 중 최댓값과 자릿수가 같거나 커야 한다.

정답 ④

15

다음 중 부호화에 대한 설명으로 틀린 것은?

① 단순 무응답과 보기에 적절한 답변이 없어 무응답한 경우, 동일한 부호를 입력한다.
② 폐쇄형 질문의 보기에 '기타 (   )'가 포함되면 부호화가 필요하다.
③ 개방형 질문이더라도 응답이 숫자일 때는 부호화가 불필요하다.
④ 일반적으로 폐쇄형 질문에는 부호화가 필요 없다.

해설

보기에 적절한 답변이 없어서 무응답한 경우에는 "없음"으로 분류하여 단순 무응답과 구분해 다른 수치로 부호화한다. 일반적으로 무응답, 보기가 없는 경우, "모르겠다"라고 응답한 경우, "0" 등은 모두 다른 의미이므로 다른 수치로 부호화한다.

정답 ①

16

다음 중 무응답 처리방법에 대한 설명으로 틀린 것은?

① 구조적 결측값은 수정되어야 한다.
② 설문항목에 응답이 없는 경우로 적을수록 좋다.
③ 0은 무응답이 아니므로 구분해야 한다.
④ 표본 수가 증가할수록 무응답에 의한 부정적 영향은 감소한다.

해설

여과질문(filter question)에 의해 조사대상자에 해당되지 않아 응답하지 않은 것을 구조적 결측값(structrally missing value)이라고 하며, 전혀 문제되지 않는다.

정답 ①

17

다음 중 단위무응답의 발생 원인으로 틀린 것은?

① 응답자가 설문 자체를 거부한 경우
② 응답자가 연락이 되지 않은 경우
③ 응답자가 특정 문항을 이해하지 못한 경우
④ 응답자가 글을 몰라 설문이 불가능한 경우

해설

단위무응답(unit non-response)은 응답자가 설문지에 전혀 응답하지 않은 경우이며, 특정 항목에 무응답 한 것을 항목무응답(item non-response)이라고 한다.

정답 ③

18

다음 중 항목무응답을 대체하는 방법으로 분산을 과소추정하는 문제가 발생하는 것은?

① 핫덱 대체   ② 평균대체
③ 콜드덱 대체   ④ 회귀대체

해설

평균대체법을 이용해 응답자와 같은 대체층(계층)의 평균값으로 대체할 때 분산이 과소추정되는 문제가 발생해 잘 사용하지 않는다.

정답 ②

19

다음 중 아래 내용이 의미하는 무응답 대체방법은?

> 동일한 조사에서 다른 조사대상자의 응답을 활용하며, 다른 변수의 응답(성별, 나이, 소득 등)을 크기에 따라 나열한 뒤 바로 앞의 수치를 입력하는 방법이다.

① 핫덱 대체   ② 평균대체

③ 콜드덱 대체   ④ 회귀대체

해설

핫덱 대체는 무응답자와 유사한 성향을 가진 응답자의 값으로 무응답을 대체하는 방법이다. 그 중에서도 다른 변수의 응답(성별, 나이, 소득 등)을 크기에 따라 나열한 뒤 바로 앞의 수치를 입력하는 방법을 순차적 핫덱 대체법이라고 한다.

정답 ①

20

다음 중 이상치의 식별 방법으로 부적절한 방법은?

① 상자도표
② 기술통계의 최댓값 및 최솟값과 비교
③ 산점도
④ 회귀분석

해설

회귀분석은 무응답 및 이상치 등을 식별하고 처리한 뒤 독립변수와 종속변수 간 관계를 규명하는 통계적 분석 기법이다.

정답 ④

memo

올인원 사회조사분석사 2급

1차 필기 완전정복
핵심이론 + 핵심문제

제3과목 학습방법

CHAPTER 03의 단일표본 t-검정(모평균 가설검정), CHAPTER 04, CHAPTER 05는 실기시험에서 가장 중요하다. 특히 CHAPTER 04, CHAPTER 05는의 내용은 실기시험뿐 아니라 필기시험에서도 상당히 많은 문제가 출제된다. 그러므로 이 교재에서도 필기시험과 실기시험 모두를 공부할 수 있도록 집필했다.

① CHAPTER 04, CHAPTER 05는 필기를 대비해 간략한 이론을 학습하고 문제를 풀어본다.

② 실기시험에 대비하기 위해 본 교재에서 제공하는 데이터와 동영상을 시청하면서 데이터 분석을 반복한다.

PART 03

제3과목 통계분석과 활용

01 | 기초통계량 핵심이론

01 집중화 통계량 ★★★

1) 집중화의 의미

① 값이 크고 작은 수많은 데이터가 어디에 집중되어 있는지를 보여주는 대푯값이다.

② 평균, 중앙값, 최빈값 등이 있다.

> **POWER 정리**
>
> 집중화 경향을 의미하는 통계량
>
> 국내 성인 남성의 키를 알고 싶어서 표본 1,000명을 추출해 키에 대한 자료가 확보되었다고 하자. 키가 큰 사람도 있을 것이고 작은 사람도 있겠지만 우리는 1,000개의 값이 어느 곳에 집중되어 있는지 알고 싶을 때 평균, 중앙값, 최빈값 등을 계산한다. 예를 들어, 평균이 173cm라고 한다면, "성인(모집단)의 키는 대략 173cm 정도 되는구나"라고 추정하게 된다.

2) 평균(Mean)

① n개의 자료$(x_1, x_2, \dots x_n)$를 합한 값을 n으로 나누어 계산한다.

② 가장 일반적으로 사용되는 대푯값이다.

③ 자료들이 비대칭이거나, 이상치(outlier)가 존재할 때는 대푯값으로 적합하지 않다.

④ 오차(error)는 모평균(population mean)과 표본평균(sample mean)의 차이다.

┃모평균(μ)과 표본평균($\overline{X}$)의 구분

구분	모평균(모집단의 평균)	표본평균(표본의 평균)
공식	$\mu = \dfrac{\sum_{i=1}^{N} x_i}{N} = \dfrac{x_1 + x_2 + \dots + x_N}{N}$	$\overline{X} = \dfrac{\sum_{i=1}^{n} x_i}{n} = \dfrac{x_1 + x_2 + \dots + x_n}{n}$
표기 방식	• 모집단의 크기$=N$ • 모평균$=\mu$(뮤)	• 표본의 크기$=n$ • 표본평균$=\overline{X}$
비고	• N(모집단)과 n(표본)을 사용하는 것만 다를 뿐 개념은 동일 • 1,000명의 모집단에서 500개를 표집할 때, $N=1,000$, $n=500$ • 이상치가 존재 시 대푯값으로 부적합	

오차의 개념적 이해

모평균 μ는 남성 성인의 평균 키로 '참값'을 의미하며, 실제로 알 수는 없지만 175cm(μ)라고 가정하자. 남성 성인(모집단)의 키를 알고 싶어 표본 1,000명을 뽑아 평균을 계산했더니 173cm($\overline{X}$)일 때 우리는 "성인 남성의 평균 키(μ)가 173cm 정도 되겠구나"라고 추정한다. 이때 오차는 2cm(175cm-173cm)가 된다.

평균의 종류와 필기시험

평균의 종류는 산술평균, 가중평균, 기하평균, 절사평균, 조화평균 등 수없이 많다. 또한 이들을 수학적·개념적으로 이해하는 것 역시 쉽지 않다. 가중평균에 대한 문제가 출제되기는 하지만 산술평균의 개념만으로도 쉽게 풀 수 있다.

기하평균의 개념을 묻는 문제가 출제된 적이 있는데, 기하평균은 "성장률(변화율, 비율)" 자료를 다룰 때 적합하다는 정도만 기억하면 충분하다. 참고로, 가중평균은 각 수치에 가중치를 곱한 값을 더해서 구하는 방식으로 기댓값을 계산하는 것 $\left(E(X) = \sum_{i=1}^{n} x_i P(X = x_i)\right)$과 같다. 기댓값을 계산하는 내용은 다음 CHAPTER 02(확률분포)를 참고 바란다.

3) 중앙값(Median)

① 자료를 크기 순서로 나열할 때 중앙(가운데)에 위치한 값이다.
② 백분위수의 개념으로는 제50백분위수이고, 사분위수의 개념으로는 제2사분위(Q_2)와 같다.
③ 이상치가 존재(비대칭 분포)할 때 대푯값으로 적합하다.
④ 자료가 짝수일 때는 가운데에 있는 두 개의 값을 평균한 것이다.

자료가 홀수일 때와 짝수일 때의 중앙값

자료의 개수가 홀수이면 $\frac{n+1}{2}$번째 값이, 짝수이면 $\frac{n}{2}$번째 값과 $\frac{n}{2}+1$번째 값의 평균이 중앙값이지만, 이러한 공식은 암기하지 말고 아래 예시를 통해 이해하는 것이 좋다.

• 자료가 홀수일 때 중앙값

신입생이 본인의 학과(전공)를 졸업할 경우, 얼마의 소득을 벌게 될지 알고 싶어서 선배 5명을 조사했더니 다음과 같다고 하자. 월 소득을 크기순으로 배열하면 200, 300, 350, 400, 5,000이 되므로 가운데 위치한 350만 원이 중앙값이 된다. 이 예시를 통해 알 수 있듯이 중앙값은 이상치(5,000만 원)의 영향을 받지 않는다는 장점이 있다.

┃ 졸업생 5명의 월평균 소득(만 원)

졸업생 1	졸업생 2	졸업생 3	졸업생 4	졸업생 5
350	200	300	5,000	400

• 자료가 짝수일 때 중앙값

아래의 월 소득을 다시 크기순으로 배열하면, 180, 200, 300, 350, 400, 5,000이 된다. 이렇게 자료의 개수가 짝수이면 가운데 두 개의 값(300과 350)을 평균한 325만 원이 중앙값이 된다.

▌졸업생 6명의 월평균 소득(만 원)

졸업생 1	졸업생 2	졸업생 3	졸업생 4	졸업생 5	졸업생 6
350	200	300	5,000	400	180

4) 최빈값(Mode)

① 가장 빈번하게 관측되는(빈도가 높은) 값이다.
② 자료의 모든 값이 다르면 최빈값은 존재하지 않는다.
③ 가장 많이 관측되는 값이 여러 개면 중앙값도 여러 개일 수 있다.
④ 일반적으로는 이상치의 영향을 받지 않지만, 이론적으로는 이상치가 최빈값이 될 수 있으므로 이상치가 존재 시 중앙값이 적합한 대푯값이다.
⑤ 질적자료, 또는 질적자료를 숫자로 변환한 범주형 자료의 대푯값으로 적합하다.

POWER 정리

최빈값의 예시

여대생의 평균 몸무게를 알고 싶어서 다음과 같이 10명의 표본을 추출했다고 하자. 54가 3번으로 가장 빈번하게 관측되기 때문에 최빈값은 54가 된다. 참고로, 102kg(극단치)의 영향을 받지 않는다.

▌표본(여대생 10명)의 몸무게(kg): 하나의 최빈값

표본	1	2	3	4	5	6	7	8	9	10
몸무게	45	54	60	70	54	45	54	60	55	102

만약 아래 표에서처럼 가장 많이 관측되는 몸무게가 54와 60일 경우, 최빈값은 54와 60이 된다.

▌표본(여대생 10명)의 몸무게(kg): 두 개의 최빈값

표본	1	2	3	4	5	6	7	8	9	10
몸무게	45	54	60	60	54	45	54	60	55	102

5) 평균, 중앙값, 최빈값의 관계

① 분포가 좌우대칭이면, 평균=중앙값=최빈값이 된다.
② 평균=중앙값=최빈값이면, 분포는 좌우대칭이다.
③ 평균=중앙값이더라도, 분포가 반드시 좌우대칭은 아니다.

02 산포도 통계량 ★★★

1) 산포도의 의미

① 자료들이 중심(예 평균)으로부터 얼마나 흩어져 있는지 정도를 의미한다.

② 범위, 분산, 표준편차, 사분위범위, 변동계수 등으로 측정한다.

POWER 정리

산포도의 중요성

우리가 사회과학을 공부하는 궁극적인 목적은 '인간의 의사결정 원리'를 학습하기 위함이다. 그렇다면 인간이 숫자로부터 어떤 정보를 얻고 어떻게 의사결정을 하는지 살펴보면 왜 산포도가 중요한지 알 수 있다. 아래 표는 투수 3명의 최근 5년 동안의 평균 승률을 보여준다. 평균 승률은 집중화 경향을 나타내는 통계량이며, 대부분은 큰 고민 없이 투수 3을 선호할 것이다.

▌최근 5년 평균 승률

연도	투수 1	투수 2	투수 3
평균	60	60	62

그런데 각 투수별 최근 5년의 기록을 보면 오히려 평균 승률이 낮은 투수 2를 선호할 가능성이 매우 높아진다. 왜 그럴까? 바로 투수 2는 안정적이기 때문이다. 안정적이라는 의미는 불확실성이 낮다는 의미다. 즉 산포도는 리스크(변동성, 불확실성)를 측정하기 위해 사용된다. 인간은 합리적인 의사결정을 위해 집중화도 고려하지만, 산포도도 고려한다는 것을 반드시 인지해야 한다.

■ 최근 5년 동안의 승률 추이

연도	투수 1	투수 2	투수 3
2025	100	60	100
2024	20	70	30
2023	80	50	80
2022	30	60	30
2021	70	60	70
평균	60	60	62

2) 분산(Variance)

① 편차의 제곱합을 평균한 값이며, 각 값들이 평균으로부터 얼마나 흩어져 있는지를 측정한다.

② 모분산(모집단의 분산)은 σ^2로 표기하며 공식은 아래와 같다.

$$\sigma^2 = \frac{\sum_{i=1}^{N}(x_i - \mu)^2}{N}$$

③ 표본분산은 S^2으로 표기하며 공식은 아래와 같다.

$$S^2 = \frac{\sum_{i=1}^{n}(x_i - \overline{X})^2}{n-1} \ \text{ or } \ \frac{\sum_{i=1}^{n}x_i^2 - n\overline{X}^2}{n-1}$$

④ 공식에 포함된 $(x_i - \mu)$ 또는 $(x_i - \overline{X})$은 편차(Deviation)라고 한다.

    ㉠ 평균으로부터 흩어진 정도(거리)를 측정한다.

    ㉡ 편차의 합은 항상 0이다.

$$\sum_{i=1}^{N}(x_i - \mu) = \sum_{i=1}^{n}(x_i - \overline{X}) = 0$$

    ㉢ 산포도는 편차가 아닌 편차를 제곱하는 분산을 사용한다.

⑤ 분산은 음수가 될 수 없다(표준편차 동일).

⑥ 자료가 모두 동일한 값이면 분산은 0이다(표준편차 동일).

⑦ 자료가 평균에 밀집할수록 분산의 값은 작아진다(표준편차 동일).

⑧ 모분산의 자유도는 $(N-1)$, 표본분산의 자유도는 $(n-1)$이다.

표본분산의 분모가 $(n-1)$인 이유

모분산이 모집단의 x값들이 모평균(μ)으로부터 얼마나 떨어져 있는지를 측정하는 것이라면, 표본분산은 표본의 x값들이 표본평균($\overline{X}$)으로부터 얼마나 떨어져 있는지를 측정하는 것으로 개념은 동일하다.

우리가 모평균을 추정하기 위해 표본평균을 산출하며, 모분산을 추정하기 위해 표본분산을 산출한다. 그런데 표본분산의 공식에서 n이 아니라 $(n-1)$으로 나누어주는 이유는 이렇게 구한 표본분산 S^2이 모분산 σ^2을 더 잘 추정하기 때문이다.

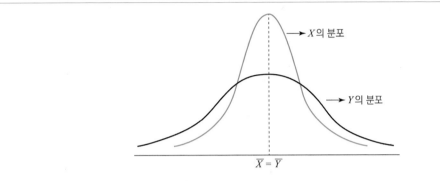

▶ 평균은 같지만($\overline{X} = \overline{Y}$) 분산이 다른 경우($S_X^2 < S_Y^2$)

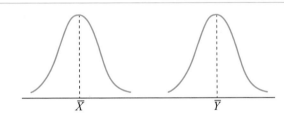

▶ 분산은 같지만($S_X^2 = S_Y^2$) 평균이 다른 경우($\overline{X} < \overline{Y}$)]

자유도

자유도(degree of freedom)는 df로 표기한다. 자유도란 주어진 조건 하에서 독립적으로 자유롭게 취할 수 있는 값의 개수다. 예를 들어, 표본의 수가 4개(n)이며 평균이 10이라고 하자. 평균이 10이라고 주어졌을 때 4개의 수치 중 3개를 자유롭게 결정할 수 있다. 예를 들어, 9, 10, 11을 결정했다고 하자. 이때 평균이 10이 되기 위해서는 나머지 하나의 숫자는 반드시 10이 되어야 하므로 한 개의 숫자는 내가 임의로 결정할 수 없다. 이때 자유도는 내가 마음대로 결정할 수 있는 수치들의 개수인 $3 = (n-1)$이 된다. 분산에서도 n개의 표본이 있을 때 표본분산의 값이 정해졌다면 마지막 남은 1개의 값은 내 마음대로 결정하지 못한다. 그러므로 표본분산의 자유도도 $(n-1)$이 된다.

분산 또는 표준편차 계산 문제 ★★★

아래처럼 두 개의 변수 간 평균과 분산(또는 표준편차)을 비교하는 문제가 자주 출제된다. 계산기로 정확한 답을 찾도록 유도하면서, 시간을 소진시키는 함정문제다. 이러한 문제에서 평균은 계산하고, 분산은 눈으로(개념적으로) 찾아야 한다. 평균과의 거리(편차)가 클수록 분산도 증가하기 때문에 아래의 경우, 분산은 X가 더 크다는 것을 굳이 계산하지 않고도 쉽게 알 수 있다. 참고로, 시험에서 대부분 평균은 같고 분산이 다른 문제가 자주 출제되며, 아래는 평균이 같고 분산은 X가 더 큰 경우다.

X	2	10	17	19	22	32
Y	9	24	17	17	25	20

3) 표준편차(Standard Deviation)

① 표준편차는 분산의 제곱근이다.

② 모표준편차는 σ로, 표본표준편차는 S로 표기한다.

$$\text{모표준편차: } \sigma = \sqrt{\sigma^2} \qquad \text{표본표준편차: } S = \sqrt{S^2}$$

③ 분산의 제곱근이기 때문에 수치만 달라질 뿐 분산과 동일한 정보를 제공한다(값이 클수록 산포도 증가).

④ 분산은 단위의존도가 있지만, 표준편차는 단위의존도로부터 자유롭다.

실무에서 분산이 아닌 표준편차를 사용하는 이유

▋ 표본(여대생 10명)의 몸무게(kg)

표본	1	2	3	4	5	6	7	8	9	10
몸무게	45	54	60	70	54	45	54	60	55	102

위 표의 여대생의 몸무게 평균을 계산하면 54.2kg이 된다. 분산은 공식에 제곱이 포함되기 때문에 분산을 계산하면 63.5kg^{2}이 된다. 즉 몸무게는 kg으로 측정되는데 산포도는 kg^{2}으로 측정되어 해석이 어렵다. 반면 표준편차는 8.0kg이 되고, 단위가 본래 지료(몸무게)의 단위와 같아진다. 이때 우리는 다음과 같이 해석하게 된다 "여대생들의 몸무게는 54.2kg을 중심으로 ±8.0kg 정도 흩어져 있구나." 물론 이 해석은 수학적으로 정확히 맞지는 않지만, 지금 단계에서 충분히 그럴듯한 해석이다.

분산과 표준편차

표준편차는 평균과의 거리에 의해서만 결정된다. 그러므로 변수(원래의 값)를 동일한 값으로 더하거나 빼도 평균과의 거리는 변하지 않기 때문에 표준편차의 값도 변하지 않는다. 만약 2(또는 −2)를 곱하면 평균과의 거리도 2배가 되기 때문에 표준편차 도 2배가 된다. 만약 2로 나누면 평균과의 거리도 1/2로 좁혀져 표준편차도 1/2배가 된다. 참고로, 분산은 공식에 제곱이 있기 때문에 곱하는 값의 제곱값만큼 증가하고, 나누는 값의 제곱값만큼 작아진다.

구분	변수(X)	$X+2$	$X-2$	$X*2$	$X/2$
변수 X의 값	5	7	3	10	2.5
	4	6	2	8	2
	3	5	1	6	1.5
	2	4	0	4	1
	1	3	−1	2	0.5
평균	3	5	1	6	1.5
분산	2.50	2.50	2.50	10(4배)	0.63(1/4배)
표준편차	1.58	1.58	1.58	3.16(2배)	0.79(1/2배)

•POWER 기출 유형 ✓•

어떤 변수에 5배를 한 변수의 표준편차는 원래 변수의 표준편차의 얼마인가?

① 1/25
② 1/5
③ 5배
④ 25배

해설

표준편차는 평균과의 거리에 의해서만 결정된다. 그러므로 변수 X(원래의 값)를 동일한 값으로 더하거나 빼도 평균과의 거리는 변하지 않기 때문에 표준편차의 값도 변하지 않는다. 만약 5를 곱하면 평균과의 거리가 5배가 되기 때문에 표준편차도 5배가 된다.

정답 ③

4) 범위(Range)

① 가장 큰 값에서 가장 작은 값을 뺀 값이다(최댓값−최솟값).
② 계산과 설명이 쉽다는 것이 장점이다.
③ 이상치(극단값)가 있는 경우 부적합하다.

5) 사분위 범위(Quartile Range)

① 3분위와 1분위의 차이다($Q_3 - Q_1$).
② 즉, 자료를 크기순으로 나열할 때 75% 경곗값과 25% 경계값의 차이다.

③ 데이터의 절반이 1분위와 3분위 사이에 위치하기 때문에 중간 50%에 대한 범위다.

④ 이상치의 영향을 받지 않는다(범위의 단점 보완).

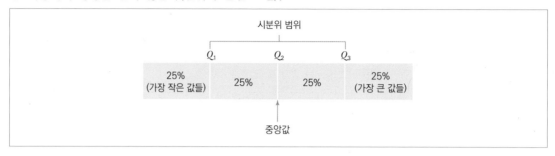

6) 사분위 편차(Quartile Deviation)

① 사분위 범위를 2로 나눈 값이다.

② 사분위 범위처럼 극단값의 영향이 없다.

③ 일반적으로, 중앙값이 대푯값일 때 산포도의 지표로 활용된다.

$$Q = \frac{Q_3 - Q_1}{2}$$

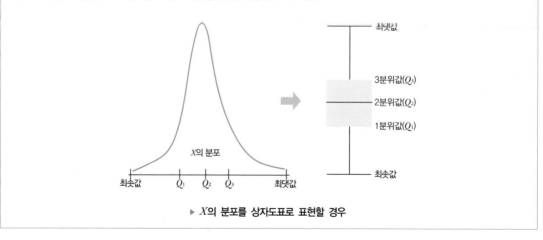

7) 변동(변이)계수(Coefficient of Variation)

① 표준편차를 평균으로 나눈 값이다.

② 분자가 표준편차이기 때문에 변동계수가 커질수록 산포도가 크다.

③ $\overline{X} > 0$일 때 변동계수의 범위는 $0 \sim \infty$가 된다($\overline{X} < 0$일 때 변동계수는 음수가 되지만, 주로 절댓값이 활용된다).

④ 분모와 분자의 단위가 같으므로 단위의 문제(단위의존도)가 없다.

⑤ 다음과 같은 장점(활용도)이 있다.

　㉠ 단위가 다른 두 집단자료의 산포를 비교할 때 이용한다.

　㉡ 자료의 산포도를 상대적으로 비교할 때 이용한다.

　㉢ 평균의 차이가 큰 두 집단의 산포를 비교할 때 이용한다.

$$CV = \frac{S}{\overline{X}} = \frac{\text{표준편차}}{\text{평균}}$$

• POWER 기출 유형 ✅ •

초등학생과 대학생의 용돈의 평균과 표준편차가 다음과 같을 때 변동계수를 비교한 결과로 옳은 것은?

	용돈 평균	표준편차
초등학생	130,000	2,000
대학생	200,000	3,000

① 초등학생 용돈이 대학생 용돈보다 상대적으로 더 평균에 밀집되어 있다.

② 대학생 용돈이 초등학생 용돈보다 상대적으로 더 평균에 밀집되어 있다.

③ 초등학생 용돈과 대학생 용돈의 변동계수는 같다.

④ 평균이 다르므로 비교할 수 없다.

해설

대학생의 변동계수$\left(CV = \dfrac{S}{\overline{X}} = \dfrac{\text{표준편차}}{\text{평균}} \right)$는 0.0150으로 초등학생 0.0154보다 작다. 그러므로 대학생 용돈이 초등학생 용돈보다 상대적으로 더 평균에 밀집되어 있다고 해석할 수 있다.

정답 ②

1) 왜도(Skewness)

① 왜도는 분포의 좌우대칭의 정도를 의미하는 통계량이다.

② 분포가 오른쪽 꼬리 또는 왼쪽 꼬리를 가졌는지를 의미한다.

    ㉠ 왜도 = 0: 좌우대칭 분포다(그림 ❶)

    ㉡ 왜도 >0: 오른쪽 꼬리분포다(그림 ❷).

    ㉢ 왜도<0: 왼쪽 꼬리분포다(그림 ❸).

③ 주로 피어슨 왜도계수(Pearson's Coefficient of Skewness)가 활용된다.

$$피어슨\ 왜도계수(p) = \frac{3(평균-중앙값)}{표준편차} \cong \frac{(평균-최빈값)}{표준편차}$$

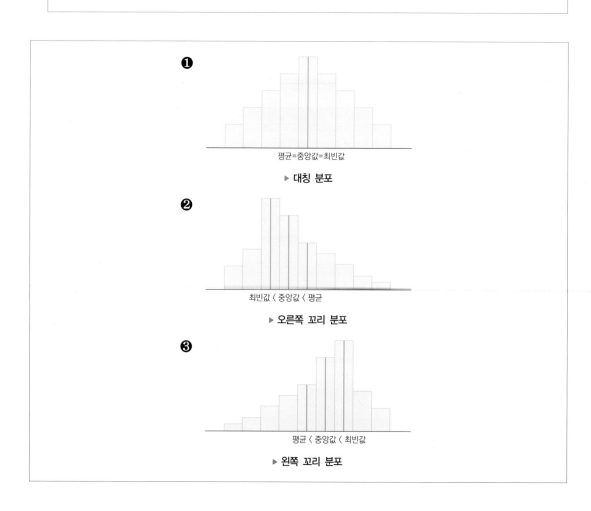

❶

평균=중앙값=최빈값

▶ 대칭 분포

❷

최빈값 〈 중앙값 〈 평균

▶ 오른쪽 꼬리 분포

❸

평균 〈 중앙값 〈 최빈값

▶ 왼쪽 꼬리 분포

2) 첨도(Kurtosis)

① 왜도가 좌우로 찌그러진 정도라면, 첨도는 상하로 찌그러진 정도를 의미한다.
② 정규분포에 비해 분포가 얼마나 뾰족한지 또는 납작한지를 의미한다.
    ㉠ 첨도=3: 정규분포와 같다.
    ㉡ 첨도>3: 정규분포보다 뾰족하다.
    ㉢ 첨도<3: 정규분포보다 납작하다.

$$첨도계수(\alpha_4) = \frac{\sum_{i=1}^{n}(x_i - \overline{X})^4}{(n-1) \times S^4}$$

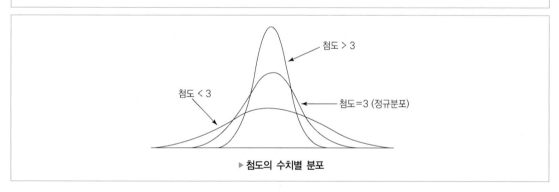

▶ 첨도의 수치별 분포

다음 중 A분포와 B분포의 특징에 관한 설명으로 틀린 것은?

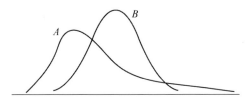

① A의 분산은 B의 분산보다 크다.
② A의 왜도는 양(+)의 값을 가진다.
③ A의 왜도는 음(−)의 값을 가진다.
④ A의 최빈값은 B의 최빈값보다 작다.

해설

B는 좌우대칭이므로 왜도는 0이다.

정답 ③

01

다음 중 표준편차가 가장 큰 자료는?

① 3, 4, 5, 6, 7
② 3, 3, 5, 7, 7
③ 3, 5, 5, 5, 7
④ 5, 6, 7, 8, 9

[해설]

표준편차는 평균과의 거리(편차)가 클수록 증가한다. 그러므로 당연히 ②의 편차, 분산, 표준편차가 가장 크다. ①과 ④의 표준편차는 같다. ③은 5(평균)가 세 번이나 등장하므로 표준편차가 가장 작을 것이다. 아래 표준편차를 계산해 두었으니 참고 바란다.

① 평균 $= (3+4+5+6+7)/5 = 5$

표준편차
$$= \sqrt{[(3-5)^2+(4-5)^2+(5-5)^2+(6-5)^2+(7-5)^2]/5}$$
$$= \sqrt{10/5}$$

② 평균 $= (3+3+5+7+7)/5 = 5$

표준편차
$$= \sqrt{[(3-5)^2+(3-5)^2+(5-5)^2+(7-5)^2+(7-5)^2]/5}$$
$$= \sqrt{16/5}$$

③ 평균 $= (3+5+5+5+7)/5 = 5$

표준편차
$$= \sqrt{[(3-5)^2+(5-5)^2+(5-5)^2+(5-5)^2+(7-5)^2]/5}$$
$$= \sqrt{8/5}$$

④ 평균 $= (5+6+7+8+9)/5 = 7$

표준편차
$$= \sqrt{[(5-7)^2+(6-7)^2+(7-7)^2+(8-7)^2+(9-7)^2]/5}$$
$$= \sqrt{10/5}$$

TIP 이 문제는 계산기로 시간을 허비하게 만드는 함정 문제다. 반드시 계산기가 아닌 눈으로 풀어야 한다.

[정답] ②

02 빈출

어느 대학에서 2014학년도 1학기에 개설된 통계학 강좌에 A반 20명, B반 30명이 수강하고 있다. 중간고사에서 A반, B반의 평균은 각각 70점, 80점이었다. 이번 학기에 통계학을 수강하고 있는 학생 50명의 중간고사 평균은?

① 70점   ② 74점
③ 75점   ④ 76점

[해설]

가중평균의 문제이지만 산술평균의 개념으로도 충분히 풀 수 있다. 평균은 모든 점수를 합한 뒤에 표본의 크기로 나누어 계산한다.

$$\bar{X} = \frac{\sum_{i=1}^{n} x_i}{n} = \frac{x_1 + x_2 + ... + x_n}{n}$$
$$= \frac{(20명 \times 70점) + (30명 \times 80점)}{50명} = 76점$$

[정답] ④

03

어느 회사에서는 직원들의 승진심사에서 평가 항목별 성적의 가중평균을 승진평가 성적으로 적용하기로 하였다. 직원 A의 항목별 성적이 다음과 같을 때, 승진평가 성적(점)은?

구분	성적 (100점 만점)	가중치
근무평가	80	30%
성과평가	70	30%
승진시험	90	40%

① 80   ② 81
③ 82   ④ 83

가중평균은 수치에 가중치를 곱해서 구한다.

기댓값을 구하는 공식 $E(X) = \sum_{i=1}^{n} x_i P(X = x_i)$과 같고,

이때 성적은 x_i이고, 가중치는 $P(X = x_i)$가 된다.

$(80 \times 0.3) + (70 \times 0.3) + (90 \times 0.4) = 24 + 21 + 36 = 81$(점)

정답 ②

04

어느 학교에서 A반과 B반의 영어점수는 평균과 범위가 모두 동일하고, 표준편차는 A반이 15점, B반이 5점이었다. 이 자료를 기초로 내릴 수 있는 결론으로 맞는 것은?

① A반 학생의 점수가 B반 학생보다 평균점수 근처에 더 많이 몰려있다.

② B반 학생의 점수가 A반 학생보다 평균점수 근처에 더 많이 몰려있다.

③ (평균점수 ± 1 × 표준편차)의 범위 안에 들어있는 학생들의 수는 A반이 B반보다 3배가 더 많다.

④ (평균점수 ± 1 × 표준편차)의 범위 안에 들어있는 학생들의 수는 A반이 B반보다 1/3밖에 되지 않는다.

A반과 B반의 영어점수는 평균과 범위(최댓값−최솟값)가 모두 동일한데, B반의 표준편차가 더 작다는 의미는 B반 학생의 점수들이 평균 근처에 더 많이 몰려있다는 의미다. 편차, 분산, 표준편차 등이 작을수록 산포도가 작아 점수들이 평균 근처에 몰려있다.

정답 ②

05

이상점 자료에 대한 설명으로 틀린 것은?

① 이상점 자료는 반드시 제외하고 분석하는 것이 바람직하다.

② 상자그림 요약에서 안쪽 울타리를 벗어나는 자료는 이상점 자료이다.

③ 이상점 자료에 의한 산술평균의 변화는 중위수의 경우보다 훨씬 더 심하다.

④ 자료의 수가 적을 경우에 이상점 자료는 산술평균에 민감하게 영향을 미친다.

이상점 자료는 반드시 제외해야 한다는 주장은 항상 옳지는 않다. 표본의 수가 증가할수록 이상점(이상치)이 분석 결과에 미치는 영향은 점차 감소하게 된다. 소표본일 경우에는 반드시 제거해야 한다. ②~④는 모두 맞는 말이다.

정답 ①

06

비대칭도(Skewness)에 관한 설명으로 틀린 것은?

① 비대칭도의 값이 1이면 좌우대칭형인 분포를 나타낸다.

② 비대칭도는 대칭성 혹은 비대칭성을 나타내는 측도이다.

③ 비대칭도의 부호는 관측값 분포의 긴 쪽 꼬리 방향을 나타낸다.

④ 비대칭도의 값이 음수이면 자료의 분포 형태가 왼쪽으로 꼬리를 길게 늘어뜨린 모양을 나타낸다.

비대칭도(왜도)의 기준은 0(좌우대칭)이다.

왜도 > 0 → 오른쪽 꼬리 & 왜도 < 0 → 왼쪽 꼬리

정답 ①

07

변동계수(coefficient of variation)에 대한 설명으로 틀린 것은?

① 변동계수는 0 이상, 1 이하의 값을 갖는다.
② 변동계수는 단위에 의존하지 않는 통계량이다.
③ 상대적인 산포의 측도로서 표준편차를 평균으로 나눈 값으로 정의된다.
④ 단위가 서로 다르거나 집단 간에 평균의 차이가 큰 산포를 비교하는 데 유용하게 사용된다.

해설

$\overline{X} > 0$일 때 변동계수의 범위는 $0 \sim \infty$가 된다. $\overline{X} < 0$일 때 변동계수는 음수가 되지만, 주로 절댓값이 활용된다.

정답 ①

08

오른쪽으로 꼬리가 긴 분포를 갖는 것은?

① 평균=40, 중위수=45, 최빈수=50
② 평균=40, 중위수=50, 최빈수=55
③ 평균=50, 중위수=45, 최빈수=40
④ 평균=50, 중위수=50, 최빈수=50

해설

오른쪽 긴 꼬리이므로 평균 > 중위수 > 최빈수 순으로 값이 크다.

정답 ③

09

다음 6개 자료의 통계량에 대한 설명으로 틀린 것은?

2 2 2 3 4 5

① 평균은 3이다.
② 최빈값은 2이다.
③ 중앙값은 2.5이다.
④ 왜도는 0보다 작다.

해설

평균은 3, 최빈값은 2, 중앙값은 $2.5\left(=\dfrac{2+3}{2}\right)$가 맞다. 평균 > 중앙값 > 최빈값이므로 왜도는 반드시 0보다 커야 한다.

정답 ④

10

이상치(outlier)를 탐지하는 기능을 가지고 있고 최솟값, 제1사분위수, 중앙값, 제3사분위수, 최댓값의 정보를 이용하여 자료를 도표로 나타내는 방법은?

① 도수다각형
② 리그레쏘그램
③ 히스토그램
④ 상자수염그림

해설

상자그림(상자수염그림)에 대한 내용이다.

정답 ④

11 최신

남자 직원과 여자 직원의 임금을 조사하여 다음과 같은 결과를 얻었다. 변동(변이)계수에 근거한 남녀직원 임금의 산포에 관한 설명으로 맞는 것은?

성별	임금 평균 (단위: 천 원)	표준편차 (단위: 천 원)
남자	2,000	40
여자	1,500	30

① 남자 직원 임금의 산포가 더 크다.
② 여자 직원 임금의 산포가 더 크다.
③ 이 정보로는 산포를 설명할 수 없다.
④ 남자 직원과 여자 직원의 임금의 산포가 같다.

해설

변동계수 $\left(CV = \dfrac{S}{\overline{X}} = \dfrac{\text{표준편차}}{\text{평균}}\right)$는 남자와 여자 모두 0.02로 동일하므로 남자와 여자 임금의 산포가 같다.

정답 ④

12

통계학 과목의 기말고사 성적은 평균(mean)이 40점, 중위값(median)이 38점이었다. 점수가 너무 낮아서 담당 교수는 12점의 기본점수를 더해 주었다. 새로 산정한 점수의 중위값은?

① 40점
② 42점
③ 50점
④ 52점

[해설]

기존 점수에 12점을 더하면 모든 값이 12만큼 커져 집중화 경향을 의미하는 통계량들(평균, 중위값, 최빈값)도 12만큼 커진다.

[정답] ③

13 최신, 빈출

도수분포가 비대칭이고 극단치들이 있을 때, 보다 적절한 중심성향 척도는?

① 산술평균
② 중위수
③ 조화평균
④ 최빈수

[해설]

중위수는 극단치(이상치)로부터 자유로운 중심성향 척도다.

[정답] ②

14 최신, 빈출

다음 자료는 A 병원과 B 병원에서 각각 6명의 환자를 상대로 하여 환자가 병원에 도착하여 진료서비스를 받기까지의 대기시간(단위: 분)을 조사한 것이다. 두 병원의 진료서비스 대기시간에 대한 비교로 옳은 것은?

| A 병원 | 17 | 32 | 5 | 19 | 20 | 9 |
| B 병원 | 10 | 15 | 17 | 17 | 23 | 20 |

① A 병원 평균 $=$ B 병원 평균,
  A 병원 분산 $>$ B 병원 분산
② A 병원 평균 $=$ B 병원 평균,
  A 병원 분산 $<$ B 병원 분산
③ A 병원 평균 $>$ B 병원 평균,
  A 병원 분산 $<$ B 병원 분산
④ A 병원 평균 $<$ B 병원 평균,
  A 병원 분산 $>$ B 병원 분산

[해설]

평균은 17로 동일하고, 분산은 A 병원이 크다. 평균은 계산기로 계산하고 분산은 반드시 개념적으로(눈으로) 풀어야 한다. A 병원의 수치들이 얼핏 봐도 산포도(흩어져 있는 정도)가 훨씬 크다.

TIP 분산을 계산기로 계산하도록 유도해서 시간을 소진시키는 함정문제다.

[정답] ①

15

크기가 5인 확률표본에 대해 다음과 같은 자료를 얻었다면, 표본 변동계수(Coefficient of Variation)는?

$$\sum_{j=1}^{5} x_j = 10, \quad \sum_{j=1}^{5} x_j^2 = 30$$

① 0.5
② 0.79
③ 1.0
④ 1.26

[해설]

변동계수 $= CV = \dfrac{S}{\overline{X}} = \dfrac{\text{표준편차}}{\text{평균}} = \dfrac{\sqrt{2.5}}{2} = 0.79$

$\overline{X}(\text{표본평균}) = \dfrac{\sum_{j=1}^{5} x_j}{n} = \dfrac{10}{5} = 2$

$S^2(\text{표본분산}) = S^2 = \dfrac{\sum_{j=1}^{n}(x_j - \overline{X})^2}{n-1} = \dfrac{\sum_{j=1}^{n} x_j^2 - n\overline{X}^2}{n-1}$

$\qquad = \dfrac{30 - 5 \times 2^2}{5-1} = 2.5 \rightarrow S(\text{표준편차}) = \sqrt{2.5}$

[정답] ②

16 최신, 빈출

표본으로 추출된 6명의 학생이 지원했던 여름방학 아르바이트의 수가 다음과 같이 정리되었다. 피어슨의 비대칭계수 (p)에 근거한 자료의 분포에 관한 설명으로 옳은 것은?

> 10, 3, 3, 6, 4, 7

① 비대칭계수의 값이 0에 근사하여 좌우대칭형 분포를 나타낸다.
② 비대칭계수의 값이 양의 값으로 왼쪽 꼬리를 늘어뜨린 비대칭분포를 나타낸다.
③ 비대칭계수의 값이 음의 값으로 왼쪽 꼬리를 늘어뜨린 비대칭분포를 나타낸다.
④ 비대칭계수의 값이 양의 값으로 오른쪽 꼬리를 늘어뜨린 비대칭분포를 나타낸다.

해설
다음과 같이 두 가지 방식으로 문제를 풀 수 있다.
첫째, 왜도 $= \dfrac{3(평균-중앙값)}{표준편차} = \dfrac{3(5.5-5)}{표준편차}$ 이므로
→ 왜도가 0보다 커서 오른쪽 긴 꼬리분포를 나타낸다.
둘째, 왜도의 공식을 모르더라도 평균은 5.5이고 중앙값은 5이므로, 즉 '평균 > 중앙값'이므로 오른쪽 긴 꼬리분포임(왜도 > 0)을 의미한다.

TIP 계산기로 표준편차나 왜도를 계산하도록 유도하거나 왜도의 공식을 모르면 풀 수 없는 문제처럼 보이게 하는 함정 문제다.

정답 ④

17

사분위수 범위에 대한 설명으로 가장 적합한 것은 무엇인가?

① 제2사분위수 − 제1사분위수
② 제3사분위수 − 제2사분위수
③ 제3사분위수 − 제1사분위수
④ 제4사분위수 − 제1사분위수

해설
사분위편차의 분자에 해당하는 ($Q_3 - Q_1$)을 사분위 범위라고 한다.

정답 ③

18 최신

어떤 철물점에서 10가지 길이의 못을 팔고 있다. 단, 못의 길이(단위: cm)는 각각 2.5, 3.0, 3.5, 4.0, 4.5, 5.0, 5.5, 6.0, 6.5, 7.0이다. 만약, 현재 남아 있는 못 가운데 10%는 4.0cm인 못이고, 15%는 5.0cm인 못이며, 53%는 5.5cm인 못이라면 못 길이의 최빈수는?

① 4.5 　　　　　　② 5.0
③ 5.5 　　　　　　④ 6.0

해설
최빈수(최빈값)는 가장 많이 관측되는 값이다. 전체 못 중 절반 이상에 해당하는 53%의 못이 5.5cm이므로, 최빈수는 반드시 5.5가 된다.

정답 ③

19

다음의 자료에 대한 설명으로 틀린 것은?

> 58　54　54　81　56　81　75　55　41　40　20

① 중앙값은 55이다.
② 표본평균은 중앙값보다 작다.
③ 최빈값은 54와 81이다.
④ 자료의 범위는 61이다.

해설
평균은 55.9로 중앙값 55보다 크다.
① 중앙값은 55이다.
③ 최빈값은 54와 81이다.
④ 범위는 61(= 81 − 20)이다.

TIP 이런 유형의 문제는 자료를 순서대로 나열(20, 40, 41, 54, 54, 55, 56, 58, 75, 81, 81)하고, 계산이 불필요한 보기를 삭제해 답을 찾는다(시간을 소진하지 않도록 한다).

정답 ②

20

어느 고등학교에서 임의로 50명의 학생을 추출하여 몸무게(kg)와 키(cm)를 측정하였다. 이들의 몸무게와 키의 산포의 정도를 비교하기에 가장 적합한 통계량은?

① 평균
② 상관계수
③ 변이(변동)계수
④ 분산

해설

보기 중 산포의 정도를 의미하는 것은 변동계수와 분산이 해당되며, 몸무게와 키는 단위가 다르기 때문에 두 변수의 산포를 비교하기에는 변동계수가 적합하다.

정답 ③

02 | 확률분포 핵심이론

01 확률이론 ★★☆

1) 확률의 의의

① N번의 독립된 임의실험 중 사건 A가 발생할 횟수를 N_A라고 할 때 A가 발생할 비율을 확률 $P(A)$로 정의한다.

② $P(A)$는 모든 발생할 수 있는 경우의 수(N) 중 사건 A가 발생할 경우의 수다.

$$사건 A의 발생 확률 = P(A) = \frac{N_A}{N}$$

> **POWER 정리**
>
> 만약 주사위를 N번 던질 때, 3이 나오는 횟수를 N_3이라고 하면, 3이 나올 확률은 $P(3) = 1/6$이 된다. 참고로, 주사위처럼 앞의 실험결과(주사위를 던져서 나오는 수)가 다음 실험결과에 영향을 주지 않는 관계를 독립이라고 한다.

2) 확률의 기본 공리

① $0 \leq P(A) \leq 1$: 확률의 최솟값은 0, 최댓값은 1이다.

② $P(A) = 0$이면 절대 A가 발생하지 않고, $P(A) = 1$이면 반드시 A가 발생한다.

③ A가 발생하지 않을 확률 $P(A^c) = 1 - P(A)$일 때, $P(A^c) + P(A) = 1$이다.

3) 확률의 덧셈

> **POWER 팁**
>
> 확률 공식의 암기와 활용
> 시험을 보기 위해서는 많은 공식을 이용하게 되지만, 다음 두 개(덧셈 & 곱셈)만 암기(이해)하고 나머지는 도출하면 된다.
> • 확률의 덧셈: $P(A \cup B) = P(A) + P(B) - P(A \cap B)$
> • 조건부 확률: $P(A|B) = \dfrac{P(A \cap B)}{P(B)}$

(1) 일반적 상황

① $P(A \cup B) = P(A) + P(B) - P(A \cap B)$

② 사건 A와 사건 B의 합집합 확률은 사건 A가 발생할 확률과 사건 B가 발생할 확률의 합에서 A와 B의 교집합 확률 $P(A \cap B)$를 뺀 것과 같다.

(2) 배타적 상황

① $P(A \cup B) = P(A) + P(B)$

② 배타석이라는 의미는 "동시에 발생하지 않는다"란 의미이므로 $P(A \cap B) = 0$이 된다.

4) 확률의 곱셈

(1) 일반적 상황

① 조건부 확률은 사건 B가 발생했다는 조건 하에 사건 A가 발생할 확률이다.

$$P(A|B) = \frac{P(A \cap B)}{P(B)}, \quad P(B) \neq 0$$

② 조건부 확률의 공식으로부터 아래 공식을 도출할 수 있다.

㉠ $P(A \cap B) = P(A|B)P(B)$

㉡ $P(B) = \dfrac{P(A \cap B)}{P(A|B)}$

> **POWER 팁**
>
> ㉠, ㉡ 공식은 별도로 암기하지 않고, 조건부 확률 공식으로부터 도출한다.

(2) 독립적 상황

① 두 사건 A와 B가 독립이면, 먼저 일어난 사건이 다음 사건에 영향을 주지 않는다.

$$P(A|B) = P(A) \text{ 또는 } P(B|A) = P(B)$$

② 두 사건이 독립일 때 아래와 같은 공식이 성립된다.

$$P(A \cap B) = P(A|B)P(B) = P(A)P(B|A) = P(A)P(B)$$

▌배타적 상황 vs. 독립적 상황

구분	배타적 상황	독립적 상황
의미	동시에 발생하지 않는다.	영향을 주지 않는다.
수식	$P(A \cup B) = P(A) + P(B)$	$P(A|B) = P(A),$ $P(A \cap B) = P(A)P(B)$

5) 베이즈 정리(Bayes' Theorem)

① 사전적 확률 정보를 이용해 사후적 확률을 예측할 수 있다는 이론이다.

② $P(A|B)$로부터 $P(B|A)$를 알아낼 수 있다는 이론이다.

> **POWER 팁**
>
> 베이즈 정리는 18세기 중반 Thomas Bayes에 의해 만들어졌다.

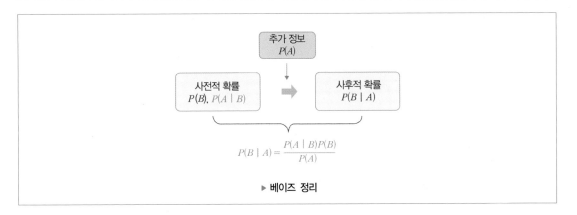

▶ 베이즈 정리

> **POWER 정리**
>
> 베이즈 정리 문제 풀이
>
> 베이즈 정리는 이미 알고 있는 공식으로 도출할 수 있다.
>
> $$P(A|B) = \frac{P(A \cap B)}{P(B)} \rightarrow P(A \cap B) = P(A|B)\,P(B)$$
>
> $$\therefore \ P(B|A) = \frac{P(A \cap B)}{P(A)} = \frac{P(A|B)P(B)}{P(A)}$$
>
> 아래 기출유형만 풀어보면 베이즈 정리와 관련된 모든 문제를 쉽게 풀 수 있다. 특히, 아래의 풀이2, 풀이3, 풀이4에 익숙해져야 한다.

어떤 공장에서 두 대의 기계 A, B를 사용하여 부품을 생산하고 있다. 기계 A와 B는 각각 전체 생산량의 30%와 70%를 생산한다. 기계 A의 불량률은 3%이고 기계 B의 불량률은 5%일 때, 임의로 선택한 1개의 불량 부품이 기계 A에서 생산되었을 확률은?

① 10% ② 20%

③ 30% ④ 40%

풀이 1

원칙대로 풀기

문제에서 주어진 정보 (불량률을 D로 표기)

$P(A) = 0.3$, $P(B) = 0.7$, $P(D \mid A) = 0.03$, $P(D \mid B) = 0.05$

문제는 $P(A|D)$를 계산하는 것으로 $P(D|A)$를 활용한다.

즉, 문제는 $P(A|D) = \dfrac{P(A \cap D)}{P(D)}$ 를 계산하는 것이다.

$P(D|A) = \dfrac{P(A \cap D)}{P(A)}$ 로부터 $P(A \cap D) = P(D|A)P(A)$ 가 도출된다.

그러므로 $P(A|D) = \dfrac{P(A \cap D)}{P(D)} = \dfrac{P(D|A)P(A)}{P(D)} = \dfrac{0.03 \times 0.3}{P(D)}$ 이다.

불량은 A와 B에서 발생할 수 있으므로 분모(불량이 발생할 확률)는

$P(D) = P(A \cap D) + P(B \cap D)$ 이다.

그러므로 $P(A|D) = \dfrac{0.03 \times 0.3}{P(A \cap D) + P(B \cap D)} = \dfrac{0.03 \times 0.3}{0.03 \times 0.3 + 0.05 \times 0.7} = 0.2$ (② 20%)가 된다.

참고로, $P(A \cap D) = P(D|A)P(A)$와 마찬가지로 $P(B \cap D) = P(D|B)P(B)$다.

풀이 2

간단하게 풀기

베이즈 정리와 관련된 문제는 항상 아래와 같은 방식으로 바로 풀면 된다.

$P(A|D) = \dfrac{P(A \cap D)}{P(A \cap D) + P(B \cap D)} = \dfrac{0.03 \times 0.3}{0.03 \times 0.3 + 0.05 \times 0.7} = 0.2$ (② 20%)가 된다.

풀이 3

풀이2를 이용해 "임의로 선택한 1개의 불량 부품이 기계 B에서 생산되었을 확률"도 쉽게 계산할 수 있다.

$P(B|D) = \dfrac{P(B \cap D)}{P(A \cap D) + P(B \cap D)} = \dfrac{0.05 \times 0.7}{0.03 \times 0.3 + 0.05 \times 0.7} = 0.8$

풀이 4

"전체 불량률"을 질문하기도 하는데, 이는 분모를 묻는 것이다.

$P(D) = P(A \cap D) + P(B \cap D) = 0.03 \times 0.3 + 0.05 \times 0.7 = 0.044$

정답 ②

1) 합의 법칙과 곱의 법칙

> **POWER 정리**
>
> 경우의 수에서 합의 법칙과 곱의 법칙
>
> 경우의 수와 관련된 문제 중 합과 곱의 법칙은 아래 예시만 이해해도 충분하다.
>
> ① 합의 법칙
>
>   4명의 남성과 2명의 여성이 있을 때, 남성이나 여성 중 어느 한 명을 선택하는 경우의 수는?
>
>   (남1, 남2, 남3, 남4, 여1, 여2) → 4+2=6 → 남1, 남2, 남3, 남4, 여1, 여2
>
> ② 곱의 법칙
>
>   ㉠ 4명의 남성과 2명의 여성이 있을 때, 남성 중 1명과 여성 중 1명을 선택하는 경우의 수는?
>
>   (남1, 남2, 남3, 남4, 여1, 여2) → 4×2=8 → 남1여1, 남1여2, 남2여1, 남2여2, 남3여1, 남3여2, 남4여1, 남4여2
>
>   ㉡ A에서 B로 가는 길이 3개이고, B에서 C로 가는 길이 2개일 때, A에서 C로 가는 경우의 수는?
>
>   3×2=6

2) 순열과 조합

▌순열과 조합의 의미와 공식

구분	종류	순서 고려	중복 허용	공식
순열	순열	○	×	$_n\mathrm{P}_r = \dfrac{n!}{(n-r)!}$
	중복순열	○	○	$_n\Pi_r = n^r$
조합	조합	×	×	$_n\mathrm{C}_r = \dfrac{n!}{r!(n-r)!}$
	중복조합	×	○	$_n\mathrm{H}_r = {}_{n+r-1}\mathrm{C}_r$

> **POWER 팁**
>
> 순열과 조합은 순서를 고려하는지 여부에 따라 구별된다.

(1) 순열(Permutation)

① n개에서 r개를 선택하는 경우의 수다.

② 순서를 고려하며, 중복을 허용하지 않는다.

예 순열의 예시

Q: "1, 2, 3, 4" 중에서 두 개를 선택하는 순열을 구하라.

A: 순서는 고려하되 중복은 허용하지 않기 때문에 11, 22, 33, 44는 제외된다. 그러므로 "12, 21, 13, 31, 14, 41, 23, 32, 24, 42, 34, 43"으로 12개다. 이를 공식으로 쉽게 풀 수 있다.

$$_n\mathrm{P}_r = \frac{n!}{(n-r)!} = \frac{4!}{(4-2)!} = {}_4\mathrm{P}_2 = \frac{4 \times 3 \times 2}{2} = 12$$

(2) 중복순열(Permutation with repetition)

① n개에서 r개를 선택하는 경우의 수다.

② 순서를 고려하며, 중복을 허용한다.

예 중복순열의 예시

Q: "1, 2, 3, 4" 중에서 두 개를 선택하는 중복순열을 구하라.

A: 중복순열은 순서를 고려하며, 중복을 허용하기 때문에 11, 22, 33, 44도 가능하다. 그러므로, "12, 21, 13, 31, 14, 41, 23, 32, 24, 42, 34, 43, 11, 22, 33, 44"로 16개다. 즉, 순열에 중복을 허용하는 4개 (11, 22, 33, 44)를 더한 것과 같다. 이를 공식으로 쉽게 풀 수 있다.

$$_n\Pi_r = n^r = {}_4\Pi_2 = 4^2 = 16$$

(3) 조합(Combination)

① n개에서 r개를 선택하는 경우의 수다.

② 순서를 고려하지 않고, 중복도 허용하지 않는다.

예 조합의 예시

Q: "1, 2, 3, 4" 중에서 두 개를 선택하는 조합을 구하라.

A: 조합은 순서를 고려하지 않고, 중복을 허락하지 않기 때문에 12와 21은 같고 11, 22, 33, 44는 제외된다. 그러므로, "12, 13, 14, 23, 24, 34"로 6개다. 이를 공식으로 쉽게 풀 수 있다.

$$_n\mathrm{C}_r = \frac{n!}{r!(n-r)!} = \frac{4!}{2!(4-2)!} = \frac{4 \times 3 \times 2}{2 \times 2} = 6$$

참고로, n개 중 r개를 선택하는 조합의 수는 $\binom{n}{r}$로 표현하기도 한다.

(4) 중복조합(Combination with repetition)

① n개에서 r개를 선택하는 경우의 수다.

② 순서를 고려하지 않되, 중복은 허용한다.

예 중복조합의 예시

Q: "1, 2, 3, 4" 중에서 두 개를 선택하는 중복조합을 구하라.

A: 중복조합은 순서를 고려하지 않고, 중복을 허락하기 때문에 12와 21은 같고 11, 22, 33, 44는 가능하다. 그러므로, "12, 13, 14, 23, 24, 34, 11, 22, 33, 44"로 10개다. 즉, 조합에 중복을 허용하는 4개(11, 22, 33, 44)를 더한 것과 같다. 이를 공식으로 쉽게 풀 수 있다.

$$_n\mathrm{H}_r = {}_{n+r-1}\mathrm{C}_r = \frac{n!}{r!(n-r)!} = {}_5\mathrm{C}_2 = \frac{5!}{2!(3)!} = \frac{5 \times 4 \times 3 \times 2}{2 \times 3 \times 2} = 10$$

POWER 정리

순열과 조합의 구분

시험 대비를 위해 순열과 조합을 구분하는 것이 중요하다. 순열은 순서를 고려하는 것이고, 조합은 순서를 고려하지 않는 것이다. 아래 두 개의 예제를 비교하면 그 차이가 명확하다.

예제 1 (순열)

3명(1, 2, 3) 중 반장과 부반장을 뽑는 경우의 수는?

풀이 1

예를 들어, "반장 1번과 부반장 2번"은 "반장 2번과 부반장 1번"과 다르다. 또한 반장과 부반장은 중복될 수 없다. 그러므로 이 문제는 순서를 고려하고, 중복은 허용하지 않는 순열에 대한 문제다.

$$_n\mathrm{P}_r = {}_3\mathrm{P}_2 = \frac{n!}{(n-r)!} = \frac{3!}{(3-2)!} = 3 \times 2 = 6 \rightarrow (12,\ 21,\ 13,\ 31,\ 23,\ 32)$$

예제 2 (조합)

3명(1, 2, 3) 중 대표 두 명을 뽑는 경우의 수는?

풀이 .

대표 두 명이기 때문에 "대표 1번과 2번"은 "대표 2번과 1번"과 동일하다. 또한 동일한 사람을 대표로 다시 뽑을 수 없다. 그러므로 이 문제는 순서를 고려하지 않고, 중복도 허용하지 않는 조합에 대한 문제다.

$$_n\mathrm{C}_r = {}_3\mathrm{C}_2 = \frac{n!}{r!(n-r)!} = \frac{3 \times 2}{2} = 3 \rightarrow (12,\ 13,\ 23)$$

5명의 남자와 7명의 여자로 구성된 그룹으로부터 2명의 남자와 3명의 여자로 구성된 위원회를 조작하고자 한다. 위원회를 구성하는 방법은 몇 가지인가?

① 300가지
② 350가지
③ 400가지
④ 450가지

해설

5명의 남자로 2명을 대표로 구성하는 방법은 순서를 고려하지 않고 중복도 허용되지 않는다. 그러므로 $_5C_2 = 10$가지다. 같은 방법으로 7명의 여자로부터 3명의 대표를 구성하는 방법은 $_7C_3 = 35$가지다. 따라서 $10 \times 35 = 350$가지다.

정답 ②

03 이산확률분포

1) 이산확률변수와 확률분포 ★★★

(1) 이산확률변수(이산변수)의 이해

① 임의실험의 결과에 따라 변수의 값이 정해지는데, 그 값(수치)은 셀 수 있으며, 각각의 값들에 대응하는 확률이 있다.

② 주사위를 던져서 나오는 수(X)는 1, 2, 3, 4, 5, 6으로 셀 수 있으므로 이산변수이며, 3이 나올 확률은 $P(X = 3)$ 또는 $P_X(3)$으로 표기한다.

③ $P(X = x) \geq 0$: 확률변수 X가 x가 될 확률은 최소 0보다 크거나 같다.

④ $\sum_x P(X = x) = 1$: 확률변수 X가 취할 수 있는 모든 x의 확률값을 더하면 1이다.

(2) 기댓값(Expected Value)

① 기댓값은 확률변수의 평균을 의미하며, 이때 평균은 수학적인 기대치를 의미한다.

② $P(X = x) = P(x)$라고 할 때 기댓값은 다음과 같이 정의된다.

$$E(X) = \sum_{i=1}^{n} x_i P(X = x_i) = x_1 P(x_1) + x_2 P(x_2) + \cdots + x_n P(x_n)$$

기댓값의 계산과 $E(X) = \mu$의 의미

동전을 던져 앞면이 나오면 2만 원(20,000원)을 받고, 뒷면이 나오면 1만 원(10,000원)을 줘야 하는 게임을 한다고 하자. 이 게임의 기댓값은 5천 원(5,000원)이 된다.

$$E(X) = \sum_{i=1}^{n} x_i P(X = x_i) = 20,000 \times 0.5 + (-10,000 \times 0.5) = 5,000$$

이때 기댓값의 의미를 생각해 보자. 기댓값은 어떤 사건을 무한히 반복했을 때의 평균값을 의미한다. 동전을 열 번 던졌는데 열 번 모두 앞면이 나올 수 있다. 하지만 동전을 무한히 던지면 결국 앞면은 50%, 뒷면이 50% 나오게 된다. 이렇게 게임을 반복하면 현실에서의 확률(경험적 확률)이 이론적인 확률(수학적 확률)로 수렴하게 되는데, 이러한 원리를 대수의 법칙(law of large number)이라고 한다. 즉, 위의 게임에서 기댓값은 5,000원인데, 이는 '여러분이 게임 한 번당 버는 소득'으로 결국 이론적인 평균값(수학적인 기대치)을 의미한다.

그러므로 기댓값은 모집단의 평균(μ)이 된다. 게임을 10번 시도할 때 10번은 표본이다. 위에서 말했듯이 현실에서 동전을 10번 던져서 앞면이 열 번 나오면 여러분은 200,000원을 벌게 되고 표본평균($\overline{X}$)은 20,000원이 된다. 하지만 게임을 무한히 반복하면($n \to N$) 표본의 성질이 모집단과 유사해지면서 표본평균이 모평균(5,000)에 수렴하게 된다. 그러므로 $E(X) = \mu$가 성립한다.

(3) 기댓값의 특징(a, b는 상수)

① $E(a) = a$

② $E(aX) = aE(X)$

③ $E(X \pm Y) = E(X) \pm E(Y)$

④ $E(aX \pm b) = aE(X) \pm b$

⑤ $E(X \times Y) = E(X) \times E(Y)$ ※ X와 Y가 독립일 때

(4) 분산의 특징

① $V(X) = E(X - E(X))^2 = E(X - \mu)^2 = E(X^2) - \mu^2$

$\because V(X) = E(X - \mu)^2 = E(X^2) - E(2X\mu) + E(\mu^2) = E(X^2) - 2\mu E(X) + \mu^2$
$= E(X^2) - 2\mu^2 + \mu^2 = E(X^2) - \mu^2$

② $V(a) = 0$

③ $V(aX) = a^2 V(X) \to S(aX) = aS(X)$ ※ S는 표준편차

④ $V(X \pm b) = V(X)$

⑤ $V(X \pm Y) = V(X) + V(Y) \pm 2cov(X, Y)$ ※ $cov(X, Y)$은 X와 Y의 공분산

⑥ X와 Y가 독립 $\to cov(X, Y) = 0 \to V(X \pm Y) = V(X) + V(Y)$

- **POWER 기출 유형** ✅ •

서로 독립인 확률변수 x와 y의 분산이 각각 2와 1일 때, $x+5y$의 분산은?

① 0   ② 7

③ 17   ④ 27

[해설]

$V(aX) = a^2 V(X)$ 이며, 독립일 때 $V(X \pm Y) = V(X) + V(Y)$의 특성을 이용한다.

$V(X+5Y) = V(X) + 25V(Y) = 2 + 25(1) = 27$

[정답] ④

(5) 확률분포

① 확률변수의 실현치와 확률 간의 함수관계로 표현되는 분포다.
② 확률변수 X가 취할 수 있는 모든 x의 값과 그 값이 발생할 확률을 표, 공식, 그래프 등으로 보여주는 것이다.

POWER 정리

확률분포

동전 2개를 던졌을 때 앞면이 나오는 개수를 확률변수 X라고 하자. 동전 2개를 던졌을 때 나올 수 있는 조합은 (뒤, 뒤), (뒤, 앞), (앞, 뒤), (앞, 앞)이다. 그러므로 X는 0, 1, 2가 될 수 있으며, 각각의 확률은 다음과 같다.

$P(X=0) = \dfrac{1}{4}$, $P(X=1) = \dfrac{2}{4} = \dfrac{1}{2}$, $P(X=2) = \dfrac{1}{4}$

위처럼 확률변수 X는 0, 1, 2가 될 수 있으며, 각각 발생할 확률을 아래 표처럼 보여주는 것을 '확률분포 표', 그래프로 보여주는 것을 '확률분포 그래프'라고 할 수 있다.

x(X의 값)	$P(X=x)$
0	1/4
1	1/2
2	1/4

▶ 확률분포 표

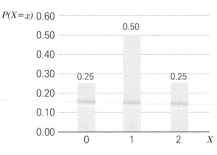

▶ 확률분포 그래프

2) 베르누이 시행(Bernoulli Trial) ★☆☆

(1) 베르누이 시행과 베르누이 확률함수

① 사건의 결과가 2개뿐이고, 동시에 발생하지 않는(배타적) 시행이다.

② 예를 들어, 동전은 앞면과 뒷면만 나오기 때문에 베르누이시행이다.

③ 베르누이 확률변수 X는 성공이면 $X=1$, 실패하면 $X=0$의 값을 가진다.

④ 이항분포, 포아송분포, 음이항분포, 기하분포, 초기하분포의 기초가 된다.

(2) 베르누이 확률함수

① 베르누이 확률변수 X는 다음과 같은 베르누이 확률함수를 갖는다.

$P(X=x)=p^x(1-p)^{1-x}$ ※ x는 1 또는 0이며, p는 1이 될 확률

> **POWER 팁**
>
> 베르누이 확률함수는 확률함수이기 때문에 확률변수 X에 어떤 값을 대입하면 그 값이 나타날 확률값이 계산된다.

② $E(X)=\mu=p$　$\because E(X)=1 \cdot p+0 \cdot (1-p)=p$

③ $V(X)=\sigma^2=p(1-p)$　$\because V(X)=E(X^2)-(E(X))^2=p-p^2=p(1-p)$

　참고로, $E(X^2)=1^2p+0^2(1-p)=p$

> **POWER 정리**
>
> 베르누이 확률함수
>
> 만약 10명의 학생 중 남학생의 비중이 70%(0.7), 여학생의 비중이 30%(0.3)라고 하자. 한 명의 학생을 무작위로 뽑았을 때 여학생이면 성공(남학생 = 실패)이라고 가정하는 베르누이 시행을 할 때 여성(성공)일 확률(0.3)과 남성(실패)일 확률(0.7)은 위 베르누이 확률함수를 이용해 다음과 같이 확인할 수 있다.
>
> $P(X=1)=0.3^1(0.7)^{1-1}=0.3$
>
> $P(X=0)=0.3^0(0.7)^{1-0}=0.7$
>
> 물론 남성을 성공, 여성을 실패라고 가정할 수도 있으며, 이때는 성공 확률이 0.7, 실패 확률이 0.30이 된다.

3) 이항확률분포(이항분포) ★★★

(1) 이항확률변수와 이항확률분포

① 독립적인 베르누이 시행을 여러 번 반복할 때 성공 횟수 X를 이항확률변수(binomial random variable)라고 한다.

② 이항확률변수는 이항확률분포(binomial probability distribution)를 따른다.

$$P(X=x)={}_nC_x\,p^x(1-p)^{n-x} \quad \rightarrow \quad {}_nC_x=\frac{n!}{(n-x)!\,x!}$$

(2) 이항확률변수의 평균과 분산

① $E(X) = \mu = np$

② $V(X) = \sigma^2 = np(1-p)$

POWER 정리

이항분포 관련 문제의 이해

성공 확률이 p인 베르누이 시행을 n번 할 때, 성공 횟수(X)는 이항분포를 따르는데, 이를 다음과 같이 표현한다. 물결 모양 ($\sim$)은 "분포를 한다"라는 의미이며, B는 Binomial Distribution(이항분포)의 앞 글자를 의미한다.

$X \sim B(n, p)$

아래 예제를 통해 이항분포에 대한 개념과 문제 유형을 익히도록 한다.

예제 1

$X \sim B(5, 0.2)$일 때, $P(X = 2)$는?

해설

위 문제는 성공 확률이 20%인 베르누이 시행을 5번 했을 때 2번 성공할 확률을 계산하라는 의미다.

그러므로 $P(X = x) = {}_nC_x\, p^x\,(1-p)^{n-x}$를 이용해 답을 구할 수 있다.

$P(X = 2) = {}_5C_2\, 0.2^2\, (1 - 0.2)^{5-2} = 10 \times 0.2^2 \times 0.8^3 = 0.2048 = 20.48\%$

$\therefore {}_5C_2 = \dfrac{5!}{3!\, 2!} = \dfrac{5 \times 4 \times 3 \times 2}{3 \times 2 \times 2} = 10$

예제 2

사형제에 대한 찬반 여론이 뜨거운 가운데, 사형제를 찬성하는 사람의 비중이 0.8이고, 반대하는 사람의 비중이 0.2라고 하자. 5명을 임의로 뽑을 때 사형제를 반대하는 사람의 비중이 2명 이하일 확률을 계산하라.

해설

위 문제는 "$X \sim B(5, 0.2)$일 때, $P(X \leq 2)$는?"과 같은 문제다. 주의해야 할 것은 사형제를 찬성하는 사람을 뽑으면 실패(확률 0.8)이고 반대하는 사람을 뽑으면 성공(확률 0.2)이 된다. 그러므로 X가 성공할 확률이 0번, 1번, 2번일 확률을 계산하면 된다.

$P(X = 0) = {}_5C_0\, 0.2^0\, (1 - 0.2)^5 = 1 \times 1 \times 0.8^5 = 0.32768$

$P(X = 1) = {}_5C_1\, 0.2^1\, (1 - 0.2)^4 = 5 \times 0.2 \times 0.8^4 = 0.4096$

$P(X = 2) = 0.2048$

그러므로 $P(X \leq 2) = 0.94208$

POWER 팁

포아송분포, 초기하분포, 기하분포의 학습 방법

포아송분포, 초기하분포, 기하분포는 구체적인 내용까지 학습할 필요는 없다. 각 분포의 의미와 사례 정도만 기억하면 충분하며, 확률함수, 평균, 분산 등은 학습하지 않아도 된다.

4) 포아송분포(Poisson Distribution) ★☆☆

① 어떤 시간이나 공간에서 발생하기 어려운 사건의 횟수를 설명하는 데 활용도가 높다.
② 포아송분포를 따르는 확률변수 X는 0을 포함한 양의 정수가 될 수 있다.
③ 예를 들어, 1년 동안 경험한 교통사고 수, 한 달 동안의 회식 수, 유리창의 스크래치 수 등을 확률변수 X라고 할 때, X는 포아송분포를 따른다.

5) 초기하분포(Hypergeometric Distribution) ★☆☆

① 포아송분포와 유사하지만 각 사건이 독립적인 포아송분포와 달리 종속적이다.
② 초기하분포는 비복원추출의 개념이 적용된다.

POWER 정리

포아송분포와 초기하분포의 개념적 차이

100개의 공이 담겨 있는 주머니에서 90개가 하얀 공이고, 10개는 검은 공이라고 하자. 이때 3개를 꺼낼 때 검은 공(성공)의 수를 확률변수 X라고 하자. 그러므로 확률변수 X는 0, 1, 2, 3이 될 수 있다. 그런데 꺼낸 공을 다시 집어넣으면(복원 추출), 다음 시도에서 검은 공을 꺼낼 확률(성공 확률)은 동일하므로 성공 횟수는 포아송분포를 따른다. 반면 꺼낸 공을 다시 집어넣지 않으면(비복원 추출), 다음 시도에서 검은 공을 꺼낼 확률은 앞에서 어떤 색을 꺼냈는지에 따라 달라지므로 성공 횟수는 초기하분포를 따른다. 참고로, 초기하분포는 모집단의 크기가 증가할수록 이항분포와 유사해진다.

---

6) 기하분포(Geometric Distribution) ★☆☆

① 성공 확률이 p인 베르누이 시행을 반복할 때 첫 번째 성공을 얻을 때까지의 시행 횟수 X는 기하분포를 따른다.
② 예를 들어, 오디션 또는 취업에 성공할 때까지 시도한 횟수는 기하분포를 따른다.

7) 음이항분포(Negative Binomial Distribution)

① 포아송분포와 동일하지만 과대산포(분산 > 평균)에 적합하다.
② 포아송분포는 평균과 분산이 같다는 가정에 기반을 둔 분포다.

• POWER 기출 유형 ✔ •

10m당 평균 1개의 흠집이 나타나는 전선이 있다. 이 전선 10m를 구입하였을 때 발견되는 흠집 수의 확률분포는?

① 이항분포　　　　　　　　② 포아송분포
③ 기하분포　　　　　　　　④ 초기하분포

해설

어떤 시간이나 공간에서 발생하기 어려운 사건의 횟수를 설명하는 포아송분포에 대한 예시다.

정답 ②

---

1) 연속확률변수의 이해

(1) 연속확률변수(Continuous Random Variable)

① 확률변수 X가 셀 수 없는 변수다.

② 연속확률변수 X의 확률함수(확률밀도함수)는 $f(x)$로 표기한다.

③ $0 \leq f(x) \leq 1$

④ $\int_{-\infty}^{\infty} f(x)dx = 1$

(2) 연속확률변수(연속변수)의 확률 계산

① 연속변수는 취할 수 있는 값이 무한하므로 특정 값이 나타날 확률을 계산하는 것은 의미가 없다.

② 예를 들어, 무작위로 선택한 남성의 키가 170.000001cm일 가능성은 0에 가깝다.

③ 반면 키가 165~175cm일 확률을 구하는 것은 가능하기도 하고 의미가 있다.

④ 이산변수는 특정 값을 취할 수 있는 확률을 계산하는 반면 연속변수는 어떤 구간에 속할 확률을 구하게 된다.

⑤ $P(a \leq X \leq b) = \int_{a}^{b} f(x)dx$

POWER 정리

연속변수의 확률계산

아래 표는 키의 도수분포표며, 상대도수는 확률과 같다. 상대도수는 그림 ❶의 막대(히스토그램)로도 표현될 수 있으며, 막대의 면적(확률)을 모두 더하면 1이 된다. 하지만 구간의 면적을 계산하는 경우라도, 166.3264~174.29754처럼 세부적인 구간을 계산하기는 불편하다. 그림 ❶의 막대를 매우 잘게 자르면 그림 ❷처럼 완만한 곡선이 된다. 이때 연속변수가 a(166.3264)와 b(174.29754) 사이에 올 확률은 아래처럼 적분으로 계산할 수 있다.

$$P(a \leq X \leq b) = \int_{a}^{b} f(x)dx$$

확률함수를 a(166.3264)부터 b(174.29754)까지 적분하는 방법으로 어떤 사람의 키가 a~b 사이에 올 확률을 계산할 수 있다.

| 도수분포표

키	도수(학생 수)	상대도수(확률)
155~160	12	0.01
160~165	69	0.07
165~170	118	0.12
170~175	179	0.18
175~180	259	0.26

180~185	198	0.20
185~190	108	0.11
190~195	53	0.05
195~200	4	0.00
합	1000	1.00

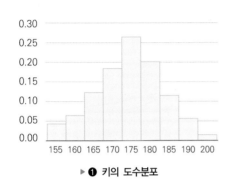

▶ ❶ 키의 도수분포

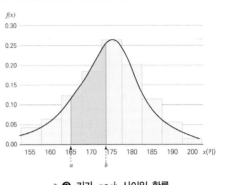

▶ ❷ 키가 a~b 사이일 확률

2) 정규분포(Normal Distribution) ★★☆

(1) 정규분포의 이해

① 평균 μ를 중심으로 좌우대칭인 종모양의 분포로 가우스분포(Gaussian Distribution)라고도 한다.

② 연속변수의 경우, 확률을 계산하기 위해 면적을 계산하기 때문에 때문에 '확률밀도함수'라는 용어를 사용하며, 간단히 확률함수라고 한다.

③ 정규분포의 확률밀도함수는 다음과 같다.

$$f(x) = \frac{1}{\sqrt{2\pi\sigma^2}} e^{-\frac{(x-\mu)^2}{2\sigma^2}}$$

μ: X의 평균, σ^2: X의 분산, π: 3.14, e: 2.72

POWER 팁

정규분포가 가장 중요한 이유는 수많은 사회현상과 자연현상들이 정규분포와 유사한 분포를 보이기 때문이다. 결과적으로 수많은 분포 중 정규분포가 가장 빈번하게 활용된다.

---

④ 확률변수 X가 평균이 μ, 분산이 σ^2인 정규분포를 따를 때 $X \sim N(\mu, \sigma^2)$으로 표기한다.

(2) 정규분포의 특성

① 평균을 중심으로 좌우대칭인 종(bell) 모양을 한다.
② 분포의 위치는 평균, 분포의 모양은 분산에 의해 정해진다.

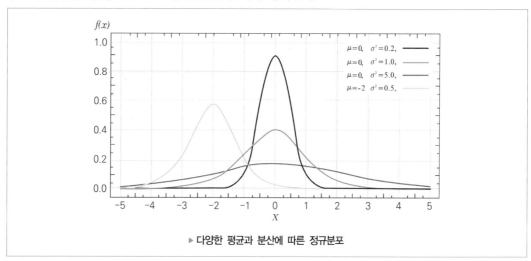

▶ 다양한 평균과 분산에 따른 정규분포

③ X의 값들은 주로 중심(평균) 주변에 위치하며, 아래 원리가 작동한다.
　㉠ 평균 ± (1 × 표준편차)의 범위 안에 68.3%의 값이 포함된다.
　㉡ 평균 ± (2 × 표준편차)의 범위 안에 95.5%의 값이 포함된다.
　㉢ 평균 ± (3 × 표준편차)의 범위 안에 99.7%의 값이 포함된다.

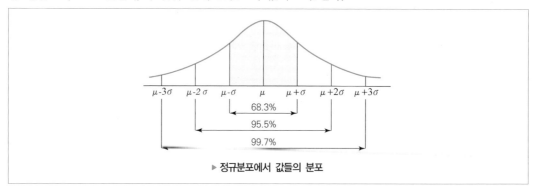

▶ 정규분포에서 값들의 분포

3) 표준정규분포(Standard Normal Distribution) ★★★

(1) 표준정규분포의 이해와 확률함수

① 확률변수(Z)는 평균이 0, 분산이 1인 정규분포 → $Z \sim N(0, 1)$

② 표준정규분포의 확률함수는 정규분포의 확률함수에서 평균에 0을, 분산에 1을 대입해 도출할 수 있다.

$$f(x) = \frac{1}{\sqrt{2\pi\sigma^2}} e^{-\frac{(x-\mu)^2}{2\sigma^2}} \rightarrow f(z) = \frac{1}{\sqrt{2\pi}} e^{-\frac{z^2}{2}}$$

(2) 표준화를 통한 확률 계산

> **POWER 팁**
>
> 정규분포를 하는 연속변수의 확률 계산
>
> 정규분포하는 확률변수가 특정 구간에 포함될 확률도 계산이 가능하지만, 평균 및 분산의 크기에 따라 분포의 모양도 다르기 때문에 확률계산이 복잡하다. 정규분포를 하는 변수의 확률을 물어보는 문제는 반드시 표준화를 통해 X를 Z로 변환해 계산한다. 즉, 필기시험에서 연속변수의 확률계산은 반드시 표준화(1단계)한 후 표준정규분포표(2단계)를 활용해 계산한다.

① 1단계: 표준화

　㉠ X가 평균이 μ이고 분산이 σ^2을 갖는 정규확률변수(정규분포를 하는 확률변수)라고 할 때, X의 각 값을 X의 평균 μ로 빼주고 X의 표준편차 σ로 나누어 주면 평균이 0이고 분산이 1인 표준정규확률변수(표준정규분포를 하는 확률변수) Z가 된다.

$$X가\ 모집단일\ 경우,\ Z = \frac{X-\mu}{\sigma},$$

$$X가\ 표본일\ 경우,\ Z = \frac{X-\overline{X}}{S}$$

　㉡ 다음 표는 남학생 20명의 키(X)를 Z로 전환하는 방법을 보여준다.

　　15번째 학생 키의 표준화: $z_{15} = \dfrac{x_{15} - 평균}{표준편차} = \dfrac{185 - 170}{5} = 3$

▎ 표준화의 예

학생의 ID	x_i	z_i(표준화)
1	170.0	0.0
2	168.2	− 0.4
생략		
15	185.0	3.0
생략		
19	170.1	0.0
20	168.3	− 0.4
평균	170.0	0.0
분산	25.0	1.0
표준편차	5.0	1.0

ⓒ $X \sim N(170, 25)$일 때 X가 180보다 작을 확률 $P(X < 180)$은 Z가 2보다 작을 확률 $P(Z < 2)$와 같다.

$$P(X < 180) = P\left(\frac{X - \text{평균}}{\text{표준편차}} < \frac{180 - \text{평균}}{\text{표준편차}}\right)$$
$$= P\left(\frac{X - 170}{5} < \frac{180 - 170}{5}\right)$$
$$= P(Z < 2)$$

ⓓ 다음 그림에서 X가 180보다 작을 확률은 왼쪽 그림의 색칠한 면적이며, Z가 2보다 작을 확률을 보여주는 오른쪽 그림의 색칠한 면적과 같다.

② 2단계: 표준정규분포표 활용

<X가 180보다 작을 확률>　　<Z가 2보다 작을 확률>

〈표준정규분포표〉

Z	0.00	0.01	0.02	0.03	0.04	0.05	0.06	0.07	0.08	0.09
0.0	0.5000	0.5040	0.5080	0.5120	0.5159	0.5199	0.5239	0.5279	0.5319	0.5359
0.1	0.5398	0.5438	0.5478	0.5517	0.5557	0.5596	0.5636	0.5675	0.5714	0.5753
0.2	0.5793	0.5832	0.5871	0.5910	0.5948	0.5987	0.6026	0.6064	0.6103	0.6141
0.3	0.6179	0.6217	0.6255	0.6293	0.6331	0.6368	0.6406	0.6443	0.6480	0.6517
0.4	0.6554	0.6591	0.6628	0.6664	0.6700	0.6736	0.6772	0.6808	0.6844	0.6879
0.5	0.6915	0.6950	0.6985	0.7019	0.7054	0.7088	0.7123	0.7157	0.7190	0.7224
0.6	0.7257	0.7291	0.7324	0.7357	0.7389	0.7422	0.7454	0.7486	0.7517	0.7549
0.7	0.7580	0.7611	0.7642	0.7673	0.7704	0.7734	0.7764	0.7794	0.7823	0.7854
0.8	0.7881	0.7910	0.7939	0.7967	0.7995	0.8023	0.8051	0.8078	0.8106	0.8133
0.9	0.8159	0.8186	0.8212	0.8238	0.8264	0.8289	0.8315	0.8340	0.8365	0.8389
1.0	0.8413	0.8438	0.8461	0.8485	0.8508	0.8531	0.8554	0.8577	0.8599	0.8621
1.1	0.8643	0.8665	0.8686	0.8708	0.8729	0.8749	0.8770	0.8790	0.8804	0.8830
1.2	0.8849	0.8869	0.8888	0.8907	0.8925	0.8944	0.8962	0.8980	0.8997	0.9015
1.3	0.9032	0.9049	0.9066	0.9082	0.9099	0.9115	0.9131	0.9147	0.9162	0.9177
1.4	0.9192	0.9207	0.9222	0.9236	0.9251	0.9265	0.9279	0.9292	0.9306	0.9319
1.5	0.9332	0.9345	0.9357	0.9370	0.9382	0.9394	0.9406	0.9418	0.9429	0.9441
1.6	0.9452	0.9463	0.9474	0.9484	0.9495	0.9505	0.9515	0.9525	0.9535	0.9545
1.7	0.9554	0.9564	0.9573	0.9582	0.9591	0.9599	0.9608	0.9616	0.9625	0.9633
1.8	0.9641	0.9649	0.9656	0.9664	0.9671	0.9678	0.9686	0.9693	0.9699	0.9706
1.9	0.9713	0.9719	0.9726	0.9732	0.9738	0.9744	0.9750	0.9756	0.9761	0.9767
2.0	0.9773	0.9778	0.9783	0.9788	0.9793	0.9798	0.9803	0.9808	0.9812	0.9817
2.1	0.9821	0.9826	0.9830	0.9834	0.9838	0.9842	0.9846	0.9850	0.9854	0.9857
2.2	0.9861	0.9865	0.9868	0.9871	0.9874	0.9878	0.9881	0.9884	0.9887	0.9890
2.3	0.9893	0.9896	0.9898	0.9901	0.9904	0.9906	0.9909	0.9911	0.9913	0.9916
2.4	0.9918	0.9920	0.9922	0.9924	0.9927	0.9929	0.9931	0.9932	0.9934	0.9936
2.5	0.9938	0.9940	0.9941	0.9943	0.9945	0.9946	0.9948	0.9949	0.9951	0.9952
2.6	0.9953	0.9955	0.9956	0.9957	0.9959	0.9960	0.9961	0.9962	0.9963	0.9964
2.7	0.9965	0.9966	0.9967	0.9968	0.9969	0.9970	0.9971	0.9972	0.9973	0.9974
2.8	0.9974	0.9975	0.9976	0.9977	0.9977	0.9978	0.9979	0.9980	0.9980	0.9981
2.9	0.9981	0.9982	0.9982	0.9983	0.9984	0.9984	0.9985	0.9985	0.9986	0.9986

$F(Z)$

㉠ $P(Z< 2)$를 계산하기 위해 표준정규분포표($Z-$table)를 활용한다.

㉡ 표준정규분포표를 활용하기 위해서는 누적확률함수 $F(z_0)$를 이해해야 하며, $F(z_0)$는 z_0를 가장 작은 값에서부터 특정 값까지(z_0)의 면적을 누적시켜 합한 값(확률)이다.

$$P(Z< z_0) = F(z_0) \rightarrow 예 : P(Z< 2) = F(2)$$

㉢ $P(Z< 2) = F(2)$이므로, $F(2)$를 표에서 확인하면 0.9773임을 알 수 있다.

㉣ Z가 2보다 작을 확률은 97.73%이며, 이는 X가 180보다 작을 확률과 같다.

(3) 표준정규분포표의 특성과 확률 계산

① Z가 0 이상인 값(Z가 음수인 경우 제외)에 대해서만 $F(z)$가 제공된다.

② $P(Z< z_0) = F(z)$만 제공될 뿐 $P(Z> z_0)$에 해당하는 $F(z)$는 제공하지 않는다.

③ 위 문제들은 '$P(Z> z_0) = 1 - P(Z< z_0) = 1 - F(z_0)$'을 이용해 해결할 수 있다.

POWER 정리

표준정규분포표의 한계를 해결하는 방법

예시 1

X가 180보다 클 확률은 어떻게 계산할까? 아래 표준화를 통해 알 수 있듯이 X가 180보다 클 확률은 Z가 2보다 클 확률과 같다.

$$P(X> 180) = P\left(\frac{X-170}{5} > \frac{180-170}{5} \right) = P(Z> 2)$$

하지만, $P(Z> 2)$는 표준정규분포표에서 찾을 수 없다. 대신 $P(Z< 2) = 0.9773$임을 알 수 있다. 전체 면적이 1이므로 $P(Z> 2)$는 $1 - 0.9773 = 1 - F(2) = 0.02270$이다.

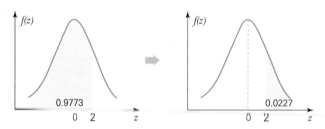

▶ Z가 2보다 작을 확률을 이용해 Z가 2보다 클 확률 계산

예시 2

X가 160보다 작을 확률($P(X < 160)$)은 어떻게 계산할까? X가 160보다 작을 확률은 표준정규확률변수 Z가 −2보다 작을 확률과 같다.

$$P(X < 160) = P\left(\frac{X - 170}{5} < \frac{160 - 170}{5}\right) = P(Z < -2)$$

X가 160보다 작을 확률은 왼쪽 그림의 색칠한 면적이며, 이 면적은 Z가 −2보다 작을 확률을 보여주는 오른쪽 그림의 색칠한 면적과 같다. 하지만, $P(Z < -2)$는 표준정규분포표에서 찾을 수 없다. 대신, $P(Z < -2)$는 $P(Z > 2)$와 같으므로 $1 - 0.9773 = 1 - F(2) = 0.0227$이다.

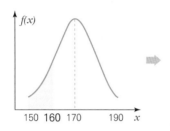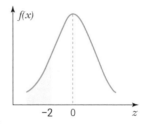

▸ X가 160보다 작을 확률

예시 3

위의 예시들로부터 X가 160~180 사이에 올 확률도 계산할 수 있다.

$$P(160 < X < 180) = P\left(\frac{160 - 170}{5} < Z < \frac{180 - 170}{5}\right) = P(-2 < Z < 2)$$

$$P(-2 < Z < 2) = F(2) - F(-2) = F(2) - [1 - F(2)] = 0.9773 - [1 - 0.9773] = 0.9546$$

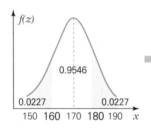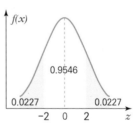

▸ $P(160 < X < 180)$

4) t-분포

① 평균 0을 중심으로 좌우대칭이다.

② 표준정규분포(Z)보다 납작한데, 표본 수가 증가하면 Z와 같아진다.

   ㉠ 분산이 1보다 크다(Z의 분산은 1).

   ㉡ 첨도는 3보다 작다(X 및 Z와 같은 정규분포는 첨도가 3).

③ $X \sim t_{(n)}$으로 표현되며, n은 자유도를 의미한다.

④ 소표본($n \leq 30$)일 때 사용된다(대표본에는 Z 사용).

CHAPTER 02 · 확률분포 핵심이론

1) 표본분포(Sampling Distribution)의 이해

(1) 표본분포의 의미

① 모수를 추정하기 위해 산출하는 통계량들의 분포다.

② 표본평균, 표본분산, 표본표준편차, 표본비율 등의 분포다.

③ 하나의 모집단에서 다양한 표본을 표집할 수 있으므로 통계량도 변수다.

(2) 표본평균의 분포

① $E(\overline{X}) = \mu$: 표본평균의 기댓값은 모평균과 같다.

② $V(\overline{X}) = \dfrac{\sigma^2}{n}$: 표본평균의 분산은 모분산을 표본 수로 나눈 것과 같다.

③ 표본평균의 표준편차$\left(\dfrac{\sigma}{\sqrt{n}}\right)$는 '표준오차(standard error)'라고 한다.

④ $\overline{X} \sim N\left(\mu, \dfrac{\sigma^2}{n}\right)$: 표본평균은 정규분포한다.

2) 중심극한정리(Central Limit Theorem)

(1) 중심극한이론의 원리

> 모집단이 정규분포를 하지 않더라도 표본의 수가 충분히 크다면 표본평균은 정규분포한다. 참고로 모집단이 정규분포하면 표본평균은 반드시 정규분포한다.

(2) 표본평균의 표준화

① 표본평균이 정규분포하므로 표준화를 통해 $Z \sim (0,\ 1)$로 변환할 수 있다.

② 표본평균의 확률도 표준화를 통해 계산한나.

▍X의 표준화 vs. $\overline{X}$의 표준화

정규분포를 하는 확률변수 X의 표준화	정규분포를 하는 확률변수 $\overline{X}$의 표준화
$Z = \dfrac{X - \overline{X}}{S}$	$Z = \dfrac{\overline{X} - \mu}{\dfrac{\sigma}{\sqrt{n}}}$
X의 평균으로 빼고, X의 표준편차로 나눔	$\overline{X}$의 평균으로 빼고, $\overline{X}$의 표준편차로 나눔

국내 대기업들의 이윤 증가율은 연평균 8%, 표준편차가 4%인 정규분포를 보인다고 하자. 16개 기업을 표본으로 추출하여 평균 이윤 증가율을 계산하고자 할 때, 6% 미만일 확률은? ※ $F(2) = 0.9773$

① 0.0227   ② 0.0454

③ 0.9546   ④ 0.9773

해설

$$P(\overline{X} < 6) = P\left(\frac{\overline{X} - 8}{4/\sqrt{16}} < \frac{6-8}{4/\sqrt{16}}\right) = P(Z < -2) = 1 - F(2) = 0.0227$$

정답 ①

3) 표본비율의 표본분포

(1) 표본비율의 이해

① 성공확률이 p(모평균)인 모집단으로부터 표본의 크기가 n인 표본의 성공 비율을 $\overline{p}$(표본평균)이라고 할 때 다음의 특성을 따른다.

② $E(\overline{p}) = p$

③ $V(\overline{p}) = S_{\overline{p}}^2 = \dfrac{p(1-p)}{n} \rightarrow \overline{p}$의 표준편차$= S_{\overline{p}} = \sqrt{\dfrac{p(1-p)}{n}}$

④ 그러므로 $\overline{p} \sim N(p, \dfrac{p(1-p)}{n}) \rightarrow$ 표본비율은 정규분포한다.

(2) 표본비율의 중심극한정리

모집단의 성공비율 p가 0.5면 $\overline{p}$는 정규분포하며, p가 0.5가 아니더라도 표본이 충분히 커서 $np \geq 0.5$이고, $n(1-p) \geq 0.5$면 $\overline{p}$는 정규분포한다.

(3) 표본비율의 표준화

① 표본비율이 정규분포하므로 표준화를 통해 $Z \sim (0, 1)$로 변환할 수 있다.

② $Z = \dfrac{\overline{p} - p}{S_{\overline{p}}} = \dfrac{\overline{p} - p}{\sqrt{\dfrac{p(1-p)}{n}}}$

표본비율의 예제를 통한 중심극한이론 이해

예제

어느 대학의 학생 중 남학생이 40%, 여학생이 60%라고 한다. 이 중 64명의 표본을 추출할 때 여성의 비율이 69%보다 작을 확률은?

해설

p가 0.5가 아니더라도 $np = 38.4 \geq 0.5$ 이고 $n(1-p) = 25.6 \geq 0.5$이므로 $\bar{p}$는 정규분포하며, 표준화가 가능하다.
아래 풀이 중 $F(1.47) = 0.9292$는 표준정규분포표에서 확인할 수 있다.

$$P(\bar{p} < 0.69) = P\left(\frac{\bar{p}-0.6}{\sqrt{\dfrac{0.6 \times 0.4}{64}}} < \frac{0.69-0.6}{\sqrt{\dfrac{0.6 \times 0.4}{64}}}\right) = P(Z < 1.47) = F(1.47) = 0.9292$$

(4) 모비율(p)을 모를 때

① 모비율 p를 모를 때 표본비율 $\bar{p}$를 사용한다.

② 모비율 p과 표본비율 $\bar{p}$ 모두 제공되지 않을 때 0.5를 사용한다.

4) 표본분산의 분포 ★☆☆

(1) 표본분산의 특성

① 표본분산$\left(S^2 = \sum_{i=1}^{n}(x_i - \overline{X})^2 / (n-1)\right)$의 분포는 아래의 특징을 보인다.

② $E(S^2) = \sigma^2 \rightarrow$ 표본분산의 기댓값은 모분산과 같다.

③ $V(S^2) = \dfrac{2\sigma^4}{n-1} \rightarrow$ 사조사에서 암기할 필요 없다.

④ 표본분산은 항상 0보다 크다.

⑤ 오른쪽 꼬리가 긴(왜도 > 0) 비대칭 모양을 갖는다.

(2) 표본분산의 분포, Z 분포, χ^2 분포의 관계

① 표본분산의 분포는 χ^2분포를 따르며, 평균과 분산은 다음과 같다.
　㉠ $E(\chi^2_{(n-1)}) = n-1$
　㉡ $V(\chi^2_{(n-1)}) = 2(n-1)$
　㉢ 자유도 또는 표본 수가 커질수록 점차 정규분포에 가까워진다.

② Z(표준확률변수)의 제곱값인 Z^2의 분포와 유사하다. 즉, Z^2은 자유도(df)가 $n-1$인 χ^2분포를 따른다.

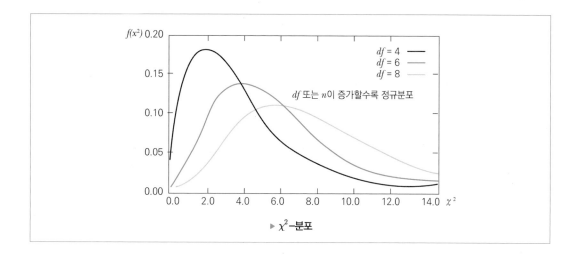

▶ χ^2-분포

1) 균등분포의 이해

① 확률변수 X가 어떤 구간 $(a \le x \le b)$에서 발생할 확률이 균등하며, $E(X) = \dfrac{b+a}{2}$ 다.

② 균등분포의 확률함수

$$f_x(x) = \frac{1}{b-a}$$

③ 아래 그림에서 전체 면적(확률)은 1이 되어야 하므로 확률변수 X가 1~5 사이의 값을 가질 때 높이는 1/4이어야 한다.

④ 예를 들어, X가 1~5 사이의 값을 가질 때 $P(2 \le X \le 4)$는 0.5다
   → $P(2 \le X \le 4) = F(4) - F(2) = 0.5$

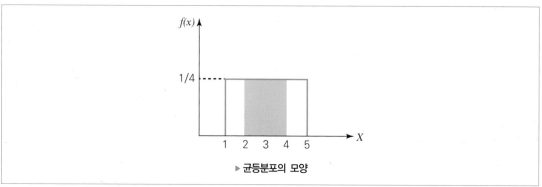

▶ 균등분포의 모양

01

어떤 사람이 5일 연속 즉석당첨복권을 구입한다고 하자. 어느 날 복권이 당첨될 확률은 1/5이고, 어느 날 구입한 복권의 당첨 여부가 그 다음날 구입한 복권의 당첨 여부에 영향을 미치지 않는다면, 2장의 당첨복권과 3장의 무효 복권을 구매할 확률은 얼마인가?

① $10\left(\dfrac{1}{5}\right)^2\left(\dfrac{4}{5}\right)^3$　　　② $2\left(\dfrac{1}{5}\right)^2\left(\dfrac{4}{5}\right)^3$

③ $5\left(\dfrac{1}{5}\right)^2\left(\dfrac{4}{5}\right)^3$　　　④ $3\left(\dfrac{2}{5}\right)^3\left(\dfrac{3}{5}\right)^2$

해설

$P(X=x) = {}_n\mathrm{C}_x\, p^x\,(1-p)^{n-x} = {}_5\mathrm{C}_2\left(\dfrac{1}{5}\right)^2\left(\dfrac{4}{5}\right)^3$ 이며,

${}_5\mathrm{C}_2 = 10$이다.

정답 ①

02

부적합품률이 0.05인 제품을 20개씩 한 박스에 넣어서 포장하였다. 10개의 박스를 구입했을 때, 기대되는 부적합품의 총 개수는?

① 1개　　　② 5개

③ 10개　　　④ 15개

해설

제품 20개씩 들어 있는 박스가 10개 있으므로 총 제품의 수는 200개다. 이 중 부적합품률(확률)이 0.05이므로 200개 중 10개가 부적합품일 것이다(200 × 0.05 = 10).

정답 ③

03

어떤 산업제약의 제품 중 10%는 유통과정에서 변질되어 부적합품이 발생한다고 한다. 이를 확인하기 위하여 해당 제품 100개를 추출하여 실험하였다. 이때 10개 이상이 부적합품일 확률은?

① 0.1　　　② 0.3

③ 0.5　　　④ 0.7

해설

$P(X \geq 10) = P\left(Z \geq \dfrac{10-10}{S}\right) = P(Z \geq 0)$

→ 그러므로 확률은 50%(0.5)다.

정답 ③

04

LCD패널을 생산하는 공장에서 출하 제품의 질적 관리를 위하여 패널 100개를 임의 추출하여 실제 몇 개의 설점이 있는가를 세어본 결과 평균은 5.88개, 표준편차 2.03개이다. 표준오차의 추정치는 얼마인가?

① 0.203　　　② 0.103

③ 0.230　　　④ 0.320

해설

표본평균의 표준편차는 표준오차라고도 부른다.

표본평균의 표준편차$= \dfrac{\sigma}{\sqrt{n}}$ 이므로 $\dfrac{2.03}{\sqrt{100}} = 0.203$이다.

정답 ①

05

전체 인구의 2%가 어느 질병을 앓고 있다고 한다. 이 질병을 검진하기 위해 사용되고 있는 어느 진단 시약은 질병에 걸린 사람 중 80%, 질병에 걸리지 않은 사람 중 10%에 대해 양성반응을 보인다. 어떤 사람의 진단 테스트 결과가 양성반응일 때, 이 사람이 질병에 걸렸을 확률은 얼마인가?

① $\dfrac{7}{54}$ ② $\dfrac{8}{57}$

③ $\dfrac{10}{57}$ ④ $\dfrac{11}{57}$

[해설]

$$P(\text{질병}\,|\,\text{양성}) = \frac{P(\text{질병} \cap \text{양성})}{P(\text{질병} \cap \text{양성}) + P(\text{질병 없음} \cap \text{양성})}$$

$$= \frac{0.02 \times 0.8}{0.02 \times 0.8 + 0.98 \times 0.1} = 0.14$$

② $\dfrac{8}{57}$ 이 약 0.14이다.

[TIP] 베이즈 정리에 대한 문제다.

[정답] ②

06

구간 [0, 1]에서 연속인 확률변수 X의 확률누적분포함수가 $F(x) = x$일 때, X의 평균은?

① $\dfrac{1}{3}$ ② $\dfrac{1}{2}$

③ 1   ④ 2

[해설]

균등분포(확률이 동일)에 대한 질문으로 X가 0~1 사이의 값이므로 평균은 $E(X) = \dfrac{b+a}{2} = \dfrac{1+0}{2} = 0.5$다.

[정답] ②

07

확률변수 X는 평균이 μ이고, 표준편차가 $\sigma(\neq 0)$인 정규분포를 따른다. 아래 설명 중 틀린 것은?

① 왜도는 0이다.
② X의 표준화된 확률변수는 표준정규분포를 따른다.
③ $P(\mu - \sigma < X < \mu + \sigma) = 0.683$이다.
④ X^2은 자유도가 2인 카이제곱분포를 따른다.

[해설]

①~③ 모두 옳은 문장이며, X^2이 아닌 Z^2이 χ^2(카이제곱)분포를 따른다.

[정답] ④

08

컴퓨터 제조회사에서 보증기간을 정하려고 한다. 컴퓨터 수명은 평균 3년, 표준편차 9개월인 정규분포를 따른다고 한다. 보증기간 이전에 고장이 나면 무상으로 수리해 주어야 한다. 이 회사는 출하 제품 가운데 5% 이내에서만 무상수리가 되기를 원한다. 보증기간을 몇 개월로 정하면 되겠는가? (단, $P(Z > 1.645) = 0.05$이다)

① 17개월   ② 19개월
③ 21개월   ④ 23개월

[해설]

주어진 정보는 $\mu = 36$개월(= 3년), $\sigma = 9$, $P(Z > 1.645) = 0.05$이다. $P(Z > 1.645) = 0.05$이므로 $P(Z < -1.645) = 0.05$와 같다(5% 이내에서만 무상수리가 되는 조건). $Z = \dfrac{X - \mu}{\sigma}$를 이용하면

$$P\left(\frac{X - 36}{9} < -1.645\right) = P(X < 21.195) \rightarrow 21\text{개월로 한정하면}$$
된다.

[정답] ③

09

어느 시험을 본 응시자의 점수는 정규분포 $N(20, 4^2)$ 을 따른다고 한다. 두 집단 A와 B에서 이 시험을 본 사람 중 4명씩을 임의로 추출하여 구한 평균 점수가 두 집단 모두 18 이상이고, 26 이하가 될 확률은?

z	$P(0 \leq Z \leq z)$
1	0.3413
2	0.4772
3	0.4987

① 0.6587   ② 0.7056

③ 0.7078   ④ 0.8185

해설

집단 A에서 4명의 평균 점수를 $\overline{X}$라고 하면 평균=20, 표준편차=$\dfrac{4}{\sqrt{4}}=2$가 되므로

$P(18 \leq \overline{X} \leq 26)$

$= \left(\dfrac{18-20}{2} \leq \dfrac{\overline{X}-20}{2} \leq \dfrac{26-20}{2} \right) = P(-1 \leq Z \leq 3)$

→ 표의 정보를 이용하면,

$P(-1 \leq Z \leq 3) = P(-1 \leq Z \leq 0) + P(0 \leq Z \leq 3)$

$= P(0 \leq Z \leq 1) + P(0 \leq Z \leq 3)$

$= 0.3413 + 0.4987 = 0.84$ → 두 집단 모두 평균 점수가 16~26 점일 확률은 $0.84 \times 0.84 = 0.7056$

정답 ②

10

표본평균과 표준오차에 관한 설명으로 틀린 것은? (단, 모집단의 분산은 σ^2, 표본의 크기는 n이다)

① 표준오차의 크기는 $\sqrt{n}$에 비례한다.

② n이 커질 때 표본평균의 분포는 정규분포에 가까워진다.

③ 표준오차는 모집단의 분산 및 표본의 크기에 영향을 받는다.

④ 표준오차는 모평균을 추정할 때, 표본평균의 오차에 대하여 설명한다.

해설

표본평균의 표준오차(표준편차)는 $\dfrac{\sigma}{\sqrt{n}}$이므로, 표준오차의 크기는 $\sqrt{n}$에 반비례한다.

정답 ①

11

어느 고등학교 1학년 학생의 신장은 평균이 168cm이고, 표준편차가 6cm인 정규분포를 따른다고 한다. 이 고등학교 1학년 학생 100명을 임의 추출할 때, 표본평균이 167cm 이상 169cm 이하인 확률은? (단, $P(Z \leq 1.67)$ $= 0.9525$)

① 0.9050   ② 0.0475

③ 0.8050   ④ 0.7050

해설

표본평균의 확률에 대한 질문이므로

$\overline{X}$의 표준화 공식$\left(Z = \dfrac{\overline{X}-\mu}{\sigma/\sqrt{n}} \right)$을 활용한다.

$P(167 \leq \overline{X} \leq 169) = P\left(\dfrac{167-168}{6/10} \leq Z \leq \dfrac{169-168}{6/10} \right)$

$= P(-1.67 \leq Z \leq 1.67)$

문제에서 $P(Z \leq 1.67) = 0.9525$이므로

$P(-1.67 \leq Z \leq 1.67) = F(1.67) - [1 - F(1.67)]$

$= 0.9525 - (1 - 0.9525) = 0.905$

정답 ①

12 최신

다음 표와 같은 분포를 갖는 확률변수 X에 대한 기댓값은?

X	1	2	4	6
$P(X=x)$	0.1	0.2	0.3	0.4

① 3.0   ② 3.3

③ 4.1   ④ 4.5

$$E(X) = \sum_{i=1}^{n} x_i P(X = x_i)$$
$$= (1 \times 0.1) + (2 \times 0.2) + (4 \times 0.3) + (6 \times 0.4) = 4.1$$

정답 ③

13 최신

다음 중 이항분포를 따르지 않는 것은?

① 주사위를 10번 던졌을 때 짝수의 눈의 수가 나타난 횟수
② 어떤 기계에서 만든 5개의 제품 중 불량품의 개수
③ 1시간 동안 전화교환대에 걸려 오는 전화 횟수
④ 한 농구선수가 던진 3개의 자유투 중에서 성공한 자유투의 수

해설

1시간 동안 전화교환대에 걸려 오는 전화 횟수는 어떤 시간이나 공간에서 발생하기 어려운 사건의 횟수를 설명하는 포아송분포에 대한 예시다.

정답 ③

14 최신

초기하분포와 이항분포에 대한 설명으로 틀린 것은?

① 초기하분포는 유한모집단으로부터의 복원추출을 전제로 한다.
② 이항분포는 베르누이 시행을 전제로 한다.
③ 초기하분포는 모집단의 크기가 충분히 큰 경우 이항분포로 근사될 수 있다.
④ 이항분포는 적절한 조건 하에서 정규분포로 근사될 수 있다.

해설

초기하분포는 비복원추출을 전제로 한다.

정답 ①

15 최신

5%의 불량제품이 만들어지는 공장에서 하루에 만들어지는 제품 중에서 임의로 100개의 제품을 골랐다. 불량품 개수의 기댓값과 분산은 얼마인가?

① 기댓값: 5, 분산: 4.75
② 기댓값: 10, 분산: 4.65
③ 기댓값: 5, 분산: 4.65
④ 기댓값: 10, 분산: 4.75

해설

$E(X) = \mu = np$이고, $V(X) = \sigma^2 = np(1-p)$다.
그러므로, 평균은 $100 \times 0.05 = 5$이고,
분산은 $100 \times 0.05 \times 0.95 = 4.75$다.

정답 ①

16 최신

다음은 확률변수 X에 대한 확률분포일 때, $2X - 5$의 분산은?

X	$P(X = x)$
0	0.2
1	0.6
2	0.2

① 0.4   ② 0.6
③ 1.6   ④ 2.4

해설

$V(2X - 5) = 4V(X)$와 같다.
$V(X) = E(X^2) - [E(X)]^2$이다.
X의 기댓값은 $(1 \times 0.6) + (2 \times 0.2) = 1$이므로
$[E(X)]^2 = 1$이다.
$E(X^2) = (1^2 \times 0.6) + (2^2 \times 0.2) = 1.4$다.
그러므로 $V(X) = E(X^2) - [E(X)]^2 = 1.4 - 1 = 0.4$이므로,
$V(2X - 5) = 4V(X) = 4 \times 0.4 = 1.60$이다.

정답 ③

17

중심극한정리에 대한 정의로 옳은 것은?

① 모집단이 정규분포를 따르면 표본평균은 정규분포를 따른다.
② 모집단이 정규분포를 따르면 표본평균은 $t-$분포를 따른다.
③ 모집단의 분포에 관계없이 표본평균의 분포는 표본의 크기가 커짐에 따라 근사적으로 정규분포를 따른다.
④ 모집단의 분포가 연속형인 경우에만 표본평균의 분포는 표본의 크기가 커짐에 따라 근사적으로 정규분포를 따른다.

해설
중심극한정리는 "모집단이 정규분포를 하지 않더라도 표본의 수가 충분히 크다면 표본평균은 정규분포한다"는 것을 의미한다.

정답 ③

18

어떤 학생이 통계학 시험에 합격할 확률은 $\dfrac{2}{3}$ 이고, 경제학 시험에 합격할 확률은 $\dfrac{2}{5}$ 이다. 또한 두 과목 모두 합격할 확률이 $\dfrac{7}{15}$ 이라면 적어도 한 과목을 합격할 확률은?

① $\dfrac{1}{5}$ ② $\dfrac{2}{5}$

③ $\dfrac{3}{5}$ ④ $\dfrac{4}{5}$

해설
$$P(A \cup B) = P(A) + P(B) - P(A \cap B)$$
$$= \frac{2}{3} + \frac{2}{5} - \frac{7}{15} = \frac{3}{5}$$

정답 ③

19

똑같은 크기의 사과 10개를 5명의 어린이에게 나누어주는 방법의 수는? 단, n개 중 r개를 선택하는 조합의 수는 $\binom{n}{r}$다.

① $\binom{14}{5}$ ② $\binom{15}{5}$

③ $\binom{14}{10}$ ④ $\binom{15}{10}$

해설
5명의 어린이에게 10개의 사과를 순서를 고려하지 않고 중복을 허락해 나누어주는 방법이므로 중복조합을 이용한다.
$$_nH_r = {}_{n+r-1}C_r = {}_5H_{10} = {}_{10+5-1}C_{10} = \binom{14}{10}$$

정답 ③

20

어느 대형마트 고객관리 팀에서는 다음과 같은 기준에 따라 매일 고객 집단을 분류하여 관리한다. 어느 특정한 날 마트를 방문한 고객들의 자료를 분류한 결과 A 그룹이 30%, B 그룹이 50%, C 그룹이 20%인 것으로 나타났다. 이날 마트를 방문한 고객 중 임의로 4명을 택할 때 이 중 3명만이 B 그룹에 속할 확률은?

구분	구매금액
A 그룹	20만 원 이상
B 그룹	10만 원 이상~20만 원 미만
C 그룹	10만 원 미만

① 0.25   ② 0.27
③ 0.37   ④ 0.39

해설
$X \sim B(4, 0.5)$일 때, $P(X=3)$을 묻는 질문으로, 정답은 $_4C_3 \, 0.5^3 0.5^1 = 0.25$다.

참고로 $_4C_3 = \dfrac{4!}{3!} = \dfrac{4 \times 3 \times 2}{3 \times 2} = 4$

정답 ①

03 | 통계적 추정과 가설검정 핵심이론

01 통계적 추정

1) 통계적 추정의 이해

(1) 추정의 정의

① 모집단의 모수(참값)에 대해 알고 싶지만 일반적으로 관측이 어렵다.

② 모집단으로부터 표본을 추출해 통계량으로 모수를 추측하는 것을 추정이라고 한다.

③ 모수를 추정하는 방법은 점추정(Point Estimation)과 구간추정(Interval Estimation)으로 구분된다.

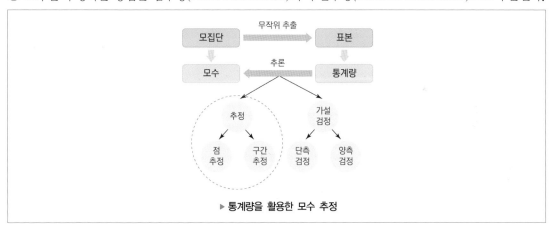

▶ 통계량을 활용한 모수 추정

(2) 추정의 종류

① 점추정: 통계량을 활용해 하나의 값으로 모수를 추정하는 방법이다. 표본평균으로 모평균을, 표본분산으로 모분산을 추정하는 방식이다.

② 구간추정: 통계량을 활용해 모수가 포함될 구간을 추정하는 방식이다.

2) 점추정

(1) 점추정 관련 용어

① 추정량(Estimator): 모수를 추정하는 방법이다.

② 추정값(Estimate): 추정량을 통해 도출한 결괏값이다.

③ 모수는 θ로 표기하고, 추정량은 $\hat{\theta}$으로 표기하며, 추정값은 $\hat{\theta}$의 수치가 된다.

3) 좋은 추정량의 조건 ★★★

(1) 불편성(Unbiasedness)

① 추정량 $\hat{\theta}$의 기댓값이 모수 θ와 같다면, 추정량 $\hat{\theta}$은 불편추정량이다.

② 불편추정량은 편의(bias)가 0인 추정량을 의미한다.

③ 표본평균과 표본분산은 각각의 기댓값이 모평균과 모분산이므로 불편추정량이다.

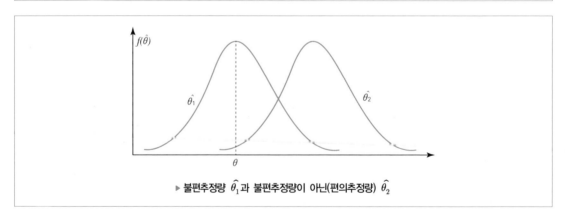

▶ 불편추정량 $\hat{\theta_1}$과 불편추정량이 아닌(편의추정량) $\hat{\theta_2}$

(2) 효율성(Efficiency)

① 추정량 중 분산이 작을수록 효율성(유효성)이 높은 추정량이라고 한다.

② $V(\widehat{\theta_1}) < V(\widehat{\theta_2})$라면, 추정량 $\widehat{\theta_1}$이 추정량 $\widehat{\theta_2}$보다 효율적인 추정량이다.

평균과 중앙값의 불편성과 효율성

모평균 μ을 점추정할 때 표본평균($\hat{\theta_1}$)과 중앙값($\hat{\theta_2}$)을 활용할 수 있다. 참고로, 표본평균과 중앙값의 기댓값은 모두 모평균과 같아 불편추정량이다. 하지만 표본평균의 분산이 중앙값의 분산보다 작아 더 효율적인(우월한) 추정량이다.

$$\text{표본평균의 분산: } V(\overline{X}) = \frac{\sigma^2}{n} < \text{중앙값의 분산: } V(Me) = \frac{\pi}{2}\frac{\sigma^2}{n} = 1.57\frac{\sigma^2}{n}$$

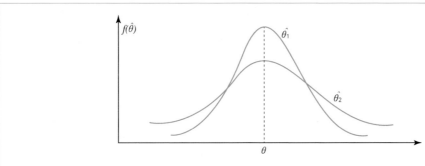

▶ 두 불편추정량 중 $\hat{\theta_1}$이 $\hat{\theta_2}$보다 효율성이 좋은 경우

(3) 일치성(Eonsistency)

① 표본(n)이 커질수록 추정량 $\hat{\theta}$이 모수 θ에 가까워지는 성질이다.

② $\lim\limits_{n\to\infty} P(|\hat{\theta} - \theta| < \varepsilon) = 1 \to \varepsilon$는 측정하기 어려울 만큼 작은 값이다.

일치추정량으로서의 표본평균

수학적으로 일치추정량을 증명하기 위해서는 불편추정량이면서 표본의 크기가 증가할수록 분산이 0으로 수렴함을 보이면 된다. 예를 들어, 아래처럼 표본평균이 일치추정량임을 증명할 수 있다.

$$E(\overline{X}) = \mu \ \& \ V(\overline{X}) = \frac{\sigma^2}{n} \to n\text{이 커질수록 분산이 0으로 수렴}$$

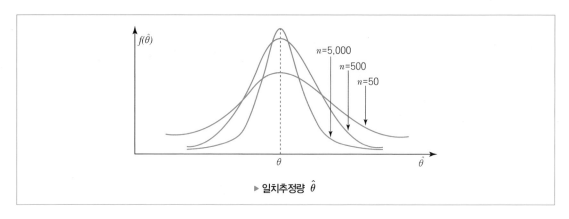

▶ 일치추정량 $\hat{\theta}$

(4) 충분성(Sufficiency)

① 추정량 $\hat{\theta}$을 이용해 표본으로부터 모수 θ에 대한 정보를 많이 얻을수록 충분성을 만족하게 된다.

② 표본의 일부 정보만 사용하는 중앙값보다 모든 정보를 활용하는 표본평균이 충분성 측면에서 우월한 추정량이다.

• POWER 기출 유형 ✅ •

다음 중 추정량의 성질과 가장 거리가 먼 것은 무엇인가?

① 불편성   ② 효율성
③ 정규성   ④ 일치성

해설

추정량이 가져야 할 성질은 불편성, 효율성, 일치성, 충분성이다.

정답 ③

---

02 구간추정 ★★★

1) 구간추정의 이해

(1) 구간추정의 의의

① 점추정은 표본오차를 수반하지만, 추정의 불확실성 정도를 알 수 없다.

② 예를 들어, 표본평균($\overline{X}$)이 175cm라고 할 때 모평균(μ)과 얼마나 유사한지 알 수 없다.

③ 구간추정은 모수(θ)가 속할 것으로 기대되는 구간을 제시하는 방법이다.

④ 구간추정은 모수가 구간에 포함될 확률적 추정이 가능하다.

(2) 구간추정 관련 용어

① $P(A < \theta < B) = 1 - \alpha$

 ㉠ 크기가 n인 표본을 계속 추출해서 동일한 방법으로 신뢰구간을 구할 때, 그 신뢰구간의 95% 정도가 모수(θ)를 포함한다(α가 5%일 때).

 ㉡ "신뢰구간이 모수를 포함할 확률이 95%다"라고 해석하지 않아야 한다.

② 신뢰구간(Confidence Interval): $A < \theta < B$

 ㉠ 모수가 포함될 것으로 확신하는 구간이다.

 ㉡ 신뢰구간은 좁을수록 바람직하다(남성 키가 140~210cm일 것이라는 추정은 의미가 없다).

③ 신뢰수준: $1 - \alpha$

 ㉠ 모수가 추정한 구간에 포함될 확신의 정도를 의미한다.

 ㉡ 주로 90%, 95%, 99%가 사용되며, 95%(0.95)를 많이 사용한다.

④ 유의수준(Significance Level): α

 ㉠ 옳은 귀무가설을 기각할 오류(제1종 오류)를 범할 확률의 최대 허용한계다(뒤에서 자세히 학습).

 ㉡ 주로 10%, 5%, 1%가 사용되며, 5%(0.05)를 많이 사용한다.

● POWER 기출 유형 ✓ ●

모평균 μ에 대한 구간추정에서 95% 신뢰수준(confidence level)을 갖는 신뢰구간이 100 ± 5라고 할 때, 신뢰수준 95%의 의미는?

① 구간추정치가 맞을 확률이다.

② 모평균이 추정치가 100 ± 5 내에 있을 확률이다.

③ 모평균의 구간추정치가 95%로 같다.

④ 동일한 추정방법을 사용하여 신뢰구간을 100회 반복하여 추정한다면, 95회 정도는 추정신뢰구간이 모평균을 포함한다.

해설

신뢰수준 95%의 의미는 "크기가 n인 표본을 계속 추출해서 동일한 방법으로 신뢰구간을 구할 때, 그 신뢰구간의 95% 정도가 모수(θ)를 포함한다"는 의미다.

정답 ④

2) $(1-\alpha)\times 100\%$의 신뢰구간 ★★★

(1) 모평균(μ)에 대한 신뢰구간: 대표본($n > 30$)

① $\overline{X} - z_{\frac{\alpha}{2}} \dfrac{\sigma}{\sqrt{n}} \sim \overline{X} + z_{\frac{\alpha}{2}} \dfrac{\sigma}{\sqrt{n}}$ 또는 $\overline{X} \pm z_{\frac{\alpha}{2}} \dfrac{\sigma}{\sqrt{n}}$

② 모분산 σ^2을 모르면 표본분산 S^2을 사용 → $\overline{X} \pm z_{\frac{\alpha}{2}} \dfrac{S}{\sqrt{n}}$

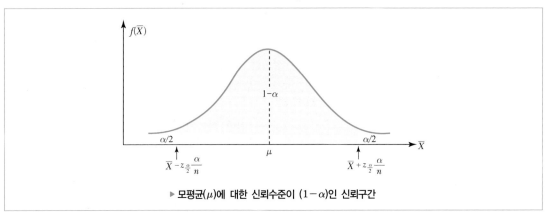

▶ 모평균(μ)에 대한 신뢰수준이 $(1-\alpha)$인 신뢰구간

POWER 정리

$P\left(-z_{\frac{\alpha}{2}} < Z < z_{\frac{\alpha}{2}}\right) = 1-\alpha$으로부터 신뢰구간 도출(시험을 위해서 아래 도출 수식은 몰라도 됨)

$1-\alpha = P\left(-z_{\frac{\alpha}{2}} < Z < z_{\frac{\alpha}{2}}\right)$ ← 표본평균의 표준화 식$\left(Z = \dfrac{\overline{X} - \mu}{\sigma/\sqrt{n}}\right)$을 적용

$= P\left(-z_{\frac{\alpha}{2}} < \dfrac{\overline{X} - \mu}{\sigma/\sqrt{n}} < z_{\frac{\alpha}{2}}\right)$

$= P\left(-z_{\frac{\alpha}{2}} \dfrac{\sigma}{\sqrt{n}} < \overline{X} - \mu < z_{\frac{\alpha}{2}} \dfrac{\sigma}{\sqrt{n}}\right)$ ← 위 식의 양변에 $\dfrac{\sigma}{\sqrt{n}}$을 곱해 주면

$= P\left(-\overline{X} - z_{\frac{\alpha}{2}} \dfrac{\sigma}{\sqrt{n}} < -\mu < -\overline{X} + z_{\frac{\alpha}{2}} \dfrac{\sigma}{\sqrt{n}}\right)$ ← 위 식의 양변을 $\overline{X}$로 빼주면

$= P\left(\overline{X} + z_{\frac{\alpha}{2}} \dfrac{\sigma}{\sqrt{n}} > \mu > \overline{X} - z_{\frac{\alpha}{2}} \dfrac{\sigma}{\sqrt{n}}\right)$ ← 위 식의 양변에 (−1)을 곱해 주면

$= P\left(\overline{X} - z_{\frac{\alpha}{2}} \dfrac{\sigma}{\sqrt{n}} < \mu < \overline{X} + z_{\frac{\alpha}{2}} \dfrac{\sigma}{\sqrt{n}}\right)$ ← 위 식을 재배열하면

신뢰구간의 특징

신뢰구간의 특징에 대한 문제가 출제되는데, 암기할 필요는 없으며, 위 신뢰구간 식으로부터 이해할 수 있는 내용이다.

① 신뢰수준이 높을수록(z의 값이 증가) 신뢰구간 폭은 넓어진다.

② 표준편차가 클수록 신뢰구간 폭은 넓어진다.

③ 표본 수가 증가할수록 신뢰구간 폭은 좁아진다.

예제

A 대학교에 다니는 남학생의 평균키(단위: cm)를 알아보기 위해 무작위로 36명을 임의로 추출하여 평균을 계산해 보니 170이었고, 분산은 81이었다. A 대학교에 다니는 남학생의 평균키(모평균 μ)에 대한 신뢰수준 95%에 해당하는 신뢰구간을 구하라. 단, $P(Z < 1.645) = 0.95$, $P(Z < 1.96) = 0.975$

풀이

먼저, 구해야 할 신뢰구간은 $\overline{X} \pm z_{\frac{\alpha}{2}} \dfrac{s}{\sqrt{n}}$ 이다. 위 문제에서 주어진 정보는 $\overline{X} = 170$, $S = 9$, $\sqrt{n} = 6$이다. 즉, $z_{\frac{\alpha}{2}}$ 만 제외하고는 모든 수치가 제공되었다. 일반적으로 Z의 값은 문제에서 제공되지만, 신뢰수준이 95%일 때 $z_{\frac{\alpha}{2}}$ 의 값은 표준정규분포표에서 $F(z) = 0.975$를 만족하는 z값을 찾으면 1.96임을 알 수 있다.

그러므로 신뢰구간은 $170 \pm 1.96 \dfrac{9}{6} = 170 \pm 2.94 = 167.06 \sim 172.94 = (167.06, 172.94)$ 등으로 표현될 수 있다.

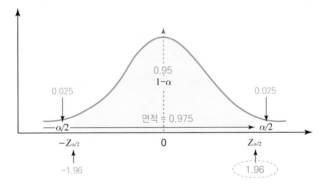

▶ 신뢰수준 95%일 때 $z_{\frac{\alpha}{2}}$ 값 확인

모평균에 대한 신뢰구간을 계산하기

① 구해야 할 신뢰구간 $\overline{X} \pm z_{\frac{\alpha}{2}} \dfrac{\sigma}{\sqrt{n}}$ 에서 $z_{\frac{\alpha}{2}}$ 만 제외하고 모든 수치($\overline{X}$, σ, n)는 문제에서 제공된다.

② σ(모표준편차)에 대한 정보가 없을 때는 S(표본표준편차)를 사용한다.

③ 신뢰수준이 90%, 95%, 99%일 때, $z_{\frac{\alpha}{2}}$ 의 값은 각각 1.645, 1.96, 2.575이며, 이 값은 표준정규분포표로부터 찾을 수 있지만 암기하는 것이 좋다.

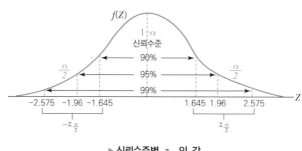

▶ 신뢰수준별 $z_{\frac{\alpha}{2}}$ 의 값

(2) 모평균(μ)에 대한 신뢰구간: 소표본($n \leq 30$)

① 소표본($n \leq 30$)일 때, Z-분포(표준정규분포) 대신 t-분포를 활용한다.

② $\overline{X} \pm t_{(n-1,\,\alpha/n)} \dfrac{S}{\sqrt{n}}$

(3) 모비율(p)에 대한 신뢰구간 ★★☆

① $\overline{p} \pm z_{\frac{\alpha}{2}} \sqrt{\dfrac{\overline{p}(1-\overline{p})}{n}}$

② $1-\alpha = P\left(-z_{\frac{\alpha}{2}} < Z < z_{\frac{\alpha}{2}}\right)$ 으로부터 도출할 수 있다(생략).

> **예제**
>
> 특정 대학교에서 학생들의 졸업 전 휴학현황을 알고자 100명을 임의로 추출하여 조사한 결과, 60명이 휴학을 한 경험이 있다는 것을 알았다. 이 대학교의 학생 중 휴학을 하는 모비율에 대한 신뢰수준 95%에 해당하는 신뢰구간을 구하라.
>
> > **풀이**
> >
> > 신뢰구간의 공식 $\bar{p} \pm z_{\frac{\alpha}{2}} \sqrt{\dfrac{\bar{p}(1-\bar{p})}{n}}$ 에서 $\bar{p} = 0.6$, $n = 100$으로 제시되었고, $z_{\frac{\alpha}{2}}$만 구하면 된다. 신뢰구간 95%에 해당하는 $z_{\frac{\alpha}{2}}$값은 1.96임을 알고 있다.
> >
> > 그러므로 신뢰구간은 $0.6 \pm 1.96 \sqrt{\dfrac{0.6 \times 0.4}{100}} = 0.6 \pm 0.096 = 0.504 \sim 0.696$

(4) 모분산(σ^2)에 대한 신뢰구간

① $\dfrac{(n-1)S^2}{\chi^{2\alpha/2}(n-1)} \sim \dfrac{(n-1)S^2}{\chi^2_{1-\alpha/2}(n-1)} \rightarrow$ 암기 불필요

② 자유도 $n-1$인 χ^2분포를 따른다.

3) 오차한계와 표본의 크기 ★★★

(1) 오차한계

① 신뢰구간을 구하는 아래 두 식은 "추정값 ± 오차"로 일반화할 수 있다.

$$\bar{X} \pm z_{\frac{\alpha}{2}} \frac{S}{\sqrt{n}} \quad \text{vs.} \quad \bar{p} \pm z_{\frac{\alpha}{2}} \sqrt{\frac{\bar{p}(1-\bar{p})}{n}}$$

② 오차한계는 $e = z_{\frac{\alpha}{2}} \dfrac{S}{\sqrt{n}}$ 및 $z_{\frac{\alpha}{2}} \sqrt{\dfrac{\bar{p}(1-\bar{p})}{n}}$ 이다.

③ 오차는 표본이 증가할수록 작아지고, 표준편차(또는 분산)가 증가할수록 커지며, 신뢰수준이 증가할수록 커진다.

④ 신뢰수준 $1-\alpha$가 클수록 $z_{\frac{\alpha}{2}}$가 증가하기 때문에 오차도 커진다.

(2) 표본의 크기

① $n = \left(\dfrac{z_{\frac{\alpha}{2}} S}{e}\right)^2$ 또는 $n = \bar{p}(1-\bar{p})\left(\dfrac{z_{\frac{\alpha}{2}}}{e}\right)^2$

② 표본 수는 표준편차와 신뢰수준과 비례하며, 오차한계와 반비례한다.

오차한계로부터 도출되는 수식

'오차한계'에 대한 문제와 '필요한 최소한의 표본 수'에 대한 문제도 자주 출제된다. 많은 수식을 암기하기 보다는 신뢰구간에서 오차한계를 이해하고, 오차한계로부터 표본 수의 수식을 도출한다. 그리고 아래 예제를 연습하면 충분하다.

$$e = z_{\frac{\alpha}{2}} \frac{S}{\sqrt{n}} \rightarrow \sqrt{n}e = z_{\frac{\alpha}{2}}S \rightarrow \sqrt{n} = \frac{z_{\frac{\alpha}{2}}S}{e} \rightarrow n = \left(\frac{z_{\frac{\alpha}{2}}S}{e}\right)^2$$

예제 1

크기가 400인 표본으로부터 얻은 표본평균을 활용해 모평균에 대한 95% 신뢰구간을 구했는데 오차한계가 4라고 한다. 오차한계가 2를 넘지 않도록 하려면 표본의 크기는 최소한 몇 개 이상이 되어야 하는가?

풀이

$$e = z_{\frac{\alpha}{2}} \frac{S}{\sqrt{n}}$$

$$4 = z_{\frac{\alpha}{2}} \frac{S}{\sqrt{400}} = z_{\frac{\alpha}{2}} \frac{S}{20}$$

오차한계 4를 절반(2)으로 줄이기 위해서는 분모가 두 배(40)가 되어야 하므로, 표본이 최소 1,600개가 되어야 한다.

예제 2

어떤 도시의 대통령 지지율을 추정하고자 한다. 지지율에 대한 신뢰수준 95%에 해당하는 신뢰구간을 구하고자 할 때 오차한계가 5%를 초과하지 않으려면 표본의 크기는 몇 개가 되어야 하는가?

풀이

※ 모집단 비율 p에 대한 정보가 제공되면 제공된 값을 사용하고, 없으면 $\bar{p}$를 사용하고, 두 수치 모두 없으면 0.5를 사용한다.

$$n = \bar{p}(1-\bar{p})\left(\frac{z_{\frac{\alpha}{2}}}{e}\right)^2 = 0.5 \times 0.5 \left(\frac{1.96}{0.05}\right)^2 = 384.16$$

4) 체비셰프 부등식(Chebyshev's Inequality) ★☆☆

체비셰프 부등식
러시아의 수학자인 Panfnuty Chebyshev의 이름을 따서 만들어졌다.

① 확률분포를 몰라도 확률변수의 기댓값만으로 대략적인 확률을 추정할 수 있는 부등식이다.
② 확률변수 X는 평균이 μ이고 표준편차가 σ이며, k는 1보다 큰 상수일 때 다음의 부등식이 성립된다.
③ 이 부등식을 이용해 확률변수가 특정 구간에 포함될 확률이나 특정 값보다 크거나 작을 확률을 근사적으로 계산할 수 있다.

$$P(|X-\mu| \geq k\sigma) \leq \frac{1}{k^2} \rightarrow P(|X-\mu| < k\sigma) \geq 1 - \frac{1}{k^2}$$

$$\rightarrow P(\mu - k\sigma \leq X \leq \mu + k\sigma) \geq 1 - \frac{1}{k^2}$$

④ 아래와 같은 규칙이 성립한다.

$$P(\mu - 2\sigma \leq X \leq \mu + 2\sigma) \geq 1 - \frac{1}{2^2} = 0.75$$

$$P(\mu - 3\sigma \leq X \leq \mu + 3\sigma) \geq 1 - \frac{1}{3^2} = 0.89$$

예제 1

어느 대학교 통계학과 신입생 100명의 첫 중간시험 점수는 정규분포를 따르는데 평균이 70점, 표준편차가 5점이었다. 60점부터 80점 사이에 포함된 학생은 몇 명 이상인가?

풀이

정규분포를 따른다는 정보를 이용해 표준화하여 확률변수 X(점수)가 60~80점 사이에 올 확률을 계산할 수 있다.

$$P(60 < X < 80) = P\left(\frac{60 - 평균}{표준편차} < \frac{X - 평균}{표준편차} < \frac{80 - 평균}{표준편차}\right)$$

$$= P\left(\frac{60 - 70}{5} < Z < \frac{80 - 70}{5}\right)$$

$$= P(-2 < Z < 2) = 0.9546$$

그러므로 100명 중 95.46명의 점수가 60점과 80점 사이일 것이다.

예제 2

어느 대학교 통계학과 신입생 100명의 첫 중간시험 점수의 평균이 70점, 표준편차가 5점이었다. 60점부터 80점 사이에 포함된 학생은 몇 명 이상인가?

풀이

분포에 대한 정보가 없기 때문에 체비셰프 부등식을 이용해 대략적인 확률을 계산한다.

$$P(\mu - k\sigma < X < \mu + k\sigma) \geq 1 - \frac{1}{k^2} \quad \rightarrow 이 식을 이용해 \ k를 구하는 것이 첫 과제다.$$

$$P(70 - k5 < X < 70 + k5) \geq 1 - \frac{1}{k^2} \quad \rightarrow 점수(X)가 \ 60과 \ 80점이 \ 되기 \ 위해서는 \ k = 2가 \ 되어야 \ 한다.$$

$$P(60 < X < 80) \geq 1 - \frac{1}{2^2} = \frac{3}{4}$$

그러므로 점수(X)가 60~80점 사이에 오는 확률은 0.75(75%)이기 때문에 100명 중 75명의 점수가 이 구간에 포함될 것이다.

1) 가설검정의 이해

(1) 가설(Hypothesis)

① 둘 이상 변수들의 관계에 대해 검증되지 않은 명제다.

② 독립변수(X)와 종속변수(Y)간 관계에 대한 추측적 진술의 형태다.

③ 명확하고 간략해야 하며, 귀무가설과 대립가설로 구분된다.

POWER 팁

가설검정

추정을 이해하면 가설검정을 이해하는 것은 어렵지 않다. 우리는 앞에서 모수에 대해 추정할 때 점추정보다는 구간추정을 주로 활용한다는 것을 이해했다. 구간추정은 모수가 포함될 신뢰구간을 구하는 것이었다면, 가설검정은 어떤 주장(귀무가설)이 신뢰구간에 포함되는지 여부를 검증하는 것이다. 즉, 가설검정은 모수에 대한 주장(귀무가설)이 맞는지(귀무가설 채택) 또는 틀리는지(귀무가설 기각)를 통계량(검정통계량)을 활용해 확인하는 일련의 통계적 추론과정이다.

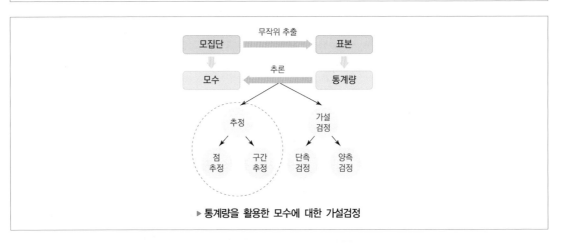

▶ **통계량을 활용한 모수에 대한 가설검정**

(2) 귀무가설과 대립가설(Alternative Hypothesis) ★☆☆

① 귀무가설(Null Hypothesis)

㉠ H_N 또는 H_0으로 표기되며, 가설검정의 대상이 되는 가설이다.

㉡ 일반적으로 기각될 것으로 예상되어 세워지며 영가설이라고도 한다.

㉢ 주로 "차이가 0이다(같다)", "효과가 없다(0이다)"와 같은 주장이다.

② 대립가설(Alternative Hypothesis)

㉠ H_A 또는 H_1로 표기되며, 귀무가설과 양립할 수 없는 가설이다.

㉡ 연구자가 지지하는 가설이다.

㉢ 귀무가설처럼 검증대상이 아니며, 귀무가설이 기각될 때 대체되는 가설이다.

㉣ 주로 "차이가 있다", "효과가 있다", "0이 아니다"와 같은 주장이다.

(3) 양측검정(Two-tailed test)과 단측검정(One-tailed test)

① 대립가설에 따라 양측검정할지 단측검정할지가 결정된다.
② 양측대립가설(예 1인분에 200g이 아니다)이면 양측검정한다.
③ 단측대립가설(예 1인분에 200g보다 적다)이면 단측검정한다.

▌ 양측검정과 단측검정

구분	귀무가설	대립가설
양측검정	• $H_0 : \theta = \theta_0$ • 1인분에 200g이다($\mu = 200$).	• $H_1 : \theta \neq \theta_0$ • 1인분에 200g이 아니다($\mu \neq 200$).
단측검정	• $H_0 : \theta = \theta_0$ or $H_0 : \theta \leq \theta_0$ • 1인분은 200g 이하다.	• $H_1 : \theta > \theta_0$ • 1인분은 200g보다 많다.
	• $H_0 : \theta = \theta_0$ or $H_0 : \theta \geq \theta_0$ • 1인분은 200g 이상이다.	• $H_1 : \theta < \theta_0$ • 1인분은 200g보다 적다.

(4) 채택역, 기각역, 임곗값

① 채택역(Acceptance Region)
  ㉠ 귀무가설을 채택하게 하는 검정통계량의 관측값 영역이다.
  ㉡ 유의수준(α)이 작을수록, 신뢰수준($1 - \alpha$)이 커질수록 넓어진다.
② 기각역(Rejection Region)
  ㉠ 귀무가설을 기각하게 하는 검정통계량의 관측값 영역이다.
  ㉡ 유의수준(α)이 커질수록, 신뢰수준($1 - \alpha$)이 작을수록 넓어진다.
③ 임곗값(Critical Value)
  ㉠ 채택역과 기각역을 구분하는 기준이 되는 값이다.
  ㉡ 임곗값은 기각역에 포함되는 것으로 간주한다.

(5) 가설검정 방식

① '|검정통계량| ≥ |임곗값|'이면 귀무가설을 기각(대립가설 채택)한다.
② '|검정통계량| < |임곗값|'이면 귀무가설을 채택한다.
③ 양측검정으로 귀무가설이 기각되지 않을 때 단측검정하면 기각될 수도 있다.

2) 제1종 오류 vs. 제2종 오류 ★★★

(1) 옳은 가설검정

① 귀무가설(H_0)이 참(거짓)일 때, 그 귀무가설을 채택(기각)한다.
② 대립가설(H_1)이 참(거짓)일 때, 그 대립가설을 채택(기각)한다.

(2) 가설검정 오류의 종류와 관계

① 제1종 오류는 귀무가설이 참인데 이를 기각하는 오류이며, 발생할 확률은 α(유의수준)로 표시한다.

② 귀무가설이 참일 때 이를 채택하는 옳은 결정이 발생할 확률은 $(1-\alpha)$가 된다.

③ 제1종 오류를 감소시키려면 유의수준을 낮추면 된다.

④ 제2종 오류는 귀무가설이 거짓인데 이를 채택하는 오류이며, 발생할 확률은 β로 표시한다.

⑤ 귀무가설이 거짓일 때 이를 기각하는 옳은 결정이 발생할 확률은 $(1-\beta)$가 되며, 가설검정의 검정력이라고 한다.

⑥ 두 오류는 대립적인 관계이므로 하나의 오류를 감소시키면 다른 오류가 발생할 확률이 증가한다(두 오류 동시 감소 불가능).

❙ 가설검정 오류

구분		실제	
		H_0이 참일 때	H_0이 거짓일 때
H_0에 대한 의사결정	기각	제1종 오류(α)	옳은 결정$(1-\beta)$: 검정력
	채택	옳은 결정$(1-\alpha)$	제2종 오류(β)

> ●—— **POWER 기출 유형** ✅ ——●
>
> **검정력에 대한 설명으로 옳은 것은?**
>
> ① 귀무가설이 참인데도 이를 기각할 확률이다.
>
> ② 참인 귀무가설을 채택할 확률이다.
>
> ③ 대립가설이 참일 때 귀무가설을 기각시킬 확률이다.
>
> ④ 거짓인 귀무가설을 채택할 확률이다.
>
> 해설
>
> 검정력은 귀무가설이 거짓일 때(대립가설이 참일 때) 귀무가설을 기각시킬 확률이다.
>
> 정답 ③

3) 양측검정 ★★★

(1) 모평균(μ)에 대한 가설검정

① 귀무가설이 $H_0 : \mu = \mu_0$(모평균은 μ_0이다)일 때, 검정통계량$\left(Z = \dfrac{\overline{X} - \mu_0}{\sigma / \sqrt{n}}\right)$이 기각역(채택역)에 포함되면 귀무가설을 기각(채택)한다.

② $(1-\alpha)$가 90%, 95%, 99%일 때, 임곗값(절댓값)은 1.645, 1.96, 2.575이다.

③ 예를 들어, 신뢰수준이 95%일 때 검정통계량을 계산하여 절댓값이 임곗값의 절댓값(1.96)보다 크면 귀무가설을 기각한다.

가설검정 시 계산

문제에서 임곗값은 항상 제공되므로 검정통계량만 계산하면 된다.

④ 검정통계량 계산 시 모표준편차(σ)가 없으면, 표본표준편차(S)를 사용한다.

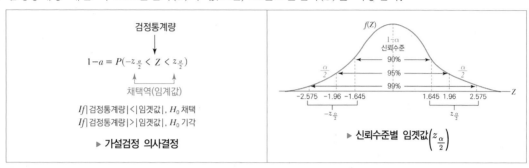

검정통계량

$$1-a = P(-z\tfrac{a}{2} < Z < z\tfrac{a}{2})$$

채택역(임곗값)

If |검정통계량| < |임곗값|, H_0 채택
If |검정통계량| > |임곗값|, H_0 기각

▶ 가설검정 의사결정

▶ 신뢰수준별 임곗값 $\left(z_{\tfrac{\alpha}{2}}\right)$

예제

A 대학교의 남학생 키(단위: cm)가 172이라는 주장($H_0 : \mu = 172$)을 검정하기 위해 무작위로 36명을 임의로 추출하여 평균을 계산해 보니 170이었고, 분산은 81이었다.
"$H_1 : \mu \neq 172$"라는 대립가설을 활용해 5% 유의수준에서 가설검정하라.

풀이

유의수준이 5%(신뢰수준 95%)이므로 채택역 = 임곗값(−1.96~1.96)의 절댓값은 1.96이다. 그러므로 검정통계량만 계산하면 된다. 이때 주의할 것은 172는 귀무가설에서 주장된 값이다. 참고로, 임곗값은 시험에서 제공되지만, 암기하는 것이 좋다.

$$\text{검정통계량 } Z = \frac{\overline{X} - \mu_0}{S / \sqrt{n}} = \frac{170 - 172}{9/6} = \frac{-2}{1.5} = -1.3$$

검정통계량이 −1.3으로 채택역에 포함되므로 귀무가설을 채택한다. 또는 검정통계량의 절댓값 1.30이 임곗값보다 작으므로 귀무가설을 채택한다.

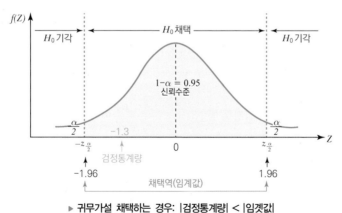

▶ 귀무가설 채택하는 경우: |검정통계량| < |임곗값|

모평균(μ)에 대한 가설검정 관련 실기시험

모평균(μ)에 대한 가설검정은 필기시험에도 출제되지만 실기시험에서도 반드시 출제된다. 참고로, 실기시험은 신뢰수준이 95%인 양측검정만 출제되며 '일표본 t-검정'이란 명칭으로 출제된다. 실기시험은 동영상(제3과목 CHAPTER 04)으로 학습하면 매우 쉽다.

(2) p-값을 활용한 모평균(μ)에 대한 가설검정

① 유의확률(probability value: p-값)은 제1종 오류를 범할 최대 확률이다.

② p-값이 유의수준(α)보다 크면 귀무가설을 채택한다.

③ 반대로 p-값이 유의수준보다 작으면 귀무가설을 기각한다.

④ 검정통계량과 p-값 중 어느 것을 사용해도 가설검정의 결과는 같다.

▌ 유의확률(p-값)을 이용한 가설검정 규칙

조건	가설검정
p-값 $\leq \alpha$	귀무가설(H_0) 기각
p-값 $> \alpha$	귀무가설(H_0) 채택

> **예제**
>
> A 대학교의 남학생 키(단위: cm)가 172이라는 주장($H_0 : \mu = 172$)을 검정하기 위해 무작위로 36명을 임으로 추출하여 평균을 계산해 보니 170이었고, 분산은 81이었다.
>
> "$H_1 : \mu \neq 172$"라는 대립가설을 활용해 5% 유의수준에서 가설검정하라.
>
> **풀이**
>
> 위의 동일한 예제를 통해 검정통계량이 −1.30이라고 계산했다. 표준정규분포표에서 검정통계량 −1.30에 해당하는 유의확률 p-값이 0.0968(=1−0.9032)라는 것을 확인할 수 있다. "p-값 = 0.0968 > α = 0.05"이기 때문에 귀무가설을 채택한다.
>
> **TIP** p-값을 활용한 예제와 해설은 참고만 한다. 가설검정의 필기시험은 검정통계량을, 실기시험은 p-값을 활용하는 것이 쉽다(실기는 다음 CHAPTER부터 학습).

(3) 소표본일 때 모평균(μ)에 대한 가설검정

① 표본 수가 30개 미만일 때 검정통계량은 $t = \dfrac{\overline{X} - \mu_0}{\sigma / \sqrt{n}}$ 이다.

② 소표본일 때, 임곗값을 표준정규분포표(Z-table)가 아닌 t-분포표(t-table)에서 찾는 것만 제외하고는 모든 것이 동일하다.

예제

A 대학교의 남학생 키(단위: cm)가 172이라는 주장(H_0: $\mu = 172$)을 검정하기 위해 무작위로 15명을 임의로 추출하여 평균을 계산해 보니 170이었고, 분산은 81이었다.

"H_1: $\mu \neq 172$"라는 대립가설을 활용해 5% 유의수준에서 가설검정하라.

풀이

유의수준이 5%(신뢰수준 95%)이므로 t-분포표에서 채택역＝임곗값($t_{(n-1,\,\alpha/2)} = t_{(14,\,0.025)}$)을 찾으면 (−2.145~2.145)이다. 그러므로 검정통계량만 계산하면 된다. 참고로, t-값(임곗값)은 시험에서 제공된다.

$$\text{검정통계량} = t = \frac{\overline{X} - \mu_0}{S/\sqrt{n}} = \frac{170 - 172}{9/\sqrt{15}} = \frac{-2}{2.3} = -0.9$$

검정통계량이 채택역 범위에 포함되므로 귀무가설을 채택한다.

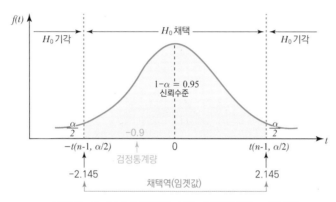

▶ 소표본일 때 귀무가설 채택하는 경우: |검정통계량| < |임곗값|

(4) 모비율에 대한 가설검정

① 모비율에 대한 가설검정 역시 동일한 가설검정 규칙이 적용된다.

② 검정통계량: $Z = \dfrac{\overline{p} - p_0}{\sqrt{\dfrac{p_0(1 - p_0)}{n}}}$

※ 분모에 $\overline{p}$가 아닌 p_0임에 주의

공대에서 여성의 비율이 40%라는 주장(H_0: $p = 0.4$)을 검정하기 위해 전국 공대생 중 100명을 무작위로 추출하여 평균 비율을 계산해 보니 50%였다.

"H_1: $\mu \neq 0.4$"라는 대립가설을 활용해 신뢰수준 90%, 95%, 99%에서 가설검정하라.

풀이

① 신뢰수준 90%에서 가설검정

신뢰수준 90%에 해당하는 임곗값의 절댓값은 1.645(채택역: −1.645~1.645)이다. 그러므로 검정통계량만 계산하면 된다.

$$검정통계량 \ Z = \frac{\bar{p} - p_0}{\sqrt{\dfrac{p_0(1 - p_0)}{n}}} = \frac{0.5 - 0.4}{\sqrt{\dfrac{0.4 \times 0.6}{100}}} = \frac{0.1}{0.049} = 2.04$$

검정통계량의 절댓값 2.04가 임곗값의 절댓값보다 크기 때문에(채택역 밖에 위치 = 기각역에 위치) 귀무가설을 기각한다.

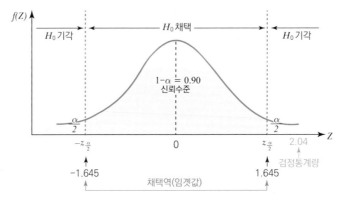

▶ 귀무가설 기각하는 경우: |검정통계량| > |임곗값|

② 신뢰수준 95%에서 가설검정

신뢰수준 95%에 해당하는 임곗값의 절댓값은 1.96(채택역: −1.96~1.96)이다. 그러므로 검정통계량 2.04가 임곗값의 절댓값보다 크기 때문에(채택역 밖에 위치 = 기각역에 위치) 귀무가설을 기각한다.

③ 신뢰수준 99%에서 가설검정

신뢰수준 99%에 해당하는 임곗값의 절댓값은 2.575(채택역: 신뢰구간 −2.575~2.575)이다. 그러므로 검정통계량 2.04가 임곗값의 절댓값보다 작기 때문에(채택역에 위치) 귀무가설을 채택한다.

※ 신뢰수준이 증가할수록 귀무가설을 채택할 가능성이 높아진다.

4) 단측검정 ★☆☆

(1) 단측검정의 이해

① 기각역이 대립가설에 따라 양쪽에 위치한 양측검정과 달리 기각역이 한쪽에 위치한다.
② 기각역이 오른쪽 또는 왼쪽에 위치하는지는 대립가설에 따라 달라진다.
③ H_1: $\theta > \theta_0$일 때, 기각역이 임곗값의 오른쪽에 위치한다.
④ H_1: $\theta < \theta_0$일 때, 기각역이 임곗값의 왼쪽에 위치한다.

※ 아래 예제를 통해 단측검정의 임곗값(양측검정과 다름)을 이해해야 한다.

예제 양측검정

A 대학교의 남학생 키(단위: cm)가 172이라는 주장(H_0: $\mu = 172$)을 검정하기 위해 무작위로 64명을 임으로 추출하여 평균을 계산해 보니 174이었고, 분산은 81이었다.
"H_1: $\mu \neq 172$"라는 대립가설을 활용해 5% 유의수준에서 가설검정하라.

풀이

유의수준이 5%이므로 채택역은 −1.96~1.96이다.

$$검정통계량 = Z = \frac{\overline{X} - \mu_0}{S / \sqrt{n}} = \frac{174 - 172}{9/8} = \frac{2}{1.125} = 1.78$$

검정통계량의 절댓값이 임곗값의 절댓값보다 작기 때문에 귀무가설을 채택한다.

예제 단측검정

A 대학교의 남학생 키(단위: cm)가 172이라는 주장(H_0: $\mu = 172$)을 검정하기 위해 무작위로 64명을 임으로 추출하여 평균을 계산해 보니 174이었고, 분산은 81이었다. "H_1: $\mu > 172$"라는 대립가설을 활용해 5% 유의수준에서 가설검정하라.

풀이

검정통계량은 위의 문제와 동일하게 $Z = \dfrac{\overline{X} - \mu_0}{S / \sqrt{n}} = \dfrac{174 - 172}{9/8} = \dfrac{2}{1.125} = 1.78$이다. 단측검정인 대립가설에 따라 검정통계량이 임곗값보다 크면 귀무가설을 기각하면 된다. 즉, 표본을 통해 계산한 키(표준화 값)가 매우 크면 대립가설(H_1: $\mu > 172$)이 채택되어야 한다. 이때 중요한 것은 임곗값이다. 단측검정이며 대립가설(μ가 172보다 크다)에 따라 유의수준을 오른쪽으로 몰아넣어 임곗값을 계산(표본정규분포표)하면 1.645가 된다. 그러므로 검정통계량의 절댓값이 임곗값의 절댓값보다 크기 때문에 (기각역에 위치하기 때문에) 귀무가설을 기각한다.

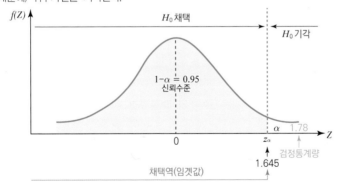

A 대학교의 남학생 키(단위: cm)가 최대 172이라는 주장(H_0: $\mu \leq 172$)을 검정하기 위해 무작위로 64명을 임의로 추출하여 평균을 계산해 보니 174이었고, 분산은 81이었다. 5% 유의수준에서 귀무가설을 검정하라.

H_0: $\mu \leq 172$일 때 대립가설은 "H_1: $\mu > 172$"이 유일하다. 이 문제는 바로 위의 예제와 완벽히 동일하며, 검정통계량의 절댓값(1.78)이 임곗값(1.645)보다 크기 때문에(기각역에 위치하기 때문에) 귀무가설을 기각한다.

POWER 정리

가설검정 시 절차 및 팁

① 가설검정 과정

　1. 검정통계량을 계산해 임곗값과 비교한다.

　2. If |검정통계량| < |임곗값|, 귀무가설 채택

　　 If |검정통계량| ≥ |임곗값|, 귀무가설 기각

② 가설검정 팁

　1. 임곗값은 신뢰수준(또는 유의수준)에 따라 결정되며, 본인이 계산하는 것이 아니라 표준정규분포표에서 확인하거나 문제에서 제공된다. 단, 각 신뢰수준 90%, 95%, 99%에 해당되는 임곗값 1.645, 1.96, 2.575를 암기하면 좋다.

　2. 검정통계량은 표준화 공식을 활용해 계산하며, σ(모표준편차)에 대한 정보가 없을 때는 S(표본표준편차)를 사용한다.

　3. 다음 네 개의 표현은 모두 동일하다.

　　 신뢰수준 95% = 신뢰수준 0.95 = 유의수준 5% = 유의수준 0.05

　4. 신뢰수준이 증가(유의수준 감소)할수록, 채택역 범위(임곗값)가 넓어져 귀무가설을 채택할 확률이 증가한다.

　5. 단측검정일 때는 유의수준(기각역)을 한쪽으로 집중시킨다.

　　• 대립가설에 '>'이 포함되면 유의수준을 오른쪽으로 집중시킨다.

　　• 대립가설에 '<'이 포함되면 유의수준을 왼쪽으로 집중시킨다.

---

5) 모분산에 대한 가설검정

POWER 팁

공식을 암기하고 문제풀이를 연습하기보다는 단순히 읽어보길 추천한다. 단, 모분산을 가설검정 시 카이제곱(χ^2) 분포를 사용한다는 것은 기억할 필요가 있다.

① 귀무가설이 H_0: $\sigma^2 = \sigma_0^2$일 때 검정통계량은 $\chi^2_{(n-1)} = \dfrac{(n-1)S^2}{\sigma_0^2}$이다.

② 가설검정하는 방식은 모평균이나 모비율과 동일하다.

③ 카이제곱(χ^2) 분포를 사용한다(임곗값은 χ^2-분포표에서 확인).

예제

귀무가설 H_0: $\sigma^2 = 30$(1인분에 해당하는 소고기 무게의 분산이 30)을 검정하기 위해 표본을 10개 추출하여 1인분에 해당하는 소고기 무게의 분산을 계산했더니 20이 나왔다. 유의수준 5%에서 귀무가설을 양측검정하라.

풀이

검정통계량은 $\chi^2_{(n-1)} = \dfrac{(n-1)S^2}{\sigma_0^2} = \dfrac{9 \times 20}{30} = 6$이다.

χ^2–분포표에서 유의수준(α)이 0.05일 때,

임곗값(채택역)은 $2.70(\chi^2_{(n-1,\,\alpha/2)} = \chi^2_{(9,\,0.975)}) \sim 19.02(\chi^2_{(n-1,\,1-\alpha/2)} = \chi^2_{(9,\,0.025)})$다.

검정통계량이 채택역에 포함되므로 귀무가설을 채택한다.

01

대통령 선거에서 A 후보자는 50%의 득표를 할 것으로 예상하고 있다. 이러한 예상을 확인하기 위해 유권자 200명을 무작위추출하여 조사하였더니 그 중 81명이 A 후보자를 지지한다고 하였다. 이때 검정통계량값은?

① -2.69
② -1.90
③ 0.045
④ 1.645

[해설]

50% 득표를 예상하는 것은 모비율 $p = 0.5$라는 의미이며 ($H_0 : p = 0.5$),

유권자 200명 중 81명이 지지한다는 의미는

표본비율 $\bar{p} = \dfrac{81}{200} = 0.405$라는 의미다.

그러므로 검정통계량을 구하면

$$Z = \frac{\bar{p} - p}{\sqrt{\dfrac{p(1-p)}{n}}} = \frac{0.405 - 0.5}{\sqrt{\dfrac{0.5(1-0.5)}{200}}} = -2.69$$

※ 분모에 $\bar{p}$가 아닌 p임에 주의

정답 ①

02

크기가 100인 확률표본으로부터 얻은 표본평균에 근거하여 구한 모평균에 대한 90% 신뢰구간의 오차의 한계가 3이라고 할 때, 오차의 한계가 1.5가 넘지 않도록 표본설계를 하려면 표본의 크기를 최소한 얼마 이상이 되도록 하여야 하는가?

① 100
② 200
③ 400
④ 1000

[해설]

$e = z_{\frac{\alpha}{2}} \dfrac{S}{\sqrt{n}} \rightarrow 3 = z_{\frac{\alpha}{2}} \dfrac{S}{\sqrt{100}} = z_{\frac{\alpha}{2}} \dfrac{S}{10}$. 오차한계 3을 절반 (1.5)으로 줄이기 위해서는 현재의 분모(10)를 두 배(20)로 확대해야 하므로, 표본이 최소 400(개)가 되어야 한다.

정답 ③

03

통계적 가설의 기각 여부를 판정하는 가설검정에 대한 설명으로 맞는 것은?

① 표본으로부터 확실한 근거에 의하여 입증하고자 하는 가설을 귀무가설이라 한다.
② 유의수준은 제2종 오류를 범할 확률의 최대허용 한계이다.
③ 대립가설을 채택하게 하는 검정통계량의 영역을 채택역이라 한다.
④ 대립가설이 옳은데도 귀무가설을 채택함으로써 범하게 되는 오류를 제2종 오류라 한다.

[해설]

① 대립가설에 대한 내용이다.
② 유의수준은 제1종오류(귀무가설이 참인데도 이를 기각하는 오류)를 범할 확률의 최대 허용한계다.
③ 귀무가설을 채택하게 하는 검정통계량의 영역을 채택역이라 한다.

정답 ④

04

어떤 가설검정에서 유의확률(p-값)이 0.044일 때, 검정 결과로 맞는 것은?

① 귀무가설을 유의수준 1%와 5%에서 모두 기각할 수 없다.
② 귀무가설을 유의수준 1%와 5%에서 모두 기각할 수 있다.
③ 귀무가설을 유의수준 1%에서 기각할 수 있으나 5%에서는 기각할 수 없다.
④ 귀무가설을 유의수준 1%에서 기각할 수 없으나 5%에서는 기각할 수 있다.

[해설]

가설검정 기준: If 유의확률(p-값) $\le$ 유의수준(α), 귀무가설을 기각

유의확률(p-값)이 0.044는 0.01(1%)보다 크고, 0.05(5%)보다 작기 때문에 1% 유의수준에서 귀무가설을 기각할 수 없으나 5%에서는 기각할 수 있다.

정답 ④

05 최신

모평균과 모분산이 각각 μ, σ^2인 모집단으로부터 크기 2인 확률표본 X_1, X_2를 추출하고 이에 근거하여 모평균 μ를 추정하고자 한다. 모평균 μ의 추정량으로 다음의 두 추정량을 고려할 때, 일반적으로 $\widehat{\theta_2}$보다 $\widehat{\theta_1}$이 선호되는 이유는?

$$\widehat{\theta_1} = \frac{X_1 + X_2}{2}, \quad \widehat{\theta_2} = \frac{2X_1 + X_2}{3}$$

① 유효성   ② 일치성
③ 충분성   ④ 비편향성

[해설]

$E(\widehat{\theta_1}) = E(\widehat{\theta_2}) = \mu$로 두 추정량 모두 불편추정량(비편향성)이다.

하지만 $Var(\widehat{\theta_1}) = \dfrac{\sigma^2}{2} < Var(\widehat{\theta_2}) = \dfrac{5\sigma^2}{9}$이므로

추정량 $\widehat{\theta_2}$가 $\widehat{\theta_1}$보다 효율성(유효성)이 높다.

참고로,

$Var(\widehat{\theta_1}) = Var\left(\dfrac{X_1 + X_2}{2}\right) = \dfrac{1}{2^2}\left[Var(X_1) + Var(X_2)\right]$

$\quad\quad = \dfrac{1}{4} \times 2\sigma^2 = \dfrac{\sigma^2}{2}$

$Var(\widehat{\theta_2}) = Var\left(\dfrac{2X_1 + X_2}{3}\right) = \dfrac{2^2}{3^2}Var(X_1) + \dfrac{1}{3^2}Var(X_2)$

$\quad\quad = \dfrac{4}{9} \times \sigma^2 + \dfrac{1}{9} \times \sigma^2 = \dfrac{5\sigma^2}{9}$

정답 ①

06 최신

곤충학자가 70마리의 모기에게 A회사의 살충제를 뿌리고 생존시간을 관찰하여 $\overline{x} = 18.3$, $s = 5.2$를 얻었다. 생존시간의 모평균 μ에 대한 99% 신뢰구간은?(단, $P(Z > 2.58) = 0.005$, $P(Z > 1.96) = 0.025$, $P(Z > 1.645) = 0.05$이다)

① $8.6 \le \mu \le 28.0$
② $16.7 \le \mu \le 19.9$
③ $17.1 \le \mu \le 19.5$
④ $18.1 \le \mu \le 18.5$

[해설]

신뢰구간은 $\overline{X} - z_{\frac{\alpha}{2}} \dfrac{S}{\sqrt{n}} \sim \overline{X} + z_{\frac{\alpha}{2}} \dfrac{S}{\sqrt{n}}$이며,

99% 신뢰구간에서 $Z_{\alpha/2} = Z_{0.01/2} = Z_{0.005} = 2.58$이다.

또한 문제에서 $n = 70$, $\overline{X} = 18.3$, $S = 5.2$이므로 신뢰구간은

$18.3 - 2.58\dfrac{5.2}{\sqrt{70}} \le \mu \le 18.3 + 2.58\dfrac{5.2}{\sqrt{70}} \rightarrow 16.7 \le \mu \le 19.9$

정답 ②

07 최신

대학생들의 정당 지지도를 조사하기 위해 100명을 뽑은 결과 45명이 지지하는 것으로 나타났다. 지지도에 대한 95% 신뢰구간은? (단, $Z_{0.025} = 1.96$, $Z_{0.05} = 1.645$이다)

① 0.45 ± 0.0823 ② 0.45 ± 0.0860
③ 0.45 ± 0.0920 ④ 0.45 ± 0.0975

[해설]

모비율에 대한 신뢰구간 $\overline{p} \pm z_{\frac{\alpha}{2}}\sqrt{\dfrac{\overline{p}(1-\overline{p})}{n}}$이다.

이때 100명 중 45명이 지지하므로 $\overline{p} = 0.45$이고,

95% 신뢰구간이므로 $z_{\frac{\alpha}{2}} = z_{\frac{0.05}{2}} = z_{0.025} = 1.96$이다.

그러므로 신뢰구간은

$0.45 \pm 1.96 \times \sqrt{\dfrac{0.45 \times (1 - 0.45)}{100}} = 0.45 \pm 0.0975$이다.

정답 ④

08

어느 고등학교 1학년생 280명에 대한 국어 성적의 평균이 82점, 표준편차가 8점이었다. 66점부터 98점 사이에 포함된 학생들은 몇 명 이상인가?

① 22명   ② 211명
③ 230명   ④ 240명

해설

$$P(\mu - k\sigma < X < \mu + k\sigma) \geq 1 - \frac{1}{k^2}$$

$$\rightarrow P(82 - k8 < X < 82 + k8) \geq 1 - \frac{1}{k^2}$$

$\rightarrow$ 점수(X)가 66과 98점이 되기 위해서는 $k = 2$가 되어야 한다.

$$\rightarrow P(66 < X < 98) \geq 1 - \frac{1}{2^2} = \frac{3}{4}$$

그러므로 점수(X)가 66~98점 사이에 오는 확률은 0.75(75%)이기 때문에 280명 중 210명이므로 211명 이상이다.

TIP 체비셰프 부등식을 이용해 대략적인 확률을 계산하는 문제다.

정답 ②

09

가설검정 시 대립가설(H_1)이 사실인 상황에서 귀무가설(H_0)을 기각할 확률은?

① 검정력
② 신뢰수준
③ 유의수준
④ 제2종 오류를 범할 확률

해설

대립가설이 사실인 경우(귀무가설이 거짓인 경우), 귀무가설을 기각할 확률을 검정력이라고 한다.

정답 ①

10 최신, 빈출

귀무가설이 참임에도 불구하고 귀무가설을 기각하는 판정을 내릴 확률은?

① 제1종 오류를 범할 확률
② 제2종 오류를 범할 확률
③ 유의확률
④ 유의수준

해설

귀무가설이 참인데도 이를 기각하는 오류로 제1종 오류라고 한다. 참고로, 귀무가설이 거짓인데도 이를 채택하는 오류는 제2종 오류라고 한다.

정답 ①

11 최신

가설검증의 오류에 대한 설명으로 바르지 않은 것은?

① 제2종 오류는 대립가설(H_1)이 사실일 때 귀무가설(H_0)을 채택하는 오류이다.
② 가설검증의 오류는 유의수준과 관계가 있다.
③ 제1종 오류를 적게 하기 위해서는 유의수준을 크게 할 필요가 있다.
④ 제1종 오류와 제2종 오류를 범할 가능성은 반비례관계에 있다.

해설

제1종 오류를 적게 하기 위해서는 유의수준을 작게 해야 한다.

정답 ③

12 최신

모집단으로부터 크기가 100인 표본을 추출하였다. 이 표본으로부터 표본비율 $\hat{p} = 0.42$를 추정하였다. 모비율에 대한 가설 H_0: $p = 0.4$ vs. H_1: $p > 0.4$를 검정하기 위한 검정통계량은?

① $\dfrac{0.42 - 0.4}{\sqrt{0.4(1 - 0.4)/100}}$

② $\dfrac{0.4}{\sqrt{0.4(1 - 0.4)/100}}$

③ $\dfrac{0.42 + 0.4}{\sqrt{0.4(1 - 0.4)/100}}$

④ $\dfrac{0.42}{\sqrt{0.4(1 - 0.4)/100}}$

해설

모비율에 대한 가설검정 시 검정통계량은

$$Z = \frac{\hat{p} - p}{\sqrt{\dfrac{p(1-p)}{n}}} = \frac{0.42 - 0.4}{\sqrt{0.4(1-0.4)/100}}$$

TIP 분모에 $\hat{p}$가 아닌 p임에 주의하고 검정통계량은 양측검정과 단측검정 모두에서 동일하며, 임계값이 양측검정인지 단측검정인지에 따라 달라진다.

정답 ①

13 최신

A 신문사에서 성인 1,000명을 대상으로 현직 대통령에 대한 지지도를 조사한 결과 60%의 지지율을 얻었다. 95%의 신뢰수준에서 이번 조사의 오차한계는 얼마인가? (단, 95% 신뢰수준의 Z값은 ±1.96으로 한다)

① ±2.8%

② ±2.9%

③ ±3.0%

④ ±3.1%

해설

모비율의 신뢰구간을 구하는 공식 $\left(\bar{p} \pm z_{\frac{\alpha}{2}} \sqrt{\dfrac{\bar{p}(1 - \bar{p})}{n}} \right)$에서 오차한계는 공식의 뒷부분에 해당하는

$$e = z_{\frac{\alpha}{2}} \sqrt{\frac{\bar{p}(1 - \bar{p})}{n}} \text{ 이다.}$$

그러므로 $e = 1.96 \sqrt{\dfrac{0.6 \times 0.4}{1,000}} = 0.030$

정답 ③

14

다음에 적합한 가설검정법과 검정통계량은?

> 중량이 50g으로 표기된 제품 10개를 랜덤추출하니 평균 $\bar{X} = 49g$, 표준편차 $S = 0.6g$이었다. 제품의 중량이 정규분포를 따를 때, 평균중량 μ에 대한 귀무가설 H_0: $\mu = 50$ 대 대립가설 H_1: $\mu < 50$을 검정하고자 한다.

① 정규검정법, $Z_0 = \dfrac{49 - 50}{\sqrt{0.6/10}}$

② 정규검정법, $Z_0 = \dfrac{49 - 50}{0.6 / \sqrt{10}}$

③ t-검정법, $t_0 = \dfrac{49 - 50}{\sqrt{0.6/10}}$

④ t-검정법, $t_0 = \dfrac{49 - 50}{0.6 / \sqrt{10}}$

해설

소표본이므로 t-분포를 활용하며 검정통계량 공식은 대표본일 때와 동일하다. 그러므로 $t = \dfrac{\bar{X} - \mu}{S / \sqrt{n}} = \dfrac{49 - 50}{0.6 / \sqrt{10}}$이다.

정답 ④

15

평균이 μ이고, 표준편차가 σ인 모집단에서 임의 추출한 100개의 표본평균 $\overline{X}$와 1,000개의 표본평균 $\overline{Y}$를 이용하여 μ를 측정하고자 한다. 두 추정량 $\overline{X}$와 $\overline{Y}$중 어느 추정량이 더 좋은 추정량인지를 올바르게 설명한 것은?

① $\overline{X}$의 표준오차가 더 크므로 $\overline{X}$가 더 좋은 추정량이다.
② $\overline{X}$의 표준오차가 더 작으므로 $\overline{X}$가 더 좋은 추정량이다.
③ $\overline{Y}$의 표준오차가 더 크므로 $\overline{Y}$가 더 좋은 추정량이다.
④ $\overline{Y}$의 표준오차가 더 작으므로 $\overline{Y}$가 더 좋은 추정량이다.

해설
표본평균의 표준편차(표준오차)는 $\dfrac{\sigma}{\sqrt{n}}$이다.
$\overline{Y}$의 표본 수가 더 크기 때문에 $\overline{Y}$의 표준오차가 더 작으므로 더 좋은 추정량(분산이 더 작아 효율적)이다.

정답 ④

16

A 약국의 드링크제 판매량에 대한 표준편차(σ)는 10으로 정규분포를 이루는 것으로 알려져 있다. 이 약국의 드링크제 판매량에 대한 95% 신뢰구간을 오차한계 0.5보다 작게 하기 위해서는 표본의 크기를 최소한 얼마로 하여야 하는가? (단, 95% 신뢰구간의 $Z_{0.025} = 1.96$)

① 77
② 768
③ 784
④ 1,537

해설
오차한계식으로부터 표본의 수를 구하는 식을 도출한다.
σ가 제공되어 있으므로, 아래 수식에서 S 대신 σ를 사용한다.

$$e = z_{\frac{\alpha}{2}} \frac{S}{\sqrt{n}} \rightarrow n = \left(\frac{z_{\frac{\alpha}{2}} S}{e} \right)^2$$

$$n = \left(\frac{1.96 \times 10}{0.5} \right)^2 = (39.2)^2 = 1537$$

정답 ④

17

추정량이 가져야 할 바람직한 성질이 아닌 것은?

① 편의성
② 효율성
③ 일치성
④ 충분성

해설
추정량이 가져야 할 성질은 불편성, 효율성, 일치성, 충분성이다.

정답 ①

18

제1종 오류와 제2종 오류를 범할 확률을 각각 α와 β라 할 때, 다음 설명 중 옳은 것은?

① $\alpha + \beta = 1$이면 귀무가설을 기각해야 한다.
② $\alpha = \beta$이면 귀무가설을 채택해야 한다.
③ 주어진 표본에서 α와 β를 동시에 줄일 수는 없다.
④ $\alpha \neq \beta$이면 항상 귀무가설을 채택해야 한다.

해설
제1종 오류와 제2종 오류는 반비례 관계로 두 오류를 동시에 줄일 수 없다.

정답 ③

19

어느 조사기관에서 대한민국에 거주하는 10세 아동의 평균 키는 112cm이고 표준편차가 6cm인 정규분포를 따르는 것으로 보고하였다. 이 결과를 확인하기 위하여 36명을 무작위로 추출하여 측정한 결과 표본평균이 109cm이었다. 가설 $H_0: \mu = 112$ vs. $H_1: \mu \neq 112$에 대한 유의수준 5%의 검정 결과로 옳은 것은? (단, $Z_{0.025} = 1.96$, $Z_{0.05} = 1.645$이다.)

① 귀무가설을 기각한다.
② 귀무가설을 기각할 수 없다.
③ 유의확률이 5%이다.
④ 위 사실로는 판단할 수 없다.

가설검정을 하기 위해 검정통계량 $\left(Z = \dfrac{\overline{X} - \mu_0}{S/\sqrt{n}}\right)$ 을

계산해 임곗값과 비교하면 된다.

$$Z = \dfrac{109 - 112}{6/\sqrt{36}} = -3$$

대립가설에 따라 양측검정한다.

그러므로 검정통계량의 절댓값(3)이 임곗값의 절댓값(1.96)보다 크기 때문에 귀무가설을 기각한다(검정통계량이 기각역에 위치하기 때문에 귀무가설을 기각한다).

정답 ①

20

크기 n의 표본에 근거한 모수 θ의 추정량을 $\hat{\theta}$이라 할 때 다음 설명으로 틀린 것은?

① $E(\hat{\theta}) = \theta$일 때 $\hat{\theta}$을 불편추정량이라 한다.

② $Var(\hat{\theta_1}) \geq Var(\hat{\theta_2})$일 때 $\hat{\theta_1}$이 $\hat{\theta_2}$보다 유효하다고 한다.

③ $E(\hat{\theta}) \neq \theta$일 때 $\hat{\theta}$을 편의추정량이라 한다.

④ $\displaystyle\lim_{n \to \infty} P(|\hat{\theta} - \theta| < \varepsilon) = 1$일 때 $\hat{\theta}$을 일치추정량이라 한다.

해설

$Var(\hat{\theta_1}) \geq Var(\hat{\theta_2})$일 때, 분산이 더 작은 $\hat{\theta_2}$가 $\hat{\theta_1}$보다 효율적(유효) 추정량이다.

정답 ②

기초분석(분산분석, 교차분석, 상관분석)

핵심이론

01 통계분석의 종류와 가설검정 규칙

1) 통계분석(실증분석) 종류

> **POWER 팁**
>
> 통계분석의 종류와 시험 출제
> 실기시험에서는 t-검정의 3가지 종류(일표본 t-검정, 독립표본 t-검정, 대응표본 t-검정), 분산분석, 교차분석, 상관분석, 회귀분석까지 출제된다. 참고로, 빈도분석은 실기시험에서 출제되는데, 빈도분석은 이론적으로 학습할 내용은 없으니 교재의 동영상을 보면서 학습하면 쉽게 학습할 수 있다.

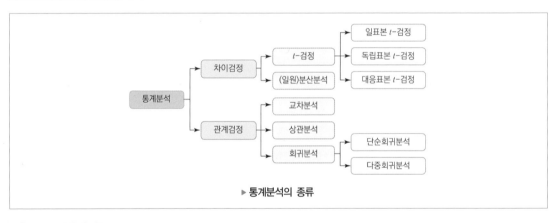

▶ **통계분석의 종류**

❙ 통계분석 종류별 내용: 실기시험 범위

분석 범주	분석 명칭	내용
기술통계		통계량(평균, 분산, 빈도) 분석
차이 검정	일표본 t-검정	한 집단의 평균값에 대한 분석
	독립표본 t-검정	두 집단 간 평균값의 차이 분석
	대응표본 t-검정	한 집단의 이전과 이후 평균값 차이 분석
	분산분석	세 개 이상의 집단 간 평균값 차이 분석
관계 검정	교차분석	집단 간 독립성 분석
	상관분석	두 집단 간 상관관계(선형관계)가 있는지 분석
	회귀분석	독립변수가 종속변수에 미치는 영향을 분석

※ 기술통계는 가설검정을 하지 않으며, 차이검정과 관계검정은 가설검정 필요

2) 실증분석 시 가설검정 규칙

① 실기시험에서 차이검정과 관계검정 모두에서 반드시 가설검정한다.

② 가설검정 과정에서 일관되게 적용되는 규칙이 있다.

POWER 정리

통계분석(실기시험) 시 가설검정의 기본 가정 및 원리

1. H_0은 '같다', '차이가 없다', '00이다'와 같이 가정한다(예 H_0: $\mu = \mu_0$).

2. 가설검정은 양측검정한다(H_1: $\mu \neq \mu_0$).

3. 신뢰수준 $(1-\alpha)$은 95%(유의수준 $\alpha = 5\%$)인 것으로 가정한다 → 임곗값 1.96

4. 특별한 언급이 없으면, 가설검정은 p–값으로 하면 쉽다.

   If p값 $\leq$ 0.05, H_0 기각

   If p값 $>$ 0.05, H_0 채택

5. 검정통계량을 활용해 가설검정하라고 하면, 이론에서 학습한 것과 같다.*

   * F–값, χ^2–값 검정은 검정통계량이 아닌 p–값으로 가설검정한다.

   If |검정통계량| $<$ 1.96, H_0 채택

   If |검정통계량| $\geq$ 1.96, H_0 기각

---

02 일표본 t–검정 ★★★

1) 이론(필기)

① 제3과목 CHAPTER 03(통계적 추정과 가설검정)에서 학습한 '모평균(μ)에 대한 가설검정'의 또 다른 이름이 '일표본 t–검정'이다.

② 참고로, 검정통계량$\left(Z = \dfrac{\overline{X} - \mu_0}{\sigma / \sqrt{n}} \right)$을 산출해 가설검정하는 내용이다.

2) 데이터 분석(실기)

① 제3과목 CHAPTER 03(통계적 추정과 가설검정)에서 학습한 "H_0: 남학생의 키가 172cm다"라는 귀무가설을 검증하는 것을 데이터로 분석하고 가설검정하는 방법을 학습한다.

실기 동영상

주제	일표본 t–검정
데이터	1. height

② 아래 표는 데이터('1. height')를 SPSS로 분석한 결과다.

③ 분석결과의 가설검정

    ㉠ 귀무가설과 대립가설

        • 귀무가설: 남학생의 키가 172cm다(H_0: $\mu = 172cm$).

        • 대립가설: 남학생의 키가 172cm가 아니다(H_1: $\mu = 172cm$).

    ㉡ 검정통계량 활용: 검정통계량(t-값)이 −1.30으로 임곗값 1.96보다 작기 때문에(채택역에 위치) 귀무가설을 채택한다.

    ㉢ p-값 활용: 유의확률(p-값)이 0.202로 유의수준(α) 0.05보다 크기 때문에 귀무가설을 채택한다.

    ㉣ 실기시험 모범답안: 검정통계량이 −1.30이고, 유의확률(p-값)이 0.202로 유의수준(α) 0.05보다 크기 때문에 남학생의 키는 172cm라고 할 수 있다.

    ※ 유의수준(α)은 0.05(신뢰수준은 0.95)를 가정하고, 양측검정한다.

▌실증분석 결과: 일표본 t-검정

					차이의 95% 신뢰구간	
일표본 검정						
검정값 = 172						
	t	자유도	유의확률 (양측)	평균 차이	하한	상한
height	−1.300	35	.202	−2.00967	−5.1479	1.1286

03   두 모집단의 평균 비교(독립표본 t-검정) ★★★

1) 이론(필기)

① 아래처럼 실무에서는 두 모집단의 차이를 분석하는 일이 빈번하다.

> **POWER 정리**
>
> 건설회사에서 고급 아파트를 건설하고자 하는데 A라는 도시와 B라는 도시 중 어느 곳에 건축을 하는 것이 좋을지 고민 중인데, 이때 두 도시 중에서 소득이 높은 곳에 건축을 하는 것이 분양에 유리할 것이다. 그렇다면 A 도시와 B 도시의 소득을 비교해 보면 될 것이다. 문제는 두 도시에 거주하는 모든 주민의 소득을 파악하기란 불가능에 가깝다. 이때 그림과 같이 ① 두 도시에서 일부 주민을 표본으로 추출하고, ② A 도시의 평균소득($\overline{X_A}$)과 B 도시의 평균소득($\overline{X_B}$)을 비교하는 방법으로 ③ 모수(H_0: $\mu_A = \mu_B$)가 같은지 추론(가설검정)하면 될 것이다.

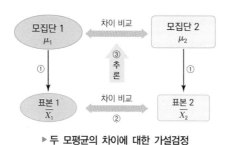

▶ 두 모평균의 차이에 대한 가설검정

② 검정통계량 $Z = \dfrac{(\overline{X_1} - \overline{X_2})}{\sqrt{\sigma_1^2/n_1 + \sigma_2^2/n_2}}$ 을 계산해 임곗값과 비교한다.

    ㉠ 귀무가설은 $H_0: \mu_1 = \mu_2$ 또는 $H_0: \mu_1 - \mu_2 = 0$이다.

    ㉡ $Z = \dfrac{(\overline{X_1} - \overline{X_2}) - (\mu_1 - \mu_2)}{\sqrt{\sigma_1^2/n_1 + \sigma_2^2/n_2}}$ ← $(\mu_1 - \mu_2)$에 귀무가설의 값(0)을 대입

    ㉢ 두 집단이 독립일 때, 평균차이의 평균과 분산은 아래와 같다.

       • $E(\overline{X_1} - \overline{X_2}) = E(\overline{X_1}) - E(\overline{X_2}) = \mu_1 - \mu_2$

       • $V(\overline{X_1} - \overline{X_2}) = V(\overline{X_1}) + V(\overline{X_2}) - 2\,Cov(\overline{X_1}, \overline{X_2})$ → 공분산 $Cov(\ ) = 0$

          $= V(\overline{X_1}) + V(\overline{X_2})$

          $= \dfrac{\sigma_1^2}{n_1} + \dfrac{\sigma_2^2}{n_2}$ → 검정통계량의 분모에 활용

③ 검정통계량 계산 시 모분산($\sigma_1^2,\ \sigma_2^2$)을 모르면 표본분산($S_1^2,\ S_2^2$)을 사용한다.

▎검정통계량

모분산을 알 때	모분산을 모를 때(표본분산 사용)
$Z = \dfrac{(\overline{X_1} - \overline{X_2})}{\sqrt{\sigma_1^2/n_1 + \sigma_2^2/n_2}}$	$Z = \dfrac{(\overline{X_1} - \overline{X_2})}{\sqrt{S_1^2/n_1 + S_2^2/n_2}}$

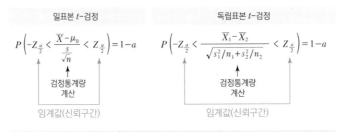

일표본 t-검정	독립표본 t-검정

$$P\left(-Z_{\frac{a}{2}} < \frac{\overline{X} - \mu_0}{\frac{s}{\sqrt{n}}} < Z_{\frac{a}{2}}\right) = 1-a \qquad P\left(-Z_{\frac{a}{2}} < \frac{\overline{X_1} - \overline{X_2}}{\sqrt{s_1^2/n_1 + s_2^2/n_2}} < Z_{\frac{a}{2}}\right) = 1-a$$

검정통계량 계산   검정통계량 계산

임계값(신뢰구간)   임계값(신뢰구간)

임계값(신뢰구간)

신뢰수준 90%: −1.645~1.645

신뢰수준 95%: −1.96~1.96

신뢰수준 99%: −2.575~2.575

의사결정 방식

If|검정통계량|<|임곗값|, H_0 채택

If|검정통계량|>|임곗값|, H_0 기각(대립가설 채택)

▶ 모평균에 대한 귀무가설 검정 vs. 두 모평균 차이에 대한 귀무가설 검정

예제

건설회사에서 고급 아파트를 건설하고자 하는데 A라는 도시와 B라는 도시 중 어느 곳에 건축을 하는 것이 좋을지 고민이다. 이때 두 도시 중에서 소득이 높은 곳에 건축을 하는 것이 분양에 유리하다고 판단하여, A 도시와 B 도시의 소득을 비교하기 위해 두 도시에서 각각 400명의 표본을 추출해 소득을 파악하였더니 A 도시의 평균소득($\overline{X_A}$)과 표준편차(S_A)는 각각 4,265만 원과 484만 원, B 도시의 평균소득($\overline{X_B}$)과 표준편차(S_B)는 각각 4,157만 원과 448만 원이었다.

귀무가설과 대립가설을 설정하여 두 도시의 소득이 같은지 여부를 유의수준 5%에서 가설검정하라.

해설

귀무가설 $H_0: \mu_A = \mu_B$ 또는 $H_0: \mu_A - \mu_B = 0$

대립가설 $H_0: \mu_A \neq \mu_B$ 또는 $H_1: \mu_A - \mu_B \neq 0$

유의수준이 5%이므로 임곗값의 절댓값은 1.96이며, 검정통계량만 계산하면 된다.

검정통계량 $Z = \dfrac{(X_A - \overline{X_B}) - (\mu_A - \mu_B)}{\sqrt{\sigma_A^2/n_A + \sigma_B^2/n_B}} = \dfrac{(\overline{X_A} - \overline{X_B})}{\sqrt{\sigma_A^2/n_A + \sigma_B^2/n_B}} = \dfrac{107}{33} = 3.3$

검정통계량이 3.3으로 임곗값(1.96)보다 크기 때문에 두 도시의 소득이 같다는 귀무가설을 기각하고, 대립가설을 채택한다. 즉 두 도시의 소득수준은 차이가 있으며, A 도시의 소득이 높다. 참고로, 두 도시의 표본 수가 같을 필요는 없으나, 편의상 400 개라고 가정하였다.

2) 데이터 분석(실기)

① 위 예제의 데이터('two towns')를 분석하고 가설검정하는 방법을 학습한다.

주제	독립표본 t-검정
데이터	2. two towns

② 아래 표는 데이터('2. two towns')를 SPSS로 분석한 결과다.

③ 분석결과의 가설검정

  ㉠ 귀무가설과 대립가설

   • 귀무가설: 두 지역의 소득이 같다(H_0: $\mu_1 = \mu_2$).

   • 대립가설: 두 지역의 소득은 다르다(H_1: $\mu_1 \neq \mu_2$).

  ㉡ 독립표본 t-검정은 두 단계의 가설검정을 거친다.

  ㉢ 1단계: 등분산 가설검정 → H_0: $\sigma_1^2 = \sigma_2^2$ (두 분산이 같다)

   • F-값(검정통계량)이 제시되는데, F-검정의 특징은 임곗값이 Z-검정의 1.96과 달리 자유도에 따라 변동한다.

   • 그러므로 가설검정은 p-값(유의확률)을 활용한다.

   • p-값(0.161) > 0.05 → 귀무가설(등분산)을 채택한다.

   • 참고로, 실기시험에서는 등분산일 때만 시험에 출제되었다.

  ㉣ 2단계: 독립표본 t-검정

   • 검정통계량 활용: 검정통계량(t-값)이 3.252로 임곗값(1.96)보다 크므로 "H_0: 두 지역의 소득이 같다"라는 귀무가설을 기각한다.

   • p-값 활용: 유의확률(p-값)이 0.001로 유의수준(α) 0.05보다 작기 때문에 귀무가설을 기각한다.

   • 실기시험 모범답안: 검정통계량(t-값)이 3.252고 유의확률(p-값)이 0.001로 유의수준(α) 0.05보다 작기 때문에 두 지역의 소득은 다르다고 할 수 있다.

▌두 모집단의 평균 차이에 대한 분석 결과

		독립표본 검정						
		Levene의 등분산 검정		평균의 동일성에 대한 T-검정				
		F	유의확률	t	자유도	유의확률 (양측)	평균차이	표준오차 차이
income	등분산을 가정함	1.970	.161	3.252	798.000	.001	107.226	32.976
	등분산을 가정하지 않음			3.252	793.514	.001	107.226	32.976

3) 소표본일 때 독립표본 t-검정

① 샘플의 수가 작을 때는 Z-분포가 아닌 t-분포를 활용하면 된다.

② 검정통계량과 임곗값이 다르게 산출될 뿐 가설검정은 동일하다.

$$t_{n_1+n_2-1} = \frac{(\overline{X_1} - \overline{X_2})}{S\sqrt{\dfrac{1}{n_1} + \dfrac{1}{n_2}}}$$

※ $S = \sqrt{\dfrac{(n_1-1)S_1^2 + (n_2-1)S_2^2}{n_1+n_2-2}}$ → 암기 불필요*

* 이 공식의 정식 명칭은 합동표준편차(Pooled Standard Deviation)다.

③ 임곗값은 t-분포표에서 자유도(n_1+n_2-1)와 유의수준($\alpha = 0.05$)을 고려해 찾으면 된다.

④ 표본의 수가 작으면 분석결과를 신뢰할 수 없으므로 실무에서 활용되지 않으며, 실기문제로 출제되지도 않는다.

⑤ 참고로 가설검정 시 ③ & ④와 같은 한계로 p-값을 활용해 가설검정한다.

4) 두 모비율 차($p_1 = p_2$)에 대한 가설검정 ★☆☆

① 예를 들어, 남학생과 여학생의 취업률, 두 도시의 실업률의 차이 등을 분석하고 가설검정할 때 활용한다.

② 귀무가설은 H_0: $p_1 = p_2$가 되며, 대립가설은 H_1: $p_1 \neq p_2$가 된다.

③ 검정통계량의 공식만 다를 뿐 가설검정의 원리는 두 모집단의 평균을 비교(독립표본 t-검정)하는 것과 동일하다.

$$Z = \frac{\overline{p_1} - \overline{p_2}}{\sqrt{\dfrac{p_1(1-p_1)}{n_1} + \dfrac{p_2(1-p_2)}{n_2}}}$$

※ 모비율을 모를 때 분모에 p대신 $\overline{p}$ 사용

④ 두 집단이 독립일 때, 모비율 차이의 평균과 분산은 아래와 같다.

- $E(\overline{p_1} - \overline{p_2}) = p_1 - p_2$

- $V(\overline{p_1} - \overline{p_2}) = \dfrac{p_1(1-p_1)}{n_1} + \dfrac{p_2(1-p_2)}{n_2}$

⑤ 실무에서는 분석결과에 p-값(유의확률)이 포함되어 있기 때문에 p-값으로 가설검정하면 되며, 실기시험에서는 출제된 적 없다.

> **예제**
>
> 어떤 사람이 A라는 도시와 B라는 도시 중 어느 곳에서 창업할지를 고민하다가 컨설팅회사를 찾았다. 컨설팅회사는 두 도시의 자영업자의 폐업률을 비교하기 위해 각 지역의 주요 상업지 100곳을 비교한 결과 A 도시의 평균 폐업률은 29%, B 도시의 평균 폐업률은 33%였다. 귀무가설과 대립가설을 설정하여 두 도시의 폐업률이 같은지 여부를 유의수준 5%에서 가설검정하라.
>
> **해설**
>
> - 귀무가설 H_0: $p_A = p_B$
> - 대립가설 H_1: $p_A \neq p_B$
>
> 유의수준이 5%이므로 임계값의 절댓값은 1.960이며, 검정통계량만 계산하면 된다.
>
> $$검정통계량 \ Z = \frac{\overline{p_1} - \overline{p_2}}{\sqrt{\dfrac{\overline{p_1}(1-\overline{p_1})}{n_1} + \dfrac{\overline{p_2}(1-\overline{p_2})}{n_2}}} = \frac{-0.04}{0.065} = -0.61$$
>
> 검정통계량 0.61이 임계값 1.96보다 작기 때문에 귀무가설을 채택한다. 즉 두 도시 간 폐업률 차이가 없다. 참고로, 두 도시의 표본 수가 같을 필요는 없으나, 편의상 100개라고 가정하였다.

04 대응표본 t-검정 ★★☆

1) 이론(필기)

① 독립된 두 개의 집단이 아닌 한 개 집단에 해당하는 두 개의 평균을 비교하는 것이다.

② 한 집단에 사건이 발생한 이전과 이후의 평균을 비교하는 것이다.

③ 예를 들어, 동일한 학생들이 시험을 본 뒤에 특강을 듣고 다시 시험을 봤을 때, 특강을 받기 전과 이후의 시험성적을 비교하는 방법으로 교육의 효과가 있었는지 확인하는 방식이다.

④ 귀무가설과 대립가설

  ㉠ 귀무가설 → H_0: $\mu_1 = \mu_2$ (특강 전과 후의 점수가 같다)

  ㉡ 대립가설 → H_1: $\mu_1 \neq \mu_2$ (특강 전과 후의 점수가 다르다)*

  * H_1: $\mu_2 - \mu_1 > 0$ 또는 H_1: $\mu_1 - \mu_2 > 0$처럼 단측검정도 가능하다.

⑤ 가설검정의 원리는 동일하며, 검정통계량을 계산하는 공식만 다르다.

$$Z = \frac{\overline{D}}{S_D / \sqrt{n}} \rightarrow D = X_1 - X_2, \ \overline{D} = (\overline{X_1} - \overline{X_2}) = \frac{X_1 - X_2}{n}, \ S_D = D의 \ 표준편차$$

대응표본 t-검정에 대한 필기시험

이와 관련한 필기시험이 출제된다면, 아래 예제처럼 검정통계량을 계산하는 문제가 출제된다. 만약, 가설검정까지 하라는 문제가 출제될 경우에는 다른 가설검정의 방법과 동일하다(검정통계량과 임곗값 비교).

예제

A 대학교에서 학생 5명의 학생을 무작위로 추출하여 몸무게(단위: kg)를 측정한 다음 운동프로그램을 실시한 4주 뒤에 다시 몸무게를 측정했더니 아래와 같았다. 운동 전후의 체중 변화가 있었는지 가설검정하고자 할 때 검정통계량의 값은?

운동 전	운동 후
75	71
77	80
68	59
58	53
75	70

풀이

운동 전(X_1)	운동 후(X_2)	차이($D = X_1 - X_2$)
75	71	4
77	80	−3
68	59	9
58	53	5
75	70	5

$Z = \dfrac{\overline{D}}{S_D/\sqrt{n}}$ 에서 분자는 D의 평균값으로 4가 된다. S_D는 D의 표준편차로 4.36이고, $\sqrt{n}$ 은 $\sqrt{5} = 2.24$가 된다.

그러므로 검정통계량은 $Z = \dfrac{4}{4.36/2.24} = 2.05$다.

2) 데이터 분석(실기)

① 데이터('before and after')는 특강을 수강한 이전과 이후의 시험점수에 관한 것으로 동영상을 통해 데이터를 분석하고 가설검정하는 방법을 학습한다.

주제	대응표본 t-검정
데이터	3. before and after

② 아래 표는 데이터('3. before and after')를 SPSS로 분석한 결과다.

③ 분석결과의 가설검정

　㉠ 귀무가설과 대립가설
- 귀무가설: 특강 이전과 이후의 성적이 같다(H_0: $\mu_1 = \mu_2$).
- 대립가설: 특강 이전과 이후의 성적이 다르다(H_1: $\mu_1 \neq \mu_2$).

　㉡ 가설검정
- 검정통계량 활용: 검정통계량(t-값)이 절댓값이 5.001로 임곗값(1.96)보다 크기 때문에 귀무가설을 기각한다.
- p-값 활용: 유의확률(p-값)이 0.00으로 유의수준(α) 0.05보다 작기 때문에 귀무가설을 기각하게 된다.
- 실기시험 모범답안: 검정통계량(t-값)이 −5.001이고 유의확률(p-값)이 0.00으로 유의수준(α) 0.05보다 작기 때문에 특강 이전과 이후의 성적이 다르다고 할 수 있다(특강 이후 성적이 증가했다).

▌**대응모집단 평균차이 분석**

		대응표본 검정							
		대응차					t	자유도	유의확률 (양측)
		평균	표준화 편차	표준오차 평균	차이의 95% 신뢰구간				
					하한	상한			
대응 1	before−after	−5.481	10.960	1.096	−7.655	−3.306	−5.001	99	0.000

* 평균 −5.481를 평균오차평균(표준오차) 1.096(으)로 나누면 검정통계량 t-값과 같다.

---

05 일원배치 분산분석(Analysis of Variance) ★★★

1) 이론(필기)

(1) 이론적 배경

① 비교해야 할 집단이 두 개가 아닌 세 개 이상일 때가 있는데, 이렇게 세 개 이상의 평균을 비교할 때 활용한다.

② 간략히 분산분석이라고 하며, 영어 명칭(Analysis of Variance)을 활용해 ANOVA분석이라고도 한다.

③ 예를 들어, 6개 광역시 간 소득을 비교할 때 분산분석이 활용된다.

④ 모집단이 세 개 이상일 때도 가설검정의 원리는 동일하다.

⑤ 예를 들어, 세 개 도시 간 소득을 비교하기 위해 각 도시에서 일부 주민을 추출하여 세 개의 표본평균을 비교하는 방법으로 가설검정한다.

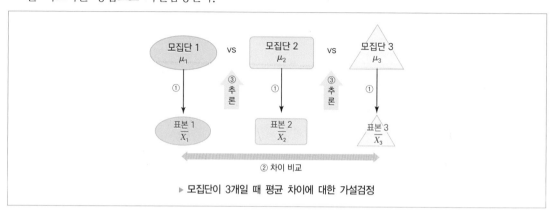

▶ 모집단이 3개일 때 평균 차이에 대한 가설검정

POWER 팁

일원산분석, 이원산분석, 다원산분석에 대한 시험 준비

세 개 이상의 평균을 비교할 때 결과(평균)에 영향을 줄 수 있는 요인이 하나면 일원산분석(one-way ANOVA)을, 두 개면 이원산분석(two-way ANOVA)을 시행한다. 예를 들어, 규모(독립변수)가 다른 기업들의 이윤(종속변수)이 같은지 검증하려면 일원산분석을 시행한다. 그런데 기업의 규모뿐 아니라 위치에 따라서도(두 개의 독립변수) 이윤이 같은지 검증하려면 이원분산분석을 시행한다. 또한, 요인(독립변수)이 세 개 이상이면 다원산분석(multi-way ANOVA)을 시행한다.

필기와 실기시험 모두에서 일원산분석에 대해서만 문제가 출제가 되기 때문에 본 교재에서는 이원산분석과 다원산분석에 대한 논의는 생략한다. 참고로, 독립변수가 두 개 이상일 때는 분산분석보다는 회귀분석(CHAPTER 05)이 적합하기 때문에 이원산분석과 다원산분석은 학습할 필요가 없다.

•POWER 기출 유형 ✅•

다음 중 일원배치 분산분석에 대한 설명으로 틀린 것은?

① 집단 간 평균을 비교하는 분석이다.

② 요인이 두 개 이상인 경우에 적용한다.

③ 유의확률이 유의수준보다 크면 귀무가설을 기각할 수 없다.

④ 검정통계량은 집단 내 제곱합과 집단 간 제곱합으로 구한다.

해설

세 개 이상의 평균을 비교할 때 결과(평균)에 영향을 줄 수 있는 요인이 하나일 때, 일원산분석(일원배치 분산분석)을 시행한다.

정답 ②

(2) 분산분석(일원산분석)의 가정과 가설

① 지역별 소득 차이를 분석할 때, 분산분석은 다음을 가정한다.

  ⊙ 분산분석의 표현 식 → $Y_{ij} = \mu + \alpha_i + \epsilon_{ij}$

   • Y_{ij}는 종속변수로 각 개인들의 소득

   • μ는 모든 $n \times k$개 자료의 평균소득

   • α_i는 독립변수로 각 지역별 소득 차이

   • ϵ_{ij}은 오차항 → 오차항의 합의 0이다($\sum \epsilon_{ij} = 0$).

  ⓒ "종속변수 Y_{ij}는 평균 소득 μ로부터 지역별 소득 α_i만큼 차이가 발생한다"로 요약할 수 있다.

▍ 분산분석의 기본 가정

가정*	내용
정규성	정규분포를 가정한다.
등분산성	각 지역의 분산(소득의 분산)은 동일하다.
독립성	각 표본들은 상호 독립적이다.

* 오차항(ϵ_{ij})에 대한 가정이지만, 지금 단계에서 내용은 이해할 필요는 없다.

② 귀무가설과 대립가설

  ⊙ H_0: $\mu_1 = \mu_2 = \mu_3 = \cdots = \mu_j$ → 모든 집단의 평균이 동일하다.

  ⓒ H_1: $\mu_j \neq \mu_k$ → 최소한 하나의 평균은 다르다.

> **POWER 정리**
>
> 분산분석의 대립가설
> 대립가설은 귀무가설을 기각할 수 있는 최소한의 조건이다. 즉, 여러 개의 도시 중 한 도시의 소득만 다르다는 것을 증명하면 "모든 지역의 소득이 같다"는 귀무가설을 기각할 수 있다.
> ※ 대립가설이 "모든 지역의 소득이 다르다"가 아님에 주의한다.

(3) 가설검정과 자유도

① 분산분석의 가설검정은 $F-$분포 통계량을 활용한다.

② 검정통계량 $F = \dfrac{\text{집단 간 평균 제곱}}{\text{집단 내 평균 제곱}}$

③ 임곗값은 유의수준, 자유도 등에 따라 다르다.

④ 검정통계량($F-$값)이 아닌 유의확률($p-$값)로 가설검정한다.

필기시험 문제 유형

아래 분산분석표의 각 값들을 도출하는 방식과 자유도는 필기시험에서 매우 빈번하게 출제된다. 참고로 분산분석 결과표와 관련한 문제가 빈번히 출제되는데, "오차" 대신 "잔차"라는 용어가 사용되기도 하고, 제곱합과 자유도의 위치를 바꾸어 출제하므로 F-값(검정통계량)을 산출 시 주의가 필요하다.

⑤ 분산분석 결과표의 빈칸 채우기

▌ 분산분석 결과표

	제곱합	자유도	평균제곱	F	유의확률
처리(집단 간)	①	②	③ = ① / ②	④ = ③ / ⑧	⑤
오차(집단 내)	⑥	⑦	⑧ = ⑥ / ⑦		
전체	⑨ = ① + ⑥	⑩ = ② + ⑦			

⑥ 자유도 계산하기(k는 집단 수, n은 각 집단의 표본 수)

    ㉠ 집단 간 자유도 = 집단 수 $-1 = k-1 =$ ②

    ㉡ 집단 내 자유도 = (집단 수) × (표본 수 -1) = $k(n-1)$ = ⑦

    ㉢ 전체 자유도 = 집단 간 자유도 + 집단 내 자유도 = $kn-1$ = ② + ⑦ = ⑩

분산분석의 자유도 계산 유형

아래는 고등학교 학생 중 학년별로 5명의 표본을 모집해 1주일간 평균 공부시간을 조사한 결과다. 이때 k는 그룹의 수로 3(1학년, 2학년, 3학년)이며 자유도는 다음과 같이 산출된다. 중요한 것은 자유도를 구하는 공식에서 n은 각 그룹의 표본 수로 5가 된다. 그러므로 총 표본은 kn으로 15가 된다.

② = 집단 간 자유도 = 집단 수 $-1 = k-1 = 3-1 = 2$

⑦ = 집단 내 자유도 = (집단 수) × (표본 수 -1) = $k(n-1) = 3(4) = 12$

⑩ = 전체 자유도 = ② + ⑦ = $kn-1 = 3 \times 5 - 1 = 14$

▌ 학년별 하루 평균 공부시간

i j	1학년	2학년	3학년
1	4	4	7
2	3	6	6
3	5	5	8
4	3	4	6
5	1	3	5

세 그룹의 평균을 비교하기 위해 각 수준에서 5번씩 반복 실험한 일원분산분석 모형 $X_{ij} = \mu + \alpha_i + \epsilon_{ij}$, $i = 1, 2, 3,\ j = 1, 2, \cdots, 5$에 대한 분산분석표가 아래와 같을 때, (ㄱ), (ㄴ)에 들어갈 값은?

요인	제곱합	자유도	F-통계량
처리	52.0	2	(ㄴ)
오차	60.0	(ㄱ)	

① 12, 4.8　　　　　　　　　　② 12, 5.2
③ 13, 4.8　　　　　　　　　　④ 13, 5.2

해설

i는 k(그룹 수)와 동일하고 j는 n(각 그룹의 표본 수)과 동일하다.

오차의 자유도(집단 내 자유도)는 (집단 수)×(표본 수−1)=$k(n-1)$=3(4)=12다.

F-통계량(ㄴ)은 $\dfrac{52/2}{60/12} = 26/5 = 5.2$다.

정답 ②

2) 데이터 분석(실기)

① 지역을 수도권, 광역시, 중소도시, 읍면지역으로 구분하고 각 지역에서 표본(100개)을 뽑아 지역별 소득수준이 다른지 여부를 분산분석하는 내용을 학습한다(데이터 '4. income by region'을 활용).

주제	분산분석
데이터	4. income by region

② 아래 표는 데이터('4. income by region')를 SPSS로 분석한 결과다.

③ 분석결과의 가설검정

　ㄱ 귀무가설과 대립가설

　　• 귀무가설: 모든 지역의 소득이 같다(H_0: $\mu_1 = \mu_2 = \mu_3 = \mu_4$).

　　• 대립가설: 최소한 한 지역의 소득은 다르다(H_1: $\mu_i \neq \mu_j$) 또는 모든 지역의 소득이 같지는 않다.

　ㄴ 검정통계량(F-값)이 아닌 p-값(유의확률)으로 가설검정한다.

　　• p-값(0.000) < 0.05 → 귀무가설을 기각한다.

　　• "최소한 하나의 지역은 소득이 다르다"로 결론 내린다.

　　• 실기시험 모범답안: 검정통계량(F-값)이 6.849이고, 유의확률(p-값)이 0.000으로 유의수준 0.05보다 작기 때문에 모든 지역의 소득이 같다고 할 수 없다.

▌ 분산분석 결과표

			지출비용		
	제곱합	자유도	평균제곱	F	유의확률
처리(집단 간)	57636611	3	19212203	6.849	0.000
오차(집단 내)	255264278	91	2805101		
전체	312900890	94			

④ "최소한 하나의 지역은 소득이 다르다"고 결론 내렸으므로, 추가 분석을 통해 어느 지역의 소득이 다른지 밝혀낸다.

    ㉠ 소득이 다른 지역을 찾는 방법은 다양한데, 문제에서 사용할 방법을 제시하므로 제시된 방법을 선택해 분석하면 된다.

    ㉡ 아래 결과표는 Tukey 방식으로 분석한 결과다.

    ㉢ 아래 *표시는 평균 차이를 가설검정하여 차이가 있다는 의미다.

    ㉣ 수도권이 다른 지역과 소득이 다르다는 것을 알 수 있다.

▌ 분산분석의 사후분석: Tukey 방식

					다중비교	
			종속변수: income 소득			
			Tukey HSD			
(I) region 지역	(J) region 지역	평균 차이 (I−J)	표준화 오류	유의확률	95% 신뢰구간	
					하한	상한
1 수도권	2 광역시	1,424.107*	477.247	0.019	175.08	2,673.13
	3 중소도시	1,389.595*	468.575	0.020	163.27	2,615.92
	4 읍면지역	1,833.806*	468.575	0.001	607.48	3,060.13
2 광역시	1 수도권	−1,424.107*	477.247	0.019	−2,673.13	−175.08
	3 중소도시	−34.512	550.887	1.000	−1,476.26	1,407.24
	4 읍면지역	409.699	550.887	0.879	−1,032.05	1,851.45
3 중소도시	1 수도권	−1,389.595*	468.575	0.020	−2,615.92	−163.27
	2 광역시	34.512	550.887	1.000	−1,407.24	1,476.26
	4 읍면지역	444.211	543.391	0.846	−977.92	1,866.34
4 읍면지역	1 수도권	−1,833.806*	468.575	0.001	−3,060.13	−607.48
	2 광역시	−409.699	550.887	0.879	−1,851.45	1,032.05
	3 중소도시	−444.211	543.391	0.846	−1,866.34	977.92

* 평균 차이는 0.05 수준에서 유의함

ⓜ 분산분석은 마지막으로 다음과 같은 결과표를 제시하는데, 이 표를 통해서 수도권이 다른 지역과 소득이 다르다는 것을 더 쉽게 확인할 수 있다.

분산분석의 사후분석 요약표

region 지역	N	유의수준＝0.05에 대한 부분집합	
		1	2
4 읍면지역	19	3,206.58	
2 광역시	18	3,616.28	
3 중소도시	19	3,650.79	
1 수도권	39		5,040.38
유의확률		0.821	1.000

(표 상단: income 소득 / Tukey HSD a, b)

06 교차분석 ★★★

1) 이론(필기)

(1) 교차분석의 이해

① 범주형 자료(예 명목척도, 서열척도)를 활용해 독립성을 검증하는 분석기법이다.
② 성별 결석일수가 아래와 같을 때 결석일수가 성별에 따라 구조적으로 다른지(결석일수와 성별이 독립인지) 알고 싶을 때 교차분석이 활용된다.
③ 분산분석은 세 개 이상의 그룹 간 평균(연속변수)이 다른지를 검증하는 것이며, 교차분석은 비연속변수인 종속변수가 범주형 독립변수(그룹의 수 무관)와 독립적인지를 검증하는 것이다.

성별 결석일수

구분	남성	여성	합계
결석일수	12	8	20

(2) 가설검정과 자유도

① 귀무가설과 대립가설

- H_0: X와 Y는 독립이다 → 결석일수는 성별과 무관하다(성별로 동일하다).
- H_1: X와 Y는 독립이 아니다 → 결석일수는 성별과 관계있다(성별로 다르다).

② 교차분석의 가설검정은 χ^2–분포(카이제곱 분포) 통계량을 활용한다.

③ 검정통계량 $\chi^2 = \sum\limits_{i=1}^{n} \dfrac{(f_0 - f_e)^2}{f_e} \rightarrow$ 암기 필요(분모가 f_e임에 주의)

    ㉠ f_o는 실제 관측된 도수(빈도)이다.

    ㉡ f_e는 기대도수로 항상 빈도가 동일할 것이라고 가정한다.

④ 임곗값은 유의수준, 자유도 등에 따라 다르다.

POWER 팁

교차분석 관련 필기시험

교차분석과 관련한 필기문제는 검정통계량의 공식을 묻는 문제와 검정통계량 및 자유도를 계산하는 문제가 출제되며, 아래 기출유형만 학습해도 충분하다.

• POWER **기출 유형** ✅ •

다음은 성별과 안경 착용 여부를 조사하여 요약한 자료이다. 두 변수의 독립성을 검정하기 위한 카이제곱 통계량의 값은?

구분	안경 착용	안경 미착용
남자	10	30
여자	30	10

① 40

② 30

③ 20

④ 10

해설

위 표는 관측도수이며, 아래는 빈도가 동일하다고 가정한 기대도수다.

구분	안경 착용	안경 미착용
남자	20	20
여자	20	20

검정통계량 $\chi^2 = \sum\limits_{i=1}^{n} \dfrac{(f_0 - f_e)^2}{f_e} = \dfrac{(10-20)^2}{20} + \dfrac{(30-20)^2}{20} + \dfrac{(30-20)^2}{20} + \dfrac{(10-20)^2}{20} \dfrac{400}{20} = 20$이 된다.

정답 ③

⑤ 자유도 $df = (r-1)(c-1) \rightarrow r$과 c는 범주 수

▌ 성별-지역별 결석일수: 자유도 $= (3-1)(2-1) = 2$

구분	남성	여성	합계
지역 1	14	11	25
지역 2	15	12	27
지역 3	21	17	38
합계	50	40	90

POWER 정리

분석모형의 결정

분산분석과 교차분석에 대해서는 필기시험에서도 빈번히 출제된다. 특히 두 분석 방법이 혼란스러울 때가 많아 아래처럼 반드시 기억해야 할 것을 정리했다.

▌ 분산분석과 교차분석의 비교

모형	분산분석	교차분석
의미(목적)	3개 이상 그룹 간 평균 차이 검정	범주(그룹) 간 독립성 검정
H_0과 H_1	• H_0: $\mu_1 = \mu_2 = \cdots = \mu_n$ • H_1: $\mu_i \neq \mu_j$	• H_0: X와 Y 간 독립이다. • H_1: X와 Y 간 독립이 아니다.
검정통계량	$F = \dfrac{\text{집단 간 변동}}{\text{집단 내 변동}}$	$\chi^2 = \displaystyle\sum_{i=1}^{n} \dfrac{(f_0 - f_e)^2}{f_e}$
분포	F-분포	χ^2(카이제곱)-분포
자유도	• 집단 간(처리): $k-1$ • 집단 내(오차): $k(n-1)$ • 전체: $kn-1$	$(r-1)(c-1)$
종속변수와 독립변수	• 종속변수: 연속변수 • 독립변수: 범주형 변수	• 종속변수: 범주형 변수 • 독립변수: 범주형 변수

또한 아래 표는 이론적으로는 틀린 내용이다. 하지만 필기시험에서는 아래의 내용으로 문제가 출제되니 참고 바란다. 즉, 일반적으로 분산분석과 교차분석 모두 독립변수는 범주형 변수인데 종속변수는 다르다(분산분석은 연속변수, 교차분석은 범주형 변수).

▌ 분석모형의 선택: 교차분석과 분산분석

종속변수(Y) ＼ 독립변수(X)	범주형 변수	연속형 변수
범주형 변수	교차분석	
연속형 변수	분산분석	상관분석, 회귀분석

다음 (   )에 들어갈 분석방법으로 옳은 것은?

종속변수(Y) \ 독립변수(X)	범주형 변수	연속형 변수
범주형 변수	(ㄱ)	
연속형 변수	(ㄴ)	(ㄷ)

① ㄱ: 교차분석, ㄴ: 분산분석, ㄷ: 회귀분석
② ㄱ: 교차분석, ㄴ: 회귀분석, ㄷ: 분산분석
③ ㄱ: 분산분석, ㄴ: 분산분석, ㄷ: 회귀분석
④ ㄱ: 회귀분석, ㄴ: 회귀분석, ㄷ: 분산분석

해설

위 [POWER 정리]의 내용을 참고 바란다.

정답 ①

2) 데이터 분석(실기)

① 3개의 지역별로 성별 비율이 다른지(독립인지) 교차분석한 내용을 학습한다(데이터 '5. sex by region'을 활용).

실기 동영상

주제	교차분석
데이터	5. sex by region

② 아래 표는 데이터('5. sex by region')를 SPSS로 분석한 결과다.

③ 분석결과의 가설검정

ㄱ 귀무가설과 대립가설
- 귀무가설: 지역과 성별 분포는 독립이다(관련이 없다).
- 대립가설: 지역과 성별 분포는 독립이 아니다(관련이 있다).

ㄴ 검정통계량(χ^2)이 아닌 p-값(유의확률)으로 가설검정한다.
- p-값(0.998)>0.05 → 귀무가설을 채택한다.
- "지역과 성별 분포는 독립이다"로 결론 내린다.
- 실기시험 모범답안: 검정통계량(χ^2)이 0.003이고, 유의확률(p-값)이 0.998로 유의수준 0.05 보다 크기 때문에 지역과 성별 분포는 독립(관련이 없다)이라고 할 수 있다.

ㄷ 아래 표에서 Pearson 카이제곱 0.003은 검정통계량을, 근사 유의확률 0.998은 p-값을 의미한다.

카이제곱 검정			
	값	자유도	근사 유의확률(양측검정)
Pearson 카이제곱	0.003	2	0.998
우도비	0.003	2	0.998
선형 대 선형결합	0.003	1	0.955
유효 케이스 수	90		

④ 교차분석에서는 아래 교차표 중 일부를 공란으로 비워두고 채우는 문제가 출제된다.

  ㉠ 아래 표는 교차분석에서 셀의 퍼센트 산출 시 "전체"를 선택해 도출된 것이다.

  ㉡ "전체" 대신 "행" 또는 "열"을 선택할 수 있으며, 세부 내용은 동영상을 참고 바란다.

■ 교차분석의 분석결과: 교차표

REGION * SEX 교차표					
			SEX		전체
			1	2	
REGION	1	빈도	14	11	25
		전체 중 %	15.6%	12.2%	27.8%
	2	빈도	15	12	27
		전체 중 %	16.7%	13.3%	30.0%
	3	빈도	21	17	38
		전체 중 %	23.3%	18.9%	42.2%
전체		빈도	50	40	90
		전체 중 %	55.6%	44.4%	100.0%

07 상관분석

1) 이론(필기)

(1) 공분산(covariance) ★☆☆

① 두 변수가 정(+)의 관계에 있는지 음(−)의 관계에 있는지를 분석한다.

$$Cov(X, Y) = \frac{1}{N} \sum (X - \mu_X)(Y - \mu_Y)$$
$$= E[(X - E(X))(Y - E(Y))] = E(XY) - E(X)E(Y)$$

② 공분산의 값($-\infty \leq Cov \leq \infty$)에 대한 해석은 다음과 같다.

> - $Cov(X, Y) > 0$: 정($+$)의 관계=X와 Y가 같은 방향으로 움직인다.
> - $Cov(X, Y) < 0$: 음($-$)의 관계=X와 Y가 반대 방향으로 움직인다.
> - $Cov(X, Y) = 0$: X와 Y가 독립이다(관련이 없다).

③ 인과관계를 의미하는 것이 아니므로 $Cov(X, Y) = Cov(Y, X)$
④ 단위의존도의 문제로 인해 변수들이 얼마나 밀접하게 관계되어 있는지는 알 수 없다.

POWER 정리

공분산의 단위의존도 문제
위 공식을 이용해 교육수준(X)과 소득(Y)의 공분산을 산출해 보자.

▌**확률변수 X와 Y의 확률분포(결합확률분포)**

Y: 소득(단위: 만 원)

구분	100	200
12	0.2	0.3
16	0.1	0.4

(X 교육수준(단위: 년))

$E(X) = (12 \times 0.5) + (16 \times 0.5) = 14$

$E(Y) = (100 \times 0.3) + (200 \times 0.7) = 170$

$E(XY) = (12 \times 100 \times 0.2) + (12 \times 200 \times 0.3) + (16 \times 100 \times 0.1) + (16 \times 200 \times 0.4) = 2,400$

그러므로 $Cov(X, Y) = E(XY) - E(X)E(Y) = 2,400 - (14 \times 170) = 20$

아래 표는 위의 표와 완벽하게 동일한 정보를 제공해 주는데 소득의 단위가 만 원이 아닌 원이다. 이때 공분산을 계산하면 $Cov(X, Y) = 200,000$이 된다.

▌**확률변수 X와 Y의 확률분포(결합확률분포)**

Y: 소득(단위: 원)

구분	1,000,000	2,000,000
12	0.2	0.3
16	0.1	0.4

(X 교육수준(단위: 년))

자료는 동일해도 단위가 달라지면 공분산의 값도 달라지는 문제가 발생한다. 예를 들어, $Cov(X, Y) = 300$이고 $Cov(X, Z) = 5$일 때, 과연 확률변수 X가 Y와 더 밀접한 관계에 있는지 Z와 더 밀접한 관계에 있는지 알 수 없다.

---

(2) 상관계수(Covariance) ★★★

① 두 변수 간 선형관계를 분석한다.
② 공분산의 단위의존도 문제를 해결하기 위해 개발되었다.

③ 변수들이 정(+)의 관계에 있는지 음(-)의 관계가 있는지 뿐 아니라 선형관계의 정도까지 알 수 있다.
④ 피어슨 상관계수: 공분산을 X와 Y의 표준편차로 나누어 산출

$$\rho = \frac{Cov(X, Y)}{\sigma_X \sigma_Y}, \ -1 \le \rho \le 1$$

▌ 공분산(단위의존) vs. 상관계수(단위의존 제거)

교육수준 X(년) \ 소득수준 X(만 원)	100	200	교육수준 X(년) \ 소득수준 X(원)	1,000,000	2,000,000
12	0.2	0.3	12	0.2	0.3
16	0.1	0.4	16	0.1	0.4
공분산	20		공분산	200,000	
상관계수	0.22		상관계수	0.22	

⑤ 상관계수의 수치별 해석

- $\rho > 0$: 정(+)의 관계=X와 Y가 같은 방향으로 움직인다.
- $\rho < 0$: 음(-)의 관계=X와 Y가 반대 방향으로 움직인다.
- $\rho = 0$: X와 Y 간에 선형관계가 없다 → ※ 관계가 없다는 것이 아니다.
- $\rho = 1$: X와 Y 간에 완전한 정의 선형관계가 있다.
- $\rho = -1$: X와 Y 간에 완전한 음의 선형관계가 있다.
- ρ가 1 또는 -1에 가까울수록 두 변수 간 선형관계(직선관계)가 강하다.

⑥ 상관계수의 여러 특성(규칙)을 이해해야 한다.
  ㉠ X와 Y가 독립이면 상관계수는 반드시 0($\rho = 0$)이다.
  ㉡ 상관계수가 0($\rho = 0$)이더라도 X와 Y가 독립이 아닐 수 있다

> **POWER 정리**
>
> 상관계수, 선형관계, 그리고 독립의 의미
>
> 선형관계라는 것은 용어에서 알 수 있듯이 두 변수 간의 직선 관계를 의미한다. 왼쪽 두 그림처럼 변수의 관계를 선으로 그리게 되면 모든 점들이 완벽히 선 위에 위치하게 되므로 완벽한 선형관계에 있다. 반면, 가운데 두 그림에서 변수들의 관계는 완벽한 선형관계가 아니다. 오른쪽 상단 그림에서 두 변수는 직선으로 표현하기 어려운 독립($\rho = 0$)의 관계다.
>
> 오른쪽 하단 그림에 주의할 필요가 있다. X의 값이 증가함에 따라 Y의 값이 증가하다가 정점을 찍고 감소하는 모습을 보인다. 노동경제학에서 발견한 연령(X)과 생산성(Y)이 이와 같은 모습을 보인다. 즉, 연령과 생산성은 독립이 아닌데, 상관계수를 계산하면 0이 도출될 수 있다.
>
> 상관계수가 1이라는 의미가 두 변수 간 기울기가 1이라는 의미가 아님에 주의해야 한다. 예를 들어, $Y = 2 + 5X$처럼 두 변수 간 기울기가 5인 완벽한 선형관계에 있다면 상관계수는 1(완벽한 선형)이다.

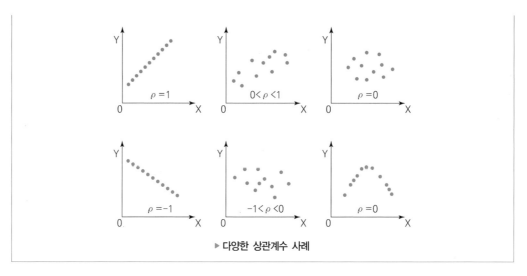

▶ 다양한 상관계수 사례

ⓒ $\rho(X, Y) = \rho(aX+c, dY+e)$

- 어떤 값을 더하고 빼고 곱하고 나누어도 상관계수는 동일하다.
- a와 d의 부호가 반대면 상관계수는 음수가 된다(절댓값은 동일).

• POWER 기출 유형 ✓ •

$Corr(X, Y)$가 X와 Y의 상관계수일 때, 성립하지 않는 내용을 모두 짝지은 것은?

> ㄱ. X와 Y가 서로 독립이면 $Corr(X, Y) = 0$이다.
> ㄴ. $Corr(10X, Y) = 10(Corr(X, Y))$
> ㄷ. 두 변수 X와 Y 간의 상관계수가 1에 가까울수록 직선관계가 강하고, −1에 가까울수록 직선관계가 약하다.

① ㄱ, ㄴ   ② ㄱ, ㄷ
③ ㄴ, ㄷ   ④ ㄱ, ㄴ, ㄷ

해설

ㄴ. $\rho(X, Y) = \rho(aX+c, dY+e)$.

ㄷ. ρ가 1 또는 −1에 가까울수록 두 변수 간 직선관계(선형관계)가 강하다.

※ X와 Y가 독립이면 $Corr(X, Y) = 0$이지만, $Corr(X, Y) = 0$이더라도 X와 Y는 독립이 아닐 수 있다.

정답 ③

⑦ 상관계수의 가설검정은 출제빈도(필기)가 매우 낮아 검정통계량은 살펴보기만 바라며, 참고로, 귀무가설은 $\rho = 0$이고, 대립가설은 $\rho \neq 0$이다.

$$t_{n-1} = \frac{\rho}{S_\rho} = \frac{\rho}{\sqrt{\frac{1-\rho^2}{n-2}}} = \rho\sqrt{\frac{n-2}{1-\rho^2}}$$

2) 데이터 분석(실기)

① 100명(표본)의 가구소득과 지출(소비) 간 상관계수를 분석하는 방법을 학습한다(데이터 '6. income and expenditure'를 활용).

주제	상관분석
데이터	6. income and expenditure

② 아래 표는 데이터('6. income and expenditure')를 SPSS로 분석한 결과다.

③ 분석결과의 가설검정

　㉠ 귀무가설과 대립가설

　　• 귀무가설: H_0: $\rho = 0$(가구소득과 지출 간 상관관계가 없다)

　　• 대립가설: H_1: $\rho \neq 0$(가구소득과 지출 간 상관관계가 있다)

　㉡ 가설검정(p-값 활용)

　　• p-값 활용: p-값(유의확률)이 0.018로 유의수준 0.05보다 작기 때문에 귀무가설을 기각한다.

　　• 참고로, *표시는 유의수준 0.05에서 유의(H_0 기각)함을 의미한다.

　　• 실기시험 모범답안: 상관계수가 0.236이고, 유의확률(p-값)이 0.018로 유의수준 0.05보다 작기 때문에 가구소득과 지출 간 상관관계(선형관계)가 있다고 할 수 있다.

④ 피어슨 상관계수 0.236의 해석: 가구소득과 지출 간 정(+)의 관계가 있으며, 선형관계의 정도는 강하지 않은 편이다.

▍피어슨 상관계수 분석 결과

		가구소득	지출
가구소득	Pearson 상관	1	.236*
	유의확률(양측)		.018
	N	100	100
지출	Pearson 상관	.236*	1
	유의확률(양측)	.018	
	N	100	100

* 상관관계가 0.05 수준에서 유의함(양측)

01

2차원 교차표에서 행 변수의 범주 수는 5이고, 열 변수의 범주 수는 4이다. 두 변수 간의 독립성검정에 사용되는 검정통계량의 분포는?

① 자유도 9인 카이제곱 분포
② 자유도 12인 카이제곱 분포
③ 자유도 9인 t-분포
④ 자유도 12인 t-분포

해설

교차분석에서 자유도는 $(r-1)(c-1)$이다.
그러므로 자유도는 $(5-1)(4-1)=12$가 된다. 또한 교차분석에서는 카이제곱 분포를 이용해 가설검정한다.

정답 ②

02 최신, 빈출

일원배치법모형에서 분산분석을 이용한 분산분석표에 관한 설명으로 바르지 않은 것은?

요인	자유도	제곱합	평균제곱	F값	유의확률
Month	7	127049	18150	1.52	0.164
잔차	135	1608204	11913		
계	142	1735253			

① 총 관측자료 수는 142개이다.
② 인자는 Month로서 수준 수는 8개이다.
③ 오차항의 분산 추정값은 11913이다.
④ 유의수준 0.05에서 인자의 효과가 인정되지 않는다.

해설

전체(계) 자유도는 $kn-1$로 142다. 그러므로 총 관측자료(표본) 수 kn은 143개다.

정답 ①

03

새로운 복지정책에 대한 찬반 여부가 성별에 따라 차이가 있는지를 알아보기 위해 남녀 100명씩을 랜덤하게 추출하여 조사한 결과이다.

	찬성	반대
남자	40	60
여자	60	40

가설 "H_0: 새로운 복지정책에 대한 찬반 여부는 남녀 성별에 따라 차이가 없다"의 검정에 대한 설명으로 틀린 것은?

① 가설검정에 이용되는 카이제곱 통계량의 자유도는 1이다.
② 가설검정에 이용되는 카이제곱 통계량의 값은 8이다.
③ 유의수준 0.05에서 기각역의 임곗값이 3.84이면 카이제곱 검정의 유의확률(p값)은 0.05보다 크다.
④ 남자와 여자의 찬성비율에 대한 오즈비(Odds Ratio)
$$\frac{P(찬성|남자)/P(반대|남자)}{P(찬성|여자)/P(반대|여자)} = \frac{0.4/0.6}{0.6/0.4} = 0.4444$$
로 구해진다.

해설

교차분석의 검정통계량은
$$\chi^2 = \sum_{i=1}^{n} \frac{(f_0-f_e)^2}{f_e}$$
$$= \frac{(40-50)^2}{50} + \frac{(60-50)^2}{50} + \frac{(40-50)^2}{50} + \frac{(60-50)^2}{50}$$
$$= 8$$
로 임곗값이 3.84라면 귀무가설을 기각하게 된다(검정통계량 > 임곗값).
귀무가설을 기각하기 위해서는 p-값(유의확률)이 0.05보다 작아야 한다.
참고로 성별 찬반 여부에 대한 기대치(f_e)는 아래 표와 같다.

	찬성	반대
남자	50	50
여자	50	50

정답 ③

04 최신, 빈출

일원배치법의 모형 $Y_{ij} = \mu + \alpha_i + \epsilon_{ij}$에서 오차항 ϵ_{ij}의 가정에 대한 설명으로 틀린 것은?

① 오차항 ϵ_{ij}는 정규분포를 따른다.
② 오차항 ϵ_{ij}는 서로 독립이다.
③ 오차항 ϵ_{ij}의 기댓값은 0이다.
④ 오차항 ϵ_{ij}의 분산은 동일하지 않아도 무방하다.

[해설]
분산분석의 가정에 대해 묻는 질문이다. 분산분석은 정규성, 독립성, 등분산성(동일한 분산)을 가정한다. 참고로 오차항의 합은 0이다($\sum \epsilon_{ij} = 0$).

정답 ④

05 최신, 빈출

다음 사례에 알맞은 검정방법은?

> 도시지역의 가족과 시골지역의 가족 간에 가족의 수에 있어서 평균적으로 차이가 있는지를 알아보고자 도시지역과 시골지역 중 각각 몇 개의 지역을 골라 가족의 수를 조사하였다.

① 독립표본 t − 검정
② 더빈 왓슨검정
③ χ^2 − 검정
④ F − 검정

[해설]
도시지역과 시골지역의 평균 값(가족 수)을 비교하는 것으로 독립표본 t − 검정이 필요하다.

정답 ①

06

일원배치 분산분석에서 자유도에 대한 설명으로 틀린 것은?

① 집단 간 변동의 자유도는 (집단의 개수 − 1)이다.
② 총 변동의 자유도는 (자료의 총 개수 − 1)이다.
③ 집단 내 변동의 자유도는 총변동의 자유도에서 집단 간 변동의 자유도를 뺀 값이다.
④ 집단 내 변동의 자유도는 (자료의 총 개수−집단의 개수 − 1)이다.

[해설]
집단 간 변동의 자유도는 $k-1$이며, 집단 내 변동의 자유도는 $k(n-1) = kn - k$이고, 총 변동의 자유도는 $kn - 1$이다. 이때 k는 집단의 수, n은 각 집단의 자료의 개수(표본의 수)다.

정답 ④

07

공분산에 대한 설명으로 틀린 것은?

① 공분산은 음수의 값을 가질 수 있다.
② 한 변수의 분산이 0이면, 공분산도 0이다.
③ 두 변수의 선형관계의 밀접성 정도를 나타낸다.
④ 공분산이 양수이면 두 변수가 같은 방향으로 움직이는 것을 나타낸다.

[해설]
공분산은 두 변수 간 관계의 방향성만을 알려줄 뿐 선형관계의 밀접성에 대한 정보를 제공하지 않는다. 선형관계의 밀접성 정도를 나타내는 것은 상관계수다.

정답 ③

08

철선을 생산하는 어떤 철강회사에서는 A, B, C 세 공정에 의해 생산되는 철선의 인장강도(kg/cm²)에 차이가 있는가를 알아보기 위해 일원배치법을 적용하였다. 각 공정에서 생산된 철선의 인장강도를 5회씩 반복 측정한 자료로부터 총제곱합 606, 처리제곱합 232를 얻었다. 귀무가설 "H_0: A, B, C 세 공정에 의한 철선의 인장강도에 차이가 없다"를 유의수준 5%에서 검정할 때, 김정통계량과 검정결과로 옳은 것은? (단, $F(2, 12;0.05) = 3.89$, $F(3, 11;0.05) = 3.59$이다.)

① 3.72, H_0를 기각함

② 2.72, H_0를 기각함

③ 3.72, H_0를 기각하지 못함

④ 2.72, H_0를 기각하지 못함

해설

세 개 이상의 모집단(A, B, C)의 평균을 비교하는 분산분석이며, 위 내용을 이용해 분산분석표를 작성할 수 있다. 참고로, 굵은 숫자는 문제에서 주어진 정보이며, 문제에서 $k = 3$, $n = 5$라는 것을 알 수 있다. 검정통계량 3.72는 임곗값 $F(2, 12;0.05) = 3.89$보다 작으므로 귀무가설 H_0를 기각하지 못한다.

요인	제곱합	자유도	평균제곱	F
처리	232	$k-1=2$	116	3.72
잔차	374	$k(n-1)=12$	31.17	
계	606	14		

정답 ③

09 최신, 빈출

행변수가 M개의 범주를 갖고 열변수가 N개의 범주를 갖는 분할표에서 행변수와 열변수가 서로 독립인지를 검정하고자 한다. (i, j)셀의 관측도수를 O_{ij}, 귀무가설 하에서의 기대도수의 추정치를 $\widehat{E}_{ij}$라 할 때, 이 검정을 위한 검정통계량은 무엇인가?

① $\displaystyle\sum_{i=1}^{M}\sum_{j=1}^{N}\frac{(O_{ij}-\widehat{E}_{ij})^2}{\widehat{O}_{ij}}$

② $\displaystyle\sum_{i=1}^{M}\sum_{j=1}^{N}\frac{(O_{ij}-\widehat{E}_{ij})^2}{\widehat{E}_{ij}}$

③ $\displaystyle\sum_{i=1}^{M}\sum_{j=1}^{N}\frac{(O_{ij}-\widehat{E}_{ij})^2}{\widehat{E}_{ij}^{\,2}}$

④ $\displaystyle\sum_{i=1}^{M}\sum_{j=1}^{N}\left(\frac{O_{ij}-\widehat{E}_{ij}}{\sqrt{n\widehat{E}_{ij}}\,O_{ij}}\right)$

해설

교차분석의 검정통계량 공식을 묻는 질문이다.

정답 ②

10 최신

다음은 A 대학 입학시험의 지역별 합격자 수를 성별에 따라 정리한 자료이다. 지역별 합격자 수가 성별에 따라 차이가 있는지를 검정하기 위해 교차분석을 하고자 한다. 카이제곱(χ^2) 검정을 한다면 자유도는 얼마인가?

	A 지역	B 지역	C 지역	D 지역	합계
A	40	30	50	50	170
B	60	40	70	30	200
합계	100	70	120	80	370

① 1　　　　② 2

③ 3　　　　④ 4

해설

교차분석에서 하나의 범주에는 r개의 종류가 있고 다른 하나의 범주에는 c개의 종류가 있을 때
자유도는 $df=(r-1)(c-1)=(2-1)(4-1)=3$이 된다.

정답 ③

11 최신

상관계수(피어슨 상관계수)에 대한 설명으로 가장 거리가 먼 것은 무엇인가?

① 선형관계에 대한 설명에 사용된다.
② 상관계수의 부호는 회귀계수의 기울기(b)의 부호와 항상 같다.
③ 상관계수의 절대치가 클수록 두 변수의 선형관계가 강하다고 할 수 있다.
④ 상관계수의 값은 변수의 단위가 달라지면 영향을 받는다.

해설

상관계수는 $\rho = \dfrac{Cov(X,\ Y)}{\sigma_X \sigma_Y}$으로 분자와 분모의 단위가 동일해 단위가 제거된다(단위의존도가 없다). 참고로, 상관계수는 공분산의 단위의존도 문제를 해결하기 위해 개발되었다.

정답 ④

12

$(x,\ y)$의 상관계수가 0.5일 때, $(2x+3,\ -3y-4)$와 $(-3x+4,\ -2y-2)$의 상관계수는?

① 0.5, 0.5
② −0.5, 0.5
③ 0.5, −0.5
④ −0.5, −0.5

해설

$\rho(X,Y)=\rho(aX+c,\ dY+e)$가 성립하며, a와 d의 부호가 반대면 상관계수의 부호가 변경되므로 음수가 된다(절댓값은 동일).
그러므로 $\rho(X,Y)=0.5$일 때 $\rho(2x+3,\ -3y-4)=-0.5$,
$\rho(-3x+4,\ -2y-2)=0.5$

정답 ②

13

두 변수 간의 상관계수 값으로 옳은 것은?

X	2	4	6	8	10
Y	5	4	3	2	1

① −1
② −0.5
③ 0.5
④ 1

해설

전반적으로 X가 증가 시 Y가 감소한다. 그러므로 상관계수는 음수다. 또한 X가 2단위씩 증가 시 Y는 정확하게 1씩 감소하므로 두 변수 간 완벽한 선형관계가 있다.

TIP 이 문제는 절대 계산하는 문제가 아니며, 수험생으로 하여금 계산을 하여 시간을 소진시키는 함정문제다.

정답 ①

14

X와 Y의 평균과 분산은 각각 $E(X)=4$, $V(X)=8$, $E(Y)=10$, $V(Y)=32$이고, $E(XY)=28$이다. $2X+1$과 $-3Y+5$의 상관계수는?

① 0.75
② −0.75
③ 0.67
④ −0.67

해설

X와 Y의 상관계수 $\rho_{X,Y} = \dfrac{Cov(X,Y)}{\sigma_X \sigma_Y}$이며,

분모는 $\sqrt{8} \times \sqrt{32} = 16$이다. 분자는 공분산으로
$Cov(X,Y) = E(XY) - E(X)E(Y) = 28 - (4 \times 10) = -12$다.

그러므로 $\rho_{X,Y} = \dfrac{-12}{16} = -0.75$다.

그런데 $\rho(X,Y)=\rho(aX+c,\ dY+e)$가 성립하며, a와 d의 부호가 반대면 상관계수의 부호는 변경되므로 정답은 0.75다.

정답 ①

15

한 여론조사에서 어느 지역의 유권자 중에서 940명을 임의로 추출하여 연령세대별로 가장 선호하는 정당을 조사한 결과의 이차원 분할표가 다음과 같다. 독립성 검정을 위한 어느 통계소프트웨어의 출력 결과에서 유의수준 0.05에서 검정할 때 올바른 해석은?

[연령별 정당의 선호도 분할표]

정당 연령	A 정당	B 정당	C 정당	합계
30 미만	158	53	62	273
30~49	172	128	83	383
50 이상	95	162	27	284
합	425	343	172	940

[카이제곱 검정]

	값	자유도	점근유의확률 (양쪽 검정)
Pearson 카이제곱	91.341	4	.000
우도비	93.347	4	.000
선형 대 선형결합	3.056	1	.000
유효케이스 수	940		

① 카이제곱 통계량에 대한 유의확률이 유의수준보다 작으므로 독립이라는 가설을 기각한다.
② 우도비 통계량에 대한 유의확률이 유의수준보다 작으므로 독립이라는 가설을 기각할 수 없다.
③ 카이제곱 통계량이 유의수준보다 크므로 독립이라는 가설을 기각한다.
④ 우도비 통계량이 유의수준보다 크므로 독립이라는 가설을 기각할 수 없다.

해설

Pearson 카이제곱의 유의확률(P-값)이 0.000으로 유의수준 0.05보다 작기 때문에 귀무가설을 기각한다. 참고로, 위 분석은 교차분석이며, 귀무가설은 "연령대는 선호하는 정당과 관계가 없다(독립이다)"이며, 대립가설은 "연령대는 선호하는 정당과 관계가 있다(독립이 아니다)"이다.

정답 ①

16

대기오염에 따른 신체발육 정도가 서로 다른지를 알아보기 위해 대기오염상태가 서로 다른 4개 도시에서 각각 10명씩 어린이들의 키를 조사하였다. 분산분석의 결과가 다음과 같을 때, 다음 중 틀린 것은?

	제곱합 (SS)	자유도 (df)	평균제곱합 (MS)	F
처리(B)	2100	a	b	f
오차(W)	c	d	e	
총합(T)	4900	g		

① $b = 700$
② $c = 2800$
③ $g = 39$
④ $f = 8.0$

해설

문제의 표를 완성하면 다음과 같다. 아래 표에서 $k = 4$, $n = 10$ 이다.

	제곱합 (SS)	자유도 (df)	평균제곱합 (MS)	F
처리(B)	2100	$3 = k-1$	700	9
오차(W)	2800	$36 = k(n-1)$	77.8	
총합(T)	4900	$39 = kn-1$		

정답 ④

17

다음은 두 종류의 타이어 평균수명에 차이가 있는지를 확인하기 위하여 각각 30개의 표본을 추출하여 조사한 결과이다. (두 표본은 독립이고, 대표본임을 가정한다.) 두 타이어의 평균수명에 차이가 있는지 유의수준 5%에서 검정한 결과는? (단, $P(Z > 1.96) = 0.025$, $P(Z > 1.645) = 0.05$)

타이어	표본 크기	평균수명	표준편차
A	30	48500(km)	3600(km)
B	30	52000(km)	4200(km)

① 두 타이어의 평균수명에 통계적으로 유의한 차이가 없다.
② 두 타이어의 평균수명에 통계적으로 유의한 차이가 있다.
③ 두 타이어의 평균수명이 완전히 일치한다.
④ 주어진 정보만으로는 알 수 없다.

해설

독립표본 t–검정으로 검정통계량 $\left(Z = \dfrac{(\overline{X_1} - \overline{X_2})}{\sqrt{S_1^2/n_1 + S_2^2/n_2}}\right)$을 계산하면

$Z = \dfrac{(48500 - 52000)}{\sqrt{3600^2/30 + 4200^2/30}} = \dfrac{-3500}{1424} = -2.46$이다.

검정통계량의 절댓값(2.46)이 임곗값 1.96보다 크기 때문에 귀무가설을 기각한다. 참고로, 귀무가설은 "두 타이어 평균수명이 같다(차이가 없다)"이다.

정답 ②

18

일원분산분석으로 4개의 평균의 차이를 동시에 검정하기 위하여 귀무가설 $H_0: \mu_1 = \mu_2 = \mu_3 = \mu_4$이라 정할 때 대립가설 H_1은?

① H_1: 모든 평균이 다르다.
② H_1: 적어도 세 쌍 이상의 평균이 다르다.
③ H_1: 적어도 두 쌍 이상의 평균이 다르다.
④ H_1: 적어도 한 쌍 이상의 평균이 다르다.

해설

대립가설은 귀무가설을 기각할 수 있는 최소한의 조건이어야 한다. 그러므로 적어도 한 쌍 이상의 평균이 다르다는 것을 증명하면 귀무가설을 기각할 수 있다.

정답 ④

19

다음 자료는 새로 개발한 학습방법에 의해 일정기간 교육을 실시하기 전·후에 시험을 통해 얻은 자료이다. 학습효과가 있는지에 관한 가설검정에 관한 설명으로 틀린 것은?

$$\left(\text{단, } \bar{d} = \sum_{i=1}^{5} d_i / 5 = 18, \quad S_D = \sqrt{\sum_{i=1}^{5} (d_i - \bar{d})^2 / 4} = 17.889\right)$$

학생	학습 전	학습 후	차이(d)
1	50	90	40
2	40	40	0
3	50	50	0
4	70	100	30
5	30	50	20

① 가설의 형태는 $H_0: \mu_d = 0$ vs $H_1: \mu_d > 0$이다.
② 가설 검정에는 자유도가 4인 t분포가 이용된다.
③ 검정통계량 값은 2.25이다.
④ 조사한 학생의 수가 늘어날수록 귀무가설을 채택할 가능성이 많아진다.

해설

대응표본의 평균을 비교하는 것으로 검정통계량 식 $\left(Z = \dfrac{\overline{D}}{S_D / \sqrt{n}}\right)$

을 고려 시 표본 수가 증가하면 검정통계량 값이 증가한다. 검정통계량의 값이 증가할수록 귀무가설을 기각할 가능성이 커진다 (검정통계량이 임곗값보다 커지기 때문). 참고로 검정통계량은

$Z = \dfrac{\overline{D}}{S_D / \sqrt{n}} = \dfrac{18}{17.89/2.24} = 2.25$

정답 ④

20

어느 자동차 회사의 영업 담당자는 영업 전략의 효과를 검정하고자 한다. 영업사원 10명을 무작위로 추출하여 새로운 영업 전략을 실시하기 전과 실시한 후의 영업성과(월 판매량)를 조사하였다. 영업사원의 자동차 판매량의 차이는 정규분포를 따른다고 하자. 유의수준 5%에서 새로운 영업 전략이 효과가 있는지 검정한 결과는 무엇인가? (단, 유의수준 5%에 해당하는 자유도 9인 t분포 값은 -1.833이다.)

실시 이전	5	8	7	6	9	7	10	10	12	5
실시 이후	8	10	7	11	9	12	14	9	10	6

① 새로운 영업 전략의 판매량 증가 효과가 있다고 할 수 있다.
② 새로운 영업 전략의 판매량 증가 효과가 없다고 할 수 있다.
③ 새로운 영업전략 실시 전후 판매량은 같다고 할 수 있다.
④ 주어진 정보만으로는 알 수 없다.

해설

②와 ③은 동일한 의미다(즉, 둘 다 귀무가설이다). 그러므로 ①이 답이 될 수밖에 없다.

검정통계량을 계산해 가설검정 하더라도 검정통계량은

$Z = \dfrac{\overline{D}}{S_D / \sqrt{n}} = \dfrac{1.7}{2.5 / \sqrt{10}} = \dfrac{1.7}{0.79} = 2.15$로 임계값의 절댓값

(1.833)보다 크기 때문에 귀무가설(판매량 증가가 없었다)을 기각하고 대립가설(판매량이 증가되었다)을 채택하게 된다.

TIP 이 문제는 본문 예제의 방법으로 검정통계량을 계산해 답할 수 있지만 여러분에게 계산을 하도록 유인해 시간을 소진시키는 함정 문제다.

정답 ①

CHAPTER

05 | 회귀분석 핵심이론

출제 빈도 표시
★☆☆
★★☆
★★★

01 회귀분석의 이해

1) 회귀분석(Regression Analysis)의 개념

> **POWER 용어**
>
> 회귀분석
>
> 회귀(regression)란 용어는 1886년 영국의 유전학자인 갈톤(Francis Galton)에 의해 "평균으로 복귀하는 경향(regression to the mean)"으로 소개되었으며, 현재 회귀분석(regression analysis)은 변수들 간의 인과관계를 분석하고, 나아가 사회경제 현상을 분석·예측하는 데 가장 일반적으로 활용되는 기법이다.

① 데이터를 이용해 독립변수(설명변수: 원인)와 종속변수(반응변수: 결과) 간 함수관계를 규명하는 분석이다.

② 회귀분석의 목적은 X(설명변수)와 Y(종속변수)의 데이터를 이용해 절편(A)과 기울기(B)를 분석해내는 것이다.

$$Y_i = f(X_i) = A + BX_i \rightarrow 단순히\ Y = f(X) = A + BX로\ 표기$$

③ 절편(A)과 기울기(B) 중에서도 X가 Y에 미치는 영향을 의미하는 기울기(B)를 분석하는 것이 주요 목적이다.

2) 회귀모형의 종류

① $Y = f(X)$의 관계에서 X(설명변수)가 하나인 함수형태를 단순회귀모형(Simple Regression model), 두 개 이상이면 다중회귀모형(Multiple Regression model)이라고 한다.

▌단순회귀모형과 다중회귀모형의 예

구분	단순회귀모형의 예	다중회귀모형의 예
의미	한 개의 설명변수	두 개 이상의 설명변수
모형	$Y = f(X_1) = A + B_1 X_1$	$Y = f(X_1, X_2) = A + B_1 X_1 + B_2 X_2$
예	• 종속변수: 소비액 • 설명변수: 소득	• 종속변수: 소비액 • 설명변수: 소득(X_1), 가격(X_2)

② 회귀분석은 선형회귀분석과 비선형회귀분석으로 구분되는데, 학부 수준(사조사 시험)에서는 선형회귀분석만으로 충분하다.

02 단순회귀모형 ★★★

1) 단순회귀모형의 이해

(1) 모회귀함수와 표본회귀함수

① $Y = A + BX$과 같은 회귀모형은 모회귀함수(Population Regression Function)와 표본회귀함수(Sample Regression Function)로 구분된다.
  ㉠ 모회귀함수: X와 Y를 규명하기 위해 모집단 자료를 활용한 것이다.
  ㉡ 표본회귀함수: X와 Y를 규명하기 위해 표본 자료를 활용한 것이다.
② $Y = A + BX$에서 분석 목표인 절편(A)과 기울기(B)를 회귀계수(Regression Coefficient)라고 한다.
  ㉠ 절편(A): 독립변수(X)가 0일 때 종속변수의 값이다.
  ㉡ 기울기(B): 독립변수(X)가 한 단위 증가할 때 Y가 변하는 정도다.
③ 모집단은 하나이므로 모회귀함수의 절편(A)과 기울기(B)는 하나밖에 없으며, 회귀분석을 통해 알아내고자 하는 참값(설명변수와 종속변수 간 실제 관계)이다.
④ 표본회귀함수를 분석해 밝혀낸 회귀계수를 추정계수라고 하며, 추정계수를 활용해 모집단의 회귀계수를 추정하게 된다.
⑤ 하나의 모집단으로부터 다양한 표본을 산출할 수 있으므로 추정계수는 표본에 따라 달라진다.

모집단을 이용한 회귀분석

종속변수(Y)가 학생의 성적(SCORE)이고, 설명변수(X)는 학생의 지능(IQ)이라고 가정하며, 어떤 대학교 경제학과의 전체 신입생 100명(모집단)을 대상으로 지능이 성적에 미치는 영향을 분석하고자 한다. 아래 표처럼 신입생 100명 중 IQ가 100인 학생이 10명, 105인 학생이 10명, …, 145인 학생이 10명이라고 가정하며, 이렇게 모집단 자료를 활용했다는 의미에서 모회귀함수라고 말한다.

$$SCORE_i = A + BIQ_i \rightarrow Y_i = A + BX_i$$

IQ별 시험점수: 100명의 모집단

IQ	100	105	110	115	120	125	130	135	140	145
	42	39	52	56	69	57	67	73	87	84
	41	40	44	52	63	64	77	74	82	85
	44	40	44	51	58	66	58	78	79	92
	42	44	46	58	58	56	69	80	81	84
시험 점수	42	52	45	48	58	56	69	75	90	85
	37	50	54	45	52	72	69	80	87	84
	34	44	54	47	55	58	64	60	93	92
	34	53	54	56	54	75	75	75	78	83
	44	47	48	61	52	52	62	81	74	85
	33	45	52	56	53	74	71	71	86	87
평균 $E(Y|X)$	39	45	49	53	57	63	68	74	84	86

(2) 오차(error term)의 이해

① 회귀함수 $Y_i = A + BX_i$를 개별 학생 차원으로 표현하면 $Y_i = A + BX_i + u_i$다.

② u_i를 오차라고 하며, 오차는 독립변수(X=IQ)를 제외하고 종속변수(Y=SCORE)에 영향을 줄 수 있는 다른 모든 변수(예 성실성, 부모의 소득)를 포함하며, 확률변수의 특성을 갖는다.

오차(오차항)의 예

위 모집단 표에서 IQ가 100인 10명 학생의 평균 성적은 39점, … , IQ가 125인 10명 학생의 평균 성적은 63점으로 조건부 평균 $E(Y \mid X)$을 의미한다.

$$Y_i = A + BX_i \rightarrow E(Y_i|X_i) = A + BX_i$$

그런데, IQ가 125일 때 평균 성적은 63점($E(Y_i|X_i = 125) = 63$)이더라도 각 학생별 성적은 52점부터 75점까지 다양하다. 왜 그럴까? 학생의 지능이 동일하더라도 성적은 학생의 성실성, 부모의 소득, 학교와 집까지의 거리 등에 따라 달라질 수 있기 때문이다. 그러므로 학생들 간 관측되지 않는 성실성, 부모의 소득 등이 오차항에 포함되어 있다.

예를 들어, IQ가 125인 학생 중 75점인 학생의 경우, 오차항의 영향이 +12점이라고 할 수 있는데, 이는 IQ가 동일한 다른 학생들에 비해 열심히 공부했다는 것을 의미한다. 반대로 IQ가 125인 학생 중 52점인 학생은 오차항의 영향이 −11점이라고 할 수 있는데, 이는 IQ가 동일한 다른 학생들에 비해 성실성이 낮은 학생일 것이다. 이때 오차항의 평균값은 0이 된다 ($E(u_i) = 0$). 실제로 IQ가 125인 학생들의 오차(−6, 1, 3, −7, −7, 9, −5, 12, −11, 11)를 모두 합하면 0이 된다.

(3) 잔차(Residual)

① 우리는 100명의 모집단에 대한 정보를 알고 있다고 가정하였는데 현실에서는 모집단을 알기 어렵다.

② 현실에서는 100명의 모집단에서 50명의 표본을 활용해 회귀분석하여 추정계수(a, b)를 산출하고 모회귀계수(A, B)를 추정하며, 아래처럼 표기한다.

$$\widehat{Y}_i = a + bX_i \rightarrow \widehat{Y}_i = -66.315 + 1.043X_i$$

※ ^은 모자처럼 생겼다는 의미로 '햇(hat)'이라고 읽는다.

③ 이때 실제값 Y_i와 추정값 $\widehat{Y}_i$ 간 차이를 잔차(e_i)라고 한다.

$$e_i = Y_i - \widehat{Y}_i = Y_i - a - bX_i \qquad \because \widehat{Y}_i = a + bX_i$$

④ 잔차와 관련하여 다음과 같은 규칙이 성립한다.

$$\sum_{i=1}^{n} e_i = \sum_{i=1}^{n}(Y_i - \widehat{Y}_i) = \sum_{i=1}^{n} X_i e_i = \sum_{i=1}^{n} \widehat{Y}_i e_i = 0$$

※ $\sum_{i=1}^{n} Y_i e_i \neq 0$

⑤ 잔차(e_i)로 오차(u_i)를 추정한다.

▍ 모회귀함수와 표본회귀함수

구분	모회귀함수	표본회귀함수
개념적 차이	추론 대상(모집단)	분석 대상(표본)
평균적 개념	$Y_i = A + BX_i$	$\widehat{Y}_i = a + bX_i$
개인 수준	$Y_i = A + BX_i + u_i$	$Y_i = a + bX_i + e_i$
계수	모회귀계수 A와 B는 하나씩만 존재	a: A의 추정량 b: B의 추정량 표본회귀계수(추정계수) a와 b는 표본에 따라 변화
오차 u_i 잔차 e_i	u_i는 X 이외에 Y를 설명하는 것들	$e_i(= Y_i - \widehat{Y}_i)$는 실제값과 추정값의 차이($u_i$의 추정량)

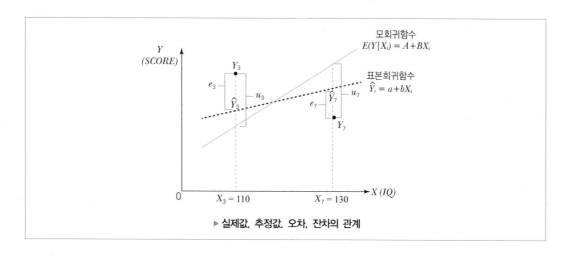

▶ 실제값, 추정값, 오차, 잔차의 관계

변수 x와 y에 대한 n개의 자료 $(x_1, y_1), \cdots, (x_n, y_n)$에 대하여 단순회귀모형 $y_1 = \beta_0 + \beta_1 x_i + \epsilon_i$를 적합시키는 경우, 잔차 $e_i = y_i - \hat{y_i}(i = 1, \cdots, n)$에 대한 성질이 아닌 것은?

① $\displaystyle\sum_{i=1}^{n} e_i = 0$ ② $\displaystyle\sum_{i=1}^{n} e_i x_i = 0$

③ $\displaystyle\sum_{i=1}^{n} y_i e_i = 0$ ④ $\displaystyle\sum_{i=1}^{n} \hat{y_i} e_i = 0$

해설

출제 빈도가 높으며, 대부분 $\displaystyle\sum_{i=1}^{n} y_i e_i = 0$ 또는 $\displaystyle\sum_{i=1}^{n} \hat{x_i} e_i = 0$이 보기의 틀린 문제로 출제된다.

정답 ③

2) 추정계수의 계산과 가정

(1) 추정방법(최소제곱법)

① 같은 표본이라고 하더라도 추정계수(a, b)를 산출하는 방법은 다양하다.

② 실제값(Y_i)과 추정값$(\hat{Y_i})$의 차이인 잔차(e_i)의 제곱값을 최소화시키는 a와 b를 산출해 내는 방법을 최소제곱법 또는 최소자승법(Ordinary Least Square: OLS)*이라고 한다.

 * 통상최소제곱법, 통상최소자승법 등으로도 칭하지만 현재는 최소제곱법으로 통용된다.

③ OLS의 방법으로 산출된 a와 b를 OLS 추정량(OLS estimator)이라 한다.

④ $a = \overline{Y} - b\overline{X}$, $b = \dfrac{\sum (Y - \overline{Y})(X - \overline{X})}{\sum (X - \overline{X})^2}$ → 암기 필요

단순회귀분석의 추정계수(절편과 기울기)

아래 도출하는 방법은 몰라도 관계없지만 반드시 최종 식은 기억해야 한다. 잔차를 그대로 더하게 되면 0이 되기 때문에 잔차 합의 제곱값을 최소화하는 a와 b를 도출하는 방식이다.

$$\sum e_i^2 = \sum (Y_i - \hat{Y}_i)^2 = \sum (Y_i - a - bX_i)^2$$

첫째, a로 미분한 값이 0을 만족하는 a를 도출한다.

$$\frac{\partial \sum e^2}{\partial a} = \sum 2(Y - a - bX)(-1) = 0$$
$$= \sum (Y - a - bX) = 0$$
$$= na - \sum Y + b\sum X = 0$$
$$= a = \frac{\sum Y}{n} - b\frac{\sum X}{n}$$
$$= a = \overline{Y} - b\overline{X}$$

둘째, b로 미분한 값이 0을 만족하는 b를 도출한다.

$$\frac{\partial \sum e^2}{\partial b} = \sum 2(Y - a - bX)(-X) = 0$$
$$= \sum YX - \sum aX - b\sum XX = 0$$
$$= \sum YX - \sum (\overline{Y} - b\overline{X})X - b\sum XX = 0 \quad \because a = \overline{Y} - b\overline{X}$$
$$= \sum YX - \sum \overline{Y}X - b\sum (XX - \overline{X}X) = 0$$
$$= b = \frac{\sum YX - \sum \overline{Y}X}{\sum (XX - \overline{X}X)} = \sum Y - \sum \overline{Y}$$

기울기(b)의 이해

$b = \dfrac{\sum (Y - \overline{Y})(X - \overline{X})}{\sum (X - \overline{X})^2}$ 의 공식을 통해 알 수 있듯이 b는 X와 Y의 값이 아닌 '$\overline{X}$와의 거리'와 '$\overline{Y}$와의 거리'에 의해 결정된다. 즉, 아래의 두 경우 모두 동일한 기울기 값 b가 산출된다.

▌ 동일한 기울기 b가 산출

Case 1		Case 2	
Y	X	$Y' = Y+2$	$X' = X-1$
5	8	7	7
6	7	8	6
7	6	9	5
8	5	10	4
9	4	11	3

* X와 Y를 활용하나 Y'와 X'를 활용하나 동일한 b가 산출됨

(2) 단순회귀분석의 가정

① 단순회귀분석은 정규성, 등분산성, 독립성 등을 가정한다.

▌기본 가정

가정	내용
㉠ $Y_i = A + BX_i + u_i$	X와 Y는 선형관계이다.
㉡ $Cov(u_i, X_i) = 0$	설명변수 X와 오차항 간 공분산은 0이다(독립으로 관계가 없다).
㉢ $E(u_i|X_i) = 0$	오차항의 기댓값(평균)은 0이다.
㉣ $Var(u_i|X_i) = \sigma^2$	오차의 분산은 σ^2(등분산)이다(이분산 σ_i^2이 아니다).
㉤ $Cov(u_i, u_j) = 0(i \neq j)$	오차항 간 관계(자기상관: autocorrelation)가 없다.
㉥ $Y_i = A + BX_i + u_i$	회귀모형은 정확하게 설정되었다.
㉦ $u_i \sim N(0, \sigma^2)$	오차항은 정규분포를 따른다.

② ㉠~㉥이 충족될 경우, OLS 추정량은 불편추정량이다.*

* 정확한 용어는 최량선형불편추정량(BLUE: Best Linear Unbiased Estimator)이다.

$$E(a) = A, \quad E(b) = B$$

③ 오차항의 독립성은 Durbin-Watson(더빈왓슨) 통계량(0~4의 값)으로 검정하며, 통계량이 2에 가까울수록 독립성이 충족되며, 4에 가까울수록 음의 자기상관, 0에 가까울수록 양의 자기상관이 있다는 의미다.*

* 오차의 값은 관측할 수 없기 때문에 오차의 가정들이 성립하는지에 대한 검증은 잔차를 이용하게 된다. 참고로, 등분산성은 Breusch-Pagan 검정이나 White 검정으로, 정규성은 Jarque-Bera 검정으로, 독립성은 Durbin-Watson 검정으로 확인할 수 있다.

$$Durbin - Watson = \frac{\sum_{i=2}^{n}(e_i - e_{i-1})^2}{\sum_{i=1}^{n}e_i^2}$$

POWER 팁

추정계수(a, b)를 계산하는 필기문제

필기시험에서 절편과 기울기를 계산하는 문제가 자주 출제된다. 물론 공식$\left(a = \overline{Y} - b\overline{X}, b = \dfrac{\sum(Y - \overline{Y})(X - \overline{X})}{\sum(X - \overline{X})^2}\right)$을 이용해 계산할 수 있지만, 이러한 문제는 여러분에게 계산을 하도록 하여 시간을 소진시키는 함정문제다. 그러므로 다음과 같은 간단한 방식으로 모든 유사 문제를 풀 수 있다.

첫째, X와 Y의 평균을 계산한다.

둘째, 절편을 구하는 공식($a = \overline{Y} - b\overline{X}$)에 보기의 기울기 값을 대입하여 절편이 도출되는지 확인한다.

어떤 화학 반응에서 생성되는 반응량(Y)이 첨가제의 양(X)에 따라 어떻게 변화하는지를 실험하여 다음과 같은 자료를 얻었다. 변화의 관계를 직선으로 가정하고 최소제곱법에 의하여 회귀직선을 추정할 때 추정된 회귀직선의 절편과 기울기는 얼마인가?

X	1	3	4	5	7
Y	2	4	3	6	9

① 절편 0.2, 기울기 1.15 ② 절편 1.15, 기울기 0.2
③ 절편 0.4, 기울기 1.25 ④ 절편 1.25, 기울기 0.4

해설

첫째, X와 Y의 평균을 계산하면 4, 4.80이다.

둘째, 절편을 구하는 공식($\alpha = \overline{Y} - b\overline{X}$)에 보기의 기울기 값을 하나씩 대입하여 절편이 도출되는지 확인하면,

①만 성립한다($\alpha = \overline{Y} - b\overline{X} = 4.8 - 1.15 \times 4 = 0.2$).

정답 ①

3) 결정계수 R^2 ★★★

① 독립변수가 설명변수를 얼마나 잘 설명하는지(분석모형의 적합성)를 의미하며, $R^2 = 0.9$일 때 "X가 Y를 90% 설명한다"고 해석한다.

② $R^2 = \dfrac{SSR}{SST} = 1 - \dfrac{SSE}{SST} \rightarrow 0 \leq R^2 \leq 1$

　㉠ $\sum(Y_i - \overline{Y})^2 = \sum(\hat{Y}_i - \overline{Y})^2 + \sum(Y_i - \hat{Y}_i)^2 \Rightarrow SST = SSR + SSE$

　㉡ SST(Total Sum of Squares): 총제곱합(총편차)

　㉢ SSR(Sum of Squares for Regression): 회귀제곱합(설명된 편차)

　㉣ SSE(Sum of Squared Errors): 잔차제곱합(설명하지 못한 편차)

4) ANOVA 테이블(분산분석표) ★★★

① 회귀분석을 하면 ANOVA 테이블(분산분석표)이 제시된다.

▌**분산분석표의 산출 방식**

ANOVAa					
모형	제곱합	자유도	평균제곱	F	유의확률
회귀	① SSR	④ k	⑦ = ① / ④ = MSR	⑨ = ⑦ / ⑧	
잔차(오차)	② SSE	⑤ $n-k-1$	⑧ = ② / ⑤ = MSE		
전체	③ TSS	⑥ $n-1$			

② 분산분석에서처럼 공란을 채우는 방법을 이해해야 한다.

③ 분산분석표로부터 결정계수(R^2)를 계산할 수 있어야 한다.

④ 회귀, 잔차, 총 자유도를 계산할 수 있어야 한다.

　㉠ k는 독립변수의 수, n은 표본 수다.

　㉡ 예 표본 100개를 단순회귀분석할 때(설명변수 1개) SSE의 자유도 98

⑤ 오차의 분산을 계산 시 오차는 알 수 없으므로 잔차로 계산한다.

▌오차분산(σ^2)의 계산

구분	수식	분모
오차분산(σ^2)의 추정값	$\dfrac{\sum e^2}{n-k-1} = \dfrac{SSE}{n-k-1}$	자유도 $= n$ − 설명변수 − 1 or 자유도 $= n$ − 모든 변수의 수

• POWER 기출 유형 ✅ •

통계학 과목을 수강한 학생 가운데 학생 10명을 추출하여, 그들이 강의에 결석한 시간(X)과 통계학점수(Y)를 조사하여 다음 표를 얻었다.

X	5 4 5 7 3 5 4 3 7 5
Y	9 4 5 11 5 8 9 7 7 6

단순 선형 회귀분석을 수행한 다음 결과의 (　)에 들어갈 것으로 틀린 것은?

요인	자유도	제곱합	평균제곱	F값
회귀	(a)	9.9	(b)	(c)
오차	(d)	33.0	(e)	
전체	(f)	42.9		

$R^2 = (g)$

① $a=1$, $b=9.9$　　　　　　　② $d=8$, $e=4.125$

③ $c=2.4$　　　　　　　　　　④ $f=0.7$

해설

$R^2 = 9.9/42.9 = 0.23$ ※ a, b, c, d, e, f의 값은 아래와 같다.

요인	자유도	제곱합	평균제곱	F값
회귀	($k=1$)	9.9	(9.9 / 1 = 9.9)	(9.9 / 4.125 = 2.4)
오차	($n-k-1=8$)	33.0	(33 / 8 = 4.125)	
전체	(9)	42.9		

정답 ④

CHAPTER 05 · 회귀분석 핵심이론　309

5) 단순회귀분석과 상관계수의 관계 ★★★

① 기울기 계수 $b = \dfrac{\sum (Y - \overline{Y})(X - \overline{X})}{\sum (X - \overline{X})^2}$ 로부터 아래 관계가 도출된다.

$b = \rho_{xy} \dfrac{S_Y}{S_X}$, ρ_{xy}는 X와 Y의 상관계수, S_X와 S_Y는 표준편차

② 기울기의 추정계수(b)와 상관계수(ρ_{xy})의 부호는 반드시 같다.

③ $\rho_{xy}^2 = R^2$(결정계수) → $\rho_{xy} - \pm \sqrt{R^2}$

• POWER 기출 유형 ✅•

어떤 제품의 수명은 특정 부품의 수명과 밀접한 관계가 있다고 한다. 제품수명(Y)의 평균과 표준편차는 각각 13과 4이고, 부품수명(X)의 평균과 표준편차는 각각 12와 3이다. 상관계수가 0.6일 때 추정회귀 직선 $\hat{Y} = \hat{\alpha} + \hat{\beta}X$ 에서 기울기 $\hat{\beta}$의 값은?

① 0.6
② 0.7
③ 0.8
④ 0.9

해설

$b = \rho_{xy} \dfrac{S_Y}{S_X}$ 에 따라 $\hat{\beta} = 0.6\dfrac{4}{3} = 0.8$

정답 ③

---

6) 데이터 분석(실기)

① 모집단(100개의 점수 자료)을 활용해 단순회귀분석을 학습한다.[*]

[*] 일반적으로는 모집단이 아닌 표본(100개이 무집단 중 일부)을 활용해 회귀분석하지만, 분석 방법과 해석, 그리고 가설검정 모두가 동일하므로 생략한다.

실기 동영상

주제	단순회귀분석
데이터	7. population

② 아래 표는 데이터 '7. population'을 SPSS로 분석한 결과이며, 추정 회귀식은 "$\hat{Y}_i = -67.170 + 1.054 X_i$"이다.

■ 모집단을 활용한 회귀분석 결과: 단순회귀분석

모형		비표준화 계수		표준화 계수	t	유의확률
		B	표준화 오류	베타		
1	(상수)	−67.170	4.749		−14.143	0.000
	IQ	1.054	0.039	0.940	27.379	0.000

종속변수: SCORE

③ 분석결과의 가설검정

　㉠ 절편(상수) A의 가설검정(모집단에 대한 가설검정이므로 a가 아님)

　　• 귀무가설: H_0: $A = 0$

　　• 대립가설: H_1: $A \neq 0$

　　• 검정통계량 활용: 검정통계량(t-값)의 절댓값이 14.143으로 임곗값 1.96보다 크기 때문에 귀무가설을 기각한다.

　　• p-값 활용: 유의확률(p-값)이 0.000으로 유의수준(α) 0.05보다 작기 때문에 귀무가설을 기각한다.

　　• 실기시험 모범답안: 검정통계량(t-값)이 −14.143이고, 유의확률(p-값)이 0.000으로 유의수준(α) 0.05보다 작기 때문에 기울기(A)는 0이 아니라고 할 수 있다.

　　• 절편의 해석: IQ가 0일 때 점수($SCORE$)는 −67.170점이다 → 점수는 음수가 될 수 없기 때문에 이상하다고 생각할 수 있으나 실증분석의 주요 목표는 기울기(독립변수와 종속변수 간 관계)를 산출하는 것이며, 절편값이 논리적으로 말이 안 되더라도 이론적으로 전혀 문제가 없으며, 실무에서도 절편의 결괏값은 무시한다(해석조차 하지 않는다).

　㉡ 기울기 B의 가설검정

　　• 귀무가설: H_0: $B = 0$

　　• 대립가설: H_1: $B \neq 0$

　　• 검정통계량 활용: 검정통계량(t-값)이 27.379로 임곗값 1.96보다 크기 때문에 귀무가설을 기각한다.

　　• p-값 활용: 유의확률(p-값)이 0.000으로 유의수준(α) 0.05보다 작기 때문에 귀무가설을 기각한다.

　　• 실기시험 모범답안: 검정통계량(t-값)이 27.379고, 유의확률(p-값)이 0.000으로 유의수준(α) 0.05보다 작기 때문에 B는 0이 아니다.

　　• 기울기 해석: IQ가 한 단위(1점) 증가 시 점수(SCORE)는 1.054점 증가한다.

④ 회귀분석을 하면 아래와 같은 결정계수(R^2)에 대한 표가 제시된다.

▌ 회귀분석 결과: R^2

		모형 요약		
모형	R	R 제곱	수정된 R 제곱	추정값의 표준오차
1	0.940	0.884	0.883	5.530

$a.$ 예측자: (상수), IQ

㉠ 결정계수 값: 0.884

㉡ 결정계수 해석: IQ(지능)가 SCORE(성적)를 88.4% 설명한다.

※ $\rho_{xy}^2 = R^2$(결정계수) → $\rho_{xy} = \pm\sqrt{R^2}$ 에 따라 IQ(지능)와 SCORE(성적) 간 상관계수는 0.940이다.

⑤ 회귀분석 후 아래와 같은 분산분석표가 제시되며, 위와 동일한 결정계수

$$\left(R^2 = \frac{SSR}{SST} = \frac{22{,}924.550}{25{,}921.667} = 0.884 \right)$$가 계산됨을 확인할 수 있다.

⑥ 단순회귀모형에서는 아래 F-값(검정통계량) 또는 유의확률로 가설검정은 귀무가설 $H_0 : B = 0$를 가설검정한 것과 같다. 즉, 모형의 F-검정이 유의하면 기울기의 유의성 검정도 항상 유의하다($H_0 : B = 0$ 기각).

※ 다중회귀모형에서는 다른 의미이며, 자세한 내용은 아래를 참고 바란다.

▌ 분산분석표

		ANOVA				
모형		제곱합	자유도	평균제곱	F	유의확률
1	회귀	22,924.550	1	22,924.550	749.589	0.000
	잔차	2,997.117	98	30.583		
	전체	25,921.667	99			

$a.$ 종속변수: SCORE
$b.$ 예측자: (상수), IQ

1) 다중회귀모형의 이해

(1) 다중회귀모형의 구조

① 독립변수(설명변수)가 2개 이상인 회귀모형이다.

② 예를 들어, 학생의 지능(IQ)뿐만 아니라 얼마나 성실히 공부했는지도 학생의 성적(SCORE)에 영향을 줄 수 있으며, 성실성을 의미하는 변수로 학생의 1주일 평균 공부시간(TIME)을 독립변수로 추가할 때 회귀모형은 다음과 같이 확장된다.

$$SCORE_i = A + B_1 IQ_i + B_2 TIME_i + u_i \quad \rightarrow \quad Y_i = A + B_1 X_{1i} + B_2 X_{2i} + u_i$$

③ 오차항에는 지능(IQ)과 공부시간(TIME)을 제외하고 점수(SCORE)에 영향을 줄 수 있는 모든 다른 변수들이 포함된다.

POWER 정리

설명변수 추가, 통제변수, 그리고 오차항의 관계

공부시간을 설명변수로 추가하는 것을 '통제한다'라고 한다. 공부시간을 통제하기 전에 공부시간 변수는 오차항에 포함되어 있었던 것이다. 이때 점수(SCORE)는 종속변수, 지능(IQ)과 공부시간(TIME)은 독립변수(설명변수)가 된다. 그런데 연구주제가 '지능이 성적에 미치는 영향'이라면 지능을 '주요 설명변수', 공부시간을 '통제변수'라고 칭하기도 한다. 그러므로 B_1은 "공부시간이 동일(통제)할 때 지능이 점수에 미치는 영향"으로 해석한다. 즉, 다중회귀모형의 추정계수는 '편미분'의 개념이 적용된다. 만약 연구주제가 '공부시간이 성적에 미치는 영향'이라면 공부시간이 '주요 설명변수'가 되며, 지능은 통제변수가 된다.

POWER 용어

편미분

다른 변수들의 영향을 그대로 유지한 채 해당 설명변수의 값만 한 단위 증가시켰을 때 종속변수가 얼마나 변하는지를 의미한다.

---

(2) 다중회귀모형의 추정계수 해석

① 다중회귀모형으로 지능(IQ), 공부시간(TIME), 가구소득(INCOME)이 성적(SCORE)에 미치는 영향을 분석한 추정식이 아래와 같다고 하자.

　㉠ 다중회귀모형: $SCORE_i = A + B_1 IQ_i + B_2 TIME_i + B_3 INCOME_i + u_i$

　㉡ 추정식: $\widehat{SCORE}_i = a + b_1 IQ_i + b_2 TIME_i + b_3 INCOME_i$

② 추정계수(기울기 계수)는 다음과 같이 해석한다.*

> * 절편 a는 지능, 공부시간, 가구소득이 모두 0일 때 점수(SOCRE)를 의미하는 것인데, 실제로 데이터 분석 시 a는 음수값이 도출되기도 하지만 문제가 있는 것은 아니다. 또한, 데이터 분석의 궁극적인 목표는 변수 간 관계를 밝혀내는 것이기 때문에 절편은 해석조차 하지 않는 것이 일반적이다.

▌다중회귀분석의 추정계수 해석

추정계수	$\widehat{SCORE_i} = a + b_1 IQ_i + b_2 TIME_i + b_3 INCOME_i$일 때 해석
b_1	공부시간과 소득이 동일할 때, 지능이 한 단위 증가 시 점수의 변화
b_2	지능과 소득이 동일할 때, 공부시간이 한 단위 증가 시 점수의 변화
b_3	지능과 공부시간이 동일할 때, 소득이 한 단위 증가 시 점수의 변화

2) 결정계수(R^2)와 설명변수의 선택 ★☆☆

① 회귀모형에 설명변수를 추가할 때마다 결정계수(R^2)는 반드시 증가한다.
② 종속변수에 아무런 영향이 없는 설명변수를 추가하기 보다는 설명력(영향)이 강한 변수를 추가해야 하며, 설명변수를 선택하는 방법은 아래와 같다.

▌설명변수 선택법

구분	내용
전진선택법	변수를 하나씩 추가해가며 $\overline{R^2}$의 변화를 비교해 설명력이 높은 변수를 추가
후진소거법	모든 변수를 추가하고 하나씩 제거해가며 $\overline{R^2}$의 변화를 비교해 설명력이 낮은 변수를 제거
단계적 선택법	중요하다고 생각되는 변수부터 추가해 $\overline{R^2}$의 변화를 살펴보고 추가 및 제거를 결정

POWER 정리

연구자의 유혹과 수정된 결정계수($\overline{R^2}$)

설명변수를 추가하면 무조건 결정계수(R^2)가 증가하기 때문에 연구자는 가능한 한 많은 변수(심지어 불필요한 변수)를 추가하는 방법으로 모형의 설명력을 높이려는 유혹에 빠지게 된다.

그래서 Henry Theil(1961)*이 수정된 결정계수($\overline{R^2}$)를 개발했다. 만약, 설명력이 높은 설명변수를 추가하면 $\overline{R^2}$는 증가하고, 설명력이 낮은 설명변수를 추가하면 $\overline{R^2}$가 감소하는 방식으로 설계되었다. 그러므로 설명변수를 추가해 $\overline{R^2}$가 증가하면 해당 변수를 설명변수로 추가하고, $\overline{R^2}$가 감소하면 해당 설명변수를 제거한다.

$$\overline{R^2} = 1 - (1 - R^2)\frac{n-1}{n-k}$$

* Theil, Henri (1961). Economic Forecasts and Policy. Holland, Amsterdam: North.

---

3) 기울기 추정계수(b)의 산출

① 단순회귀모형의 기울기 추정계수와 원리는 동일하다.
② 실제값(Y_i)과 추정값($\widehat{Y_i}$)의 차이인 잔차(e_i)의 제곱값을 최소화시키는 b를 도출한다.
③ 최소제곱법에 의한 b의 벡터 추정식 → $b = (X'X)^{-1}X'y$

4) 다중회귀모형의 가정

① 단순회귀모형의 가정에 '다중공선성(Multicollinearity)이 없다'는 가정이 추가된다.

② 다중공선성이란 설명변수들 간 완벽한 선형관계를 의미한다.

③ 다중회귀모형에서 X_1과 X_2 간에 아래처럼 완벽한 선형관계가 있으면 안 된다.

$$Y_i = A + B_1 X_{1i} + B_2 X_{2i} + u_i \rightarrow \text{다중공선성: } X_{1i} = \alpha + \beta X_{2i} \text{ 또는는 } X_{2i} = \alpha + \beta X_{1i}$$

④ 다중공선성은 분산팽창지수(Variance Inflation Factor: VIF)로 검정하며, 만약 VIF가 10 이상이면 다중공선성이 있다고 결정한다.

POWER 정리

다중공선성의 이해

X_1과 X_2 간에 $X_{2i} = X_{1i} - 1$의 선형관계가 존재한다고 가정하자. 단순회귀모형에서 학습하였듯이 추정계수 b(기울기)는 변수의 값에 의해 결정되는 것이 아니라 평균으로부터의 거리(편차)에 의해 결정된다. 아래 표를 보면 알 수 있듯이 X_1과 X_2 모두 평균으로부터의 편차가 동일하다. 그러므로 비록 X_1과 X_2의 값 자체는 다르지만 평균으로부터의 편차는 동일하기 때문에 동일한 추정계수가 산출된다. 쉽게 말해, 회귀분석에서는 X_1과 X_2가 동일한 변수로 취급되며, X_1과 X_2처럼 완벽한 선형관계(다중공선성)가 존재할 경우, 분석프로그램은 오류를 보고한다.

▌X_1과 X_2가 동일한 변수로 취급되는 상황

X_2			$X_1 = X_2 - 1$	
값	평균(6)으로부터의 편차($\overline{X_2} - X_2$)		값	평균(5)으로부터의 편차($\overline{X_1} - X_1$)
8	2	⇨	7	2
7	1		6	1
6	0		5	0
5	−1		4	−1
4	−2		3	−2

---

5) 데이터 분석(실기+필기)

(1) 하나의 추정계수(b)에 대한 가설검정과 해석

① 데이터 '8. SCORE'를 활용해 다중회귀분석을 학습한다.＊

＊ 일반적으로는 모집단이 아닌 표본(100개의 모집단 중 일부)을 활용해 회귀분석하지만, 분석 방법과 해석, 그리고 가설검정 모두가 동일하므로 생략한다.

실기 동영상

주제	다중회귀분석
데이터	8. SCORE

② 아래 표는 데이터 '8. SCORE'를 SPSS로 분석한 결과이며,

추정 회귀식은 "$\widehat{SCORE}_i = -36.727 + 0.757IQ_i + 0.321\,TIME_i$"이다.

③ 아래 표에서 t-값(검정통계량)은 추정계수(B)를 표준편차(표준화 오류)로 나누어 계산하며, 단순회귀모형도 동일하다.

▌다중회귀분석 결과표

모형		비표준화 계수		표준화 계수	t	유의확률
		B	표준화 오류	베타		
1	(상수)	−36.727	10.584		−3.470	0.001
	IQ	0.757	0.100	0.675	7.551	0.000
	TIME	0.321	0.101	0.285	3.184	0.002

a. 종속변수: SCORE

④ 가설검정(단순회귀모형의 가설검정과 동일)

　㉠ 절편(상수) A의 가설검정

　　• 귀무가설: H_0: $A = 0$

　　• 대립가설: H_1: $A \neq 0$

　　• 검정통계량 활용: 검정통계량(t-값)의 절댓값이 |−3.470|으로 임곗값 1.96보다 크기 때문에 귀무가설을 기각한다.

　　• p-값 활용: 유의확률(p-값)이 0.001으로 유의수준(α) 0.05보다 작기 때문에 귀무가설을 기각한다.

　　• 실기시험 모범답안: 검정통계량(t-값)이 −3.470이고, 유의확률(p-값)이 0.001으로 유의수준(α) 0.05보다 작기 때문에 A는 0이 아니다.

　㉡ 기울기 B_1의 가설검정

　　• 귀무가설: H_0: $B_1 = 0$

　　• 대립가설: H_1: $B_1 \neq 0$

　　• 검정통계량 활용: 검정통계량(t-값)이 7.551로 임곗값 1.96보다 크기 때문에 귀무가설을 기각한다.

　　• p-값 활용: 유의확률(p-값)이 0.000으로 유의수준(α) 0.05보다 작기 때문에 귀무가설을 기각한다.

　　• 실기시험 모범답안: 검정통계량(t-값)이 7.551이고, 유의확률(p-값)이 0.000으로 유의수준(α) 0.05보다 작기 때문에 B_1은 0이 아니다. 즉, 다른 조건(TIME)이 동일할 때 IQ가 한 단위(1점) 증가 시 점수(SCORE)는 0.757점 증가한다.

　㉢ 기울기 B_2의 가설검정

　　• 귀무가설: H_0: $B_2 = 0$

　　• 대립가설: H_1: $B_2 \neq 0$

- 검정통계량 활용: 검정통계량(t-값)이 3.184로 임곗값 1.96보다 크기 때문에 귀무가설을 기각한다.
- p-값 활용: 유의확률(p-값)이 0.002로 유의수준(α) 0.05보다 작기 때문에 귀무가설을 기각한다.
- 실기시험 모범답안: 검정통계량(t-값)이 3.184이고, 유의확률(p-값)이 0.002로 유의수준(α) 0.05보다 작기 때문에 B_2는 0이 아니다. 즉, 다른 조건(IQ)이 동일할 때 공부시간(TIME)이 한 시간 증가할 때 점수(SCORE)는 0.321점 증가한다.

(2) 다중회귀모형의 유의성에 대한 가설검정과 해석

① 다중회귀모형을 분석하면 아래와 같은 분산분석표가 제시된다.

▍**분산분석표**

모형		제곱합	자유도	평균제곱	F	유의확률
1	회귀	23208.214	2	11604.107	414.821	.000
	잔차	2713.453	97	27.974		
	전체	25921.667	99			

표 상단에 "ANOVA"

② 하나의 회귀계수에 대한 가설검정 시 검정통계량으로 t-값을 사용하지만, 두 개 이상의 회귀계수(기울기 계수)를 가설검정 시 검정통계량으로 반드시 F-값을 사용한다.

$$\text{검정통계량 } F = \frac{MSR}{MSE} = \frac{SSR/k}{SSE/n-k-1} \sim F(k, n-k-1)$$

③ 분석결과의 가설검정
  ㉠ 귀무가설(아래 모두 같은 의미)
   - 다중회귀모형은 유의하지 않다.
   - 다중회귀모형은 설명력이 없다.
   - H_0: $B_1 = B_2 = 0$ (일반화: H_0: $B_1 = B_2 = ... = B_k = 0$)
  ㉡ 대립가설(아래 모두 같은 의미)
   - 다중회귀모형은 유의하다.
   - 다중회귀모형은 설명력이 있다.
   - H_1: $B_1 \neq 0$ 또는 $B_2 \neq 0$ (일반화: $B_i \neq B_j, i \neq j$)

다중회귀모형의 유의성 검정: 귀무가설과 대립가설

귀무가설: H_0	대립가설: H_1
$H_0: B_1 = B_2 = ... = B_k = 0$	$B_i \neq B_j,\ i \neq j$
모든 기울기 계수는 0이다.	최소 하나의 기울기 계수는 0이 아니다.
회귀모형은 설명력이 없다.	회귀모형은 설명력이 있다.
회귀식이 통계적으로 유의하지 않다.	회귀식이 통계적으로 유의하다.
$R^2 = 0$	$R^2 \neq 0$

ⓒ F-분포의 임곗값*은 Z-분포나 t-분포처럼 일정한 값이 아니므로 p-값(유의확률)으로 가설검정한다.

  * $F(k, n-k-1; \alpha)$: n은 표본의 수, k는 독립변수의 수, α는 유의수준

- p-값 활용: 유의확률(p-값)이 0.000으로 유의수준(α) 0.05보다 작기 때문에 귀무가설을 기각한다.
- 실기시험 모범답안: 검정통계량(F-값)이 414.821이고 유의확률(p-값)이 0.000으로 유의수준(α) 0.05보다 작기 때문에 회귀분석모형은 설명력이 있다(최소한 하나의 기울기 계수는 0이 아니다).

〈표 5-22〉 검정통계량과 유의확률을 활용한 가설검정 방식

가설검정 대상	검정통계량으로 가설검정	유의확률로 가설검정
하나의 회귀계수	t-값이 1.96보다 크면 H_0 기각	p-값이 0.05보다 작으면 H_0 기각
복수의 회귀계수	F-값이 임곗값보다 크면 H_0 기각(임곗값은 고정되지 않음)	

(3) 결정계수(R^2)의 해석

① 다중회귀모형을 분석하면 결정계수 값이 제공(산출)된다.

② 결정계수 값이 0.895이므로 "IQ(지능)와 TIME(공부시간)이 SCORE(성적)를 89.5% 설명한다"라고 해석한다.

③ 설명변수가 IQ 하나인 단순회귀분석의 결정계수(0.884)보다 크게 증가한 것을 알 수 있다.

④ 수정된 결정계수($\overline{R}^2$)가 설명변수가 IQ 하나인 단순회귀분석일 때 0.883에서 TIME을 추가한 다중회귀모형일 때 0.893으로 증가했으므로 TIME을 설명변수로 추가하는 것이 바람직하다.

회귀분석 결과: R^2

모형 요약				
모형	R	R 제곱	수정된 R 제곱	추정값의 표준오차
1	.946[a]	.895	.893	5.2890

예측자: (상수), TIME, IQ

중회귀분석에서 회귀계수에 대한 검정과 결정계수가 아래와 같을 때의 설명으로 바르지 않은 것은? (결정계수 $= 0.891$)

요인(Predictor)	회귀계수(Coef)	표준오차(StDev)	통계량(T)	p값(P)
절편	−275.26	24.38	−11.29	0.000
Head	4.458	3.167	1.41	1.161
Neck	19.112	1.200	15.91	0.000

① 설명변수는 Head와 Neck이다.
② 회귀계수 중 통계적 유의성이 없는 변수는 절편과 Neck이다.
③ 위 중회귀모형은 자료 전체의 산포 중에서 약 89.1%를 설명하고 있다.
④ 회귀방정식에서 다른 요인을 고정시키고 Neck이 한 단위 증가하면 반응값은 19.112가 증가한다.

해설

회귀계수 중 통계적 유의성이 없는 변수는 Head 하나다(p-값이 1.161으로 0.05보다 크기 때문에 귀무가설을 채택하게 된다).

정답 ②

04 더미변수 ★★★

1) 더미변수(Dummy Variable)의 이해

(1) 정량변수(Quantitative Variable)와 정성변수(Qualitative Variable)

① 정량변수는 지금까지 다루었던 숫자로 된 변수(성적, 소득 등)로 양적변수라고도 한다.
② 정성변수는 숫자가 아닌 질적변수로 예를 들어, 성별(남성, 여성), 인종(백인, 흑인, 아시아인, 기타), 혼인 여부(미혼, 기혼, 기타) 등이 해당된다.

▌ 정량변수와 정성변수

구분	정량변수 = 양적변수	정성변수 = 질적변수
내용	숫자 변수	문자 변수
예	시험점수, 소득, 몸무게, 경제성장률, 이자율, 흡연량 등	성, 인종, 종교, 국적, 결혼 여부, 흡연 여부 등

(2) 더미변수의 정의

① 정성변수도 중요한 정보를 제공하기 때문에 정량변수로 변환해 분석에 활용한다.
② 정성변수를 분석할 수 있는 정량변수로 변환할 때 더미변수(가변수)의 구조로 변환한다.
③ 더미변수는 정성변수가 해당 범주에 해당하면 1, 그렇지 않으면 0을 부여한, 즉 값이 0과 1로만 구성된 변수다.

2) 더미변수로의 변환

(1) 하나의 더미변수

① 성별(여성과 남성)은 남성(MALE)을 의미하는 더미변수 또는 여성(FEMALE)을 의미하는 더미변수로 변환할 수 있다.

    ⊙ MALE은 남성이면 1을, 여성이면 0을 부여한 더미변수다.

    ⓒ FEMALE은 여성이면 1을, 남성이면 0을 부여한 더미변수다.

② 2개의 더미변수를 만들 수 있어도 회귀모형에는 1개의 더미변수만 추가한다.

    ⊙ MALE과 FEMALE 간 다중공선성 문제($FEMALE_i = 1 - MALE_i$)가 발생하므로

        "$SCORE_i = A + B_1 IQ_i + B_2 MALE_i + B_3 FEMALE_i + u_i$"와 같은 회귀모형은 문제가 발생한다.

    ⓒ 아래 중 하나의 모형으로만 분석하며, 분석 결과는 동일하다.

        • $SCORE_i = A + B_1 IQ_i + B_2 MALE_i + u_i$

        • $SCORE_i = A + B_1 IQ_i + B_2 FEMALE_i + u_i$

예 정성변수를 더미변수로 변환하는 예시

아래 표는 학생 10명의 데이터를 보여주는데, 성별을 의미하는 SEX라는 변수의 값은 다음 질문에 대한 답변(남성이면 1, 여성이면 2)이 입력되었다.

Q: 귀하의 성별은 무엇입니까?

A: ① 남성   ② 여성

MALE이란 변수는 남성이면 1을, 여성이면 0을 부여한 더미변수다. 또한 FEMALE은 여성이면 1을, 남성이면 0을 부여한 더미변수다.

▌정량변수의 더미변수로의 전환

ID	SCORE	IQ	TIME	SEX	MALE	FEMALE
1	42	100	3	2	0	1
2	41	100	5	1	1	0
3	44	100	2	2	0	1
4	42	100	3	1	1	0
5	42	100	3	2	0	1
6	37	100	4	1	1	0
7	34	100	3	1	1	0
8	34	100	2	1	1	0
9	44	100	4	1	1	0
10	33	100	2	2	0	1

(2) 복수의 더미변수

① K개의 더미변수를 만들 수 있을 때 회귀모형에는 $K-1$개의 더미변수를 추가한다.

② 예를 들어, 학생의 출신 지역별로 성적이 다른지를 분석하고자 아래처럼 설문하고 총 3개의 더미변수를 만들 수 있다.

> Q: 귀하는 보기 중 어디에서 고등학교를 졸업했습니까?
> ① 수도권   ② 광역시   ③ 기타

    ⊙ REGION1: 수도권에서 졸업했으면 1, 아니면(광역시, 기타) 0
    ⓛ REGION2: 광역시에서 졸업했으면 1, 아니면(수도권, 기타) 0
    ⓒ REGION3: 기타 지역에서 졸업했으면 1, 아니면(수도권, 광역시) 0

③ 설계 가능한 회귀분석모형은 다음과 같고, 분석결과는 모두 동일하다.

    ⊙ $SCORE_i = A + B_1 TIME_i + B_2 REGION1_i + B_3 REGION2_i + u_i$
    ⓛ $SCORE_i = A + B_1 TIME_i + B_2 REGION2_i + B_3 REGION3_i + u_i$
    ⓒ $SCORE_i = A + B_1 TIME_i + B_1 REGION1_i + B_2 REGION3_i + u_i$

(3) 정량변수를 더미변수로 변환

> **POWER 팁**
>
> 데이터 분석 연습
> 아래 내용은 데이터(9. SALARY)로 연습할 수 있도록 데이터를 제공하니 스스로 학습할 수 있다. 다만, 동일한 주제를 다음 과목(사회조사분석사 실기)의 'CHAPTER 03 작업형'에서 다루기 때문에 이곳에서 동영상 교육은 생략한다

① 연령(정량변수 AGE)과 학력수준(정량변수 EDU)이 임금(정량변수 SALARY)에 미치는 영향을 분석하기 위해 아래 회귀모형을 분석할 수 있다.

$$SALARY_i = A + B_1 AGE_i + B_2 EDU_i + u_i$$

② 학력수준을 고졸미만, 고졸, 대졸 이상으로 구분해 3개의 더미변수를 만들 수 있다.
    ⊙ LESS_HI: 고등학교를 졸업하지 않았으면(EDU<12)   1, 아니면(EDU≥12) 0
    ⓛ HI: 고등학교까지만 졸업했으면(12≤EDU<16)   1, 아니면 (EDU<12 또는 EDU≥16) 0
    ⓒ UNIV: 대학교를 졸업했으면(EDU≥16)   1, 아니면(EDU<16) 0

▮ 더미변수를 활용한 교육수준별 범주(그룹)

교육연수	더미변수 이름	더미변수 정의
11년 이하	LESS_HI	학력수준이 고졸 미만이면 1, 고졸 이상이면 0
12~15년	HI	학력수준이 고졸이면 1, 고졸 미만이거나 대졸 이상이면 0
16년 이상	UNIV	학력수준이 대졸 이상이면 1, 대졸 미만이면 0

※ 단순화를 위해 전문대는 고졸로 취급했다.

③ 설계 가능한 회귀분석모형은 다음과 같고, 분석결과는 모두 동일하다.

　　㉠ $SALARY_i = A + B_1AGE_i + B_2LESS\_HI_i + B_3HI_i + u_i$

　　㉡ $SALARY_i = A + B_1AGE_i + B_2HI_i + B_3UNIV_i + u_i$

　　㉢ $SALARY_i = A + B_1AGE_i + B_2LESS\_HI_i + B_3UNIV_i + u_i$

POWER 정리

정량변수를 더미변수로 변환하는 이유

아래 ①의 회귀함수는 교육수준이 1년씩 증가할 때 임금이 얼마나 증가하는지 분석하는 것이 목적이다. 그런데, 실제 노동시장에서 대학교 1학년까지만 다닌 사람과 2학년까지 다닌 사람 간 임금 차이를 두기보다는 졸업을 했는지가 중요할 것이다. 그러므로 ②의 회귀함수로 고졸 미만, 고졸, 대졸자들 간 임금수준을 분석하는 것이 바람직하다.

① $SALARY_i = A + B_1AGE_i + B_2EDU_i + u_i$

② $SALARY_i = A + B_1AGE_i + B_2LESS\_HI_i + B_3HI_i + u_i$

---

3) 더미변수의 해석

① 아래는 LESS_HI, HI, UNIV를 각각 기준그룹으로 선정·분석한 결과다.

　㉠ 기준그룹이 UNIV일 때

　　• $\widehat{SALARY_i} = 4709.145 + 12.496AGE_i - 2869.903LESS\_HI_i - 2470.102HI_i$

　㉡ 기준그룹이 LESS_HI일 때

　　• $\widehat{SALARY_i} = 1839.242 + 12.496AGE_i + 399.801HI_i + 2869.903UNIV_i$

　㉢ 기준그룹이 HI일 때

　　• $\widehat{SALARY_i} = 2239.043 + 12.496AGE_i - 399.801LESS\_HI_i + 2470.102UNIV_i$

② 각 분석결과를 다음과 같이 해석할 수 있다.

　㉠ 기준그룹이 UNIV일 때→비교 시 대졸자를 기준으로 해석

　　• 대졸자에 비해 고졸 미만은 임금이 2869.903만 원 작다.＊

　　　＊ 정확히는 "다른 조건이 동일할 때 대졸자에 비해 고졸미만은 임금이 2869.903만 원 작다"라고 해석해야 한다.

　　• 대졸자에 비해 고졸자 임금이 2470.102만 원 작다.

　㉡ 기준그룹이 LESS_HI일 때→비교 시 고졸 미만자를 기준으로 해석

　　• 고졸 미만자에 비해 고졸자는 임금이 399.801만 원 많다.

　　• 고졸 미만자에 비해 대졸자는 임금이 2869.903만 원 많다.

　㉢ 기준그룹이 HI일 때→비교 시 고졸자를 기준으로 해석

　　• 고졸자에 비해 고졸 미만자는 임금이 399.801만 원 작다.

　　• 고졸자에 비해 대졸자는 임금이 2470.102만 원 많다.

③ 위 ㉠에서 대졸자와 고졸자의 임금 차이는 2470.102만 원으로 ㉢에서 대졸자와 고졸자의 임금차이인 2470.102만 원과 정확히 일치한다는 것을 알 수 있듯이 어느 모형으로 분석하든지 분석결과는 같다.

4) 다중회귀모형 분석결과를 활용한 예측

① 기준그룹이 고졸자인 분석모형의 결과로 50세인 대졸자의 소득을 예측 → 5,333.945만 원

    ㉠ $\widehat{SALARY}_i = 2239.043 + 12.496\,AGE_i - 399.801\,LESS\_HI_i + 2470.102\,UNIV_i \rightarrow$

    ㉡ $\widehat{SALARY}_i = 2239.043 + 12.496 \times 50 - 399.801 \times 0 + 2470.102 \times 1 = 5333.945$

② 기준그룹이 대졸자인 분석모형의 결과로 50세인 대졸자의 소득을 예측 → 5,333.945만 원

    ㉠ $\widehat{SALARY}_i = 4709.145 + 12.496\,AGE_i - 2869.903\,LESS\_HI_i - 2470.102\,HI_i \rightarrow$

    ㉡ $\widehat{SALARY}_i = 4709.145 + 12.496 \times 50 - 2869.903 \times 0 - 2470.102 \times 0 = 5333.945$

③ 어느 모형으로 분석하고 예측하든 결과는 동일하다.

• POWER 기출 유형 ✅ •

다음 회귀방정식을 통해 30세의 경상도 출신으로 대학을 졸업한 남자의 연소득을 추정하면?

> 소득 = 0.5 + 1.2성 + 0.7서울 + 0.4경기 + 0.5경상도 + 1.1대학 + 0.7고등 + 0.02연령
> (소득: 연평균소득, 단위: 천만; 성: 더미변수(여자: 0, 남자: 1);
> 서울: 더미변수(서울: 1, 그 외: 0), 경기, 경상도 변수도 동일함;
> 대학: 더미변수(대졸: 1, 그 외: 0), 고등 변수도 동일함; 연령 단위: 살)

① 2,500만 원   ② 3,100만 원

③ 3,900만 원   ④ 4,600만 원

해설

추정식 "소득 = 0.5 + 1.2성 + 0.7서울 + 0.4경기 + 0.5경상도 + 1.1대학 + 0.7고등 + 0.02연령"에 해당 값을 입력하면 "소득 = 0.5 + 1.2×1(남성) + 0.5×1(경상도) + 1.1×1(대학졸) + 0.02×30(연령) = 3.9가 산출된다.

정답 ③

---

5) 데이터 분석(실기)

(1) REGION3을 기준그룹으로 설정한 경우

① 데이터 '8. SCORE'를 활용해 더미변수를 학습한다.*

   * 일반적으로는 모집단이 아닌 표본(100개의 모집단 중 일부)을 활용해 회귀분석하지만, 분석 방법과 해석, 그리고 가설검정 모두가 동일하므로 생략한다.

주제	더미변수 회귀분석
데이터	8. SCORE

② 아래 표는 데이터 '8. SCORE'를 SPSS로 분석한 결과이며, 회귀함수와 추정식은 다음과 같다.

   ⊙ 회귀함수: $SCORE_i = A + B_1 TIME_i + B_2 REGION1_i + B_3 REGION2_i + u_i$

   ⓛ 추정식: $\widehat{SCORE}_i = 39.942 + 0.938\,TIME_i + 6.895\,REGION1_i + 6.108\,REGION2_i$

▌ REGION3이 기준그룹일 때

모형		비표준화 계수		표준화 계수	t	유의확률
		B	표준화 오류	베타		
1	(상수)	39.942	1.290		30.954	0.000
	TIME	0.938	0.056	0.832	16.776	0.000
	REGION1	6.895	2.094	0.194	3.293	0.001
	REGION2	6.108	1.550	0.188	3.940	0.000

a. 종속변수: SCORE

③ 더미변수의 가설검정과 해석

   ⊙ 기울기 B_2의 가설검정

- 귀무가설: H_0: $B_2 = 0$
- 대립가설: H_1: $B_2 \neq 0$
- 검정통계량 활용: 검정통계량(t-값)이 3.292로 임곗값 1.96보다 크기 때문에 귀무가설을 기각한다.
- p-값 활용: 유의확률(p-값)이 0.001으로 유의수준(α) 0.05보다 작기 때문에 귀무가설을 기각한다.
- 실기시험 모범답안: 검정통계량(t-값)이 3.292이고 유의확률(p-값)이 0.001으로 유의수준(α) 0.05보다 작기 때문에 B_2는 0이 아니다(귀무가설 기각). 즉, 다른 조건(TIME)이 동일할 때 REGION3(기타 지역) 학생에 비해 REGION1(수도권) 학생의 점수(SCORE)가 6.895점 높다.

   ⓛ 기울기 B_3의 가설검정

- 귀무가설: H_0: $B_3 = 0$
- 대립가설: H_1: $B_3 \neq 0$
- 검정통계량 활용: 검정통계량(t-값)이 3.940으로 임곗값 1.96보다 크기 때문에 귀무가설을 기각한다.
- p-값 활용: 유의확률(p-값)이 0.000으로 유의수준(α) 0.05보다 작기 때문에 귀무가설을 기각한다.
- 실기시험 모범답안: 검정통계량(t-값)이 3.940이고, 유의확률(p-값)이 0.000으로 유의수준(α) 0.05보다 작기 때문에 B_3은 0이 아니다(귀무가설 기각). 즉, 다른 조건(TIME)이 동일할 때 REGION3(기타 지역) 학생에 비해 REGION2(광역시) 학생의 점수(SCORE)가 6.108점 높다.

(2) REGION1을 기준그룹으로 설정한 경우 ★☆☆

① 아래 표는 데이터 'SCORE'을 SPSS로 분석한 결과이며, 회귀함수와 추정식은 다음과 같다.

    ㉠ 회귀함수: $SCORE_i = A + B_1 TIME_i + B_2 REGION2_i + B_3 REGION3_i + u_i$

    ㉡ 추정식: $\widehat{SCORE}_i = 46.837 + 0.938\, TIME_i - 0.787\, REGION2_i - 6.895\, REGION3_i$

▌ REGION1이 기준그룹일 때

모형		비표준화 계수		표준화 계수	t	유의확률
		B	표준화 오류	베타		
1	(상수)	46.837	2.128		22.014	0.000
	TIME	0.938	0.056	0.832	16.776	0.000
	REGION2	−0.787	1.746	−0.024	−0.451	0.653
	REGION3	−6.895	2.094	−0.190	−3.293	0.001

$a.$ 종속변수: SCORE

② 더미변수의 가설검정과 해석

    ㉠ 기울기 B_2의 가설검정

      • 귀무가설: H_0: $B_2 = 0$

      • 대립가설: H_1: $B_2 \neq 0$

      • 검정통계량 활용: 검정통계량(t-값)의 절댓값이 0.451로 임곗값 1.96보다 작기 때문에 귀무가설을 채택한다.

      • p-값 활용: 유의확률(p-값)이 0.653으로 유의수준(α) 0.05보다 크기 때문에 귀무가설을 채택한다.

      • 실기시험 모범답안: 검정통계량(t-값)이 −0.451이고, 유의확률(p-값)이 0.653으로 유의수준(α) 0.05보다 크기 때문에 B_2는 0이라고 할 수 있다(귀무가설 채택). 즉, 다른 조건(TIME)이 동일할 때 REGION1(수도권) 학생에 비해 REGION2(광역시) 학생의 점수(SCORE)는 차이가 없다.

    ㉡ 기울기 B_3의 가설검정

      • 귀무가설: H_0: $B_3 = 0$

      • 대립가설: H_1: $B_3 \neq 0$

- 검정통계량 활용: 검정통계량(t-값)의 절댓값이 3.293으로, 임곗값 1.96보다 크기 때문에 귀무 가설을 기각한다.
- p-값 활용: 유의확률(p-값)이 0.001로 유의수준(α) 0.05보다 작기 때문에 귀무가설을 기각 한다.
- 실기시험 모범답안: 검정통계량(t-값)이 −3.293이고, 유의확률(p-값)이 0.001로 유의수준(α) 0.05보다 작기 때문에 B_3은 0이 아니다(귀무가설 기각). 즉, 다른 조건(TIME)이 동일할 때 REGION1(수도권) 학생에 비해 REGION3(기타 지역) 학생의 점수(SCORE)는 6.895점 낮다.

01

중회귀모형 $y_i = \beta_0 + \beta_1 x_{1i} + \beta_2 x_{2i} + \epsilon_i$에 대한 분산분석표가 다음과 같다. 위의 분산분석표를 이용하여 유의수준 0.05에서 모형에 대한 유의성검정을 할 때, 추론 결과로 가장 적합한 것은 무엇인가?

구분	제곱합	자유도	평균제곱	F값	유의확률
요인	66.12	2	33.06	33.69	0.000258
잔차	6.87	7	0.98		

① 두 설명변수 x_1과 x_2 모두 반응변수에 영향을 주지 않는다.
② 두 설명변수 x_1과 x_2 모두 반응변수에 영향을 준다.
③ 두 설명변수 x_1과 x_2 중 적어도 하나는 반응변수에 영향을 준다.
④ 두 설명변수 x_1과 x_2 중 하나만 반응변수에 영향을 준다.

[해설]
다중회귀모형에서 모형에 대한 유의성을 검증할 때 귀무가설과 대립가설은 각각 "H_0: $\beta_1 = \beta_2 = 0$, H_1: 최소한 하나의 기울기 계수는 0이 아니다."가 된다. 유의확률(p-값)이 0.000258로 유의수준(α=0.05)보다 작기 때문에 귀무가설을 기각하고, 대립가설을 채택한다. 최소한 하나의 기울기 계수는 0이 아니라는 것은 "두 설명변수 x_1과 x_2 중 적어도 하나는 반응변수에 영향을 준다"것과 동일한 의미다.

정답 ③

02 빈출

회귀분석에서는 회귀모형에 대한 몇 가지 가정을 전제로 하여 분석을 실시하게 되며, 이러한 가정들에 대한 타당성은 잔차분석(residual analysis)을 통하여 판단하게 된다. 이때 검토되는 가정이 아닌 것은?

① 정규성
② 등분산성
③ 독립성
④ 불편성

[해설]
잔차분석으로 정규성, 독립성, 등분산성 등은 검증할 수 있지만 불편성은 검토대상이 아니다.

정답 ④

03

다중회귀분석에 관한 설명으로 틀린 것은?

① 표준화잔차의 절댓값이 2 이상인 값은 이상값이다.
② 더빈-왓슨(Durbin-Watson) 통계량이 0에 가까우면 독립이다.
③ 표준화잔차와 예측값의 산점도를 통해 등분산성을 검토해야 한다.
④ 분산팽창계수(VIF)가 10 이상이면 다중공선성을 의심해야 한다.

[해설]
독립성은 Durbin-Watson(더빈왓슨) 통계량(0~4의 값)으로 검정하며, 통계량이 2에 가까울수록 독립성이 충족되며, 4에 가까울수록 음의 자기상관, 0에 가까울수록 양의 자기상관이 있다는 의미다.

정답 ②

04 빈출

다음 자료에 대하여 X를 독립변수로 Y를 종속변수로 하여 선형회귀분석을 하고자 한다. 자료를 요약한 값을 이용하여 추정회귀직선의 기울기와 절편을 구하면?

(단, $\overline{X}=4$, $\overline{Y}=7$, $\sum_{i=1}^{5}(X_i-\overline{X})(Y_i-\overline{Y})=13$,

$\sum_{i=1}^{5}(X_i-\overline{X})^2=10$)

X	2	3	4	5	6
Y	4	7	6	8	10

① 기울기=0.77, 절편=3.92
② 기울기=0.77, 절편=1.80
③ 기울기=1.30, 절편=3.92
④ 기울기=1.30, 절편=1.80

해설

공식 $\left(a=\overline{Y}-b\overline{X},\ b=\dfrac{\sum(Y-\overline{Y})(X-\overline{X})}{\sum(X-\overline{X})^2}\right)$에 필요한 모든 값을 제공하기 때문에 쉽게 계산할 수 있다.

$b=\dfrac{\sum(Y-\overline{Y})(X-\overline{X})}{\sum(X-\overline{X})^2}=\dfrac{13}{10}=1.3$,

$a=\overline{Y}-b\overline{X}=7-1.3\times4=1.8$

TIP 아무런 정보를 제공하지 않고 표의 숫자만 제공하는 문제가 출제되기도 하는데, 이러한 유형은 아래 문제의 풀이를 참고 바란다.

정답 ④

05

두 변수 x와 y의 관찰값이 다음과 같을 때 최소제곱법으로 추정한 회귀식으로 옳은 것은?

X	6	7	4	2	1
Y	8	10	4	2	1

① $\hat{y}=1-1.5x$
② $\hat{y}=1+2x$
③ $\hat{y}=-1+1.5x$
④ $\hat{y}=-4+x$

해설

04번처럼 공식을 암기해서 직접 계산해도 된다. 하지만 이 문제는 복잡한 공식을 암기하고 직접 계산을 하도록 유인해 가장 많은 시간을 소진시키는 함정문제다. 이러한 유형은 다음과 같은 간단한 방식으로 풀 수 있다.

첫째, X와 Y의 평균($\overline{X}=4$, $\overline{Y}=5$)을 계산한다.

둘째, 절편을 구하는 공식($\alpha=\overline{Y}-b\overline{X}$)에 보기의 기울기 값을 하나씩 대입하여 절편이 도출되는지 확인한다.

이 방식을 이용하면, ③번만 성립한다
($\alpha=\overline{Y}-b\overline{X}=5-1.5\times4=-1$).

TIP X의 값이 감소할 때 Y의 값도 감소하므로 기울기는 양수만 가능하기 때문에 정답은 ②, ③만 가능하다. 그러므로 보기의 값을 공식에 대입할 때 ②, ③만 활용하는 것도 시간을 절약하는 노하우다.

정답 ③

06

다음 자료는 설명변수(X)와 반응변수(Y) 사이에 관계를 알아보기 위하여 조사한 자료이다. 설명변수(X)와 반응변수(Y) 사이의 단순회귀모형을 가정할 때, 회귀직선의 기울기에 대한 추정값은?

X_i	0	1	2	3	4	5
Y_i	4	3	2	0	-3	-6

① -2
② -1
③ 1
④ 2

해설

이 문제 역시 04번 문제처럼 공식을 이용해 정답을 계산할 수 있다. 하지만, 역시 상당한 시간을 소진시키는 함정문제이므로 다음과 같이 개념적으로 접근하도록 한다.

첫째, 기울기는 X가 한 단위 증가 시 Y가 얼마나 변하는지를 의미하는데, 위 표에서 X의 값이 증가 시 Y의 값은 감소하므로 기울기는 음수이어야 한다(①과 ②가 해당).

둘째, X의 값이 한 단위씩 증가할 때마다 Y의 값은 훨씬 더 큰 폭으로 감소하므로 기울기는 -1보다 더 가파르다. 그러므로 답은 -2밖에 될 수 없다.

정답 ①

07

단순회귀모형 $Y = \beta_0 + \beta_1 x + \epsilon$, $\epsilon \sim N(0, \sigma^2)$을 이용한 적합된 회귀식 $\hat{y} = 30 + 0.44x$에 대한 설명으로 맞는 것은?

① 종속변수가 0일 때, 독립변수 값은 0.44이다.
② 독립변수가 0일 때, 종속변수 값은 0.44이다.
③ 종속변수가 한 단위 증가할 때, 독립변수의 값은 평균 0.44 증가한다.
④ 독립변수가 한 단위 증가할 때, 종속변수의 값은 평균 0.44 증가한다.

해설

단순회귀모형의 기울기(β_1)의 추정계수 0.44를 해석하는 문제다. 분석결과(기울기=0.44)에 따르면, 독립변수(x)가 한 단위 증가할 때, 종속변수(y)의 값은 평균 0.44만큼 증가한다.

정답 ④

08

단순선형회귀모형 $Y_i = \alpha + \beta x_i + e_i$, $(i = 1, 2, \cdots, n)$에서 최소제곱추정량 $\hat{\alpha} + \hat{\beta} x_i$로부터 잔차 $\hat{e}_i = y_i - \hat{y}_i$를 이용해 서로 독립이고 등분산인 오차들의 분산 $Var(e_i) = \sigma^2 (i = 1, 2, \cdots, n)$의 불편추정량을 구하면?

① $\hat{\sigma^2} = \dfrac{\sum\limits_{i=1}^{n} (y_i - \hat{y}_i)^2}{n-3}$

② $\hat{\sigma^2} = \dfrac{\sum\limits_{i=1}^{n} (y_i - \hat{y}_i)^2}{n-2}$

③ $\hat{\sigma^2} = \dfrac{\sum\limits_{i=1}^{n} (y_i - \hat{y}_i)^2}{n-1}$

④ $\hat{\sigma^2} = \dfrac{\sum\limits_{i=1}^{n} (y_i - \hat{y}_i)^2}{n}$

해설

오차분산은 $\dfrac{\sum e^2}{n-k-1}$으로 계산하며, n은 표본의 수이고 k는 설명변수의 수다. 그러므로 $\dfrac{\sum e^2}{n-k-1} = \dfrac{\sum\limits_{i=1}^{n} (y_i - \hat{y}_i)^2}{n-2}$이다.

TIP $\hat{e}_i = y_i - \hat{y}_i$을 제시하지 않고 단순히 오차분산의 공식이 문제로 출제될 때도 있으므로 공식 자체를 암기할 필요가 있다(아래 문제 참고).

정답 ②

09 최신

단순선형회귀모형 $Y_i = \alpha + \beta x_i + e_i$, $(i = 1, 2, \cdots, n)$에서 오차항 e_i은 평균이 0이고, 분산이 σ^2인 정규분포를 따른다. 22개의 자료를 이용해 회귀식을 추정해 잔차제곱합(SSE)이 2,000이었다. 오차들의 분산 $Var(e_i) = \sigma^2$, $(i = 1, 2, \cdots, n)$의 불편추정량을 구하면?

① 50   ② 100
③ 150   ④ 200

해설

오차분산은 $\dfrac{\sum e^2}{n-k-1} = \dfrac{\sum\limits_{i=1}^{n} (y_i - \hat{y}_i)^2}{n-k-1} = \dfrac{SSE}{n-k-1}$로 n은 표본의 수이고, k는 설명변수의 수다.

그러므로 $\dfrac{\sum e^2}{n-k-1} = \dfrac{2,000}{22-1-1} = 100$이다.

정답 ②

10

중회귀분석에서 회귀제곱합(SSR)이 150이고 오차제곱합(SSE)이 50인 경우, 결정계수는?

① 0.25   ② 0.3

③ 0.75   ④ 1.1

해설

$$R^2 = \frac{SSR}{SST} = \frac{SSR}{SSR + SSE} = \frac{150}{150 + 50} = 0.75$$

정답 ③

11

단순회귀모형 $Y_i = \beta_0 + \beta_1 X_i + \epsilon_i (i = 1, 2, \cdots, n)$ 의 가정하에 최소제곱법에 의해 회귀직선을 추정하는 경우 잔차 $e_i = Y_i - \widehat{Y}_i$의 성질로 틀린 것은?

① $\sum e_i = 0$

② $\sum e_i = \sum X_i e_i$

③ $\sum X_i e_i = \sum \widehat{Y}_i e_i$

④ $\sum e_i^2 = \sum \widehat{X}_i e_i$

해설

① = ② = ③ = 0 모두 성립한다. 참고로, X는 독립변수이기 때문에 X의 추정값을 의미하는 $\widehat{X}$이라는 표현 자체가 성립되지 않는다.

정답 ④

12 최신, 빈출

단순회귀분석에서 회귀직선의 추정식이 $\hat{y} = 0.5 - 2x$와 같이 주어졌을 때 다음 설명 중 틀린 것은?

① 반응변수는 y이고 설명변수는 x이다.

② 설명변수가 한 단위 증가할 때 반응변수는 2단위 감소한다.

③ 반응변수와 설명변수의 상관계수는 0.5이다.

④ 설명변수가 0일 때 반응변수의 예측값은 0.5이다.

해설

x와 y 간 기울기(관계)가 음수이기 때문에 상관계수 역시 반드시 음수여야 한다. 참고로, 위 정보만으로 정확한 상관계수의 값은 계산할 수 없다.

정답 ③

13

Y의 X에 대한 회귀직선식이 $\widehat{Y} = 3 + X$라 한다. Y의 표준편차가 5, X의 표준편차가 3일 때, X와 Y에의 상관계수는?

① 0.6   ② 1

③ 0.8   ④ 0.5

해설

단순회귀모형의 경우,

$\hat{\beta} = \rho_{xy} \dfrac{s_y}{s_x}$ 이므로 $\rho_{xy} = \hat{\beta} \dfrac{s_x}{s_y} = 1 \dfrac{3}{5} = 0.6$이다.

정답 ①

14

두 변수 x와 y의 함수관계를 알아보기 위하여 크기가 10인 표본을 취하여 단순회귀분석을 실시한 결과 회귀식 $y = 20 - 0.1x$를 얻었고, 결정계수 R^2은 0.81이었다. x와 y의 상관계수는?

① -0.1 ② -0.81

③ -0.9 ④ -1.1

해설

단순회귀분석에서 $\rho = \pm \sqrt{R^2} = \pm \sqrt{0.81} = \pm 0.9 \rightarrow$ 회귀식에서 기울기가 -0.1이므로 두 변수 간 음($-$)의 관계가 있다. 그러므로 상관계수는 -0.9이어야 한다.

정답 ③

15

아파트의 평수 및 가족 수가 난방비에 미치는 영향을 알아보기 위해 중회귀분석을 실시하여 다음의 결과를 얻었다. 분석 결과에 대한 설명으로 틀린 것은? (단, Y는 아파트 난방비(천 원)이다.)

모형	비표준화 계수		표준화 계수	t	p-값
	B	표준 오차	Beta		
상수	39.69	32.74		1.21	0.265
평수(X_1)	3.37	0.94	0.85	3.59	0.009
가족수(X_2)	0.53	0.25	0.42	1.72	0.090

① 추정된 회귀식은
   $\hat{Y} = 39.69 + 3.37X_1 + 0.53X_2$이다.
② 유의수준 5%에서 종속변수 난방비에 유의한 영향을 주는 독립변수는 평수이다.
③ 가족 수가 주어질 때, 난방비는 아파트가 1평 커질 때 평균 3.37(천 원) 증가한다.
④ 아파트 평수가 30평이고 가족이 5명인 가구의 난방비는 122.44(천 원)으로 예측된다.

[해설]

추정된 회귀식이 $\hat{Y} = 39.69 + 3.37X_1 + 0.53X_2$일 때 평수($X_1$)에 30, 가족 수($X_2$)에 5를 입력하면,
$\hat{Y} = 39.69 + 3.37 \times 30 + 0.53 \times 5 = 143.44$가 된다.

[정답] ④

16

봉급생활자의 연봉과 근속연수, 학력 간의 관계를 알아보기 위하여 연봉을 반응변수로 하여 회귀분석을 실시하기로 하였다. 그런데 근속연수는 양적 변수이지만 학력은 중졸, 고졸, 대졸로 수준 수가 3개인 지시변수(또는 가변수)이다. 다중회귀모형 설정 시 필요한 설명변수는 모두 몇 개인가?

① 1 ② 2
③ 3 ④ 4

[해설]

k개의 범주가 있을 때 모형에는 $k-1$개의 더미변수만 추가한다. 예를 들어, 학력의 범주가 중졸, 고졸, 대졸이 있으므로 모형에는 고졸(고졸이면 1, 아니면 0)과 대졸(대졸이면 1, 아니면 0)만 추가한다. 그러므로 설명변수는 2개의 더미변수 + 1개 연속변수(근속연수)=3개가 된다.

[정답] ③

17

k개의 독립변수 $x_i(i = 1, 2, \cdots, k)$와 종속변수 y에 대한 중회귀모형 $y = \alpha + \beta_1 x_1 + \cdots + \beta_k x_k + \epsilon$을 고려하여, n개의 자료에 대해 중회귀분석을 실시하고자 한다. 총 편차 $y_i - \bar{y}$를 분해하여 얻을 수 있는 세 개의 제곱합 $\sum_{i=1}^{n} (y_i - \bar{y})^2$, $\sum_{i=1}^{n} (y_i - \hat{y}_i)^2$, 그리고 $\sum_{i=1}^{n} (\hat{y}_i - \bar{y})^2$의 자유도를 각각 구하면?

① n, $n-k$, k
② $n-1$, $n-k-1$, $k-1$
③ n, $n-k-1$, $k-1$
④ $n-1$, $n-k-1$, k

[해설]

총 제곱합 $\sum_{i=1}^{n} (y_i - \bar{y})^2$의 자유도는 $n-1$, 잔차제곱합의 자유도는 $n-k-1$, 회귀제곱합의 자유도는 k다. 참고로, n은 총 자료의 수이고, k는 독립변수의 수다.

[정답] ④

18

단순선형회귀모형 $y = \alpha + \beta x + e$을 적용하여 주어진 자료들로부터 회귀직선을 추정하고 다음과 같은 분산분석표를 얻었다. 이때 추정에 사용된 자료 수와 결정계수는?

요인	제곱합	자유도	평균제곱	F	유의확률
회귀	18.18	1	18.18	629.76	0.0001
잔차	0.289	10	0.289		
계	18.469	11			

① 11, $\dfrac{18.18}{0.298}$

② 11, $\dfrac{18.18}{18.469}$

③ 12, $\dfrac{18.18}{0.298}$

④ 12, $\dfrac{18.18}{18.469}$

해설

분산분석표에서 계(총 제곱합)의 자유도는 $n-1=11$이므로, n은 12가 된다.

결정계수는 $R^2 = \dfrac{SSR}{SST} = \dfrac{18.18}{18.469}$

정답 ④

19

독립변수가 2개인 중회귀모형

$y_i = \beta_0 + \beta_1 x_{1i} + \beta_2 x_{2i} + \epsilon_i, i = 1, \cdots, n$의 유의성 검정에 대한 설명으로 틀린 것은?

① $H_0 : \beta_1 = \beta_2 = 0$

② $H_1 :$ 회귀계수 β_1, β_2 중 적어도 하나는 0이 아니다.

③ $\dfrac{MSE}{MSR} > F(k, n-k-1, \alpha)$이면 H_0를 기각한다.

④ 유의확률 p가 유의수준 α보다 작으면 H_0를 기각한다.

해설

$\dfrac{MSR}{MSE} > F(k, n-k-1, \alpha)$이면, H_0를 기각한다.

정답 ③

20

다중회귀분석에서 변수선택방법이 될 수 없는 것은?

① 실험계획법
② 전진선택법
③ 후진소거법
④ 단계적 방법

해설

변수를 선택하는 방법은 전진선택법, 후진소거법, 단계적 방법 등이 있다.

정답 ①

올인원 사회조사분석사 2급

2차 실기 완전정복
기초학습 + 실전예제

실기시험의 이해

사회조사분석사 시험은 크게 필기와 실기로 구분되는데, 실기는 다시 필답형과 작업형으로 구분된다. 필답형은 다시 서술형과 설문지 작성으로 구분된다.

필답형의 서술형은 필기시험 과목 중 제1과목(조사방법과 설계)과 제2과목(조사관리와 자료처리)의 내용을 짧은 주관식 문제로 출제하는 형태다. 즉, 필기에서 학습했던 내용을 다시 주관식으로 질문한다.

설문지 작성은 질문해야 할 주제(수집해야 할 정보)를 제시하고 수험생이 실제로 설문지를 작성하는 방식으로 어렵지는 않다.

PART 04

실전 필답형 · 작업형

사회조사분석사 2급: 실기시험에 대한 내용

구분		내용	교재에서 관련 내용
필답형	서술형	짧은 주관식	제1과목: 조사방법과 설계 제2과목: 조사관리와 자료처리
	설문지 작성	설문문항 작성	제1과목의 CHAPTER 04(설문설계) 제2과목의 CHAPTER 04 중 "척도의 종류"
작업형	자료분석	SPSS를 활용	제3과목: 통계분석과 활용

CHAPTER 01

필답형 │ 서술형

01 서술형 시험의 학습 전략과 교재의 활용

1) 서술형 문제의 출제 유형

필기시험의 범위 중 제1과목(조사방법과 설계) 및 제2과목(조사관리와 자료처리)을 다시 학습해야 한다. 다만, 시험에 효율적으로 대비하기 위해서는 서술형 시험의 유형을 먼저 이해하는 것이 좋다.

▌서술형 문제의 유형

유형	질문 내용
① 개념과 예시	어떤 개념에 대해 설명하고, 예시를 적는 유형
② 복수의 개념을 비교	두 개 이상의 개념을 비교 · 설명하는 유형
③ 장단점	어떤 방법(예 우편조사)에 관해 설명하고, 장단점(2~3개)을 적는 유형
②와 ③의 혼합 유형	두 개 이상의 방법론을 비교 · 설명하고, 장단점을 기술하는 유형

> TIP 개념과 장단점은 암기를 하더라도 수험생 입장에서 예시를 적는 것이 가장 어려운데, 본 교재에서는 대부분 개념에 해당하는 예시를 적어두었으니 시험에서 적절히 활용하길 바란다.

2) 교재 활용 방법

- 필답형 기출문제와 각 문제에 대한 답이 있는 페이지를 소개했다.
- 기출문제와 함께 추가로 출제될 수 있는 예상문제도 적어두었다.
- 문제만 보고 스스로 답을 적어보고, 해당 페이지에 있는 답과 비교해 본다.

스스로 답을 적어보고 해당 페이지에 있는 답과 비교하면서 시험에 대비하면 충분히 준비할 수 있을 것이다.

3) 답안 작성 방법

POWER 팁

정답(내용)이 생각나지 않을 때 답변을 작성하는 방법
- 절대 공란으로 두어서는 안 된다.
  대부분 장단점 또는 특징을 2~3개씩 나열하라는 질문인데, 절대 공란으로 두어서는 안 된다. 서술형 문제에서 공란으로 두면 채점자에게 0점을 부여할 수 있는 기회를 제공하는 것이다.

- 생각나는 내용을 여러 개로 나누어 적는 전략을 활용한다.

   필기시험에 합격할 정도의 수험생이라면 대부분 서술형 문제에서 약간의 생각은 떠올릴 수 있다. 그러므로 생각나는 내용을 상식과 엮어서 여러 개로 나누어 적는 전략이 가장 좋다.

   예 "우편조사의 단점을 3개 작성하라"는 질문에 "응답률이 낮다" 정도는 기억할 것이다. 응답률이 낮으면 당연히 대표성이 낮고, 대표성이 낮기 때문에 결과를 일반화하기 어려워진다. 그러므로 각 키워드에 수식어들을 붙여 다음과 같이 답안을 작성할 수 있다.
   ① 조사대상자들은 설문지에 응답 후 다시 조사자에게 우편을 보내야 하는 번거로움 때문에 응답률이 낮다.
   ② 우편조사는 표본의 대표성을 확보하기 어렵다.
   ③ 우편조사로 수집·분석한 결과는 일반화하기 어렵다.
   ④ 우편을 보내고 다시 받아야 하기 때문에 인터넷 조사에 비해 고비용이다.
   ⑤ 질문지를 우편으로 보내고 다시 응답지를 우편으로 받아야 하기 때문에 자료 수집에 많은 시간이 소요된다.
   위와 같이 그럴듯한 여러 가지 답안을 어렵지 않게 생각해 낼 수 있다.

02 출제 유형 ★★★

1) 제1과목 조사방법과 설계

(1) CHAPTER 01 통계조사계획

① 과학적 연구의 특징 5가지를 기술하시오. 필답 연계 p. 004

② 분석단위와 관련된 오류 2가지에 대해 설명하시오. 필답 연계 p. 006

③ 생태학적 오류의 개념을 설명하고 예시를 적으시오. `필답 연계 p. 006`

④ 지역 A 주민들이 지역 B 주민들에 비해 사회경제적 지위가 높은데, 지역 B보다 지역 A에서 대통령에 대한 지지율이 높았다. 이에 사회경제적 지위가 높은 사람일수록 대통령에 대한 지지율이 높다고 결론 내릴 때 이와 같은 추론에 어떤 문제점이 있는지 설명하시오. `필답 연계 p. 006`

⑤ 사회과학적 연구의 논리적 방법(귀납적 방법 및 연역적 방법)을 설명하시오. `필답 연계 p. 007`

⑥ 탐색적 조사, 기술적 조사, 설명적 조사에 대해 설명하시오. `필답 연계 p. 008`

⑦ 추세연구, 패널연구, 코호트연구에 대해 설명하시오. **필답 연계 p. 010**

_____

_____

_____

_____

_____

⑧ 패널조사의 장단점을 2가지씩 서술하시오. **필답 연계 p. 011**

_____

_____

_____

_____

⑨ 패널연구와 코호트연구의 공통점과 차이점을 기술하시오. **필답 연계 p. 012**

_____

_____

_____

_____

_____

⑩ 양적연구와 질적연구의 장단점을 2가지씩 기술하시오. **필답 연계 p. 013**

_____

_____

_____

_____

_____

⑪ 좋은 가설의 조건을 4가지 기술하시오. 필답 연계 p. 014

(2) CHAPTER 02 표본설계

① 표본조사의 개념을 설명하고, 전수조사와 비교해 표본조사의 장점을 기술하시오. 필답 연계 p. 021

② 표본틀의 개념에 대해 설명하고, 표본틀 오차가 발생하는 상황을 설명하시오. 필답 연계 p. 023

③ 표본의 크기를 결정하는 요인 4가지를 기술하시오. 필답 연계 p. 024

④ 표본오차와 비표본오차가 무엇인지 설명하고, 비표본오차가 발생하는 원인을 2가지 기술하시오.

필답 연계 p. 026

_____

_____

_____

_____

⑤ 비확률표본추출방법과 비교하여 확률표본추출방법의 특징을 4가지 작성하시오.

필답 연계 p. 028

_____

_____

_____

_____

⑥ 확률표본추출방법과 비교하여 비확률표본추출방법의 특징을 4가지 작성하시오.

필답 연계 p. 028

_____

_____

_____

_____

⑦ 확률표본추출방법의 종류 3가지를 설명하시오. 필답 연계 p. 028

_____

_____

_____

_____

⑧ 확률표본추출방법의 종류를 3가지 나열하고, 각각의 과정을 기술하시오. 필답 연계 p. 028

_____

_____

_____

_____

⑨ 단순무작위추출방법의 개념을 설명하고 장단점을 2가지씩 기술하시오. 필답 연계 p. 028

_____

_____

_____

_____

⑩ 단순무작위추출방법이 실제로 잘 사용되지 않는 이유를 3가지 기술하시오. 필답 연계 p. 028

_____

_____

_____

_____

⑪ 층화무작위추출의 장단점을 2가지씩 기술하시오. 필답 연계 p. 028

_____

_____

_____

_____

⑫ 층화무작위추출의 특징을 3가지 기술하시오. 필답 연계 p. 028

⑬ 집락(군집)표본추출의 절차를 설명하고 장단점을 각각 2가지씩 기술하시오. 필답 연계 p. 029

⑭ 층화무작위추출의 과정을 단계별로 설명하시오. 필답 연계 p. 029

⑮ 층화무작위표본추출과 집락표본추출을 비교해 설명하시오. 필답 연계 p. 030

⑯ 층화무작위표본추출과 집락표본추출의 개념을 설명하고, 다음 표에 알맞은 단어(동질적, 이질적)를 선택하시오. **필답 연계 p. 030**

구분	층화무작위추출	군집/집락 표본추출
집단 간		
집단 내		

⑰ 체계적표본추출(계통적)의 개념을 설명하고, 장단점을 3가지씩 기술하시오. **필답 연계 p. 030**

⑱ 눈덩이 표본추출의 개념을 예시를 이용해 설명하시오. **필답 연계 p. 032**

⑲ 성매매에 대한 실태연구를 위해 적합한 표집방법과 이유를 설명하시오. **필답 연계 p. 032**

(3) CHAPTER 03 실험설계

① 실험설계의 장단점을 3가지씩 기술하시오. `필답 연계 p. 040`

② 인과관계가 성립하기 위한 조건을 3가지를 기술하시오. `필답 연계 p. 041`

③ 상관관계와 인과관계의 개념을 설명하시오. `필답 연계 p. 041`

④ 내적 타당도와 외적 타당도를 저해하는 요인을 3가지씩 기술하시오. `필답 연계 p. 043`

⑤ 내적 타당도를 저해하는 요인 5가지를 설명하시오. 필답 연계 p. 043

_____

_____

_____

_____

⑥ 외생변수 중 성숙효과, 우발적 사건, 시험효과에 대해 설명하시오. 필답 연계 p. 043

_____

_____

_____

_____

⑦ 외생변수의 통제 방법 3가지를 나열하고, 각각에 대해 기술하시오. 필답 연계 p. 045

_____

_____

_____

_____

⑧ 실험 시 독립변수 효과를 상쇄시키는 원인을 통제하는 구체적인 방안 2가지를 기술하시오.
필답 연계 p. 045

_____

_____

_____

_____

⑨ 공부시간이 성적에 미치는 영향을 연구할 때 지능의 영향을 배제하는 방법 3가지를 기술하시오.

필답 연계 p. 045

_____

_____

_____

_____

_____

⑩ 외적 타당도를 저해하는 요인과 해결방법을 2가지씩 기술하시오. 필답 연계 p. 047

_____

_____

_____

_____

_____

⑪ 실험의 핵심요소 중 2가지를 기술하시오. 필답 연계 p. 049

_____

_____

_____

_____

_____

⑫ 바람직한 실험설계의 조건을 4가지 기술하시오. 필답 연계 p. 049

_____

_____

_____

_____

_____

⑬ 사전실험설계의 종류 2가지를 나열하고 각각의 개념을 설명하시오. 필답 연계 p. 052

⑭ 유사실험설계가 무엇인지 설명하고, 장단점을 기술하시오. 필답 연계 p. 053

⑮ 사후실험설계의 정의와 장단점을 2가지씩 기술하시오. 필답 연계 p. 055

(4) CHAPTER 04 설문설계

① 설문조사로 정보를 수집 시 설문지 표지에 포함되는 핵심사항을 기술하시오. 필답 연계 p. 062

② 개방형 질문과 폐쇄형 질문의 장단점을 3가지씩 기술하시오. 필답 연계 p. 065

_____

_____

_____

_____

③ 좋은 설문문항이 되기 위한 작성원칙 4가지를 기술하시오. 필답 연계 p. 066

_____

_____

_____

_____

④ 규범적 설문 시 바람직해 보이려는 편향을 줄이는 방법을 4가지 작성하시오. 필답 연계 p. 067

_____

_____

_____

_____

⑤ 설문항목을 작성 시 기존 질문지를 사용할 때 기대되는 긍정적 효과를 3개 기술하시오. 필답 연계 p. 068

_____

_____

_____

_____

⑥ 폐쇄형 설문지 작성 시 포괄성과 상호배제성에 대해 설명하시오. 필답 연계 p. 068

_____

_____

_____

_____

_____

⑦ 질문지 문항의 순서를 결정할 때 유의해야할 사항을 5가지 기술하시오. 필답 연계 p. 071

_____

_____

_____

_____

_____

⑧ 사전조사의 개념을 기술하고, 사전조사를 실시하는 목적을 4가지 기술하시오. 필답 연계 p. 072

_____

_____

_____

_____

_____

⑨ 응답자로부터 모호하거나 충분하지 않은 대답을 했을 때 조사자가 사용하는 기술에 대해 정의하고 설명하시오. 필답 연계 p. 086

_____

_____

_____

_____

_____

(5) CHAPTER 05 정성조사(FGI 및 심층인터뷰)

① 표적집단면접법(FGI: Focus Group Interview)에 대해 설명하시오. `필답 연계 p. 080`

_____

_____

_____

_____

_____

② 표적집단면접법(FGI: Focus Group Interview)의 장단점을 2가지씩 기술하시오. `필답 연계 p. 080`

_____

_____

_____

_____

_____

③ FGI 진행자로서 갖추어야 할 자격을 3가지 기술하시오. `필답 연계 p. 083`

_____

_____

_____

_____

_____

④ 심층인터뷰의 개념을 설명하고, 장단점을 2개씩 기술하시오. `필답 연계 p. 085`

_____

_____

_____

_____

_____

⑤ 비구조화면접의 개념과 방법에 대해 기술하시오. 필답 연계 p. 106

2) 제2과목 조사관리와 자료처리

(1) CHAPTER 01 자료수집방법

① 1차 자료와 2차 자료에 대해 설명하고 각각에 대한 예시를 기술하시오. 필답 연계 p. 096

② 1차 자료의 정의, 필요성, 그리고 한계에 대해 기술하시오. 필답 연계 p. 096

③ 질문지법, 관찰법, 면접법, 문헌조사법의 개념을 기술하시오. 필답 연계 p. 097

④ 실험과 비교한 설문조사의 장단점을 2가지씩 기술하시오. `필답 연계 p. 098`

⑤ 우편조사와 비교해 면접조사의 장단점을 2가지씩 기술하시오. `필답 연계 p. 098`

⑥ 온라인조사의 문제점과 이를 보완할 수 있는 방법에 대해 기술하시오. `필답 연계 p. 099`

⑦ 온라인으로 설문조사 시 고려해야 할 사항을 3가지 기술하시오. `필답 연계 p. 099`

⑧ 우편조사와 비교한 전화조사의 장단점을 2가지씩 기술하시오. 필답 연계 p. 100

⑨ 전화조사의 문제점을 3가지 기술하시오. 필답 연계 p. 100

⑩ 우편조사의 장단점을 2가지씩 기술하시오. 필답 연계 p. 100

⑪ 우편조사의 낮은 응답률을 높이는 방법 3가지를 기술하시오. 필답 연계 p. 101

⑫ 집단조사법(자기기입식 설문조사)의 개념과 장점을 기술하시오. 필답 연계 p. 101

_____

_____

_____

_____

_____

⑬ 집단조사의 정의와 장단점을 2가지씩 기술하시오. 필답 연계 p. 101

_____

_____

_____

_____

_____

⑭ 관찰법으로 자료를 수집 시 장단점을 2가지씩 기술하시오. 필답 연계 p. 103

_____

_____

_____

_____

_____

⑮ 참여관찰의 4가지 종류를 설명하시오. 필답 연계 p. 103

_____

_____

_____

_____

_____

_____

⑯ 관찰자적 참여자와 참여자적 관찰자에 대해 설명하시오. 필답 연계 p. 103

⑰ 체계적 관찰과 비체계적 관찰을 구분하는 기준과 각각의 개념에 대해 설명하시오. 필답 연계 p. 104

⑱ 비표준화면접의 특징을 4개 기술하시오. 필답 연계 p. 106

⑲ 투사법의 3가지 종류를 나열하고, 각각에 대해 설명하시오. 필답 연계 p. 109

⑳ 문헌조사법의 의미와 특징 5가지 기술하시오. `필답 연계 p. 110`

_____

_____

_____

_____

_____

㉑ 내용분석에 대해 설명하고 장점을 2가지 기술하시오. `필답 연계 p. 111`

_____

_____

_____

_____

(2) CHAPTER 02 실사관리

① 조사원의 직무를 조사 전 단계, 조사수행단계, 조사 후 단계로 구분할 때 각 단계별 조사원의 직무를 2가지씩 서술하시오. `필답 연계 p. 123`

_____

_____

_____

_____

_____

② 조사자와 조사관리자의 각 직무를 3가지씩 기술하시오. `필답 연계 p. 123`

_____

_____

_____

_____

_____

③ 설문조사의 실사품질을 검증하는 3단계를 나열하고, 각 단계별 기능을 설명하시오. 필답 연계 p. 128

(3) CHAPTER 03 변수

① 선형변수, 매개변수, 외적변수(외생변수), 억제변수의 의미를 기술하시오. 필답 연계 p. 137

② 독립변수와 비교해 선행변수를 설명하고, 예시를 기술하시오. 필답 연계 p. 139

③ 인과관계의 규명을 방해하는 혼란변수와 허위변수에 대해 예를 들어 설명하시오. 필답 연계 p. 139

④ 측정변수와 잠재변수에 대해 설명하고, 각 변수의 예시를 2개씩 작성하시오. 필답 연계 p. 141

_____

_____

_____

_____

⑤ 양적자료와 질적자료에 대해 설명하고, 각각의 예시를 2가지씩 기술하시오. 필답 연계 p. 141

_____

_____

_____

_____

(4) CHAPTER 04 측정의 타당도와 신뢰도

① 조작적 정의의 의미와 유용성, 그리고 한계에 대해 기술하시오. 필답 연계 p. 148

_____

_____

_____

_____

② 개념적 정의와 조작적 정의를 예를 들어 설명하시오. 필답 연계 p. 148

_____

_____

_____

_____

③ 명목척도, 서열척도, 등간척도, 비율척도를 설명하고, 각각의 예를 2가지씩 기술하시오. 필답 연계 p. 149

④ 측정도구로서 척도의 종류 4가지를 나열하고 설명하시오. 필답 연계 p. 149

⑤ 등간척도에 대해 예를 들어서 구체적으로 설명하시오. 필답 연계 p. 150

⑥ 체계적 오차와 비체계적 오차를 설명하시오. 필답 연계 p. 152

⑦ 측정의 신뢰도를 높이는 방법 2가지를 제시하고 각각에 대해 설명하시오. <kbd>필답 연계 p. 152</kbd>

_____

_____

_____

_____

_____

⑧ 재조사법과 반분법에 대해 기술하시오. <kbd>필답 연계 p. 152</kbd>

_____

_____

_____

_____

_____

⑨ 신뢰도를 높이는 방법을 5가지 기술하시오. <kbd>필답 연계 p. 154</kbd>

_____

_____

_____

_____

_____

⑩ 내용타당도, 기준타당도, 개념타당도가 무엇인지 설명하시오. <kbd>필답 연계 p. 155</kbd>

_____

_____

_____

_____

_____

⑪ 개념타당도의 종류 2가지를 설명하시오. 필답 연계 p. 156

_____
_____
_____
_____

⑫ 척도와 지수의 의미를 설명하고, 척도와 지수를 이용하는 이유를 2가지 기술하시오. 필답 연계 p. 159

_____
_____
_____
_____

⑬ 보가더스(Bogardus)에 의해 개발된 사회적 거리척도에 대해 설명하시오. 필답 연계 p. 160

_____
_____
_____
_____

⑭ 소시오메트리는 집단 내 구성원 간의 거리(친화도)를 측정하는 방법이다. 이를 성공적으로 수행하기 위한 요건을 5가지 기술하시오. 필답 연계 p. 161

_____
_____
_____
_____

⑮ 서스톤척도의 개념을 설명하고, 다른 척도에 비교하여 서스톤척도의 장단점을 1개씩 기술하시오.

필답 연계 p. 164

---

⑯ 총합고정척도법에 대해 기술하시오. 필답 연계 p. 164

---

(5) CHAPTER 05 자료처리

① 무응답이 발생하는 원인을 3가지 나열하고, 각 원인별 처리방법을 설명하시오. 필답 연계 p. 175

---

② 단위무응답과 항목무응답의 개념과 각각에 대해 대처하는 방법을 기술하시오. 필답 연계 p. 183

---

③ 자료입력의 중요성을 설명하고 입력된 자료의 오류를 점검하는 방법을 기술하시오. `필답 연계 p. 184`

_____

_____

_____

_____

_____

④ 단일변량 이상치와 다변량 이상치의 개념을 설명하고 각 이상치를 점검하는 하는 방법을 소개하시오.

`필답 연계 p. 184`

_____

_____

_____

_____

_____

3) 혼합 문제 및 응용문제

① 응답자가 편향된 대답을 하게 되는 유형을 나열하고 기술하시오.

종류	내용(모범답안)
최신(최후)효과	최근에 듣거나 제공받은 정보에 더 큰 비중을 두는 효과다. 필답 연계 p. 072
이전효과	앞의 질문과 응답 내용이 뒤의 질문에 대한 응답에 영향을 미치는 것이다. 필답 연계 p. 071
동조효과	조사원의 태도가 응답자의 답변에 영향을 주는 것이다. 필답 연계 p. 099
권위편향효과	사회적 지위가 높거나 전문 기술을 가지고 있는 사람의 의견을 비판적 사고 없이 받아들이는 것이다. 필답 연계 p. 005

② 표준화면접과 심층면접에 대해 설명하고, 어떤 경우에 각각을 사용하게 되는지 기술하시오.

종류	내용(모범답안)
표준화면접	사전에 작성한 설문지에 있는 질문항목을 그대로 질문하는 방식으로 순서와 질문을 변경하지 못한다. 일반적으로 사전에 충분한 배경지식이 있을 때 시행하고, 대규모 자료의 분석에 적합하다(결과의 일반화가 필요할 때) 필답 연계 p. 106 설문조사를 활용한 대인면접에 해당
심층면접	한 명의 응답자와 질의응답으로 정보를 수집하는 질적 조사방법으로 상황에 따라 질문의 순서를 변경할 수 있고 질문을 추가할 수도 있다. 일반적으로 사전에 충분한 배경지식이 없을 때 탐색적 조사의 목적으로 시행하거나, 연구주제에 더 깊이 이해하고 가설과 설문을 개발하기 위해 시행하기도 하며, 어떤 현상에 대해 깊이 이해하고 주관적·해석적 의미를 찾고자 할 때 적합하다. 필답 연계 p. 107

③ 면접조사 시 조사자(조사원)가 주의해야 할 사항을 3가지 기술하시오.

내용(모범답안)

㉠ 조사대상자가 조사에 성실히 임하도록 동기를 부여하고 친밀감(rapport)을 형성한다.
㉡ 단정한 복장을 갖추고 언어 사용에 주의한다.
㉢ 전문가 다운 언어를 구사하되 일반인(응답자)이 이해하지 못하는 어려운 용어는 자제하도록 한다.
㉣ 응답자의 정보와 비밀이 보장된다는 것을 알리도록 한다.
㉤ 응답이나 협조를 완강히 거절할 때는 강요하지 않도록 한다.
㉥ 설문지에 있는 질문 항목은 빠짐없이 질문한다.
㉦ 설문지의 항목을 누락, 순서를 변경, 내용을 수정, 새로운 질문 등을 해서는 안 된다.
㉧ 응답자의 답변에 대해 개인적인 평가나 코멘트를 자제한다.
㉨ 조사자가 원하는 답변을 유도해서는 안 된다.

※ 본문 여러 곳에 있는 내용으로 답변을 참고 바란다.

---

④ 표본추출과 관련된 다양한 용어 중 표집틀, 표집률, 모수, 통계량에 대해 설명하시오.

구분	내용(모범답안)	
표집틀	표본이 추출될 수 있는 전체 모집단의 목록이다.	필답 연계 p. 023
표집률	모집단 중 몇 %가 표집(추출)되었는가에 대한 정보를 제공한다. 예를 들어, 모집단 1,000개 중 표본을 100개 추출했다면 표집률은 10%가 된다.	필답 연계 p. 024
모수	모평균, 모분산처럼 모집단의 특성을 나타내는 수치다.	필답 연계 p. 021
통계량	표본평균, 표본분산처럼 표본의 특성을 나타내는 수치다.	필답 연계 p. 022

⑤ 탐색조사와 사전조사에 대해 설명하시오.

구분	내용(모범답안)	
탐색조사	연구하고자 하는 주제가 새로운 것이어서 사전정보가 별로 없을 때 예비조사의 개념으로 실시하는 것으로, 기존의 관련 문헌(연구)을 조사하거나, 해당 분야 경험자 또는 전문가에게 비표준화된 질문을 통해 조언을 듣거나, 유사 사례 등을 조사하는 것 등이 해당된다.	필답 연계 p. 008
사전조사	사전조사(pretest)는 본격적인 설문조사를 시행하기 이전에 질문지에 문제가 있는지 점검하기 위해 실행하는 것으로 소수의 표본을 뽑아 본조사와 동일하게 진행하여 오류를 점검하는 조사다.	필답 연계 p. 072

⑥ 아래 질문항목의 문제점을 설명하고, 질문항목을 적합한 형태로 작성하시오.
"귀하께서는 현재 근무하는 회사의 임금수준과 복지수준에 대해 만족하십니까?"

	모범답안
문제점	첫째, 하나의 문항으로 하나의 주제를 질문해야 하지만, 하나의 문항에서 "임금수준"과 "복지수준"에 대해 질문하고 있다. 둘째, 질문 자체는 폐쇄형 질문형태이지만 보기가 없다. 또한, 질문 내용을 고려 시 개방형보다는 폐쇄형 질문형태가 적합하다.
적합한 질문지1	Q1. 귀하께서는 현재 근무하는 회사의 임금수준에 대해 어느 정도 만족하십니까? ① 매우 만족하지 않는다. ② 다소 만족하지 않는다. ③ 보통이다. ④ 만족하는 편이다. ⑤ 매우 만족한다. Q2. 귀하께서는 현재 근무하는 회사의 복지수준에 대해 어느 정도 만족하십니까? ① 매우 만족하지 않는다. ② 다소 만족하지 않는다. ③ 보통이다. ④ 만족하는 편이나. ⑤ 매우 만족한다.

적합한 질문지2

Q1. 귀하께서는 현재 근무하는 회사의 임금수준과 복지수준에 대해 어느 정도 만족하십니까?

구분	매우 만족하지 않는다	다소 만족하지 않는다	보통이다	만족하는 편이다	매우 만족한다
임금	①	②	③	④	⑤
복지	①	②	③	④	⑤

CHAPTER 02

필답형 │ 설문지 작성

01 배경지식

사회조사분석사의 작업형(실기) 시험에서 설문문항을 작성하는 것은 어렵지 않으며 본 교재에서 학습한 정도의 내용만으로도 충분하다. 지시문을 꼼꼼히 읽고 명확히 이해하여 지시문대로 설문을 작성하는 것이 중요하다.

1) 개방형 문항 ★★★

설문지에서 문항의 형태는 개방형과 폐쇄형이 있는데, 개방형은 주관식인 반면 폐쇄형은 객관식으로 이해하면 된다. 설문문항은 간략하고 명확해야 하며, 가치중립적이어야 한다. 또한 최대한 공손하게 작성한다. 특히 선택지가 제시되는 폐쇄형 질문에 비해 개방형 질문은 더욱 명확하게 작성되어야 한다. 명확성이 결여되면 응답자마다 다른 의미로 받아들여 다른 대답을 할 수 있기 때문이다.

예를 들어, 나이를 묻는 개방형 질문에서 왼쪽 문항으로 질문하면, 응답자가 나이를 만 나이로 생각하는지 여부에 따라 답변이 달라진다. 이때 1살의 차이가 발생하기 때문에 큰 문제가 아니라고 생각할 수 있지만, 만약 실증분석에서 나이를 연령대에 따라 20대, 30대, 40대 등으로 범주형 변수를 만들 때 29세라고 대답할 때와 30세라고 대답할 때는 연령대가 완전히 달라지는 심각한 문제가 발생하게 된다.

▌ 개방형 문항: 명확성

명확성이 결여된 선택지	명확성이 만족되는 선택지
귀하는 현재 몇 세입니까? _____세	귀하는 현재 만으로 몇 세입니까? _____세
※ 2023년에 만나이가 정식 나이가 되었으나, 여전히 만 나이를 적지 않을 수 있다.	

2) 폐쇄형 문항

(1) 배타성 ★★★

폐쇄형에서 선택지를 작성 시 포괄성과 배타성을 주의해야 한다. 먼저 아래 표의 임금소득에 대한 문항에서 왼쪽의 경우, 임금소득이 5,000만 원인 사람은 ②번 또는 ③번을 선택할 수 있는 문제가 발생한다. 그러므로 오른쪽 문항처럼 각 선택지가 겹치는 부분이 발생하면 안 된다.

또한 아래의 임금소득을 물어보는 문항 역시 명확성 측면에서 문제가 있다. 임금소득이라고 하더라도 어떤 사람은 세전 소득을 생각할 수 있고, 어떤 사람은 세후 소득을 생각할 수 있다. 그러므로 "귀하의 작년 한 해 임금소득(세전)은 얼마였습니까?"처럼 명확하게 질문하는 것이 중요하다.

▌폐쇄형 문항: 배타성

배타성이 결여된 선택지	배타성이 만족되는 선택지
귀하의 작년 한 해 임금소득은 얼마였습니까? ① 2,000만 원 ② 2,000만 원~5,000만 원 ③ 5,000만 원 ~1억 원 ④ 1억 원 이상	귀하의 작년 한 해 임금소득은 얼마였습니까? ① 2,000만 원 미만 ② 2,000만 원 이상 ~ 5,000만 원 미만 ③ 5,000만 원 이상 ~ 1억 원 미만 ④ 1억 원 이상

(2) 포괄성 ★★★

아래 거주지역에 대한 폐쇄형 질문에서 왼쪽의 경우, 도시기 아닌 지역(예 읍·면)에 거주하는 사람은 선택지에서 제외되는 포괄성의 문제가 발생한다. 그러므로 폐쇄형 문항에서는 오른쪽의 예처럼 모든 가능한 선택지를 포괄해야 한다.

▌폐쇄형 문항: 포괄성

포괄성이 결여된 선택지	포괄성이 만족되는 선택지
귀하의 거주지역은 어디입니까? ① 수도권 ② 광역시 ③ 중소도시	귀하의 거주지역은 어디입니까? ① 수도권 ② 광역시 ③ 중소도시 ④ 기타

(3) 2개의 선택지 ★★★

폐쇄형 문항에서 선택지가 2개뿐인 경우가 빈번히 사용된다. 아래처럼 어떤 대상 또는 개념에 대해 찬반 의견을 묻거나 성별처럼 대답할 수 있는 선택지가 두 가지만 있는 경우에 해당된다.

▌선택지가 2개인 경우의 다양한 예

찬반 의견에 대한 질문		
귀하는 한국의 소득격차가 큰 편이라고 생각하십니까?	① 그렇다	② 아니다
찬반 또는 어부에 대한 질문		
귀하는 작년 해외여행을 다녀오셨습니까?	① 예	② 아니오
성별에 대한 질문		
귀하의 성별은 무엇입니까?	① 남성	② 여성

(4) 복수 응답 ★★★

폐쇄형 문항에서 응답 항목 중 복수의 응답을 요구하거나, 특히 복수의 응답을 선호하는 순서대로 기입하라는 설문이 필요할 때가 있다. 아래는 선호하는 순서와 무관하게 복수의 응답을 요구하는 폐쇄형 문항에 해당한다.

┃ 복수 응답 문항 : 서열 없는 복수 응답

> 귀하가 거주하고 싶은 주택의 형태를 2개 선택해 주세요.
> 1:____, 2:____
> ① 아파트   ② 빌라   ③ 오피스텔   ④ 단독주택   ⑤ 기타

하지만 복수형 응답을 요구할 때는 아래처럼 선호하는 순서에 따라 서열식으로 답변하도록 문항을 작성하는 것이 일반적이며, 필요에 따라 2순위까지가 아닌 3순위까지도 요구하게 된다.

┃ 복수 응답 문항: 서열 있는 복수 응답

> 귀하가 거주하고 싶은 주택의 형태를 선호하는 순서대로 2개를 기입해 주세요.
> 1순위:____, 2순위:____
> ① 아파트   ② 빌라   ③ 오피스텔   ④ 단독주택   ⑤ 기타

(5) 고정 총합형

서열형 질문의 변형된 형태로 일반적으로 각 보기별 비중을 질문하고, 모든 비중을 더하면 100%가 되는 형태다.

┃ 고정 총합형 예시

1. 귀하의 지난 6개월(1월~6월 말) 동안 소비항목별 비중을 입력하세요.					
식료품	문화 · 오락	교육	여행	기타	계
( )%	( )%	( )%	( )%	( )%	100%

(6) 리커트 척도를 활용하는 문항 ★★★

폐쇄형 문항에서 어떤 대상에 대한 의견을 강도의 순서에 따라 나열하여 응답자로 하여금 선택하도록 질문하는 방식이 자주 출제된다. 특정 대상이나 개념에 대하여 응답자의 태도, 감정, 신념 등을 평가하기 위해 리커트 척도가 주로 활용된다고 학습하였으며, 리커트 척도는 3점, 5점, 7점 등 다양한 방식으로 구성될 수 있으나 5점 척도가 가장 빈번하게 사용된다. 참고로, 리커트 척도의 보기를 작성 시 나중에 분석이 용이하도록 부정 → 긍정의 순서로, 약한 강도(반대) → 강한 강도(찬성) 순으로 작성하는 것이 좋다.

┃ 리커트 척도 문항

> 귀하는 유권자의 나이를 만 17세로 낮추는 방안에 대해 어떻게 생각하십니까?
> ① 매우 반대한다   ② 반대한다   ③ 보통이다   ④ 찬성한다   ④ 매우 찬성한다
>
> ※ 만약, 문제에서 4점 척도를 사용하라고 하면, "③ 보통이다"를 제외한다.

리커트 척도로 질문하되 행렬식으로 여러 가지 요인을 한 번에 질문할 수 있다.

▌ 행렬식 리커트 척도 문항

귀하는 혼인 대상자로 다음 요건들에 대해 얼마나 중요하게 생각하십니까?					
구분	전혀 중요하지 않다	중요하지 않다	보통이다	중요하다	매우 중요하다
외모	①	②	③	④	⑤
성격	①	②	③	④	⑤
직업	①	②	③	④	⑤

(7) 어의구별 척도를 활용하는 문항 ★☆☆

어의구별 척도는 양극단에 서로 상반되는 형용사를 배열하고 주로 1~7의 점수로 표현하도록 설계하여, 측정 대상이 개인에게 주는 주관적인 의미를 측정하는 것으로 하나의 개념을 여러 차원에서 평가하는 방법이라고 학습하였다. 아래는 어의구별 척도를 활용해 노숙자에 대한 주관적인 의견을 묻는 예시를 보여준다.

▌ 어의구별 척도 문항

노숙자에 대한 귀하의 생각을 1점(긍정적)에서 7점(부정적) 중 선택하세요.								
	1	2	3	4	5	6	7	
깨끗함								더러움
똑똑함								멍청함
부지런함								게으름
친절함								불친절함

(8) 스타펠 척도(Stapel Scale)

양극단에 서로 상반되는 형용사를 배열하는 어의구별 척도와 달리 하나의 수식어만 사용해 측정하는 방식으로 긍정적인 태도는 양수, 부정적인 태도는 음수로 측정하는 척도다. 참고로 아래는 11점 기준이며, 만약 7점 기준으로 스타펠 척도를 작성하려면, −3 ~ 3점으로만 한정하면 된다(−4, −5, 4, 5 삭제).

▌스타펠 척도 문항

백화점에 대한 만족도 평가

5	5	5	5	5
4	4	4	4	4
3	3	3	3	3
2	2	2	2	2
1	1	1	1	1
상품이 고급이다.	서비스가 좋다.	상품이 다양하다.	친절하다.	깨끗하다.
−1	−1	−1	−1	−1
−2	−2	−2	−2	−2
−3	−3	−3	−3	−3
−4	−4	−4	−4	−4
−5	−5	−5	−5	−5

(9) 거트만 척도를 활용하는 문항

사회적 거리/보가더스 척도는 인종, 사회계급, 직업 같은 여러 가지 형태의 사회 집단에 대한 사회적 거리를 측정하기 위해 개발된 척도라고 학습하였으며, 이를 좀 더 체계적으로 발전시킨 것이 거트만 척도라고 하였다. 예를 들어, 특정 국가의 사람에 대한 태도를 다음과 같은 방법으로 측정할 수 있다. 이때 선택지를 배타적인 강도에 따라 서열적으로 작성하는 것이 중요하다.

▌거트만 척도 문항

○○○에 대한 귀하의 생각에 대해 답해 주세요.

질문	예	아니오
1. 내 가족으로 받아들일 수 있다.	①	②
2. 친인척으로 받아들일 수 있다.	①	②
3. 내 직장 동료로 받아들일 수 있다.	①	②
4. 내 국가의 국민으로 받아들일 수 있다.	①	②

(10) 여과 질문: 특정 집단에게 선택적으로 질문하는 문항 ★★★

POWER 팁

여과 질문의 출제

질문에 대한 적합한 조사대상자를 선별하는 질문은 반드시 출제되고 설문지 작성과 관련한 문항 중 가장 어렵기 때문에 잘 학습해야 한다. 물론, 질문지를 꼼꼼히 읽고 지시에 따라 작성하면 된다.

① 조사대상자로서의 적합성 검증

연구 주제에 따라 조사대상자가 다르다. 이 경우, 처음 질문에서 설문의 조사대상자로서 적합한지 확인하고, 이후 문항부터는 조사대상자에게만 질문하는 순서를 밟는다.

아래의 예시는 노인(65세 이상)들의 노후생활에 대한 조사가 목적이라고 할 때, 65세 미만을 제외하는 방식을 보여준다. 물론 조사자가 설문조사 시작 전에 참여자의 나이를 물어보지만, 문항을 통해 한 번 더 확인하는 것이 중요하다.

▌조사대상자 적격성 검증

> 1. 귀하는 만으로 65세 이상이십니까?
>   ① 예   → 2번으로 이동
>   ② 아니오   → 설문 중단
>
> 2. 현재 전반적인 노후생활에 대해 어느 정도 만족하십니까?
>   ① 매우 만족하지 않는다
>   ② 만족하지 않는다
>   ③ 보통이다
>   ④ 만족한다
>   ⑤ 매우 만족한다

② 설문 중간에 질문 대상을 한정

필요에 따라서는 설문 초기가 아닌 중간에 특정 대상으로만 설문을 한정해야 하는 상황이 있다. 이때는 여과질문을 통해 조사대상자를 선정하고, 다음 문항에서 해당 대상에게만 질문을 하고 난 뒤에 다시 대상을 전체로 확장하는 순서로 진행한다.

아래의 설문에서 3번 문항은 65세 이상 중 결혼을 한 적이 있는지 여부를 질문하여 기혼자로만 설문 대상을 한정한 뒤 4번 문항에서 기혼자만을 대상으로 배우자 생존 여부를 질문하고, 다시 5번에서는 설문 대상을 65세 이상 전체로 확대하는 절차를 보여준다.

▌설문 중간에 여과 질문 활용

> 1. 귀하는 현재 만으로 65세 이상이십니까?
>   ① 예   → 2번으로 이동
>   ② 아니오   → 설문 중단
>
> 2. 현재 전반적인 노후생활에 대해 어느 정도 만족하십니까?
>   ① 매우 만족하지 않는다
>   ② 만족하지 않는다
>   ③ 보통이다
>   ④ 만족한다
>   ⑤ 매우 만족한다

3. 귀하는 결혼을 하신 적이 있습니까?
  ① 예   → 4번으로 이동
  ② 아니오   → 5번으로 이동
  TIP "→ 4번으로 이동"은 삭제해도 무방하다.

4. 귀하의 배우자는 생존해 계십니까?
  ① 예   ② 아니오

5. 귀하는 현재 소득을 위한 근로활동을 하고 계십니까?
  ① 예   ② 아니오

(11) 가치중립성(객관성): 암시 및 유도 질문 삼가

경험이 많지 않은 연구자가 설문지 작성 시 많이 하는 실수 중 하나가 가치중립적이지 않은 문장을 활용하는 것이다. 특히 본인이 원하는 응답을 유인하는 표현을 활용하는 경우가 많다. 이 경우, 연구가 완료된 이후에도 가치를 인정받지 못하는 안타까운 일이 발생하기 때문에 반드시 주의해야 한다. 아래의 경우는 소년법 폐지에 대한 찬성 여부를 질문하는 문항들인데, 모두 객관성이 결여된 예시를 보여준다.

▌폐쇄형 문항: 가치중립성

가치중립성이 훼손된 설문
예시 1
최근에는 초등학생들도 성인과 유사한 신체적 성장을 보이기도 합니다. 소년법 폐지에 대해 찬성하십니까?
① 예   ② 아니오
TIP 초등학생도 성인과 체격이 유사함을 강조하며 찬성의 답변을 유도하는 질문
예시 2
최근 소년법 폐지를 주장하는 사람들이 많습니다. 소년법 폐지에 대해 찬성하십니까?
① 예   ② 아니오
TIP 소년법 폐지를 주장하는 사람이 많으니 동조해 달라는 질문
예시 3
범죄로부터 국민을 보호하기 위해 소년법 폐지가 필요하다고 생각하십니까?
① 예   ② 아니오
TIP 소년법 폐지가 범죄로부터 국민을 보호하는 길이라고 암시하는 질문
모범답안
1. 귀하께서는 소년법 폐지가 필요하다고 생각하십니까?
① 예→2번으로 이동   ② 아니오→3번으로 이동
2. 소년법 폐지가 필요하다고 생각하는 이유가 무엇입니까?
① 생략 ...

1) 예시 1

(1) 질문

다음의 참고 사항을 바탕으로 각 요구사항에 따라 질문지를 작성하시오.

〈참고 사항〉
"부모의 비만 여부가 청소년 비만에 미치는 영향"에 대한 부모의 생각을 조사하기 위해 다음과 같이 질문지를 작성하고자 한다. 전국의 20세 ~ 59세 이상 성인 남녀 중 자녀가 있는 사람을 대상으로 조사하고자 하며, 기초자료로 성별, 연령대, 응답자의 학력 수준, 소득수준을 조사한다.

1. 조사대상자는 자녀가 있는 20~59세로 한정한다.
2. 체질량 지수를 산출하기 위해 본인의 정확한 키(cm)를 조사한다.
3. 체질량 지수를 산출하기 위해 본인의 정확한 몸무게(kg)를 질문한다.
4. 첫째 자녀가 비만이라고 생각하는지 여부를 조사하고, 다시 부모의 체질량 지수가 자녀의 체질량 지수에 미친다는 주장에 대한 동의 정도를 리커트 형태의 5점 척도를 구성해 질문한다. 단, 응답 보기 중 "모르겠다"는 설정하지 않는다.
5. 응답자는 남녀로 구분한다.
6. 응답자의 연령은 20세~59세로 한정하되, 연령대를 4개로 범주화하고 어느 연령대에 해당하는지 조사한다.
7. 응답자의 학력수준은 중학교 졸업, 고등학교 졸업, 전문대 졸업, 대학교 졸업 이상으로 구분해 조사한다. 단, 중퇴와 재학은 졸업으로 인정하지 않는다.
8. 소득수준은 작년 한 해 가구의 총 소득(세전)을 조사하되, 2,000만 원, 4,000만 원, 6,000만 원, 8,000천만 원, 1억 원을 기준으로 응답항목을 구성한다.

(2) 모범답안

1.

귀하는 만 20 ~ 59세이면서 자녀가 있습니까?

① 예 → 2번으로 이동   ② 아니오 → 설문 중단

TIP 여과 질문이므로 두 개의 내용을 한 문장으로 작성해도 된다.

2.

귀하의 키는 현재 몇 cm입니까? _____cm

TIP 정확한 키를 조사하기 위해 개방형으로 질문하고, 언제의 키인지, 그리고 단위를 명확하게 기재해 준다. 시험에서 폐쇄형 설문으로 작성해야 하는 경우에는 지시문에서 보기에 대한 설명이 제공된다.

3.

귀하의 몸무게는 현재 몇 kg입니까? _____kg

> TIP 정확한 몸무게를 조사하기 위해 개방형으로 질문하고, 언제의 몸무게인지, 그리고 단위를 명확하게 기재해 준다.

4.

귀하는 첫째 자녀가 비만이라고 생각하십니까?

① 예   ② 아니오

> TIP "첫째 자녀가 비만이라고 생각하는지 여부를 조사"하라는 지시문에 따라 양자택일형(예, 아니오)으로 작성한다. 참고로, 실제 연구를 수행한다면 각 자녀마다 나이와 성별, 그리고 키와 몸무게를 질문하는 것이 바람직하지만, 예시이므로 생략한다.

4-1.

귀하는 부모의 체질량 지수가 자녀의 체질량 지수에 영향을 준다는 주장에 동의하십니까?

① 전혀 동의하지 않는다.   ② 동의하지 않는다.
③ 보통이다.   ④ 동의한다.
⑥ 매우 동의한다.

> TIP "부모의 체질량 지수가 자녀의 체질량 지수에 영향을 미친다는 주장에 대한 동의 정도"라는 지시문을 잘 읽고 그대로 반영한다. 또한 리커트 척도를 5점 척도가 아닌 4점 척도로 구성하라고 하면, 보기 중 "③ 보통이다"를 제외한다.

5.

귀하의 성별은 무엇입니까?

① 남성   ② 여성

6.

현재 귀하의 연령대(만 나이)는 어디에 해당합니까?

① 20대   ② 30대
③ 40대   ④ 50대

> TIP 첫 질문에서 이미 조사대상자를 20~59세로 한정했다는 것을 고려하여 가능한 간략하게 작성하며, 보기에 "⑥ 기타"가 없어도 포괄성이 충족된다. 또한 지시(응답자의 연령은 20세 ~ 59세로 한정하되, 연령대를 4개로 범주화하고 어느 연령대에 해당하는지 조사)에 맞게 작성한다.

7.

귀하의 학력은 어디에 해당합니까? 단, 재학 중이거나 중퇴는 졸업으로 인정되지 않은 것으로 답해주세요.

① 중학교 졸업 이하   ② 고등학교 졸업
③ 전문대 졸업   ④ 4년제 대학교 졸업 이상

> TIP 지시문에 따르고 포괄성과 배제성의 문제가 없도록 작성한다.

8.

귀하 가구의 작년 총 소득(세전)은 어디에 해당합니까?

① 2,000만 원 미만

② 2,000만 원 이상~4,000만 원 미만

③ 4,000만 원 이상~6,000만 원 미만

④ 6,000만 원 이상~8,000만 원 미만

⑤ 8,000만 원 이상~1억 원 미만

⑥ 1억 원 이상

TIP 지시문에 따르고 포괄성과 배제성의 문제가 없도록 작성해야 한다. 참고로, 실제로 연구를 수행한다면 소득에 어떠한 종류의 소득이 포함되는지 더 명확히 설명해주면 좋지만, 지시문에 그러한 내용이 없으니 생략해도 괜찮다.

2) 예시 2

(1) 질문

다음의 참고 사항을 바탕으로 각 요구사항에 따라 질문지를 작성하시오.

〈참고 사항〉

○○리서치 회사는 건설회사로부터 위탁받아 향후 3년 이내에 주택을 구매할 의향에 대해 조사하고자 한다. 기초자료로 연령대, 혼인 상태, 가족 수, 거주 지역, 소득수준을 조사한다.
1. 현재 주택을 소유하고 있는지 여부를 조사한다.
2. 향후 3년 이내에 주택을 구매할 의향이 있는지 조사한다.
3. 주택 구매 시 고려사항을 조사한다.
4. 주택 구매 시 선호하는 주택 형태를 조사한다.
5. 인구통계학적 특성을 조사한다.

(2) 세부 질문 및 모범답안

1.

본인이나 배우자가 주택을 소유하고 있는지 여부를 파악하기 위한 설문을 작성하시오.

모범답안

본인이나 배우자 소유의 주택이 있습니까?
① 예　　　　　　　　　　　　　　　　　② 아니오

2.

향후 3년 이내로 주택을 구매할 의향이 있는지 조사하되, 구매 의향은 리커트 형태의 4점 척도로 질문한다. 단, 응답 보기는 구매 의향이 약한 것부터 강한 순으로 작성하고, "모르겠다"는 설정하지 않는다. 또한 아래 3 ∼ 4번 질문의 조사대상자는 향후 3년 이내에 주택을 구매할 의향이 있는 사람들임을 고려해 질문지를 작성한다.

모범답안

귀하가 향후 3년 이내에 주택을 구매할 의향은 어느 정도입니까?
① 전혀 없다 → 질문 5로 이동
② 별로 없다　→ 질문 5로 이동
③ 어느 정도 있다 → 질문 3으로 이동
④ 매우 있다 → 질문 3으로 이동

TIP　3 ∼ 4번의 조사대상자는 향후 3년 이내에 주택을 구매할 의향이 있는 사람들이므로 이 문제에서 주택 구매 의향이 없는 사람(① ∼ ②)은 5번으로 이동하도록 하고, 구매 의향이 있는 사람(③ ∼ ④)은 3번 문제로 이동하도록 여과 질문의 형태로 작성한다.

3.

주택을 구매할 때 고려사항으로 크기, 연식, 가격, 교통을 얼마나 중요하게 생각하는지 5점 척도를 사용한 행렬식 질문으로 설문을 작성하시오.

모범답안

귀하는 주택을 구매할 때 다음 사항들에 대해 어느 정도 중요하게 생각하십니까?

구분	전혀 중요하지 않다	중요하지 않다	보통이다	중요하다	매우 중요하다
크기	①	②	③	④	⑤
연식	①	②	③	④	⑤
가격	①	②	③	④	⑤
교통	①	②	③	④	⑤

4.

주택을 구매할 때 아파트, 단독주택, 빌라, 오피스텔 중 어느 것을 선호하는지 2개를 선호 순서별로 선택하도록 설문을 작성하시오.

모범답안

4. 귀하가 구매하고 싶은 주택의 형태를 선호하는 순서대로 2개를 선택해 주십시오.

1순위:_____, 2순위:_____

① 아파트   ② 단독주택   ③ 빌라   ④ 오피스텔   ⑤ 기타

TIP 포괄성을 만족할 수 있도록 반드시 "⑤ 기타"를 포함시킨다.

5.

혼인 상태를 미혼인지, 기혼인지 파악하기 위한 설문을 작성하시오. 단, 결혼했지만 혼자 살고 있는 경우에도 기혼으로 처리한다.

모범답안

5. 귀하의 혼인 상태는 다음 중 어느 것에 해당합니까? 단, 결혼했지만 혼자 살고 계시는 경우에도 기혼을 선택해 주세요.

① 미혼   ② 기혼

TIP 가능한 간결하게 작성하는 것이 원칙이다. 하지만, 너무 간결하게 작성하는 과정에서 명확성이 결여되면 안 된다. 5번부터는 향후 3년 이내에 주택을 구매할 의향이 있는 사람과 없는 사람 모두가 다시 설문에 참여하게 되는 방식임을 이해해야 한다.

6.

현재 주택에서 본인과 함께 거주하고 있는 가구원의 수를 파악하기 위한 개방형 설문을 작성하시오.

> **모범답안**
>
> 6. 귀하의 현 주택에서 함께 거주하고 있는 가구원은 본인을 포함하여 총 몇 명입니까? _____명

TIP 정확히 조사해야 하므로 개방형으로 질문하며, 본인의 포함 여부에 따라 답이 달라지지 않도록 작성한다. 현재 주택에서 거주하는 모든 가구원의 수를 파악하는 것이므로 "현 주택에 거주하고 있는 가구원은 총 몇 명입니까?"라고 질문할 수도 있다.

7.

응답자의 현재 거주지역을 질문하되 보기에 서울, 경기, 부산, 인천, 대구, 광주가 포함되도록 하며, 다른 지역은 기재하도록 설문지를 작성하시오.

> **모범답안**
>
> 7. 귀하의 현재 거주지역은 어디입니까?
>   ① 서울   ② 경기   ③ 부산   ④ 인천   ⑤ 대전   ⑥ 광주   ⑦ 기타(   )

TIP 포괄성과 배재성의 문제가 없도록 작성한다. 특히, 다른 지역은 직접 기재하도록 설문지를 작성하라는 지시문의 요건을 충족시키기 위해 보기에 반드시 "⑦ 기타(   )"를 포함한다.

8.

가구의 작년 한 해 총소득을 7개의 범주로 설문하되, 1억 원을 기준으로 1억 원 보다 작으면 3천만 원을 단위로 구분하고, 1억 원 보다 많으면 5천만 원을 단위로 구분한다. 단, 보기 중 ①번은 1천만 원 미만으로 시작한다.

> **모범답안**
>
> 8. 귀하 가구의 작년 한해 총소득(세전)은 얼마였습니까?
>   ① 1천만 원 미만
>   ② 1천만 원 이상~4천 만 원 미만
>   ③ 4천만 원 이상~7천만 원 미만
>   ④ 7천만 원 이상~1억 원 미만
>   ⑤ 1억 원 이상~1억 5천만 원 미만
>   ⑥ 1억 5천만 원 이상~2억 원 미만
>   ⑦ 2억 원 이상

TIP 포괄성과 배재성의 문제가 없도록 작성한다.

3) 예시 3

(1) 설문 배경

다음의 참고 사항을 바탕으로 각 요구사항에 따라 질문지를 작성하시오.

〈참고 사항〉

안녕하십니까? 저희는 10대 청소년의 영화관 이용 현황을 조사하는 OO리서치입니다. 바쁘신 와중에도 조사에 참여해주셔서 진심으로 감사드리며, 귀하께서 응답해주신 정보는 반드시 연구목적으로만 사용됩니다. 설문에 참여해주신 모든 분께는 문화상품권 1만 원을 지급해드립니다.

1. 좋아하는 영화 장르
2. 과거 6개월 동안 영과관에서 영화를 관람한 횟수
3. 극장을 방문하지 않는 이유
4. 주로 방문하는 영화관
5. 주로 방문하는 영화관의 평가
6. 향후 6개월 내 영화관 방문 의향
7. 학년을 조사
8. 성별을 조사

---

(2) 세부 질문 및 모범답안

1.

가장 좋아하는 영화 장르(액션, 공포, 스릴러, 코미디, 공상과학, 멜로)를 선호도와 관계없이 2개를 선택하도록 설문 문항을 작성하시오.

모범답안

1. 귀하가 가장 좋아하는 영화의 장르 2가지를 선택해 주십시오.

1:_____, 2:_____

   ① 액션   ② 공포   ③ 스릴러   ④ 코미디   ⑤ 공상과학   ⑥ 멜로   ⑦ 기타

TIP 포괄성을 위해 반드시 "⑦ 기타"를 포함시킨다.

2.

과거 6개월 동안 영화관에서 영화를 본 횟수를 "없음"부터 "세 번 이상"까지 4개의 보기로 조사한다. 단, 아래 3번 질문의 조사대상자는 이번 질문에서 "없음"을 응답한 사람으로 한정하고, 4~5번 질문의 조사대상자는 이번 질문에서 영화를 본적이 있다고 응답한 사람으로 한정되도록 설문을 작성하시오.

> 모범답안
>
> 2. 귀하는 과거 6개월 동안 영화관에서 영화를 몇 번 보았습니까?
>   ① 없음 → 3번으로 이동
>   ② 한 번 → 4번으로 이동
>   ③ 두 번 → 4번으로 이동
>   ④ 세 번 이상 → 4번으로 이동

TIP 여과 질문이 작동하는 방식을 반드시 숙지한다.

3.

극장을 방문하지 않는 이유에 대해 가격 때문인지, 접근성 때문인지, OTT를 이용하기 때문인지를 스타펠 척도로 파악하되, 7점 척도(-3~3점)로 평가될 수 있도록 설문을 작성하시오.

> 모범답안
>
> 3. 귀하가 극장을 방문하지 않는 이유가 무엇인지 말씀해주십시오. 단, 점수가 높을수록 동의 정도가 강하다는 것을 의미입니다. → 6번으로 이동
>
> | 3 | 3 | 3 |
> |---|---|---|
> | 2 | 2 | 2 |
> | 1 | 1 | 1 |
> | 가격 때문 | 접근성 때문 | OTT를 이용하기 때문 |
> | -1 | -1 | -1 |
> | -2 | -2 | -2 |
> | -3 | -3 | -3 |

TIP 4~5번은 2번 설문에서 극장을 방문한 적이 있는 사람만 참여해야 한다는 것에 주의한다. 그러므로 2번 설문에서 극장을 방문한 적이 없는 사람은 이 설문에 참여한 뒤에 6번으로 이동하도록 작성한다. 또한 스타펠 척도를 세로가 아닌 아래처럼 가로로 작성해도 문제없다.

-3	-2	-1	가격 때문	1	2	3
-3	-2	-1	접근성 때문	1	2	3
-3	-2	-1	OTT를 이용하기 때문	1	2	3

4.

CGV, 메가박스, 롯데시네마 중 영화를 보기 위해 주로 방문하는 한 곳을 선택하도록 하되, 다른 종류의 영화관은 직접 기입하도록 설문을 작성하시오.

> 모범답안
>
> 4. 귀하가 영화를 보기 위해 주로 방문하는 극장을 한 곳만 선택해 주십시오.
>   ① CGV　　　　　　② 메가박스　　　　　③ 롯데시네마　　　　④ 기타(　　　　)

TIP　지시사항에 따라 보기에 "④기타(　　　　)"를 추가한다.

5.

영화를 보기 위해 주로 방문하는 영화관을 1 ~ 7점의 어의구별 척도로 평가하도록 조사하되, '지저분하다', '불편하다', '불친절하다'를 왼쪽에 배열하는 방식으로 설문을 작성하시오.

> 모범답안
>
> 5. 귀하가 영화를 보기 위해 주로 방문하는 영화관에 대해 아래 기준으로 평가해 주십시오.

	1	2	3	4	5	6	7	
지저분하다								깨끗하다
불편하다								편하다
불친절하다								친절하다

TIP　제시된 형용사와 반대말을 오른쪽에 배치해 작성한다. 또한 설문에 "해당되는 점수에 ○표시를 하세요"라는 지시문을 추가해도 괜찮다.

6.

향후 6개월 이내에 영화를 보기 위해 영화관을 방문할 의향에 대해 "전혀 없다"로 시작하는 5점 척도의 리커트 형태로 설문을 작성하시오.

> 모범답안
>
> 6. 귀하는 향후 6개월 이내에 영화를 보기 위해 영화관을 방문할 의향이 있습니까?
>   ① 전혀 없다.　　　　　　　　　② 별로 없다.
>   ③ 보통이다.　　　　　　　　　④ 약간 있다.
>   ⑤ 매우 있다.

TIP　4점 척도일 경우, "③ 보통이다"를 제외한다.

7.

조사대상자의 나이를 고려해 초등학생, 중학생, 고등학생, 대학생 중 어디에 포함되는지 신분을 파악하는 설문을 작성하시오.

[모범답안]

7. 귀하의 신분은 아래 보기 중 어디에 해당합니까?
   ① 초등학생   ② 중학생
   ③ 고등학생   ④ 대학생
   ⑤ 기타

TIP 10대 중 학생이 아닌 신분도 가능하기 때문에 반드시 "⑤ 기타"를 추가해 포괄성을 충족시킨다.

CHAPTER 03

작업형

01 작업형 시험 시 주의사항 ★★★

실제 데이터를 제공하고 분석하여 답을 기입하는 작업형 시험을 볼 때, 본 교재의 제3과목(통계분석과 활용)의 내용들을 분석하게 된다. 그런데 아무리 실증분석 능력이 뛰어나더라도 사회조사분석사의 작업형 시험 시 반드시 별도로 학습해야 할 것이 있다.

(1) 데이터는 SPSS 파일이 아닌 text 파일을 제공한다. 그러므로 SPSS 프로그램에서 text 파일로 구축된 데이터를 불러올 수 있어야 한다.

(2) 데이터에는 무응답이 있다. 예를 들어, 소득을 물어보는 설문문항에 답변을 하지 않는 경우다. 이때 9(. 9999)라는 숫자를 활용해 무응답이 표시되는데, 실증분석을 시작하기 이전에 SPSS에 무응답을 설정해 주어야 한다. 이러한 내용들은 글로 설명하기 어렵기 때문에 반드시 동영상을 참고 바란다.

> 본 교재의 제3과목(통계분석과 활용)의 실기(자료를 이용해 동영상을 보며 실습)를 연습하고, 특히 아래 두 개의 예제를 반복해서 연습하면 사회조사분석사 실기시험은 어렵지 않게 합격할 수 있다. 참고로 실제 작업형 시험은 본 교재의 문제보다 훨씬 짧고 쉽다. 본 교재에서는 시험에 출제될 수 있는 문제의 유형을 2개의 예제에 모두 포함시켰고, 현재까지 출제되지는 않았지만 혹시 출제될 수 있는 문제도 포함시켰기 때문에 실제 시험보다 분량이 많고 어려운 문제도 있다.

POWER 팁

실기시험 대비를 위한 전략
① SPSS에서 text 파일을 불러오는 방법, 무응답을 처리하는 방법, 본문에서 다루지 않은 빈도분석(이론은 불필요하며, 실기만 필요한 내용), 그리고 그동안 학습한 다양한 실증분석을 학습하기 위해 아래 두 개의 예제를 반복적으로 연습하고, 동영상(무료)을 반드시 시청해야 한다.
② 데이터 분석을 위해 필요한 SPSS의 사용방법, 두 가지 유형의 텍스트(txt) 데이터 불러오기, 무응답 처리 방법과 같은 일반적인 내용과 실기시험에 새로운 문제 유형이 등장 시 "2. SPSS의 이용"의 동영상을 이용해 지속적으로 업데이트(update)할 예정이다. 즉, "2. SPSS의 이용"은 실기시험을 대비하기 위한 일반적인 교육자료이기도 하지만, 여러분과 소통하는 교육자료이기도 하다.

02 **SPSS의 이용** ★★★

내용	데이터
• 텍스트(txt) 데이터 불러오기 • 문자로 입력된 변수 처리하기 • 문자와 숫자 분리하기	10. text_탭 11. text_고정너비
• 무응답 처리 방법 • 분석 대상 한정하기 • 더미변수 만들기 • 변수 계산 및 코딩 변경 • 기타(시험에 필요한 기초 지식)	12. EXAMPLE1

03 **작업형 시험 예시** ★★★

1) 예시 1

(1) 문제

주어진 자료('EXAMPLE1')는 전국 대학생 및 대학원생 200명을 대상으로 특강이 자격증 취득을 위한 모의고사(사회조사분석사)의 시험점수에 미치는 영향을 분석하고자 수집한 것이다. 일부 문항에 무응답이 존재하며, 무응답은 각각 99(AGE), 99(SCORE1), 99(SCORE2), 999(IQ), 999(INCOME)로 입력되어 있다. 자료는 탭(Tap)으로 구분되어 있다.

변수명	내용	변수 설명
ID	일련번호	
SEX	① 남성 ② 여성	성별
REGION	① 수도권 ② 광역시 ③ 기타	대학 위치
AGE	학생의 나이(단위: 세)	나이
SCORE1	특강 이전 시험 점수(단위: 점)	
SCORE2	특강 이후 시험 점수(단위: 점)	
FINAL	기말시험 점수(단위: 점)	
IQ	학생의 지능(단위: 점)	
TIME	자격증 대비를 위한 1주일 동안 평균 공부 시간(단위: 시간)	
INCOME	가구(부모님) 월 소득(단위: 만 원)	
GLASSES	① 예　　② 아니오	안경착용 여부

1.

학생의 연령에 대한 기술통계를 살펴보고자 한다.

1-1.

학생의 연령에 대한 기술통계를 산출하고 아래 표의 공란을 기입하시오.

구분	값
평균	
표준편차	4.009
최솟값	18
최댓값	
왜도	

1-2.

학생의 연령을 3개의 범주로 구분해 기초 통계를 살펴보고자 한다. AGE 변수를 이용해 10대(~19세), 20대(20 ~ 29세), 30대(30세 이상)로 구분하는 범주형 변수 AGES를 생성하고, 연령대별 빈도와 비중을 파악하기 위한 아래 빈도분석표의 공란을 기입하시오.

구분		빈도	퍼센트
유효	1.00	32	16.0
	2.00		
	3.00		
	전체	197	98.5
결측	시스템	3	1.5
전체		200	100.0

1-3.

여성의 경우, 새로운 연령대 변수(AGES)에 따른 SCORE1(특강 전 점수)의 기술통계량을 분석하여 아래 표의 공란을 기입하시오.

연령대	평균	표준편차	사분위수 범위
10대	69.517	14.6490	29.8
20대			
30대	61.900	17.5304	35.8

2.

남성의 특강 전 점수(SCORE1)가 60점인지 여부를 검증하고자 한다.

2-1.

귀무가설과 대립가설을 작성하시오.

귀무가설(H_0)	
대립가설(H_1)	

2-2.

남성의 특강 전 점수(SCORE1)가 60점인지 여부를 신뢰수준 95%에서 가설검정하시오.

※ 지금부터는 모든 샘플을 대상으로 분석

3.

남성과 여성 특강 전 점수(SCORE1)가 같은지 또는 다른지를 검정하고자 한다.

3-1.

남성의 평균 점수를 μ_1, 여성의 평균 점수를 μ_2라고 할 때 μ_1과 μ_2를 이용해 귀무가설과 대립가설을 작성하시오.

귀무가설	
대립가설	

3-2.

특강 전 점수(SCORE1)가 성별로 차이가 있는지 유의수준 5%에서 검정하시오(단, 등분산을 가정한다).

가설검정	

4.

특강을 수강한 이후 점수가 증가했는지 여부를 분석하고자 한다.

4-1.

귀무가설과 대립가설을 작성하시오.

귀무가설	
대립가설	

4-2.

검정통계량을 활용해 신뢰수준 95%에서 가설검정하시오.

가설검정	

5.

특강을 수강하기 이전과 이후의 점수를 좀 더 명확히 분석하고자 한다.

5-1.

특강을 수강하기 전에 비해 점수가 가장 많이 증가한 학생과 가장 많이 감소한 학생을 찾고, 두 학생의 점수가 몇 점씩 변했는지 기입하시오.

가장 많이 증가한 학생의 점수 변화	
가장 많이 감소한 학생의 점수 변화	

5-2.

특강을 수강한 이후 점수가 평균 몇 % 증가 또는 감소했는지 기입하시오.

증가 또는 감소	
증가율 또는 감소율	

5-3.

교수님은 특강을 수강하기 전 점수보다 수강한 이후의 점수가 5점 이상 증가한 학생에게는 기말시험 점수에 5점을 더해주기로 했다. 이러한 점수 정책을 반영한 새로운 기말시험의 변수를 NEWFINAL이라고 할 때 NEWFINAL의 기술통계(평균, 표준편차, 범위, 왜도)를 작성하시오.

평균	
표준편차	
범위	
왜도	

5-4.

NEWFINAL의 평균점수와 99% 신뢰구간의 상한과 하한을 성별로 기입하시오.

구분	평균점수	신뢰구간 하한	신뢰구간 상한
남성			
여성			

6.

학생이 다니는 대학이 위치한 지역별(REGION)로 특강 후 점수(SCORE2)가 다른지 확인하고자 한다.

6-1.

아래 분산분석표의 빈칸을 기입하시오.

	제곱합	자유도	평균제곱	F	유의확률
집단 간	24,018.065		12,009.033		.000
집단 내	36,117.646		186.173		
전체	60,135.711	196			

6-2.

지역별(REGION)로 특강 후 점수(SCORE2)가 같은지 또는 다른지 확인하고자 할 때 귀무가설과 대립가설을 기입하고 신뢰수준 95%에서 가설검정하시오.

귀무가설	
대립가설	
가설검정	

6-3.

지역 중 특강 후 점수(SCORE2)가 다른 지역은 어디인지 사후분석(Duncan 방법)을 통해 분석하고 그 결과를 해석하시오.

7.

가구의 수입(INCOME)과 학생들의 특강 후 점수(SCORE2) 간 상관관계를 분석하고자 한다.

7-1.

귀무가설과 대립가설을 입력하시오.

귀무가설	
대립가설	

7-2.

가구의 수입(INCOME)과 학생들의 특강 후 점수(SCORE2) 간 상관관계가 존재하는지 95% 신뢰수준에서 가설검정하라.

가설검정	

7-3.

상관계수를 입력하고, 그 의미를 해석하라.

상관계수	
해석	

8.

안경을 착용한 학생의 분포가 성별로 다른지 교차분석을 하고자 한다.

8-1.

아래 교차표의 공란을 채워 완성하시오.

SEX * GLASSES 교차표					
			GLASSES		전체
			1	2	
SEX	1	빈도	44	52	96
		전체 중 %			48.0%
	2	빈도			104
		전체 중 %	7.0%	45.0%	52.0%
전체		빈도	58	142	200
		전체 중 %	29.0%	71.0%	100.0%

8-2.

안경 착용률과 성별 연관성을 확인하기 위한 귀무가설과 대립가설을 작성하시오.

귀무가설	
대립가설	

8-3.

위 귀무가설을 유의수준 5%에서 가설검정하시오.

가설검증	

9.

$SCORE2_i = A + BIQ_i + u_i$를 회귀분석하고 다음 질문에 대해 답하시오.

9-1.

단순회귀모형을 분석한 후 추정회귀식을 작성하시오.

추정회귀식	

9-2.
기울기 계수를 유의수준 5%에서 가설검정하시오.

귀무가설	
대립가설	
가설검정	

9-3.
결정계수를 입력하고 의미를 해석하시오.

결정계수	
해석	

10.
$SCORE2_i = A + B_1 IQ_i + B_2 MALE_i + B_3 TIME_i + B_4 AGE_i + u_i$를 회귀분석하고 다음에 대해 답하시오.
단, $male$은 남성을 의미하는 더미변수다.

10-1.
다중회귀모형을 분석한 후 추정회귀식을 작성하시오.

추정회귀식	

10-2.
다중회귀모형을 분석한 후 B_2를 가설검정하기 위한 귀무가설과 대립가설을 입력하고 신뢰수준 95%에서 가설검정하시오.

귀무가설	
대립가설	
가설검정	

10-3.
다중회귀모형을 분석한 후 B_4를 가설검정하기 위한 귀무가설과 대립가설을 입력하고 신뢰수준 95%에서 가설검정하시오.

귀무가설	
대립가설	
가설검정	

10-4.

다중회귀모형($SCORE2_i = A + B_1 IQ_i + B_2 MALE_i + B_3 TIME_i + B_4 AGE_i + u_i$)을 분석한 결과를 토대로 공부시간이 5시간 증가할 때 특강 후 점수(SCORE2)의 변화를 예측하라.

가설검정	

10-5.

다중회귀모형($SCORE2_i = A + B_1 IQ_i + B_2 MALE_i + B_3 TIME_i + B_4 AGE_i + u_i$)의 유의성을 검증하고자 할 때 귀무가설과 대립가설을 기입하고, 유의수준 5%에서 가설검정하시오.

귀무가설	
대립가설	
가설검정	

10-6.

결정계수를 입력하고 의미를 해석하시오.

결정계수	
해석	

(2) 모범답안

주어진 자료('EXAMPLE1')는 전국 대학생 및 대학원생 200명을 대상으로 특강이 자격증 취득을 위한 모의고사(사회조사분석사)의 시험점수에 미치는 영향을 분석하고자 수집한 것이다. 일부 문항에 무응답이 존재하며, 무응답은 각각 99(AGE), 99(SCORE1), 99(SCORE2), 999(IQ), 999(INCOME)로 입력되어 있다. 자료는 탭(Tap)으로 구분되어 있다.

변수명	내용	변수 설명
ID	일련번호	
SEX	① 남성 ② 여성	성별
REGION	① 수도권 ② 광역시 ③ 기타	대학 위치
AGE	학생의 나이(단위: 세)	나이
SCORE1	특강 이전 시험 점수(단위: 점)	
SCORE2	특강 이후 시험 점수(단위: 점)	
FINAL	기말시험 점수(단위: 점)	
IQ	학생의 지능(단위: 점)	
TIME	자격증 대비를 위한 1주일 동안 평균 공부 시간(단위: 시간)	
INCOME	가구(부모님) 월 소득(단위: 만 원)	
GLASSES	① 예　　② 아니오	안경착용 여부

1.

학생의 연령에 대한 기술통계를 살펴보고자 한다.

1-1.

학생의 연령에 대한 기술통계를 산출하고 아래 표의 공란을 기입하시오.

구분	값
평균	23.26
표준편차	4.009
최솟값	18
최댓값	34
왜도	0.920

1-2.

학생의 연령을 3개의 범주로 구분해 기초 통계를 살펴보고자 한다. AGE 변수를 이용해 10대(~19세), 20대(20 ~ 29세), 30대(30세 이상)로 구분하는 범주형 변수 AGES를 생성하고, 연령대별 빈도와 비중을 파악하기 위한 아래 빈도분석표의 공란을 기입하시오.

구분		빈도	퍼센트
유효	1.00	32	16.0
	2.00	146	73.0
	3.00	19	9.5
	전체	197	98.5
결측	시스템	3	1.5
전체		200	100.0

1-3.

여성의 경우, 새로운 연령대 변수(AGES)에 따른 SCORE1(특강 전 점수)의 기술통계량을 분석하여 아래 표의 공란을 기입하시오.

연령대	평균	표준편차	사분위수 범위
10대	69.517	14.6490	29.8
20대	67.739	15.1997	23.4
30대	61.900	17.5304	35.8

❚ SPSS 분석결과 표

기술통계				통계	표준화 오차
		AGES			
SCORE1	10대		평균 순위	69.517	3.4528
			표준화 편차	14.6490	
			사분위수 범위	29.8	
		※ 공간상 제약으로 다른 지표들 생략			
	20대		평균 순위	67.739	1.7913
			표준화 편차	15.1997	
			사분위수 범위	23.4	
		※ 공간상 제약으로 다른 지표들 생략			
	30대		평균 순위	61.900	5.0606
			표준화 편차	17.5304	
			사분위수 범위	35.8	
		※ 공간상 제약으로 다른 지표들 생략			

TIP SPSS에서 분석 → 기술통계 → 데이터 탐색을 선택 후 종속변수(D)에 SCORE1을, 요인(F)에 AGES를 입력한다.

2.

남성의 특강 전 점수(SCORE1)가 60점인지 여부를 검증하고자 한다.

2-1.

귀무가설과 대립가설을 작성하시오.

귀무가설(H_0)	남성의 특강 전 점수는 60점이다($\mu = 60$).
대립가설(H_1)	남성의 특강 전 점수는 60점이 아니다($\mu \neq 60$).

2-2.

남성의 특강 전 점수(SCORE1)가 60점인지 여부를 신뢰수준 95%에서 가설검정하시오.

> 검정통계량이 -2.446이고 p-값(유의확률)이 0.016로 유의수준 0.05보다 작기 때문에 귀무가설을 기각한다. 즉, 신뢰수준 95%에서 남성의 특강 전 점수(SCORE1)가 60점이라고 할 수 없다.

▌SPSS 분석결과 표

	일표본 검정					
	검정값 = 60					
	t	자유도	유의확률 (양측)	평균 차이	차이의 95% 신뢰구간	
					하한	상한
wage1	−2.446	91	.016	−3.6859	−6.679	−.693

> TIP 만약, 신뢰수준 99%에서 가설검정하라고 질문할 때 모범답안은 아래와 같다.
> 검정통계량이 −2.4460이고 p-값(유의확률)이 0.016로 유의수준 0.01보다 크기 때문에 크기 때문에 귀무가설을 채택한다. 즉, 신뢰수준 99%에서 남성의 특강 전 점수(SCORE1)가 60점이라고 할 수 있다.

※ 지금부터는 모든 샘플을 대상으로 분석

3.

남성과 여성 특강 전 점수(SCORE1)가 같은지 또는 다른지를 검정하고자 한다.

3-1.

남성의 평균 점수를 μ_1, 여성의 평균 점수를 μ_2라고 할 때 μ_1과 μ_2를 이용해 귀무가설과 대립가설을 작성하시오.

귀무가설	$\mu_1 = \mu_2$ (SCORE1의 평균이 성별로 차이가 없다).
대립가설	$\mu_1 \neq \mu_2$ (SCORE1의 평균이 성별로 차이가 있다).

3-2.

특강 전 점수(SCORE1)가 성별로 차이가 있는지 유의수준 5%에서 검정하시오(단, 등분산을 가정한다).

가설검정	검정통계량(t-값)이 −5.227이고 p-값(유의확률)이 0.000으로 유의수준 0.05보다 작기 때문에 귀무가설을 기각한다. 즉, 유의수준 5% 수준에서 남성과 여성 간 특강 전 점수(SCORE1)가 다르다고 할 수 있다.
	TIP 실기에서는 등분산이 성립하는 경우에만 문제가 출제되었다. 문제에서 등분산을 가정한다는 문구가 없을 때는 먼저, 등분산 검정을 해야 한다. 검정통계량 F 값이 4.483이고 유의확률(p-값)이 0.064로 유의수준 0.05보다 크기 때문에 등분산이라는 귀무가설을 채택한다. 그러므로 등분산을 가정한 검정통계량(t-값)과 유의확률을 활용해 가설검정한다.

▌ SPSS 분석결과 표

독립표본 검정							
		Levene의 등분산 검정		평균의 동일성에 대한 T 검정				
		F	유의확률	t	자유도	유의확률 (양측)	평균 차이	표준오차 차이
SCORE1	등분산을 가정함	3.483	.064	−5.227	193	.000	−11.2160	2.1456
	등분산을 가정하지 않음			−5.246	192.508	.000	−11.2160	2.1379

4.

특강을 수강한 이후 점수가 증가했는지 여부를 분석하고자 한다.

4-1.

귀무가설과 대립가설을 작성하시오.

귀무가설	특강 수강 이전과 이후의 평균 점수가 같다.
대립가설	특강 수강 이전과 이후의 평균 점수가 같지 않다.

4-2.

검정통계량을 활용해 신뢰수준 95%에서 가설검정하시오.

가설검정	검정통계량(t-값)이 -3.1181이고, 유의확률(p-값)이 0.000으로 유의수준 0.05보다 작기 때문에 귀무가설을 기각한다. 즉, 유의수준 5%에서 특강을 수강한 이전과 이후의 평균 점수가 다르다고 할 수 있다.

▌SPSS 분석결과 표

	대응표본 검정							
	대응차					t	자유도	유의확률 (양측)
	평균	표준편차	평균의 표준오차	차이의 95% 신뢰구간				
				하한	상한			
SCORE1 – SCORE2	-2.3273	5.5843	.4009	-3.1181	-1.5366	-5.805	193	.000

TIP 분석 결과, 특강을 수강한 이후 평균 점수는 2.3273점 증가했다.

5.

특강을 수강하기 이전과 이후의 점수를 좀 더 명확히 분석하고자 한다.

5-1.

특강을 수강하기 전에 비해 점수가 가장 많이 증가한 학생과 가장 많이 감소한 학생을 찾고, 두 학생의 점수가 몇 점씩 변했는지 기입하시오.

가장 많이 증가한 학생의 점수 변화	29.30
가장 많이 감소한 학생의 점수 변화	-28.60

▌SPSS 분석결과 표

	기술통계량				
	N	최솟값	최댓값	평균	표준편차
	통계량	통계량	통계량	통계량	통계량
특강 전과 후 점수 차이	194	-28.60	29.30	2.3273	5.58429
유효 N(목록별)	194				

TIP 변수계산 기능을 이용해 "SCORE2-SCORE1"으로 새로운 변수(점수 차이)를 만든 다음 기술통계를 산출한다.

5-2.

특강을 수강한 이후 점수가 평균 몇 % 증가 또는 감소했는지 기입하시오.

증가 또는 감소	증가
증가율 또는 감소율	3.7067%

▌ SPSS 분석결과 표

기술통계량					
	N	최솟값	최댓값	평균	표준편차
증가율	194	−36.86	43.09	3.7067	7.98267
유효 N(목록별)	194				

> TIP 위에서 만든 "점수 차이"라는 변수를 이용해 %를 구한다. 변수계산 기능을 이용해 "점수 차이/SCORE1*100"이라는 변수(증가율)를 만든 다음 기술통계를 산출한다.

5-3.

교수님은 특강을 수강하기 전 점수보다 수강한 이후의 점수가 5점 이상 증가한 학생에게는 기말시험 점수에 5점을 더해주기로 했다. 이러한 점수 정책을 반영한 새로운 기말시험의 변수를 NEWFINAL이라고 할 때 NEWFINAL의 기술통계(평균, 표준편차, 범위, 왜도)를 작성하시오.

평균	65.6685
표준편차	17.68555
범위	64.70
왜도	0.051

▌ SPSS 분석결과 표

기술통계량								
	N	범위	최솟값	최댓값	평균	표준편차	왜도	
	통계량	통계량	통계량	통계량	통계량	통계량	통계량	표준오류
NEWFINAL	200	64.70	34.10	98.80	65.6685	17.68555	.051	.172
유효 N(목록별)	200							

> TIP 변수계산 기능 중 조건을 부여(점수가 5점 이상 증가한 학생에게 5점을 추가해 새로운 변수 NEWFINAL을 생성한 뒤 기술통계를 산출한다.

5-4.

NEWFINAL의 평균점수와 99% 신뢰구간의 상한과 하한을 성별로 기입하시오.

구분	평균점수	신뢰구간 하한	신뢰구간 상한
남성	59.9260	55.5930	64.2591
여성	70.9692	66.4779	75.4605

▌SPSS 분석결과 표

1. 남성

일표본 통계량				
	N	평균	표준편차	평균의 표준오차
NEWFINAL	96	59.9260	16.15143	1.64845

SEX = 1

일표본 검정						
	검정값 = 0					
					차이의 99% 신뢰구간	
	t	자유도	유의확률 (양측)	평균 차이	하한	상한
NEWFINAL	36.353	95	.000	59.92604	55.5930	64.2591

SEX = 1

2. 여성

일표본 통계량				
	N	평균	표준편차	평균의 표준오차
NEWFINAL	104	70.9692	17.45245	1.71135

SEX = 2

일표본 검정						
	검정값 = 0					
					차이의 99% 신뢰구간	
	t	자유도	유의확률 (양측)	평균 차이	하한	상한
NEWFINAL	41.470	103	.000	70.96923	66.4779	75.4605

SEX = 2

TIP
- 1단계: 데이터 → 파일분할 → 각 집단별로 출력결과를 나타냄을 선택 후 분할집단변수(G)에 SEX를 입력
- 2단계: 평균비교 → 일표본 T 검정 → 검정변수(T)에 NEWFINAL을 입력 후 옵션에서 신뢰구간(P)에 99%를 입력하고 검정값(V)에 0을 입력

6.

학생이 다니는 대학이 위치한 지역별(REGION)로 특강 후 점수(SCORE2)가 다른지 확인하고자 한다.

6-1.

아래 분산분석표의 빈칸을 기입하시오.

	제곱합	자유도	평균제곱	F	유의확률
집단 간	24,018.065	2	12,009.033	64.505	.000
집단 내	36,117.646	194	186.173		
전체	60,135.711	196			

6-2.

지역별(REGION)로 특강 후 점수(SCORE2)가 같은지 또는 다른지 확인하고자 할 때 귀무가설과 대립가설을 기입하고 신뢰수준 95%에서 가설검정하시오.

귀무가설	모든 지역(대학이 위치한 지역) 간 학생들의 특강 후 점수는 같다.
대립가설	최소한 하나의 지역에서 학생들의 특강 후 점수는 다르다(모든 지역의 학생들의 특강 후 점수가 같은 것은 아니다).
가설검정	검정통계량(F-값)이 64.505이고 유의확률(p-값)이 0.000으로 유의수준 0.05보다 작기 때문에 귀무가설을 기각한다. 즉, 신뢰수준 95%에서 지역별로 학생들의 특강 후 점수(SCORE2)가 다르다고 할 수 있다.

6-3.

지역 중 특강 후 점수(SCORE2)가 다른 지역은 어디인지 사후분석(Duncan 방법)을 통해 분석하고 그 결과를 해석하시오.

특강 후 학생들 점수는 세 개 지역(수도권, 광역시, 기타)에서 모두 다르다.
TIP 참고로, 수도권 > 광역시 > 기타 지역의 학생 순으로 점수가 높다.

▌SPSS 분석결과 표

SCORE2				
Duncan				
REGION	N	유의수준 = 0.05에 대한 부분집합		
		1	2	3
기타	54	51.519		
광역시	86		62.603	
수도권	57			80.516
CTT 유의확률		1.000	1.000	1.000

7.

가구의 수입(INCOME)과 학생들의 특강 후 점수(SCORE2) 간 상관관계를 분석하고자 한다.

7-1.

귀무가설과 대립가설을 입력하시오.

귀무가설	가구의 수입(INCOME)과 학생들의 특강 후 점수(SCORE2) 사이에 상관관계가 없다.
대립가설	가구의 수입(INCOME)과 학생들의 특강 후 점수(SCORE2) 사이에 상관관계가 있다.

7-2.

가구의 수입(INCOME)과 학생들의 특강 후 점수(SCORE2) 간 상관관계가 존재하는지 95% 신뢰수준에서 가설검정하라.

가설검정	가구의 수입(INCOME)과 학생들의 특강 후 점수(SCORE2) 간 상관계수가 0.858이고 유의확률(p–값)이 0.000으로 유의수준 0.05보다 작기 때문에 귀무가설을 기각한다. 즉, 신뢰수준 95%에서 가구의 수입(INCOME)과 학생들의 특강 후 점수(SCORE2) 사이에 상관관계(선형관계)가 있다고 할 수 있다.

▌SPSS 분석결과 표

상관관계			INCOME	SCORE2
INCOME		Pearson 상관	1	.858**
		유의확률 (양측)		.000
		N	195	193
SCORE2		Pearson 상관	.858**	1
		유의확률 (양측)	.000	
		N	193	197

** 상관관계가 0.01 수준에서 유의합니다(양측).

7-3.

상관계수를 입력하고, 그 의미를 해석하라.

상관계수	0.858
해석	상관계수가 0보다 크기 때문에 가구의 수입(INCOME)과 학생들의 특강 후 점수(SCORE2) 간 정(+)의 상관관계가 있다. 또한, 상관계수가 0.858로 1에 가깝기 때문에 수입(INCOME)과 학생들의 특강 후 점수(SCORE2) 간 선형관계(상관관계)가 다소 강한 편이라고 할 수 있다.

8.

안경을 착용한 학생의 분포가 성별로 다른지 교차분석을 하고자 한다.

8-1.

아래 교차표의 공란을 채워 완성하시오.

SEX * GLASSES 교차표					
			GLASSES		전체
			1	2	
SEX	1	빈도	44	52	96
		전체 중 %	22.0%	26.0%	48.0%
	2	빈도	14	90	104
		전체 중 %	7.0%	45.0%	52.0%
전체		빈도	58	142	200
		전체 중 %	29.0%	71.0%	100.0%

8-2.

안경 착용률과 성별 연관성을 확인하기 위한 귀무가설과 대립가설을 작성하시오.

귀무가설	안경 착용률과 성별은 서로 독립이다(연관성이 없다).
대립가설	안경 착용률과 성별은 독립이 아니다(연관성이 있다).

8-3.

위 귀무가설을 유의수준 5%에서 가설검정하시오.

가설검증	검정통계량이 25.407이고 유의확률(p-값)이 0.000으로 유의수준 0.05보다 작기 때문에 귀무가설을 기각한다. 즉, 안경 착용률과 성별은 독립이 아니라고(연관성이 있다) 할 수 있다.

▌SPSS 분석결과 표

카이제곱 검정					
	값	자유도	근사 유의확률 (양측검정)	정확 유의확률 (양측검정)	정확 유의확률 (단측검정)
Pearson 카이제곱	25.407	1	.000		
연속성 수정	23.859	1	.000		
우도비	26.270	1	.000		
Fisher의 정확검정				.000	.000
선형 대 선형결합	25.280	1	.000		
유효 케이스 수	200				

9.

$SCORE2_i = A + BIQ_i + u_i$를 회귀분석하고 다음 질문에 대해 답하시오.

9-1.

단순회귀모형을 분석한 후 추정회귀식을 작성하시오.

추정회귀식	$\widehat{SCORE2}_i = -68.559 + 1.087IQ_i$

▌ SPSS 분석결과 표

모형		비표준화 계수		표준화 계수	t	유의확률
		B	표준화 오류	베타		
1	(상수)	−68.559	4.937		−13.888	.000
	IQ	1.087	.040	.890	27.174	.000

$a.$ 종속변수: SCORE2

9-2.

기울기 계수를 유의수준 5%에서 가설검정하시오.

귀무가설	IQ는 SCORE2(특강 후 점수)에 영향을 미치지 않는다($B=0$).
대립가설	IQ는 SCORE2(특강 후 점수)에 영향을 미친다($B \neq 0$).
가설검정	검정통계량($t-$값)이 27.174이고 유의확률($p-$값)이 0.000으로 유의수준 0.05보다 작기 때문에 귀무가설을 기각한다. 즉, IQ가 1점 증가하면 SCORE2는 1.078점 증가한다.

9-3.

결정계수를 입력하고 의미를 해석하시오.

결정계수	0.792
해석	IQ가 SCORE2(특강 후 점수)를 79.2% 설명한다.

▌ SPSS 분석결과 표

모형 요약				
모형	R	R 제곱	수정된 R 제곱	추정값의 표준오차
1	.890	.792	.791	8.0191

예측자: (상수), IQ

10.

$SCORE2_i = A + B_1 IQ_i + B_2 MALE_i + B_3 TIME_i + B_4 AGE_i + u_i$를 회귀분석하고 다음에 대해 답하시오. 단, $male$은 남성을 의미하는 더미변수다.

10-1.

다중회귀모형을 분석한 후 추정회귀식을 작성하시오.

추정회귀식	$\widehat{SCORE2}_i = -22.847 + 0.606 IQ_i - 3.391 MALE_i + 0.501 TIME_i + 0.238 AGE_i$

▌ SPSS 분석결과 표

모형		비표준화 계수		표준화 계수	t	유의확률
		B	표준화 오류	베타		
1	(상수)	−22.847	11.546		−1.979	.049
	IQ	.606	.101	.494	5.969	.000
	MALE	−3.391	1.105	−.097	−3.069	.002
	TIME	.501	.102	.405	4.905	.000
	AGE	.238	.135	.055	1.771	.078

종속변수: SCORE2

10-2.

다중회귀모형을 분석한 후 B_2를 가설검정하기 위한 귀무가설과 대립가설을 입력하고 신뢰수준 95%에서 가설검정하시오.

귀무가설	성별은 SCORE2에 영향을 주지 않는다($B_2 = 0$)
대립가설	성별은 SCORE2에 영향을 준다($B_2 \neq 0$)
가설검정	검정통계량(t−값)이 −3.069이고 유의확률(p−값)이 0.002로 유의수준 0.05보다 작기 때문에 귀무가설을 기각한다. 즉, 다른 조건이 동일할 때(IQ, TIME, AGE가 같을 때) 여학생보다 남학생의 특강 후 점수(SCORE2)가 3.391점 낮다.

10-3.

다중회귀모형을 분석한 후 B_4을 가설검정하기 위한 귀무가설과 대립가설을 입력하고 신뢰수준 95%에서 가설검정하시오.

귀무가설	나이는 SCORE2에 영향을 주지 않는다($B_4 = 0$)
대립가설	나이는 SCORE2에 영향을 준다($B_4 \neq 0$)

가설검정	검정통계량(t-값)이 1.771이고 유의확률(p-값)이 0.078으로 유의수준 0.05보다 크기 때문에 귀무가설을 채택한다. 즉, 다른 조건이 동일할 때(IQ, TIME, 성별이 같을 때) 나이는 특강 후 점수(SCORE2)에 영향을 주지 않는다. TIP 만약 90%에서 가설검정 시 유의확률이 유의수준 0.1보다 작기 때문에 귀무가설을 기각한다.

10-4.

다중회귀모형($SCORE2_i = A + B_1 IQ_i + B_2 MALE_i + B_3 TIME_i + B_4 AGE_i + u_i$)을 분석한 결과를 토대로 공부시간이 5시간 증가할 때 특강 후 점수(SCORE2)의 변화를 예측하라.

가설검정	• 단계1(가설검정): 검정통계량(t-값)이 4.905이고 유의확률(p-값)이 0.000으로 유의수준(0.05)보다 작기 때문에 공부시간(TIME)은 특강 후 점수(SCORE2)에 영향을 준다(귀무가설 기각). • 단계2(변화예측): 추정계수에 따르면 공부시간(TIME)이 한 시간 증가 시 특강 후 점수(SCORE2)가 0.501점 증가하므로 공부시간(TIME)이 5시간 증가하면 특강 후 점수(SCORE2)는 2.505 증가한다. TIP 만약 단계1(가설검정)에서 귀무가설을 채택하게 될 경우, "공부시간이 5시간 증가해도 특강 후 점수는 변화가 없다"라고 해석한다.

10-5.

다중회귀모형($SCORE2_i = A + B_1 IQ_i + B_2 MALE_i + B_3 TIME_i + B_4 AGE_i + u_i$)의 유의성을 검증하고자 할 때 귀무가설과 대립가설을 기입하고, 유의수준 5%에서 가설검정하시오.

귀무가설	$B_1 = B_2 = B_3 = B_4 = 0$(모형은 설명력이 없다)
대립가설	최소한 하나의 B값은 0이 아니다(모형은 설명력이 있다).
가설검정	검정통계량(F-값)이 226.621이고 유의확률(p-값)이 0.000으로 유의수준(0.05)보다 작기 때문에 귀무가설을 기각한다. 즉, 모형의 설명력이 있다고 할 수 있다(최소한 하나의 B값은 0이 아니다).

▌ SPSS 분석결과 표

ANOVA						
모형		제곱합	자유도	평균제곱	F	유의확률
1	회귀	49018.590	4	12254.647	226.621	.000
	잔차	10166.209	188	54.076		
	전체	59184.799	192			

종속변수: SCORE2

예측자: (상수), AGE, TIME, SEX=1.0, IQ

10-6.

결정계수를 입력하고 의미를 해석하시오.

결정계수	0.828
해석	학생의 지능(IQ), 성별(SEX), 공부시간(TIME), 연령(AGE)은 SCORE2(특강 후 점수)를 82.8% 설명한다.

▌SPSS 분석결과 표

		모형 요약		
모형	R	R 제곱	수정된 R 제곱	추정값의 표준오차
1	.910	.828	.825	7.3536

예측자: (상수), AGE, TIME, SEX=1.0, IQ

2) 예시 2

(1) 문제

주어진 자료('EXAMPLE2')는 교육프로그램을 수강한 450명의 근로자를 대상으로 소득의 증가 정도를 평가하기 위해 수집한 자료다. 일부 문항에 무응답자가 존재하며, 무응답은 각각 9(health), 9(s1), 9(s2), 9(s3), 99(edu), 9999(wage1), 9999(wage2)로 입력되어 있다. 자료는 탭(Tap)으로 구분되어 있다.

변수명	내용	변수 설명
id	일련번호	
gender	① 남성 ② 여성	
region	① 서울 ② 경기 ③ 광역시 ④ 기타	거주 지역
health	① 매우 나쁨 ② 나쁨 ③ 보통 ④ 좋음 ⑤ 매우 좋음	건강상태
s1	① 매우 불만족 ② 불만족 ③ 보통 ④ 만족 ⑤ 매우 만족	교육 비용 만족도
s2		교육 기간 만족도
s3		교육 질 만족도
edu	교육수준(단위: 년)	
wage1	교육프로그램 이수 이전 소득(단위: 만 원)	
wage2	교육프로그램 이수 이후 소득(단위: 만 원)	

1.

건강상태를 기존의 다섯 개의 범주에서 아래와 같은 세 개의 범주로 고려하고자 한다. health 변수를 이용해 건강이 나쁨(기존 1번과 2번), 보통(기존 3), 좋음(기존 4번과 5번)과 같이 3가지로 구분하여 새로운 건강상태 변수 H 변수를 생성하시오.

1-1.

다음 빈도분석표에서 공란을 기입하시오.

구분		빈도	퍼센트
유효	1.00	161	
	2.00		23.3
	3.00		39.6
	전체	444	98.7
결측	시스템	6	1.3
전체		450	100.0

1-2.

남성의 경우, 새로운 건강상태(H)에 따른 wage1의 기술통계량을 분석하여 아래 표의 공란을 기입하시오.

새로운 건강상태	중앙값	최솟값	범위
나쁨	1,575	975	3,774
보통			
좋음	1,650	1,155	4,845

2.

남성의 교육 전 소득(wage1)이 2,000만 원인지 여부를 검증하고자 한다.

2-1.

귀무가설과 대립가설을 작성하시오.

귀무가설	
대립가설	

2-2.

남성의 교육 전 소득(wage1)이 2,000만 원인지 여부를 유의수준 0.05에서 가설검정하시오.

가설검정	

※ 지금부터는 모든 샘플을 대상으로 분석

3.

남성과 여성 간 교육 전 소득(wage1)이 같은지 또는 다른지를 검정하고자 한다.

3-1.

교육 전 소득(wage1)이 성별로 차이가 있는지 확인하기 위한 검정통계량 및 유의확률을 구하고 아래 표의 공란(?)을 작성하시오.

		Levene의 등분산 검정		평균의 동일성에 대한 T 검정		
		F	유의확률	t	자유도	유의확률 (양측)
wage1 교육 전 소득 (만 원)	등분산을 가정함	95.816	0.000	?	?	0.000
	등분산을 가정하지 않음			?	?	0.000

3-2.

교육 전 소득(wage1)이 성별로 차이가 있는지 확인하고자 할 때 귀무가설과 대립가설을 기입하고 검정통계량을 활용해 유의수준 5%에서 검정하시오.

귀무가설	
대립가설	
가설검정	

4.

교육프로그램 이수 이후 소득이 증가했는지 여부를 확인하고자 할 때 귀무가설과 대립가설을 기입하고 검정통계량을 활용해 신뢰수준 95%에서 가설검정하시오.

귀무가설	
대립가설	
가설검정	

5.

교육프로그램에 대한 설문문항($s1$, $s2$, $s3$)에 대한 신뢰도를 분석하고자 한다.

TIP 필기시험에는 출제되지만, 실기시험에는 출제된 적은 없음

5-1.

Cronbach 알파계수를 입력하고 설문문항($s1$, $s2$, $s3$)에 대한 신뢰도를 해석하시오.

Cronbach 알파계수	
해석	

5-2.

설문문항($s1$, $s2$, $s3$)의 신뢰도를 높이기 위해 어떤 항목을 제외해야 하는지 기입하고, 해당 설문문항을 제외 시 새로운 Cronbach 알파계수를 입력하시오.

제거해야 할 항목	
새로운 Cronbach 알파계수	

6.

교육프로그램에 대한 만족도를 설문한 결과(변수 $s1$, $s2$, $s3$)의 상관관계를 분석하고자 한다.

6-1.

상관계수가 가장 큰 두 변수를 입력하시오.

변수1	
변수2	

6-2.

상관계수가 가장 큰 두 변수의 상관계수를 입력하시오.

상관계수	

6-3.

$s2$(교육 기간 만족도)와 $s3$(교육 질 만족도) 사이에 상관관계가 존재하는지 가설을 세우고 95% 신뢰수준에서 가설검정하라.

귀무가설	
대립가설	
가설검정	

7.

지역별(region)로 교육 전 소득(wage1)이 다른지 확인하고자 한다.

7-1.

지역별(region)로 교육 전 소득(wage1)이 같은지 또는 다른지 확인하고자 한다. 아래 분산분석표의 공란을 기입하시오.

	제곱합	자유도	평균제곱	F	유의확률
집단 간	168,391,581,744		56,130,527,248		
집단 내	107,514,176,481		243,796,319		
전체	275,905,758,225	444			

필기

실기

7-2.

지역별(region)로 교육 전 소득(wage1)이 같은지 또는 다른지 확인하고자 할 때 귀무가설과 대립가설을 기입하고 신뢰수준 95%에서 가설검정하시오. 단, 지역별 소득의 평균을 각각 μ_1, μ_2, μ_3, μ_4라고 할 때 수식을 이용해 귀무가설과 대립가설을 작성하시오.

귀무가설	
대립가설	
가설검정	

7-3.

지역 중 교육 전 소득(wage1)이 다른 지역은 어디인지 사후분석(Tukey 방법)을 통해 분석하시오.

동일 지역 3개	다른 지역 1개

8.

지역별로 성별 분포가 다른지 분석을 하고자 한다.

8-1.

아래 교차표의 공란을 채워 완성하시오.

구분			region 거주지역				전체
			1 서울	2 수도권	3 광역시	4 기타	
gender	1.00	빈도					245
		region 중 %	44.1%	100.0%	89.6%	0.0%	54.4%
	2.00	빈도	109	0	8	8	205
		region 중 %					45.6%
전체		빈도	338	27	77	8	450
		region 중 %	100.0%	100.0%	100.0%	100.0%	100.0%

※ 비중은 열 기준 백분율이다.

8-2.

지역별 성별 분포의 연관성을 확인하기 위한 귀무가설과 대립가설을 작성하시오.

귀무가설	
대립가설	

8-3.

지역별 성별 분포의 연관성을 가설검정할 때 검정통계량과 유의확률을 기입하고 유의확률을 활용해 신뢰수준 0.95에서 가설검정하시오.

검정통계량	
유의확률	
가설검증	

9.

$wage2_i = A + Bedu_i + u_i$를 회귀분석하고 다음에 대해 답하시오.

9-1.

단순회귀모형을 분석한 후 추정회귀식을 작성하시오.

추정회귀식	

9-2.

기울기 계수를 가설검정하기 위한 귀무가설과 대립가설을 작성하고, 유의수준 0.05에서 가설검정하시오.

귀무가설	
대립가설	
가설검정	

9-3.

절편계수를 계수를 가설검정하기 위한 귀무가설과 대립가설을 작성한 후 유의수준 0.05에서 가설검정하고, 절편계수의 의미를 해석하시오.

귀무가설	
대립가설	
가설검정	
설편계수 해석	

10.

$wage2_i = A + B_1 male_i + B_2 edu_i + u_i$를 회귀분석하고 다음에 대해 답하시오. 단, $male$은 남성을 의미하는 더미변수다.

10-1.

다중회귀모형을 분석하고 다음 분석분석표의 공란(?)을 완성하시오.

모형	제곱합	자유도	평균제곱	F	유의확률
회귀	499,156,895,760	?	249,578,447,880	?	?
잔차	496,675,612,419	?	1,136,557.465		
전체	995,832,508,180	?			

10-2.

다중회귀모형을 분석한 후 추정회귀식을 작성하시오.

추정회귀식	

10-3.

다중회귀모형을 분석한 후 성별이 임금(wage2)에 영향을 미치는지 여부를 신뢰수준 95%에서 가설검정하고자 한다. 귀무가설과 대립가설을 입력하고 가설검정하시오.

귀무가설	
대립가설	
가설검정	

10-4.

다중회귀모형을 분석한 뒤 교육수준이 wage2에 미치는 영향을 해석하시오.

해석	

10-5.

회귀식에 대한 결정계수를 입력하고, 결정계수의 의미를 해석하시오.

결정계수	
해석	

10-6.

수정된 결정계수를 이용해 male 변수를 모형에 추가해야 하는지 설명하시오.

TIP 필기시험에는 출제된 적이 있지만, 실기시험에는 출제된 적은 없음

설명	

10-7.

다중회귀모형($wage2_i = A + B_1male_i + B_2edu_i + u_i$)의 유의성을 검증하고자 할 때 귀무가설, 대립가설을 기입하고, 유의수준 0.01에서 가설검정하시오.

귀무가설	
대립가설	
가설검정	

11.

다중회귀모형($wage2_i = A + B_1male_i + B_2edu_i + u_i$)의 edu(교육수준)를 고졸 미만, 고졸, 대졸 이상으로 구분하고, 고졸 미만과 대졸 간 임금수준의 차이를 분석하고자 한다. 단, 고졸 미만은 교육수준이 12년 미만일 경우, 고졸은 교육수준이 12년 이상 16년 미만, 대졸 이상은 교육수준이 16년 이상을 의미한다.

11-1.

다중회귀모형을 분석한 후 추정회귀식을 작성하시오.

추정회귀식	

11-2.

고졸 미만과 대졸 간 임금수준의 차이를 가설검정할 때 귀무가설과 대립가설을 작성하고, 신뢰수준 95%에서 가설검정하시오.

귀무가설	
대립가설	
가설검정	

11-3.

대학교를 졸업한 남성의 임금(wage2)을 산출하시오.

대학교를 졸업한 남성의 임금(wage2)	

11-4.

고등학교를 졸업한 여성의 임금(wage2)을 계산하시오.

고등학교를 졸업한 여성의 임금(wage2)	

11-5.

중학교를 졸업한 여성의 임금(wage2)을 계산하시오.

중학교를 졸업한 여성의 임금(wage2)	

(2) 모범답안

주어진 자료('EXAMPLE2')는 교육프로그램을 수강한 450명의 근로자를 대상으로 소득의 증가 정도를 평가하기 위해 수집한 자료다. 일부 문항에 무응답자가 존재하며, 무응답은 각각 9(health), 9(s1), 9(s2), 9(s3), 99(edu), 9999(wage1), 9999(wage2)로 입력되어 있다. 자료는 탭(Tap)으로 구분되어 있다.

변수명	내용	변수 설명
id	일련번호	
gender	① 남성 ② 여성	
region	① 서울 ② 경기 ③ 광역시 ④ 기타	거주 지역
health	① 매우 나쁨 ② 나쁨 ③ 보통 ④ 좋음 ⑤ 매우 좋음	건강상태
s1	① 매우 불만족 ② 불만족 ③ 보통 ④ 만족 ⑤ 매우 만족	교육 비용 만족도
s2		교육 기간 만족도
s3		교육 질 만족도
edu	교육수준(단위: 년)	
wage1	교육프로그램 이수 이전 소득(단위: 만 원)	
wage2	교육프로그램 이수 이후 소득(단위: 만 원)	

1.

건강상태를 기존의 다섯 개의 범주에서 아래와 같은 세 개의 범주로 고려하고자 한다. health 변수를 이용해 건강이 나쁨(기존 1번과 2번), 보통(기존 3), 좋음(기존 4번과 5번)과 같이 3가지로 구분하여 새로운 건강상태 변수 H 변수를 생성하시오.

1-1.

다음 빈도분석표에서 공란을 기입하시오.

구분		빈도	퍼센트
유효	1.00	161	35.8
	2.00	105	23.3
	3.00	178	39.6
	전체	444	98.7
결측	시스템	6	1.3
전체		450	100.0

1-2.

남성의 경우, 새로운 건강상태(H)에 따른 wage1의 기술통계량을 분석하여 아래 표의 공란을 기입하시오.

새로운 건강상태	중앙값	최솟값	범위
나쁨	1,575	975	3,774
보통	1,500	900	3,600
좋음	1,650	1,155	4,845

2.

남성의 교육 전 소득(wage1)이 2,000만 원인지 여부를 검증하고자 한다.

2-1.

귀무가설과 대립가설을 작성하시오.

귀무가설	교육 전 소득(wage1)은 2,000만 원이다.
대립가설	교육 전 소득(wage1)은 2,000만 원이 아니다.

2-2.

남성의 교육 전 소득(wage1)이 2,000만 원인지 여부를 유의수준 0.05에서 가설검정하시오.

가설검정	검정통계량이 0.363이고 p–값(유의확률)이 0.717로 유의수준 0.05보다 크기 때문에 귀무가설을 채택한다. 즉, 유의수준 0.05에서 교육 전 소득(wage1)은 2,000만 원이라고 할 수 있다.

▌ SPSS 분석결과 표

	일표본 검정					
	검정값 = 2000					
	t	자유도	유의확률(양측)	평균차이	차이의 95% 신뢰구간	
					하한	상한
wage1	.363	241	.717	21.285	−94.33	136.90

※ 지금부터는 모든 샘플을 대상으로 분석

3.

남성과 여성 간 교육 전 소득(wage1)이 같은지 또는 다른지를 검정하고자 한다.

3-1.

교육 전 소득(wage1)이 성별로 차이가 있는지 확인하기 위한 검정통계량 및 유의확률을 구하고 아래 표의 공란(?)을 작성하시오.

		Levene의 등분산 검정		평균의 동일성에 대한 T 검정		
		F	유의확률	t	자유도	유의확률 (양측)
wage1	등분산을 가정함	95.816	0.000	10.853	443	0.000
	등분산을 가정하지 않음			11.661	297.491	0.000

3-2.

교육 전 소득(wage1)이 성별로 차이가 있는지 확인하고자 할 때 귀무가설과 대립가설을 기입하고 검정통계량을 활용해 유의수준 5%에서 검정하시오.

귀무가설	남성과 여성 간 교육 전 소득의 평균이 같다.
대립가설	남성과 여성 간 교육 전 소득의 평균이 다르다.
가설검정	STEP 1: 등분산 검정 검정통계량 F 값이 95.816이고 유의확률이 0.000으로 유의수준 0.05보다 작기 때문에 등분산이라는 귀무가설을 기각한다. TIP 실기시험에는 등분산인 경우에만 시험에 출제되나 본 교재에서는 등분산이 아닌 경우의 문제를 만들었다. 등분산일 경우의 가설검정은 예시 1의 독립표본 t-검정 문제를 확인 바란다. STEP 2: 일표본 t-검정 검정통계량(t-값)이 11.661이고 p-값(유의확률)이 0.000으로 유의수준 0.05보다 작기 때문에 귀무가설을 기각한다. 즉, 유의수준 5% 수준에서 남성과 여성 간 교육 전 소득의 평균이 다르다고 할 수 있다.

4.

교육프로그램 이수 이후 소득이 증가했는지 여부를 확인하고자 할 때 귀무가설과 대립가설을 기입하고 검정통계량을 활용해 신뢰수준 95%에서 가설검정하시오.

귀무가설	교육프로그램 이수 이전과 이후의 평균 소득이 동일하다.
대립가설	교육프로그램 이수 이전과 이후의 평균 소득이 다르다.
가설검정	검정통계량(t-값)이 -32.921이고, 유의확률(p-값)이 0.000으로 유의수준 0.05보다 작기 때문에 귀무가설을 기각한다. 즉, 유의수준 5%에서 교육프로그램 이수 이전과 이후의 평균 소득이 다르다고 할 수 있다. TIP 분석 결과에 따르면 교육프로그램 이수 이후 소득이 1656.005만원 만큼 증가했다.

▌ SPSS 분석결과 표

		대응표본 검정					
		대응차			t	자유도	유의확률 (양측)
		평균	표준편차	평균의 표준오차			
대응 1	wage1 - wage2	-1656.005	1057.552	50.303	-32.921	441	.000

5.

교육프로그램에 대한 설문문항($s1$, $s2$, $s3$)에 대한 신뢰도를 분석하고자 한다.

TIP 필기시험에는 출제되지만, 실기시험에는 출제된 적은 없음

5-1.

Cronbach 알파계수를 입력하고 설문문항($s1$, $s2$, $s3$)에 대한 신뢰도를 해석하시오.

Cronbach 알파계수	0.584
해석	Cronbach 알파계수가 0.6보다 작기 때문에 교육프로그램에 대한 설문문항($s1, s2, s3$)은 신뢰도가 높지 않다.

▌ SPSS 분석결과 표

신뢰도 통계량	
Cronbach의 알파	항목 수
.584	3

5-2.

설문문항($s1$, $s2$, $s3$)의 신뢰도를 높이기 위해 어떤 항목을 제외해야 하는지 기입하고, 해당 설문문항을 제외 시 새로운 Cronbach 알파계수를 입력하시오.

제거해야 할 항목	$s3$
새로운 Cronbach 알파계수	0.655

▌SPSS 분석결과 표

<table>
<tr><th colspan="5">항목 총계 통계량</th></tr>
<tr><th></th><th>항목이 삭제된 경우 척도 평균</th><th>항목이 삭제된 경우 척도 분산</th><th>수정된 항목–전체 상관계수</th><th>항목이 삭제된 경우 Cronbach 알파</th></tr>
<tr><td>$s1$</td><td>6.69</td><td>3.029</td><td>.471</td><td>.377</td></tr>
<tr><td>$s2$</td><td>6.89</td><td>2.901</td><td>.439</td><td>.412</td></tr>
<tr><td>$s3$</td><td>7.09</td><td>3.062</td><td>.287</td><td>.655</td></tr>
</table>

6.

교육프로그램에 대한 만족도를 설문한 결과(변수 $s1$, $s2$, $s3$)의 상관관계를 분석하고자 한다.

6-1.

상관계수가 가장 큰 두 변수를 입력하시오.

변수1	$s1$
변수2	$s2$

▌SPSS 분석결과 표

<table>
<tr><th colspan="5">상관관계</th></tr>
<tr><th></th><th></th><th>$s1$</th><th>$s2$</th><th>$s3$</th></tr>
<tr><td rowspan="3">$s1$</td><td>Pearson 상관</td><td>1</td><td>.492**</td><td>.258**</td></tr>
<tr><td>유의확률 (양측)</td><td></td><td>.000</td><td>.000</td></tr>
<tr><td>N</td><td>448</td><td>444</td><td>444</td></tr>
<tr><td rowspan="3">$s2$</td><td>Pearson 상관</td><td>.492**</td><td>1</td><td>.233**</td></tr>
<tr><td>유의확률 (양측)</td><td>.000</td><td></td><td>.000</td></tr>
<tr><td>N</td><td>444</td><td>445</td><td>442</td></tr>
<tr><td rowspan="3">$s3$</td><td>Pearson 상관</td><td>.258**</td><td>.233**</td><td>1</td></tr>
<tr><td>유의확률 (양측)</td><td>.000</td><td>.000</td><td></td></tr>
<tr><td>N</td><td>444</td><td>442</td><td>446</td></tr>
</table>

**. 상관관계가 0.01 수준에서 유의합니다(양측).

6-2.

상관계수가 가장 큰 두 변수의 상관계수를 입력하시오.

상관계수	0.492

6-3.

$s2$(교육 기간 만족도)와 $s3$(교육 질 만족도) 사이에 상관관계가 존재하는지 가설을 세우고 95% 신뢰수준에서 가설검정하라.

귀무가설	교육 기간 만족도와 교육 질 만족도 사이에 상관관계(선형관계)가 없다.
대립가설	교육 기간 만족도와 교육 질 만족도 사이에 상관관계(선형관계)가 있다.
가설검정	교육 기간 만족도와 교육 질 만족도 간 상관계수가 0.233이고 유의확률(p-값)이 0.000으로 유의수준 0.05보다 작기 때문에 귀무가설을 기각한다. 즉, 신뢰수준 95%에서 교육 기간 만족도와 교육 질 만족도 사이에 상관관계(선형관계)가 있다고 할 수 있다.

7.

지역별(region)로 교육 전 소득(wage1)이 다른지 확인하고자 한다.

7-1.

지역별(region)로 교육 전 소득(wage1)이 같은지 또는 다른지 확인하고자 한다. 아래 분산분석표의 공란을 기입하시오.

	제곱합	자유도	평균제곱	F	유의확률
집단 간	168,391,581,744	3	56,130,527,248	230.235	0.000
집단 내	107,514,176,481	441	243,796.319		
전체	275,905,758,225	444			

7-2.

지역별(region)로 교육 전 소득(wage1)이 같은지 또는 다른지 확인하고자 할 때 귀무가설과 대립가설을 기입하고 신뢰수준 95%에서 가설검정하시오. 단, 지역별 소득의 평균을 각각 μ_1, μ_2, μ_3, μ_4라고 할 때 수식을 이용해 귀무가설과 대립가설을 작성하시오.

귀무가설	$\mu_1 = \mu_2 = \mu_3 = \mu_4$ (지역별로 교육 전 소득의 평균이 같다)
대립가설	"모든 μ_i가 같은 것은 아니다. $i=1, 2, 3, 4$" 또는 "최소한 하나의 μ_i는 다르다. $i=1, 2, 3, 4$" 또는 "$\mu_i \neq \mu_j$"(지역별로 교육 전 소득의 평균에 차이가 있다)
가설검정	검정통계량(F-값)이 230.235이고, 유의확률(p-값)이 0.000으로 유의수준 0.05보다 작기 때문에 귀무가설을 기각한다. 즉, 신뢰수준 95%에서 지역별로 교육 전 소득(wage1)이 다르다고 할 수 있다.

7-3.

지역 중 교육 전 소득(wage1)이 다른 지역은 어디인지 사후분석(Tukey 방법)을 통해 분석하시오.

동일 지역 3개	다른 지역 1개
서울, 경기, 기타	광역시

▌ SPSS 분석결과 표

wage1				
Tukey HSDa,b				
region	N	유의수준 = 0.05에 대한 부분집합		
		1	2	
기타	8	1216.88		
서울	334	1408.99		
경기	27	1507.78		
광역시	76		3043.99	
CTT 유의확률		.199	1.000	

8.

지역별로 성별 분포가 다른지 분석을 하고자 한다.

8-1.

아래 교차표의 공란을 채워 완성하시오.

구분			region 거주지역				전체
			1 서울	2 수도권	3 광역시	4 기타	
gender	1.00	빈도	149	27	69	0	245
		region 중 %	44.1%	100.0%	89.6%	0.0%	54.4%
	2.00	빈도	189	0	8	8	205
		region 중 %	55.9%	0.0%	10.4%	100.0%	45.6%
전체		빈도	338	27	77	8	450
		region 중 %	100.0%	100.0%	100.0%	100.0%	100.0%

※ 비중은 열 기준 백분율이다.

8-2.

지역별 성별 분포의 연관성을 확인하기 위한 귀무가설과 대립가설을 작성하시오.

귀무가설	지역과 성별 분포는 서로 독립이다(연관성이 없다).
대립가설	지역과 성별 분포는 독립이 아니다(연관성이 있다).

8-3.

지역별 성별 분포의 연관성을 가설검정할 때 검정통계량과 유의확률을 기입하고 유의확률을 활용해 신뢰수준 0.95에서 가설검정하시오.

검정통계량	85.176(Pearson 카이제곱)
유의확률	0.000
가설검증	검정통계량이 85.176이고 유의확률(p−값)이 0.000으로 유의수준 0.05보다 작기 때문에 귀무가설을 기각한다. 즉, 지역과 성별 분포는 독립이 아니라고(연관성이 있다) 할 수 있다.

▌ SPSS 분석결과 표

카이제곱 검정			
	값	자유도	근사 유의확률 (양측검정)
Pearson 카이제곱	85.176	3	.000
우도비	105.081	3	.000
선형 대 선형결합	36.564	1	.000
유효 케이스 수	450		

9.

$wage2_i = A + Bedu_i + u_i$를 회귀분석하고 다음에 대해 답하시오.

9-1.

단순회귀모형을 분석한 후 추정회귀식을 작성하시오.

추정회귀식	$\widehat{wage2}_i = -1330.117 + 347.671edu_i$

■ SPSS 분석결과 표

모형		비표준화 계수		표준화 계수	t	유의확률
		B	표준화 오류	베타		
1	(상수)	−1330.117	255.322		−5.210	.000
	edu	347.671	18.558	.667	18.735	.000

a. 종속변수: wage2

9-2.

기울기 계수를 가설검정하기 위한 귀무가설과 대립가설을 작성하고, 유의수준 0.05에서 가설검정하시오.

귀무가설	교육수준이 wage2(교육 후 임금)에 영향을 미치지 않는다($B=0$).
대립가설	교육수준이 wage2(교육 후 임금)에 영향을 미친다($B \neq 0$).
가설검정	검정통계량(t-값)이 18.735이고 유의확률(p-값)이 0.000으로 유의수준 0.05보다 작기 때문에 귀무가설을 기각한다. 즉, 교육이 1년 증가하면 임금은 347.617만 원 증가한다.

9-3.

절편계수를 계수를 가설검정하기 위한 귀무가설과 대립가설을 작성한 후 유의수준 0.05에서 가설검정하고, 절편계수의 의미를 해석하시오.

귀무가설	$A=0$(절편은 0이다).
대립가설	$A \neq 0$(절편은 0이 아니다).
가설검정	검정통계량(t-값)이 −5.210이고 유의확률(p-값)이 0.000으로 유의수준(0.05)보다 작기 때문에 귀무가설을 기각한다. 즉, 절편은 0이 아니라고 할 수 있다.
절편계수 해석	교육수준(edu)이 0일 때 교육 후 임금(wage2)은 −1,330.117만 원이다. TIP 참고로, 임금이 0보다 작다는 것은 논리적으로 말이 되지 않는다. 실무에서는 절편계수에 의미를 두지는 않는다.

10.

$wage2_i = A + B_1 male_i + B_2 edu_i + u_i$를 회귀분석하고 다음에 대해 답하시오. 단, $male$은 남성을 의미하는 더미변수다.

10-1.

다중회귀모형을 분석하고 다음 분석분석표의 공란을 완성하시오.

모형	제곱합	자유도	평균제곱	F	유의확률
회귀	499,156,895,760	2	249,578,447,880	219.592	0.000
잔차	496,675,612,419	437	1,136,557.465		
전체	995,832,508,180	439			

10-2.

다중회귀모형을 분석한 후 추정회귀식을 작성하시오.

추정회귀식	$\widehat{wage2_i} = -1110.532 + 767.775 male_i + 300.346 edu_i$

▌ SPSS 분석결과 표

모형		비표준화 계수		표준화 계수	t	유의확률
		B	표준화 오류	베타		
1	(상수)	−1110.532	244.291		−4.546	.000
	male	767.775	109.233	.254	7.029	.000
	edu	300.346	18.853	.576	15.931	.000

$a.$ 종속변수: wage2

10-3.

다중회귀모형을 분석한 후 성별이 임금(wage2)에 영향을 미치는지 여부를 신뢰수준 95%에서 가설검정하고자 한다. 귀무가설과 대립가설을 입력하고 검정통계량을 활용해 가설검정하시오.

귀무가설	성별은 wage2에 영향을 주지 않는다($B_1 = 0$)
대립가설	성별은 wage2에 영향을 준다($B_1 \neq 0$)
가설검정	검정통계량(t−값)이 7.029으로 임곗값 1.96(신뢰수준 95%)보다 크기 때문에 귀무가설을 기각한다. 즉, 다른 조건(교육수준)이 동일할 때 여성에 비해 남성은 wage2(교육 후 임금)가 767.775만 원 많다.

10-4.

다중회귀모형을 분석한 뒤 교육수준이 wage2에 미치는 영향을 해석하시오.

해석	검정통계량(t–값)이 15.931이고 유의확률(p–값)이 0.000으로 유의수준 0.05보다 작기 때문에 귀무가설을 기각한다. 즉, 다른 조건(성별)이 동일할 때 교육이 1년 증가하면 wage2는 300.346만 원 증가한다.

10-5.

회귀식에 대한 결정계수를 입력하고, 결정계수의 의미를 해석하시오.

결정계수	0.501
해석	성별(남성)과 교육수준은 임금(wage2)을 50.1% 설명한다.

▌SPSS 분석결과 표

모형 요약				
모형	R	R 제곱	수정된 R 제곱	추정값의 표준오차
1	.708a	.501	.499	1066.094

a. 예측자: (상수), edu, male

10-6.

수정된 결정계수를 이용해 male 변수를 모형에 추가해야 하는지 설명하시오.

> TIP 필기시험에는 출제된 적이 있지만, 실기시험에는 출제된 적은 없음

설명	male 변수를 추가하기 전에 수정된 결정계수는 0.444였고, male 변수를 추가한 후 수정된 결정계수는 0.499로 증가했으므로 male변수를 추가하는 것이 바람직하다.

10-7.

다중회귀모형($wage2_i = A + B_1 male_i + B_2 edu_i + u_i$)의 유의성을 검증하고자 할 때 귀무가설, 대립가설을 기입하고, 유의수준 0.01에서 가설검정하시오.

귀무가설	$B_1 = B_2 = 0$(모형은 설명력이 없다)
대립가설	최소한 하나의 B값은 0이 아니다(모형은 설명력이 있다).
가설검정	검정통계량(F–값)이 219.592이고 유의확률(p–값)이 0.000으로 유의수준 0.01보다 작기 때문에 귀무가설을 기각한다. 즉, 모형의 설명력이 있다고 할 수 있다(최소한 하나의 B값은 0이 아니다).

11.

다중회귀모형($wage2_i = A + B_1 male_i + B_2 edu_i + u_i$)의 edu(교육수준)를 고졸 미만, 고졸, 대졸 이상으로 구분하고, 고졸 미만과 대졸 간 임금수준의 차이를 분석하고자 한다. 단, 고졸 미만은 교육수준이 12년 미만일 경우, 고졸은 교육수준이 12년 이상 16년 미만, 대졸 이상은 교육수준이 16년 이상을 의미한다.

11-1.

다중회귀모형을 분석한 후 추정회귀식을 작성하시오.

추정회귀식	$\widehat{wage2}_i = 2055.585 + 885.007 male_i + 340.283$ 고졸$_i + 2582.949 +$ 대졸 이상$_i$

▌ SPSS 분석결과 표

모형		비표준화 계수		표준화 계수	t	유의확률
		B	표준화 오류	베타		
1	(상수)	2055.585	140.465		14.634	.000
	male	885.007	95.081	.293	9.308	.000
	고졸	340.283	145.792	.107	2.334	.020
	대졸 이상	2582.949	168.379	.720	15.340	.000

종속변수: wage2

11-2.

고졸 미만과 대졸 간 임금수준의 차이를 가설검정할 때 귀무가설과 대립가설을 작성하고, 신뢰수준 95%에서 가설검정하시오.

귀무가설	고졸 미만과 대졸 이상 간 wage2의 차이가 없다.
대립가설	고졸 미만과 대졸 이상 간 wage2의 차이가 있다.
가설검정	검정통계량(t-값)이 15.340고 유의확률(p-값)이 0.000으로 유의수준 0.05보다 작기 때문에 귀무가설을 기각한다. 즉, 다른 조건(성별)이 같을 때 대졸 이상은 고졸 미만보다 wage2(교육 후 임금)가 2582.949만 원 많다.

11-3.

대학교를 졸업한 남성의 임금(wage2)을 산출하시오.

대학교를 졸업한 남성의 임금(wage2)	5523.541만 원

해설

$\widehat{wage2}_i = 2055.585 + 885.007 \times (1) + 340.283 \times (0) + 2582.949 \times (1)$

11-4.

고등학교를 졸업한 여성의 임금(wage2)을 계산하시오.

고등학교를 졸업한 여성의 임금(wage2)	2395.868만 원

해설

$$\widehat{wage2}_i = 2055.585 + 885.007 \times (0) + 340.283 \times (1) + 2582.949 \times (0)$$

11-5.

중학교를 졸업한 여성의 임금(wage2)을 계산하시오.

중학교를 졸업한 여성의 임금(wage2)	2055.585만 원

해설

$$\widehat{wage2}_i = 2055.585 + 885.007 \times (0) + 340.283 \times (0) + 2582.949 \times (0)$$

올인원 사회조사분석사 2급

부록

부록

Z	0.00	0.01	0.02	0.03	0.04	0.05	0.06	0.07	0.08	0.09
0.0	0.5000	0.5040	0.5080	0.5120	0.5160	0.5199	0.5239	0.5279	0.5319	0.5359
0.1	0.5398	0.5438	0.5478	0.5517	0.5557	0.5596	0.5636	0.5675	0.5714	0.5753
0.2	0.5793	0.5832	0.5871	0.5910	0.5948	0.5987	0.6026	0.6064	0.6103	0.6141
0.3	0.6179	0.6217	0.6255	0.6293	0.6331	0.6368	0.6406	0.6443	0.6480	0.6517
0.4	0.6554	0.6591	0.6628	0.6664	0.6700	0.6736	0.6772	0.6808	0.6844	0.6879
0.5	0.6915	0.6950	0.6985	0.7019	0.7054	0.7088	0.7123	0.7157	0.7190	0.7224
0.6	0.7257	0.7291	0.7324	0.7357	0.7389	0.7422	0.7454	0.7486	0.7517	0.7549
0.7	0.7580	0.7611	0.7642	0.7673	0.7704	0.7734	0.7764	0.7794	0.7823	0.7852
0.8	0.7881	0.7910	0.7939	0.7967	0.7995	0.8023	0.8051	0.8078	0.8106	0.8133
0.9	0.8159	0.8186	0.8212	0.8238	0.8264	0.8289	0.8315	0.8340	0.8365	0.8389
1.0	0.8413	0.8438	0.8461	0.8485	0.8508	0.8531	0.8554	0.8577	0.8599	0.8621
1.1	0.8643	0.8665	0.8686	0.8708	0.8729	0.8749	0.8770	0.8790	0.8810	0.8830
1.2	0.8849	0.8869	0.8888	0.8907	0.8925	0.8944	0.8962	0.8980	0.8997	0.9015
1.3	0.9032	0.9049	0.9066	0.9082	0.9099	0.9115	0.9131	0.9147	0.9162	0.9177
1.4	0.9192	0.9207	0.9222	0.9236	0.9251	0.9265	0.9279	0.9292	0.9306	0.9319
1.5	0.9332	0.9345	0.9357	0.9370	0.9382	0.9394	0.9406	0.9418	0.9429	0.9441
1.6	0.9452	0.9463	0.9474	0.9484	0.9495	0.9505	0.9515	0.9525	0.9535	0.9545
1.7	0.9554	0.9564	0.9573	0.9582	0.9591	0.9599	0.9608	0.9616	0.9625	0.9633
1.8	0.9641	0.9649	0.9656	0.9664	0.9671	0.9678	0.9686	0.9693	0.9699	0.9706
1.9	0.9713	0.9719	0.9726	0.9732	0.9738	0.9744	0.9750	0.9756	0.9761	0.9767
2.0	0.9773	0.9778	0.9783	0.9788	0.9793	0.9798	0.9803	0.9808	0.9812	0.9817
2.1	0.9821	0.9826	0.9830	0.9834	0.9838	0.9842	0.9846	0.9850	0.9854	0.9857
2.2	0.9861	0.9864	0.9868	0.9871	0.9875	0.9878	0.9881	0.9884	0.9887	0.9890
2.3	0.9893	0.9896	0.9898	0.9901	0.9904	0.9906	0.9909	0.9911	0.9913	0.9916
2.4	0.9918	0.9920	0.9922	0.9925	0.9927	0.9929	0.9931	0.9932	0.9934	0.9936
2.5	0.9938	0.9940	0.9941	0.9943	0.9945	0.9946	0.9948	0.9949	0.9951	0.9952
2.6	0.9953	0.9955	0.9956	0.9957	0.9959	0.9960	0.9961	0.9962	0.9963	0.9974
2.7	0.9965	0.9966	0.9967	0.9968	0.9969	0.9970	0.9971	0.9972	0.9973	0.9974
2.8	0.9974	0.9975	0.9976	0.9977	0.9977	0.9978	0.9979	0.9979	0.9900	0.9901
2.9	0.9981	0.9982	0.9982	0.9983	0.9984	0.9984	0.9985	0.9985	0.9986	0.9986
3.0	0.9987	0.9987	0.9987	0.9988	0.9988	0.9989	0.9989	0.9989	0.9990	0.9990
3.1	0.9990	0.9991	0.9991	0.9991	0.9992	0.9992	0.9992	0.9992	0.9993	0.9993
3.2	0.9993	0.9993	0.9994	0.9994	0.9994	0.9994	0.9994	0.9995	0.9995	0.9995
3.3	0.9995	0.9995	0.9995	0.9996	0.9996	0.9996	0.9996	0.9996	0.9996	0.9997
3.4	0.9997	0.9997	0.9997	0.9997	0.9997	0.9997	0.9997	0.9997	0.9997	0.9998
3.5	0.9998									
4.0	0.99997									
4.5	0.999997									
5.0	0.9999997									

02 t 분포표

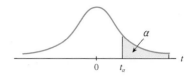

자유도	오른쪽 꼬리면적 α							
	.1	.05	.025	.01	.005	.0025	.001	.0005
1	3.078	6.314	12.706	31.821	63.657	127.32	318.31	636.62
2	1.886	2.920	4.303	6.965	9.925	14.089	22.327	31.598
3	1.638	2.353	3.182	4.541	5.841	7.453	10.214	12.924
4	1.533	2.132	2.776	3.747	4.604	5.598	7.173	8.610
5	1.476	2.015	2.571	3.365	4.032	4.773	5.893	6.869
6	1.440	1.943	2.447	3.143	3.707	4.317	5.208	5.959
7	1.415	1.895	2.365	2.998	3.499	4.029	4.785	5.408
8	1.397	1.860	2.306	2.896	3.355	3.833	4.501	5.041
9	1.383	1.833	2.262	2.821	3.250	3.690	4.297	4.781
10	1.372	1.812	2.228	2.764	3.169	3.581	4.144	4.587
11	1.363	1.796	2.201	2.718	3.106	3.497	4.025	4.437
12	1.356	1.782	2.179	2.681	3.055	3.428	3.930	4.318
13	1.350	1.771	2.160	2.650	3.012	3.372	3.852	4.221
14	1.345	1.761	2.145	2.624	2.977	3.326	3.787	4.140
15	1.341	1.753	2.131	2.602	2.947	3.286	3.733	4.073
16	1.337	1.746	2.120	2.583	2.921	3.252	3.686	4.015
17	1.333	1.740	2.110	2.567	2.898	3.222	3.646	3.965
18	1.330	1.734	2.101	2.552	2.878	3.197	3.610	3.922
19	1.328	1.729	2.093	2.539	2.861	3.174	3.579	3.883
20	1.325	1.725	2.086	2.528	2.845	3.153	3.552	3.850
21	1.323	1.721	2.080	2.518	2.831	3.135	3.527	3.819
22	1.321	1.717	2.074	2.508	2.819	3.119	3.505	3.792
23	1.319	1.714	2.069	2.500	2.807	3.104	3.485	3.767
24	1.318	1.711	2.064	2.492	2.797	3.091	3.467	3.745
25	1.316	1.708	2.060	2.485	2.787	3.078	3.450	3.725
26	1.315	1.706	2.056	2.479	2.779	3.067	3.435	3.707
27	1.314	1.703	2.052	2.473	2.771	3.057	3.421	3.690
28	1.313	1.701	2.048	2.467	2.763	3.047	3.408	3.674
29	1.311	1.699	2.045	2.462	2.756	3.038	3.396	3.659
30	1.310	1.697	2.042	2.457	2.750	3.030	3.385	3.646
40	1.303	1.684	2.021	2.423	2.704	2.971	3.307	3.551
60	1.296	1.671	2.000	2.390	2.660	2.915	3.232	3.460
120	1.289	1.658	1.980	2.358	2.617	2.860	3.160	3.373
∞	1.282	1.645	1.960	2.326	2.576	2.807	3.090	3.291

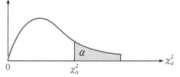

자유도	$\chi^2_{.995}$	$\chi^2_{.990}$	$\chi^2_{.975}$	$\chi^2_{.950}$	$\chi^2_{.900}$
1	0.0000393	0.0001571	0.0009821	0.0039321	0.0157908
2	0.0100251	0.0201007	0.0506356	0.102587	0.210720
3	0.0717212	0.114832	0.215795	0.351846	0.584375
4	0.206990	0.297110	0.484419	0.710721	1.063623
5	0.411740	0.554300	0.831211	1.145476	1.61031
6	0.675727	0.872085	1.237347	1.63539	2.20413
7	0.989265	1.239043	1.68987	2.16735	2.83311
8	1.344419	1.646482	2.17973	2.73264	3.48954
9	1.734926	2.087912	2.70039	3.32511	4.16816
10	2.15585	2.55821	3.24697	3.94030	4.86518
11	2.60321	3.05347	3.81575	4.57481	5.57779
12	3.07382	3.57056	4.40379	5.22603	6.30380
13	3.56503	4.10691	5.00874	5.89186	7.04150
14	4.07468	4.66043	5.62872	6.57063	7.78953
15	4.60094	5.22935	6.26214	7.26094	8.54675
16	5.14224	5.81221	6.90766	7.96164	9.31223
17	5.69724	6.40776	7.56418	8.67176	10.0852
18	6.26481	7.01491	8.23075	9.39046	10.8649
19	6.84398	7.63273	8.90655	10.1170	11.6509
20	7.43386	8.26040	9.59083	10.8508	12.4426
21	8.03366	8.89720	10.28293	11.5913	13.2396
22	8.64272	9.54249	10.9823	12.3380	14.0415
23	9.26042	10.19567	11.6885	13.0905	14.8479
24	9.88623	10.8564	12.4011	13.8484	15.6587
25	10.5197	11.5240	13.1197	14.6114	16.4734
26	11.1603	12.1981	13.8439	15.3791	17.2919
27	11.8076	12.8786	14.5733	16.1513	18.1138
28	12.4613	13.5648	15.3079	16.9279	18.9392
29	13.1211	14.2565	16.0471	17.7083	19.7677
30	13.7867	14.9535	16.7908	18.4926	20.5992
40	20.7065	22.1643	24.4331	26.5093	29.0505
50	27.9907	29.7067	32.3574	34.7642	37.6886
60	35.5346	37.4848	40.4817	43.1879	46.4589
70	43.2752	45.4418	48.7576	51.7393	55.3290
80	51.1720	53.5400	57.1532	60.3915	64.2778
90	59.1963	61.7541	65.6466	69.1260	73.2912
100	67.3276	70.0648	74.2219	77.9295	82.3581

계속

자유도	$\chi^2_{.100}$	$\chi^2_{.050}$	$\chi^2_{.025}$	$\chi^2_{.010}$	$\chi^2_{.005}$
1	2.70554	3.84146	5.02389	6.63490	7.87944
2	4.60517	5.99147	7.37776	9.21034	10.5966
3	6.25139	7.81473	9.34840	11.3449	12.8381
4	7.77944	9.48773	11.1433	13.2767	14.8602
5	9.23635	11.0705	12.8325	15.0863	16.7496
6	10.6446	12.5916	14.4494	16.8119	18.5476
7	12.0170	14.0671	16.0128	18.4753	20.2777
8	13.3616	15.5073	17.5346	20.0902	21.9550
9	14.6837	16.9190	19.0228	21.6660	23.5893
10	15.9871	18.3070	20.4831	23.2093	25.1882
11	17.2750	19.6751	21.9200	24.7250	26.7569
12	18.5494	21.0261	23.3367	26.2170	28.2995
13	19.8119	22.3621	24.7356	27.6883	29.8194
14	21.0642	23.6848	26.1190	29.1413	31.3193
15	22.3072	24.9958	27.4884	30.5779	32.8013
16	23.5418	26.2962	28.8454	31.9999	34.2672
17	24.7690	27.5871	30.1910	33.4087	35.7185
18	25.9894	28.8693	31.5264	34.8053	37.1564
19	27.2036	30.1435	32.8523	36.1908	38.5822
20	28.4120	31.4104	34.1696	37.5662	39.9968
21	29.6151	32.6705	35.4789	38.9321	41.4010
22	30.8133	33.9244	36.7807	40.2894	42.7956
23	32.0069	35.1725	38.0757	41.6384	44.1813
24	33.1963	36.4151	39.3641	42.9798	45.5585
25	34.3816	37.6525	40.6465	44.3141	46.9278
26	35.5631	38.8852	41.9232	45.6417	48.2899
27	36.7412	40.1133	43.1944	46.9630	49.6449
28	37.9159	41.3372	44.4607	48.2782	50.9933
29	39.0875	42.5569	45.7222	49.5879	52.3356
30	40.2560	43.7729	46.9792	50.8922	53.6720
40	51.8050	55.7585	59.3417	63.6907	66.7659
50	63.1671	67.5048	71.4202	76.1539	79.4900
60	74.3970	79.0819	83.2976	88.3794	91.9517
70	85.5271	90.5312	95.0231	100.425	104.215
80	96.5782	101.879	106.629	112.329	116.321
90	107.565	113.145	118.136	124.116	128.229
100	118.498	124.342	129.561	135.807	140.169

04 F 분포표

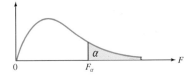

(a) $\alpha = .10$

	$V1$	분자의 자유도								
$V2$		1	2	3	4	5	6	7	8	9
	1	39.86	49.50	53.59	55.83	57.24	58.20	58.91	59.44	59.86
	2	8.53	9.00	9.16	9.24	9.29	9.33	9.35	9.37	9.38
	3	5.54	5.46	5.39	5.34	5.31	5.28	5.27	5.25	5.24
	4	4.54	4.32	4.19	4.11	4.05	4.01	3.98	3.95	3.94
	5	4.06	3.78	3.62	3.52	3.45	3.40	3.37	3.34	3.32
	6	3.78	3.46	3.29	3.18	3.11	3.05	3.01	2.98	2.96
	7	3.59	3.26	3.07	2.96	2.88	2.83	2.78	2.75	2.72
	8	3.46	3.11	2.92	2.81	2.73	2.67	2.62	2.59	2.56
	9	3.36	3.01	2.81	2.69	2.61	2.55	2.51	2.47	2.44
	10	3.29	2.92	2.73	2.61	2.52	2.46	2.41	2.38	2.35
	11	3.23	2.86	2.66	2.54	2.45	2.39	2.34	2.30	2.27
	12	3.18	2.81	2.61	2.48	2.39	2.33	2.28	2.24	2.21
	13	3.14	2.76	2.56	2.43	2.35	2.28	2.23	2.20	2.16
분	14	3.10	2.73	2.52	2.39	2.31	2.24	2.19	2.15	2.12
모	15	3.07	2.70	2.49	2.36	2.27	2.21	2.16	2.12	2.09
의	16	3.05	2.67	2.46	2.33	2.24	2.18	2.13	2.09	2.06
	17	3.03	2.64	2.44	2.31	2.22	2.15	2.10	2.06	2.03
자	18	3.01	2.62	2.42	2.29	2.20	2.13	2.08	2.04	2.00
유	19	2.99	2.61	2.40	2.27	2.18	2.11	2.06	2.02	1.98
도	20	2.97	2.59	2.38	2.25	2.16	2.09	2.04	2.00	1.96
	21	2.96	2.57	2.36	2.23	2.14	2.08	2.02	1.98	1.95
	22	2.95	2.56	2.35	2.22	2.13	2.06	2.01	1.97	1.93
	23	2.94	2.55	2.34	2.21	2.11	2.05	1.99	1.95	1.92
	24	2.93	2.54	2.33	2.19	2.10	2.04	1.98	1.94	1.91
	25	2.92	2.53	2.32	2.18	2.09	2.02	1.97	1.93	1.89
	26	2.91	2.52	2.31	2.17	2.08	2.01	1.96	1.92	1.88
	27	2.90	2.51	2.30	2.17	2.07	2.00	1.95	1.91	1.87
	28	2.89	2.50	2.29	2.16	2.06	2.00	1.94	1.90	1.87
	29	2.89	2.50	2.28	2.15	2.06	1.99	1.93	1.89	1.86
	30	2.88	2.49	2.28	2.14	2.05	1.98	1.93	1.88	1.85
	40	2.84	2.44	2.23	2.09	2.00	1.93	1.87	1.83	1.79
	60	2.79	2.39	2.18	2.04	1.95	1.87	1.82	1.77	1.74
	120	2.75	2.35	2.13	1.99	1.90	1.82	1.77	1.72	1.68
	∞	2.71	2.30	2.08	1.94	1.85	1.77	1.72	1.67	1.63

$H(a)$ 계속

ν_2 \ ν_1	분자의 자유도									
	10	12	15	20	24	30	40	60	120	∞
1	60.19	60.71	61.22	61.74	62.00	62.26	62.53	62.79	63.06	63.33
2	9.39	9.41	9.42	9.44	9.45	9.46	9.47	9.47	9.48	9.49
3	5.23	5.22	5.20	5.18	5.18	5.17	5.16	5.15	5.14	5.13
4	3.92	3.90	3.87	3.84	3.83	3.82	3.80	3.79	3.78	3.76
5	3.30	3.27	3.24	3.21	3.19	3.17	3.16	3.14	3.12	3.10
6	2.94	2.90	2.87	2.84	2.82	2.80	2.78	2.76	2.74	2.72
7	2.70	2.67	2.63	2.59	2.58	2.56	2.54	2.51	2.49	2.47
8	2.54	2.50	2.46	2.42	2.40	2.38	2.36	2.34	2.32	2.29
9	2.42	2.38	2.34	2.30	2.28	2.25	2.23	2.21	2.18	2.16
10	2.32	2.28	2.24	2.20	2.18	2.16	2.13	2.11	2.08	2.06
11	2.25	2.21	2.17	2.12	2.10	2.08	2.05	2.03	2.00	1.97
12	2.19	2.15	2.10	2.06	2.04	2.01	1.99	1.96	1.93	1.90
13	2.14	2.10	2.05	2.01	1.98	1.96	1.93	1.90	1.88	1.85
14	2.10	2.05	2.01	1.96	1.94	1.91	1.89	1.86	1.83	1.80
15	2.06	2.02	1.97	1.92	1.90	1.87	1.85	1.82	1.79	1.76
16	2.03	1.99	1.94	1.89	1.87	1.84	1.81	1.78	1.75	1.72
17	2.00	1.96	1.91	1.86	1.84	1.81	1.78	1.75	1.72	1.69
18	1.98	1.93	1.89	1.84	1.81	1.78	1.75	1.72	1.69	1.66
19	1.96	1.91	1.86	1.81	1.79	1.76	1.73	1.70	1.67	1.63
20	1.94	1.89	1.84	1.79	1.77	1.74	1.71	1.68	1.64	1.61
21	1.92	1.87	1.83	1.78	1.75	1.72	1.69	1.66	1.62	1.59
22	1.90	1.86	1.81	1.76	1.73	1.70	1.67	1.64	1.60	1.57
23	1.89	1.84	1.80	1.74	1.72	1.69	1.66	1.62	1.59	1.55
24	1.88	1.83	1.78	1.73	1.70	1.67	1.64	1.61	1.57	1.53
25	1.87	1.82	1.77	1.72	1.69	1.66	1.63	1.59	1.56	1.52
26	1.86	1.81	1.76	1.71	1.68	1.65	1.61	1.58	1.54	1.50
27	1.85	1.80	1.75	1.70	1.67	1.64	1.60	1.57	1.53	1.49
28	1.84	1.79	1.74	1.69	1.66	1.63	1.59	1.56	1.52	1.48
29	1.83	1.78	1.73	1.68	1.65	1.62	1.58	1.55	1.51	1.47
30	1.82	1.77	1.72	1.67	1.64	1.61	1.57	1.54	1.50	1.46
40	1.76	1.71	1.66	1.61	1.57	1.54	1.51	1.47	1.42	1.38
60	1.71	1.66	1.60	1.54	1.51	1.48	1.44	1.40	1.35	1.29
120	1.65	1.60	1.55	1.48	1.45	1.41	1.37	1.32	1.26	1.19
∞	1.60	1.55	1.49	1.42	1.38	1.34	1.30	1.24	1.17	1.00

분모의 자유도

(b) $\alpha = .05$

v_2 \ v_1	분자의 자유도								
	1	2	3	4	5	6	7	8	9
1	161.4	199.5	215.7	224.6	230.2	234.0	236.8	238.9	240.5
2	18.51	19.00	19.16	19.25	19.30	19.33	19.35	19.37	19.38
3	10.13	9.55	9.28	9.12	9.01	8.94	8.89	8.85	8.81
4	7.71	6.94	6.59	6.39	6.26	6.16	6.09	6.04	6.00
5	6.61	5.79	5.41	5.19	5.05	4.95	4.88	4.82	4.77
6	5.99	5.14	4.76	4.53	4.39	4.28	4.21	4.15	4.10
7	5.59	4.74	4.35	4.12	3.97	3.87	3.79	3.73	3.68
8	5.32	4.46	4.07	3.84	3.69	3.58	3.50	3.44	3.39
9	5.12	4.26	3.86	3.63	3.48	3.37	3.29	3.23	3.18
10	4.96	4.10	3.71	3.48	3.33	3.22	3.14	3.07	3.02
11	4.84	3.98	3.59	3.36	3.20	3.09	3.01	2.95	2.90
12	4.75	3.89	3.49	3.26	3.11	3.00	2.91	2.85	2.80
13	4.67	3.81	3.41	3.18	3.03	2.92	2.83	2.77	2.71
14	4.60	3.74	3.34	3.11	2.96	2.85	2.76	2.70	2.65
15	4.54	3.68	3.29	3.06	2.90	2.79	2.71	2.64	2.59
16	4.49	3.63	3.24	3.01	2.85	2.74	2.66	2.59	2.54
17	4.45	3.59	3.20	2.96	2.81	2.70	2.61	2.55	2.49
18	4.41	3.55	3.16	2.93	2.77	2.66	2.56	2.51	2.46
19	4.38	3.52	3.13	2.90	2.74	2.63	2.54	2.48	2.42
20	4.35	3.49	3.10	2.87	2.71	2.60	2.51	2.45	2.39
21	4.32	3.47	3.07	2.84	2.68	2.57	2.49	2.42	2.37
22	4.30	3.44	3.05	2.82	2.66	2.55	2.46	2.40	2.34
23	4.28	3.42	3.03	2.80	2.64	2.53	2.44	2.37	2.32
24	4.26	3.40	3.01	2.78	2.62	2.51	2.42	2.36	2.30
25	4.24	3.39	2.99	2.76	2.60	2.49	2.40	2.34	2.28
26	4.23	3.37	2.98	2.74	2.59	2.47	2.39	2.32	2.27
27	4.21	3.35	2.96	2.73	2.57	2.46	2.37	2.31	2.25
28	4.20	3.34	2.95	2.71	2.56	2.45	2.36	2.29	2.24
29	4.18	3.33	2.93	2.70	2.55	2.43	2.35	2.28	2.22
30	4.17	3.32	2.92	2.69	2.53	2.42	2.33	2.27	2.21
40	4.08	3.23	2.84	2.61	2.45	2.34	2.25	2.18	2.12
60	4.00	3.15	2.76	2.53	2.37	2.25	2.17	2.10	2.04
120	3.92	3.07	2.68	2.45	2.29	2.17	2.09	2.02	1.96
∞	3.84	3.00	2.60	2.37	2.21	2.10	2.01	1.94	1.88

분모의 자유도

ν_2 \ ν_1	분자의 자유도									
	10	12	15	20	24	30	40	60	120	∞
1	241.9	243.9	245.9	248.0	249.1	250.1	251.1	252.2	253.3	254.3
2	19.40	19.41	19.43	19.45	19.45	19.46	19.47	19.48	19.49	19.50
3	8.79	8.74	8.70	8.66	8.64	8.62	8.59	8.57	8.55	8.53
4	5.96	5.91	5.86	5.80	5.77	5.75	5.72	5.69	5.66	5.63
5	4.74	4.68	4.62	4.56	4.53	4.50	4.46	4.43	4.40	4.36
6	4.06	4.00	3.94	3.87	3.84	3.81	3.77	3.74	3.70	3.67
7	3.64	3.57	3.51	3.44	3.41	3.38	3.34	3.30	3.27	3.23
8	3.35	3.28	3.22	3.15	3.12	3.08	3.04	3.01	2.97	2.93
9	3.14	3.07	3.01	2.94	2.90	2.86	2.83	2.79	2.75	2.71
10	2.98	2.91	2.85	2.77	2.74	2.70	2.66	2.62	2.58	2.54
11	2.85	2.79	2.72	2.65	2.61	2.57	2.53	2.49	2.45	2.40
12	2.75	2.69	2.62	2.54	2.51	2.47	2.43	2.38	2.34	2.30
13	2.67	2.60	2.53	2.46	2.42	2.38	2.34	2.30	2.25	2.21
14	2.60	2.53	2.46	2.39	2.35	2.31	2.27	2.22	2.18	2.13
15	2.54	2.48	2.40	2.33	2.29	2.25	2.20	2.16	2.11	2.07
16	2.49	2.42	2.35	2.28	2.24	2.19	2.15	2.11	2.06	2.01
17	2.45	2.38	2.31	2.23	2.19	2.15	2.10	2.06	2.01	1.96
18	2.41	2.34	2.27	2.19	2.15	2.11	2.06	2.02	1.97	1.92
19	2.38	2.31	2.23	2.16	2.11	2.07	2.03	1.98	1.93	1.88
20	2.35	2.28	2.20	2.12	2.08	2.04	1.99	1.95	1.90	1.84
21	2.32	2.25	2.18	2.10	2.05	2.01	1.96	1.92	1.87	1.81
22	2.30	2.23	2.15	2.07	2.03	1.98	1.94	1.89	1.84	1.78
23	2.27	2.20	2.13	2.05	2.01	1.96	1.91	1.86	1.81	1.76
24	2.25	2.18	2.11	2.03	1.98	1.94	1.89	1.84	1.79	1.73
25	2.24	2.16	2.09	2.01	1.96	1.92	1.87	1.82	1.77	1.71
26	2.22	2.15	2.07	1.99	1.95	1.90	1.85	1.80	1.75	1.69
27	2.20	2.13	2.06	1.97	1.93	1.88	1.84	1.79	1.73	1.67
28	2.19	2.12	2.04	1.96	1.91	1.87	1.82	1.77	1.71	1.65
29	2.18	2.10	2.03	1.94	1.90	1.85	1.81	1.75	1.70	1.64
30	2.16	2.09	2.01	1.93	1.89	1.84	1.79	1.74	1.68	1.62
40	2.08	2.00	1.92	1.84	1.79	1.74	1.69	1.64	1.58	1.51
60	1.99	1.92	1.84	1.75	1.70	1.65	1.59	1.53	1.47	1.39
120	1.91	1.83	1.75	1.66	1.61	1.55	1.50	1.43	1.35	1.25
∞	1.83	1.75	1.67	1.57	1.52	1.46	1.39	1.32	1.22	1.00

분모의 자유도

(c) $\alpha = .025$

$v2$	$v1$	분자의 자유도								
		1	2	3	4	5	6	7	8	9
	1	647.8	799.5	864.2	899.6	921.8	937.1	948.2	956.7	963.3
	2	38.51	39.00	39.17	39.25	39.30	39.33	39.36	39.37	39.39
	3	17.44	16.04	15.44	15.10	14.88	14.73	14.62	14.54	14.47
	4	12.22	10.65	9.98	9.60	9.36	9.20	9.07	8.98	8.90
	5	10.01	8.43	7.76	7.39	7.15	6.98	6.85	6.76	6.68
	6	8.81	7.26	6.60	6.23	5.99	5.82	5.70	5.60	5.52
	7	8.07	6.54	5.89	5.52	5.29	5.12	4.99	4.90	4.82
	8	7.57	6.06	5.42	5.05	4.82	4.65	4.53	4.43	4.36
	9	7.21	5.71	5.08	4.72	4.48	4.32	4.20	4.10	4.03
	10	6.94	5.46	4.83	4.47	4.24	4.07	3.95	3.85	3.78
	11	6.72	5.26	4.63	4.28	4.04	3.88	3.76	3.66	3.59
	12	6.55	5.10	4.47	4.12	3.89	3.73	3.61	3.51	3.44
	13	6.41	4.97	4.35	4.00	3.77	3.60	3.48	3.39	3.31
	14	6.30	4.86	4.24	3.89	3.66	3.50	3.38	3.29	3.21
분모의 자유도	15	6.20	4.77	4.15	3.80	3.58	3.41	3.29	3.20	3.12
	16	6.12	4.69	4.08	3.73	3.50	3.34	3.22	3.12	3.05
	17	6.04	4.62	4.01	3.66	3.44	3.28	3.16	3.06	2.98
	18	5.98	4.56	3.95	3.61	3.38	3.22	3.10	3.01	2.93
	19	5.92	4.51	3.90	3.56	3.33	3.17	3.05	2.96	2.88
	20	5.87	4.46	3.86	3.51	3.29	3.13	3.01	2.91	2.84
	21	5.83	4.42	3.82	3.48	3.25	3.09	2.97	2.87	2.80
	22	5.79	4.38	3.78	3.44	3.22	3.05	2.93	2.84	2.76
	23	5.75	4.35	3.75	3.41	3.18	3.02	2.90	2.81	2.73
	24	5.72	4.32	3.72	3.38	3.15	2.99	2.87	2.78	2.70
	25	5.69	4.29	3.69	3.35	3.13	2.97	2.85	2.75	2.68
	26	5.66	4.27	3.67	3.33	3.10	2.94	2.82	2.73	2.65
	27	5.63	4.24	3.65	3.31	3.08	2.92	2.80	2.71	2.63
	28	5.61	4.22	3.63	3.29	3.06	2.90	2.78	2.69	2.61
	29	5.59	4.20	3.61	3.27	3.04	2.88	2.76	2.67	2.59
	30	5.57	4.18	3.59	3.25	3.03	2.87	2.75	2.65	2.57
	40	5.42	4.05	3.46	3.13	2.90	2.74	2.62	2.53	2.45
	60	5.29	3.93	3.34	3.01	2.79	2.63	2.51	2.41	2.33
	120	5.15	3.80	3.23	2.89	2.67	2.52	2.39	2.30	2.22
	∞	5.02	3.69	3.12	2.79	2.57	2.41	2.29	2.19	2.11

$H(c)$ 계속

V2＼V1	분자의 자유도									
	10	12	15	20	24	30	40	60	120	∞
1	968.6	976.7	984.9	993.1	997.2	1001	1006	1010	1014	1018
2	39.40	39.41	39.43	39.45	39.46	39.46	39.47	39.48	39.49	39.50
3	14.42	14.34	14.25	14.17	14.12	14.08	14.04	13.99	13.95	13.90
4	8.84	8.75	8.66	8.56	8.51	8.46	8.41	8.36	8.31	8.26
5	6.62	6.52	6.43	6.33	6.28	6.23	6.18	6.12	6.07	6.02
6	5.46	5.37	5.27	5.17	5.12	5.07	5.01	4.96	4.90	4.85
7	4.76	4.67	4.57	4.47	4.42	4.36	4.31	4.25	4.20	4.14
8	4.30	4.20	4.10	4.00	3.95	3.89	3.84	3.78	3.73	3.67
9	3.96	3.87	3.77	3.67	3.61	3.56	3.51	3.45	3.39	3.33
10	3.72	3.62	3.52	3.42	3.37	3.31	3.26	3.20	3.14	3.08
11	3.53	3.43	3.33	3.23	3.17	3.12	3.06	3.00	2.94	2.88
12	3.37	3.28	3.18	3.07	3.02	2.96	2.91	2.85	2.79	2.72
13	3.25	3.15	3.05	2.95	2.89	2.84	2.78	2.72	2.66	2.60
14	3.15	3.05	2.95	2.84	2.79	2.73	2.67	2.61	2.55	2.49
15	3.06	2.96	2.86	2.76	2.70	2.64	2.59	2.52	2.46	2.40
16	2.99	2.89	2.79	2.68	2.63	2.57	2.51	2.45	2.38	2.32
17	2.92	2.82	2.72	2.62	2.56	2.50	2.44	2.38	2.32	2.25
18	2.87	2.77	2.67	2.56	2.50	2.44	2.38	2.32	2.26	2.19
19	2.82	2.72	2.62	2.51	2.45	2.39	2.33	2.27	2.20	2.13
20	2.77	2.68	2.57	2.46	2.41	2.35	2.29	2.22	2.16	2.09
21	2.73	2.64	2.53	2.42	2.37	2.31	2.25	2.18	2.11	2.04
22	2.70	2.60	2.50	2.39	2.33	2.27	2.21	2.14	2.08	2.00
23	2.67	2.57	2.47	2.36	2.30	2.24	2.18	2.11	2.04	1.97
24	2.64	2.54	2.44	2.33	2.27	2.21	2.15	2.08	2.01	1.94
25	2.61	2.51	2.41	2.30	2.24	2.18	2.12	2.05	1.98	1.91
26	2.59	2.49	2.39	2.28	2.22	2.16	2.09	2.03	1.95	1.88
27	2.57	2.47	2.36	2.25	2.19	2.13	2.07	2.00	1.93	1.85
28	2.55	2.45	2.34	2.23	2.17	2.11	2.05	1.98	1.91	1.83
29	2.53	2.43	2.32	2.21	2.15	2.09	2.03	1.96	1.89	1.81
30	2.51	2.41	2.31	2.20	2.14	2.07	2.01	1.94	1.87	1.79
40	2.39	2.29	2.18	2.07	2.01	1.94	1.88	1.80	1.72	1.64
60	2.27	2.17	2.06	1.94	1.88	1.82	1.74	1.67	1.58	1.48
120	2.16	2.05	1.94	1.82	1.76	1.69	1.61	1.53	1.43	1.31
∞	2.05	1.94	1.83	1.71	1.64	1.57	1.48	1.39	1.27	1.00

분모의 자유도

(d) $\alpha = .01$

v_2 \ v_1	분자의 자유도								
	1	2	3	4	5	6	7	8	9
1	4,052	4,999.5	5,403	5,625	5,764	5,859	5,928	5,982	6,022
2	98.50	99.00	99.17	99.25	99.30	99.33	99.36	99.37	99.39
3	34.12	30.82	29.46	28.71	28.24	27.91	27.67	27.49	27.35
4	21.20	18.00	16.69	15.98	15.52	15.21	14.98	14.80	14.66
5	16.26	13.27	12.06	11.39	10.97	10.67	10.46	10.29	10.16
6	13.75	10.92	9.78	9.15	8.75	8.47	8.26	8.10	7.98
7	12.25	9.55	8.45	7.85	7.46	7.19	6.99	6.84	6.72
8	11.26	8.65	7.59	7.01	6.63	6.37	6.18	6.03	5.91
9	10.56	8.02	6.99	6.42	6.06	5.80	5.61	5.47	5.35
10	10.04	7.56	6.55	5.99	5.64	5.39	5.20	5.06	4.94
11	9.65	7.21	6.22	5.67	5.32	5.07	4.89	4.74	4.63
12	9.33	6.93	5.95	5.41	5.06	4.82	4.64	4.50	4.39
13	9.07	6.70	5.74	5.21	4.86	4.62	4.44	4.30	4.19
14	8.86	6.51	5.56	5.04	4.69	4.46	4.28	4.14	4.03
15	8.68	6.36	5.42	4.89	4.56	4.32	4.14	4.00	3.89
16	8.53	6.23	5.29	4.77	4.44	4.20	4.03	3.89	3.78
17	8.40	6.11	5.18	4.67	4.34	4.10	3.93	3.79	3.68
18	8.29	6.01	5.09	4.58	4.25	4.01	3.84	3.71	3.60
19	8.18	5.93	5.01	4.50	4.17	3.94	3.77	3.63	3.52
20	8.10	5.85	4.94	4.43	4.10	3.87	3.70	3.56	3.46
21	8.02	5.78	4.87	4.37	4.04	3.81	3.64	3.51	3.40
22	7.95	5.72	4.82	4.31	3.99	3.76	3.59	3.45	3.35
23	7.88	5.66	4.76	4.26	3.94	3.71	3.54	3.41	3.30
24	7.82	5.61	4.72	4.22	3.90	3.67	3.50	3.36	3.26
25	7.77	5.57	4.68	4.18	3.85	3.63	3.46	3.32	3.22
26	7.72	5.53	4.64	4.14	3.82	3.59	3.42	3.29	3.18
27	7.68	5.49	4.60	4.11	3.78	3.56	3.39	3.26	3.15
28	7.64	5.45	4.57	4.07	3.75	3.53	3.36	3.23	3.12
29	7.60	5.42	4.54	4.04	3.73	3.50	3.33	3.20	3.09
30	7.56	5.39	4.51	4.02	3.70	3.47	3.30	3.17	3.07
40	7.31	5.18	4.31	3.83	3.51	3.29	3.12	2.99	2.89
60	7.08	4.98	4.13	3.65	3.34	3.12	2.95	2.82	2.72
120	6.85	4.79	3.95	3.48	3.17	2.96	2.79	2.66	2.56
∞	6.63	4.61	3.78	3.32	3.02	2.80	2.64	2.51	2.41

분모의 자유도

$H(d)$ 계속

	V1	분자의 자유도									
V2		10	12	15	20	24	30	40	60	120	∞
	1	6,056	6,106	6,157	6,209	6,235	6,261	6,287	6,313	6,339	6,366
	2	99.40	99.42	99.43	99.45	99.46	99.47	99.47	99.48	99.49	99.50
	3	27.23	27.05	26.87	26.69	26.60	26.50	26.41	26.32	26.22	26.13
	4	14.55	14.37	14.20	14.02	13.93	13.84	13.75	13.65	13.56	13.46
	5	10.05	9.89	9.72	9.55	9.47	9.38	9.29	9.20	9.11	9.02
	6	7.87	7.72	7.56	7.40	7.31	7.23	7.14	7.06	6.97	6.88
	7	6.62	6.47	6.31	6.16	6.07	5.99	5.91	5.82	5.74	5.65
	8	5.81	5.67	5.52	5.36	5.28	5.20	5.12	5.03	4.95	4.86
	9	5.26	5.11	4.96	4.81	4.73	4.65	4.57	4.48	4.40	4.31
	10	4.85	4.71	4.56	4.41	4.33	4.25	4.17	4.08	4.00	3.91
	11	4.54	4.40	4.25	4.10	4.02	3.94	3.86	3.78	3.69	3.60
	12	4.30	4.16	4.01	3.86	3.78	3.70	3.62	3.54	3.45	3.36
	13	4.10	3.96	3.82	3.66	3.59	3.51	3.43	3.34	3.25	3.17
	14	3.94	3.80	3.66	3.51	3.43	3.35	3.27	3.18	3.09	3.00
분	15	3.80	3.67	3.52	3.37	3.29	3.21	3.13	3.05	2.96	2.87
모	16	3.69	3.55	3.41	3.26	3.18	3.10	3.02	2.93	2.84	2.75
의	17	3.59	3.46	3.31	3.16	3.08	3.00	2.92	2.83	2.75	2.65
	18	3.51	3.37	3.23	3.08	3.00	2.92	2.84	2.75	2.66	2.57
자	19	3.43	3.30	3.15	3.00	2.92	2.84	2.76	2.67	2.58	2.49
유	20	3.37	3.23	3.09	2.94	2.86	2.78	2.69	2.61	2.52	2.42
도	21	3.31	3.17	3.03	2.88	2.80	2.72	2.64	2.55	2.46	2.36
	22	3.26	3.12	2.98	2.83	2.75	2.67	2.58	2.50	2.40	2.31
	23	3.21	3.07	2.93	2.78	2.70	2.62	2.54	2.45	2.35	2.26
	24	3.17	3.03	2.89	2.74	2.66	2.58	2.49	2.40	2.31	2.21
	25	3.13	2.99	2.85	2.70	2.62	2.54	2.45	2.36	2.27	2.17
	26	3.09	2.96	2.81	2.66	2.58	2.50	2.42	2.33	2.23	2.13
	27	3.06	2.93	2.78	2.63	2.55	2.47	2.38	2.29	2.20	2.10
	28	3.03	2.90	2.75	2.60	2.52	2.44	2.35	2.26	2.17	2.06
	29	3.00	2.87	2.73	2.57	2.49	2.41	2.33	2.23	2.14	2.03
	30	2.98	2.84	2.70	2.55	2.47	2.39	2.30	2.21	2.11	2.01
	40	2.80	2.66	2.52	2.37	2.29	2.20	2.11	2.02	1.92	1.80
	60	2.63	2.50	2.35	2.20	2.12	2.03	1.94	1.84	1.73	1.60
	120	2.47	2.34	2.19	2.03	1.95	1.86	1.76	1.66	1.53	1.38
	∞	2.32	2.18	2.04	1.88	1.79	1.70	1.59	1.47	1.32	1.00

사회조사분석사 2급
1차(필기) + 2차(실기) 올인원

초판발행	2025년 3월 5일
지은이	김대환
펴낸이	안종만 · 안상준
편 집	김보라
기획/마케팅	차익주 · 양운철
표지디자인	권아린
제 작	고철민 · 김원표
펴낸곳	(주) **박영사**
	서울특별시 금천구 가산디지털2로 53, 210호(가산동, 한라시그마밸리)
	등록 1959. 3. 11. 제300-1959-1호(倫)
전 화	02)733-6771
f a x	02)736-4818
e-mail	pys@pybook.co.kr
homepage	www.pybook.co.kr
ISBN	979-11-303-2202-5 13330

정 가	30,000원